Bernhard Frevel (Hrsg.)

Kriminalität

Bernhard Frevel (Hrsg.)

KRIMINALITÄT

Ursachen, Formen und Bekämpfung

Bibliografische Information der Deutschen Bibliothek
Die Deutsche Bibliothek verzeichnet diese Publikation in der Deutschen Nationalbibliografie; detaillierte bibliografische Daten sind im Internet über <http://dnb.ddb.de> abrufbar.

www.aschendorff-buchverlag.de

Printed in Germany

ISBN 978-3-402-24691-7

Inhalt

Kriminalität? Was ist eigentlich Kriminalität? – Eine Einführung

Bernhard Frevel

Circa alle sechs Sekunden findet – rein statistisch betrachtet – in Deutschland ein kriminelles Vergehen oder Verbrechen statt. Es wird gestohlen und geraubt, geschlagen und gemordet, betrogen und eingebrochen, erpresst und bestochen, vergewaltigt und vandaliert, mit Drogen gehandelt und gefährlicher Sondermüll „entsorgt", ein Terroranschlag vorbereitet oder mit Schadsoftware in Computer eingedrungen. Bestimmt die Kriminalität den Alltag? Bewegt sich das Land auf den Abgrund zu? Kann man seines Lebens und seines Eigentums nicht mehr sicher sein?

Immer wieder wird in den journalistisch geprägten Medien oder den (un-)Sozialen Medien über Kriminalität berichtet, werden Verbrechen geschildert, die Opferleiden dargestellt, die Motive von Täterinnen und Tätern beschrieben. Es ist zum Fürchten! – Und tatsächlich zeigen Untersuchungen zur Kriminalitätsfurcht und zum (Un-)Sicherheitsempfinden, dass viele Menschen Angst vor Kriminalität haben, dass sie ihr Eigentum durch mehr Schlösser, gesicherte Fenster und Alarmanlagen schützen möchten. Die Zahl der „kleinen Waffenscheine" zur Selbstbewaffnung mit Schreckschusspistolen oder Reizgaspatronen hat in den letzten Jahren deutlich zugenommen und dies verdeutlicht den Wunsch vieler Menschen, sich für den Notfall abwehrfähig zu machen.

Doch andererseits sind viele Menschen fasziniert von Kriminalität. Wie sonst lässt sich erklären, dass es so viele Fernsehfilme und -serien gibt, in denen die Verbrechen und deren Aufklärung im Vordergrund stehen, dass Krimis – sowohl fiktional als auch im neueren Trend mit „true crime" – zu einem bevorzugten Buchgenre gehören, dass man sich bei einem Krimidinner gutes Essen zum theatralischen Mord munden lässt, dass für die Boulevardzeitungen weiterhin der Grundsatz gilt „sex and crime sells"?

Kriminalität macht Angst und fasziniert gleichzeitig. Kriminalität ist einerseits alltäglich und gleichsam weit weg. Verbrechen sind dumpf und roh oder intelligent und geschickt, mal offensichtlich oder mal gut getarnt. Verbrechen bedrohen Leib, Leben, Eigentum und Existenzbedingungen des Einzelnen, richten sich gegen spezifische Gruppen (wie fremdenfeindliche Übergriffe und rechtsextremistischer Terror). Sie gefährden die Wirtschaftsstruktur durch Subventionserschleichung und Steuerhinterziehung, untergraben das politische und Verwaltungssystem durch Korruption, bedrohen mit politisch motivierter Kriminalität die freiheitlich-demokratische Grundordnung.

Oder ist es vielleicht doch anders? Sind Kriminalität und Verbrechen „lediglich“ ein Preis der Freiheit? Gehören sie zu einer Normalität, die zwar nicht schön ist, aber – in gewissem Maß – unvermeidlich? Ist vielleicht Kriminalität sogar wichtig für eine Gesellschaft, damit sie sich in der gemeinschaftlichen Ablehnung und Verurteilung der Taten ihrer eigenen Grundwerte versichert, die Normen, Regeln und Gesetze überprüft und bestätigt? Bereits vor über 120 Jahren stellte der französische Soziologe Émile Durkheim fest, dass Kriminalität für den einzelnen und für die Gesellschaft positive Funktionen habe. Kriminalität sei nicht nur „normal“, sondern zudem auch „notwendig“ und „nützlich“, „ein Faktor der öffentlichen Gesundheit, ein integratives Element in jeder gesunden Gesellschaft.“[1] Die Existenz von Kriminalität ist gleichsam der Preis, den man für ein dynamisches, sich entwickelndes Gemeinwesen und die Freiheit des Individuums zahlen muss.

Diese zunächst befremdlich anmutende Sichtweise bezüglich der Kriminalität begründet und verteidigt Durkheim mit zwei Argumenten:

- Erst die Unterscheidung von konformem, abweichendem und kriminellem Verhalten ermöglicht die Herausbildung von kollektiven Gefühlen in der Gesellschaft und die Entwicklung von Recht und Moralität. Erst durch die Auseinandersetzung in der Gesellschaft darüber, was Recht und was Unrecht ist, was sich gehört oder nicht gehört, welches Verhalten akzeptiert werden kann oder bestraft gehört, bleibt die Gesellschaft wandlungsfähig. Kriminalität und Verbrechen zwingen die Gesellschaft immer wieder dazu, über ihren Zustand und ihre künftige Entwicklung nachzudenken. Die Diskussion über Rechtsextremismus und -terrorismus (Stichwort: NSU-Mordserie, fremdenfeindliche Attentate) in den späten 2010er und frühen 2020er Jahren ist ein Beispiel für diesen Effekt. Diese Phänomene zwingen Gesellschaft und Politik über die Integration von Migrantinnen und Migranten nachzudenken und sich über die gemeinschaftlichen Werte der Würde und Freiheit zu verständigen.
- Neben dieser indirekten Zweckmäßigkeit von Kriminalität unter dem Motto „Verbrechen hält die Gesellschaft wach für Veränderung“ erkennt Durkheim einen direkten Nutzen. Das Verbrechen kann dazu beitragen, zukünftige Formen des gesellschaftlichen Seins vorauszubestimmen. „Wie oft ist das Verbrechen wirklich bloß eine Antizipation [Vorwegnahme, d. Verf.] der zukünftigen Moral, der erste Schritt in dem, was sein wird.“[2] Dies soll nun nicht bedeuten, dass Mord und Totschlag, Diebstahl und Raub künftig als „normal“ angesehen werden können, aber das Beispiel von der Rede-, Versammlungs- und Glaubensfreiheit passt in Durkheims Argumentation. Was Sokrates und viele nach ihm immer wieder in Hinblick auf Erkenntnis, Handlung

und Verantwortung gefordert hatten, wofür sie eintraten und auch trotz Kriminalisierung und bei Strafandrohung weiter verfochten, war eine solche Vorwegnahme künftiger und heute selbstverständlicher Moral. Die Entwicklung des Sexualstrafrechts kann ebenso als Bestätigung der These gelten.

Eine dritte gesellschaftlich betrachtete positive Wirkung von Kriminalität ist die Förderung sozialer Integration. Eine Gesellschaft, die sonst von vielen Konkurrenzen und Ungleichheiten geprägt ist und somit zersplittert wirkt, kann in der kollektiven Verurteilung von Verbrechen zusammenrücken. Ein solcher Effekt trat in Deutschland in den 2010er Jahren ein, als der Terrorismus des so genannten „Nationalsozialistischen Untergrunds" (NSU) die Gesellschaft erschütterte und zu einer Ablehnung des Rechtsextremismus auf breiter Basis beitrug.

1. Eine definitorische Annäherung

Kriminalität ist seit jeher ein gesellschaftliches Phänomen und Problem. Es gab und gibt keine Gesellschaft, die frei war oder ist von den verschiedensten Formen von Kriminalität. Ob im Alten Testament oder dem Koran, in den Überlieferungen Ciceros oder des Homer, in den Quellen des Mittelalters oder den Berichten der modernen Staaten – immer und überall wird von Problemen berichtet, die wir heute unter den Begriff der Kriminalität fassen.

Wenn von Kriminalität die Rede ist, denkt ein jeder an bestimmte Verbrechen, werden die eigenen Erfahrungen mit Verbrechen oder die Wahrnehmung von Kriminalität, wie wir sie aus der Zeitung oder dem Fernsehen kennen, das Bild bestimmen. Die Sparte der Rechts- und Sozialwissenschaften, die sich mit der Kriminalität beschäftigt, die Kriminologie, muss sich jedoch von solchen Einzelbildern lösen und versuchen, ihren Forschungsgegenstand klarer zu fassen. Dies dient dann dazu, weitere Überlegungen über die Ursachen von kriminellem Verhalten anzustellen, die soziologischen und psychologischen Hintergründe der Täter bzw. Täterinnen und der Opfer herauszuarbeiten sowie ein Rüstzeug für die Erfassung der Kriminalität in der Gesellschaft zu erhalten.

Doch bereits die Definition von Kriminalität (verstanden als die Gesamtzahl aller Verbrechen) oder der Verbrechen selbst, stößt auf Schwierigkeiten und löst mitunter auch heftigen Streit unter den Kriminologen aus, ob ein bestimmtes Verhalten noch als konform oder bereits als kriminell einzustufen ist. Sind Begriffe wie „Kriminalität" und „Verbrechen" wirklich geeignet so verschiedenartige Phänomene wie die Wirtshaus-/Clubschlägerei von Alkoholisierten, den Gattenmord im Affekt, das Schwarzfahren im Bus, die

Entwicklung einer Erpressungs- oder Spionagesoftware, die Korruption einer Verwaltungsbeamtin, die Steuerhinterziehung mit Cum-Ex-Geschäften oder den Ladendiebstahl durch einen hungrigen Obdachlosen zu umfassen? Die Motive, Gelegenheiten und Tatbegehungen sind so unterschiedlich, dass eine Gemeinsamkeit – außer der Strafbarkeit der verschiedenen Handlungen – schwer zu finden ist.

Somit wenig hoffnungsvoll stimmt für die Frage nach der Definition deshalb die Aussage von Armand Mergen: „Was Verbrechen ‚ist', weiß nur der Laie. Der Fachmann, sei er Jurist, Soziologe, Psychopathologe oder Kriminologe, weiß es nicht."[3] Es scheint also schwierig zu werden, den Gegenstand näher zu definieren, und so soll der Einstieg über die sprachgeschichtliche Wurzel erfolgen.

Das Wort Kriminalität leitet sich aus dem lateinischen *crimen* ab, das mit Beschuldigung, Anklage, Schuld und Verbrechen übersetzt werden kann. Eine Person wird eines Verbrechens beschuldigt, wird angeklagt. Mit dem Verbrechen verstößt diese Person gegen eine Verhaltensnorm in der Gesellschaft, für die diese Gesellschaft festgelegte Vorstellungen hat und sie außerdem verfügte, dass ein Bruch der Norm bestraft werden kann und soll. Wird die Norm, das Gesetz, „Du sollst nicht töten!" missachtet, so wird dies als Verbrechen angesehen, ebenso wie die Nichtbefolgung der Forderung „Du sollst nicht stehlen!" Die Gesellschaft, in unserem Fall die der Bundesrepublik Deutschland, verfügt über ein ausgeprägtes System,

- das die Normen in der Form von Gesetzen des Strafrechts aufstellt (durch die gesetzgebende Macht: den Bundestag bzw. die Landtage),
- die Einhaltung der Normen überwacht (insbesondere die Polizei) und
- bei Normverstößen die Bestrafung verfügt (die Justiz mit den verschiedenen Gerichten) und schließlich die Strafe vollzieht.

Geprägt wird dieses System von der Verfassung, dem Grundgesetz, der Strafprozessordnung und Polizeigesetzen, die die wesentlichen Regeln, Abläufe und Kompetenzen umrahmen, und die Strafgesetze, die die einzelnen Normen formulieren, und auch die Strafen benennen.

Ganz formalistisch betrachtet, sind Verbrechen Verstöße gegen staatliche, gesetzlich geregelte, mit Strafandrohungen verbundene Normen. Oder anders ausgedrückt: Verbrechen sind das, was die Gesellschaft – in Form des Staates – unter Verbrechen versteht. Kriminalität bezieht sich damit auf einen begrenzten Teil von Normen und Normverstößen. Andere Normen, wie z.B. gesellschaftliche, sittliche, moralische, familiäre, betriebliche oder sonstige Normen stehen außerhalb dieses strafrechtlichen Bereiches. Ein Kind, das seine häuslichen Pflichten nicht erfüllt und deshalb von seinen Eltern bestraft wird, ist demnach nicht kriminell. Und ebenso wenig kriminell ist der Verkäufer eines Unternehmens, der sein Umsatzsoll nicht erfüllt und mit innerbetrieblichen Sanktionen belegt wird.

Nur der Verstoß gegen staatlich festgesetzte, formelle und schriftlich niedergelegte (= kodifizierte) Muss-Normen, also Normen mit dem höchsten Verbindlichkeitscharakter ist kriminell. Der Verstoß gegen Soll- oder Kann-Normen (die eingehalten werden sollen oder können, aber nicht müssen) ist es nicht.

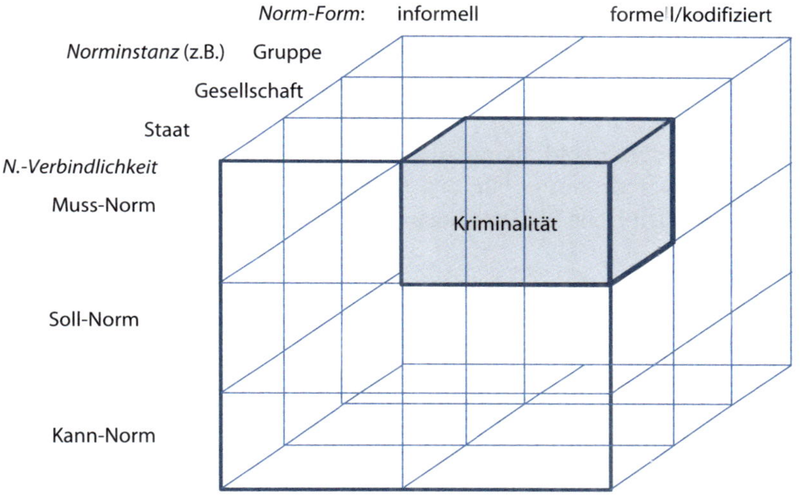

Abb. 1: Reduziertes Modell der Kriminalität im Normen-Spektrum. Eigene Darstellung

Unproblematisch ist eine solche formalistische Sichtweise nicht. In den '30er und '40er Jahren des 20. Jahrhunderts gab es heftigen Streit unter US-amerikanischen Kriminolog*innen, ob Gesetzesverletzungen von Wirtschaftsunternehmen und Manager*innen auch als Kriminalität einzustufen seien, oder ob der Begriff „Kriminalität“ für die ‚traditionellen‘ Verbrechen wie Mord, Raub, Diebstahl, Körperverletzung u.a. zu reservieren ist.[4] Ferner bleibt ausgeblendet, welche verschiedenartigen Gründe vorliegen, einen bestimmten Norm-Verstoß als Verbrechen zu charakterisieren und ins Strafgesetzbuch aufzunehmen. Der gesamte soziale, historische, religiöse, politisch-intentionale, materielle, ethische und zeitgeschichtliche Bezugsrahmen für die formale Einordnung bleibt verborgen.

- Was früher als kriminell galt, ist heute vielleicht nicht mehr kriminell: Alkoholhandel und -konsum galten in der Zeit der Prohibition während der 1920er Jahre in den USA als Verbrechen – heute sind sie völlig legal und stehen nicht unter Strafandrohung. Die freie politische Meinungsäußerung, heute ein selbstverständliches Recht für jeden, war lange untersagt und wurde mit Gefängnis oder auch dem Tode bestraft.

- Was heute als kriminell gilt, war es früher vielleicht nicht: Die Erzwingung des Beischlafs unter Eheleuten war lange völlig legal und erst seit 1997 wird die Vergewaltigung in der Ehe mit Strafe bedroht. Die Verbreitung von Nazi-Symbolen war in der Zeit des ‚Dritten Reiches' völlig normal und ist heute verboten.
- Was in Deutschland strafrechtlich untersagt wird, ist in anderen Ländern erlaubt: Der Konsum von Opium und anderen Rauschmitteln wird hier als Verstoß gegen das Betäubungsmittelgesetz gewertet, während er z.B. in asiatischen Staaten toleriert wird.
- Was in Deutschland als nicht-kriminell gilt, steht in anderen Staaten unter Strafandrohung: Für den Ehebruch mit einer verheiraten Frau kann in islamischen Staaten sogar die Todesstrafe verhängt werden.

Beliebig verlängern ließe sich die Liste von unterschiedlichen Ansichten über Kriminalität. Zeitlich und regional werden Kriminalität und Verbrechen verschiedenartig verstanden und es lässt sich nur ein Kernbestand an Kriminalität feststellen, der sich (weitgehend) unabhängig von Raum und Zeit und zwischen Gesellschaften verschiedener Art und Epochen kaum ändert. Zu diesen als „klassisch" oder „traditionell" bezeichneten Delikten gehören z.B. Mord und Totschlag, Körperverletzung, Diebstahl und Raub. Um diesen Kernbestand herum gruppieren sich dann eine Vielzahl von Delikten, deren Einordnung in die Kriminalität jedoch kultur-, zeit- und sozialabhängig mehr oder minder variiert.

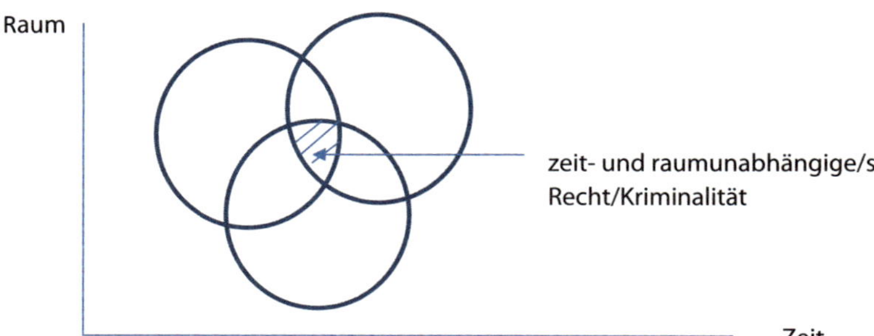

Abb. 2: Zeit- und Raumabhängigkeit von Recht und Kriminalität. Eigene Darstellung

Kriminalität ist also nichts Festes, sondern ist ein Ausdruck der – sich auch immer wieder wandelnden – gesellschaftlichen Werte.

- Der seit den 1970er Jahren gesteigerte Wert der individuellen Selbstbestimmung führt dazu, dass die höchst private sexuelle Orientierung entkriminalisiert wurde und die Homosexualität, seit 1871 mit Gefängnisstrafe bedroht, nach verschiedenen Umdeutungen bezüglich der Strafbarkeit erst seit 1994 nicht mehr als Verbrechen gilt.
- Der Wert der Demokratie und das Wissen um die Gefährdung der Demokratie veränderten die Vorstellung zum politischen Extremismus, dessen Strafbarkeit und Strafverfolgung.
- Die Veränderungen durch die Computertechnologie und die wachsende Bedeutung von individuellen Daten steigerten den Wert der informationellen Selbstbestimmung und damit einen Ruf nach einer strafrechtlichen Absicherung gegen Eingriffe in Computer. Dies ist die Grundlage des Verständnisses von Cyberkriminalität.
- Das Wissen um die Verletzlichkeit der natürlichen Lebensgrundlagen durch Schadstoffemissionen, durch Vergiftung von Gewässern oder die ungesicherte Entsorgung von gefährlichem Müll steigert den Wert der Umwelt und des Klimas – und ist Grundlage des Umweltstrafrechts.

Die Gesellschaften verständigen sich über ihre Werte und sie versuchen diese durch die Definition von gegen sie gerichteten Handlungen als „kriminell" zu schützen. Und gerade deshalb lohnt sich der Blick auf die Kriminalität bzw. die jeweiligen Interpretationen von Kriminalität, um die Gesellschaft zu verstehen, zu erkennen, was den Menschen wichtig und schützenswert erscheint oder welche Handlungen sie ablehnen.

Nun ja, aber vielleicht stimmt auch dies wieder nicht so ganz… Sind nicht die Deutung und Festlegung von Kriminalität vielmehr Ausdruck von Macht? Sind es nicht die Mächtigen, die mit Hilfe des Strafrechts ihre Macht verteidigen, die „Ohn"mächtigen in die Schranken weisen und somit die gesellschaftliche Ordnung – beziehungsweise das, was die Machthabenden darunter verstehen – aufrechterhalten wollen? Der französische Schriftsteller Anatole France spottete 1894 hierüber, dass es „unter der majestätischen Gleichheit des Gesetzes" den Reichen wie den Armen verboten sei, „unter Brücken zu schlafen, auf den Straßen zu betteln und Brot zu stehlen."[5] Autoritäre Herrscher schaffen ein Strafrecht zur „Majestätsbeleidigung". Nicht nur undemokratische Staaten schützen sich mit Strafrecht gegen Spionage und Geheimnisverrat – wobei die Deutung, was ein Geheimnis ist, von den Mächtigen erfolgt und damit der Bürgerschaft den Einblick in das Staatshandeln erschwert. Die Diskussionen um „Wikileaks" und dessen Vertreter Ju-

lian Assange oder um den amerikanischen Whistleblower Edward Snowden in den 2010er Jahren zeigen, dass auch heute Regierungen und Behörden versuchen, unlautere (?) Aktionen durch die Kriminalisierung von Geheimnisverrätern zu vertuschen.
Der Blick auf die Kriminalität ermöglicht es also

- etwas über den Zustand einer Gesellschaft zu erkennen,
- die Werte in einer Gesellschaft nachzuvollziehen und
- den gesellschaftlichen Wandel zu verstehen sowie
- Einblicke in die Machtstrukturen einer Gesellschaft zu erlangen.

2. „Kriminalität" als Gegenstand der Wissenschaft

Selbstverständlich weniger emotional betroffen als die Bürgerinnen und Bürger aber dennoch fasziniert sind auch die Wissenschaften von Kriminalität. Kaum eine Wissenschaft befasst sich nicht mit den Ursachen von Kriminalität, mit der Entdeckung von Verbrechen oder mit Fragen des Umgangs mit Straftäter*innen.

- Mit an erster Stelle sind die Rechtswissenschaften zu nennen, die sich u.a. mit Fragen beschäftigen, was Kriminalität ist, wie menschliches Handeln in „strafbar" bzw. „nicht-strafbar" eingeteilt wird, welche Strafen angemessen sind und wie ein Strafverfahren zu führen ist.
- Die Kriminologie – als Lehre vom Verbrechen – ist in Deutschland eine zumeist an den rechtswissenschaftlichen Fakultäten der Universitäten angesiedelte Wissenschaft, die sich mit Ursachen, Erscheinungsformen und Wirkungen von Kriminalität befasst. In vielen anderen Staaten gehört die Kriminologie jedoch zu den Sozialwissenschaften.

Zwar hat die Kriminologie ihren eigenen Untersuchungsgegenstand – also das Verbrechen mit den Täter*innen, Opfern und situativen Kontexten – aber sie hat kaum eine eigene Methodik und Systematik, wie sie etablierte Wissenschaften aufweisen. Insofern „plündert" sie in Bezugswissenschaften (die sich jedoch auch selbst mit Kriminalität beschäftigen) wie

- der Psychologie, die sich z.B. mit den Motiven von Tätern oder den psychischen Wirkungen einer Opferwerdung oder der Kriminalitätsfurcht befasst;
- der Psychiatrie, die psychische Krankheiten und gegebenenfalls daraus entstehende kriminelle Handlungen untersucht;

- der Soziologie mit ihren Untersuchungen zur Funktion von Kriminalität in einer Gesellschaft, der gesellschaftlichen Bewertung von abweichendem Verhalten oder Fragen der Einstellungen zu Kriminalität.
- Die Pädagogik untersucht Einflüsse der Bildung, Erziehung und Sozialisation auf die Vermeidung von kriminellem Handeln respektive deren Möglichkeiten zur Vermeidung von wiederholter Straffälligkeit.
- Philosophie und Ethik denken über das „Böse“ nach, untersuchen Fragen von Gerechtigkeit und betrachten die Werte in einer Gesellschaft mit den Wirkungen auf das Verständnis von Kriminalität.
- Fragen der Kosten von Kriminalität beschäftigen Volkswirtschaftler, während z.B. andere Wirtschaftswissenschaftler untersuchen, wie Tatbegehungen im Kontext von Organisierter oder Wirtschaftskriminalität zu verstehen sind.
- Unter dem Titel der forensischen Wissenschaften werden insbesondere die naturwissenschaftlichen Analysen der Kriminalität erfasst, wobei hier z.B. die Biologie und Rechtsmedizin nicht nur Informationen zu den in Krimis immer nachgefragten DNA-Spuren, Todeszeitpunkten und Todesursachen sondern zu vielfältigen anderen Fragen wie der Wundballistik oder Altersdiagnostik liefern. Die technischen und Ingenieurwissenschaften Physik, Chemie, Informatik etc. liefern aus ihrer jeweiligen Perspektive Hinweise auf Tatbegehungen und Spurenanalyse aber auch z.B. für technische Prävention.
- Kriminalistik und Polizeiwissenschaft sind kleinere wissenschaftliche Zweige, die sich mit der Praxis der Strafverfolgung, der Spurenkunde, von Verhörtechniken oder auch der Organisation der Polizei als Strafverfolgungsbehörde befassen.

Diese unvollständige Skizze zeigt, dass Kriminalität ein sehr besonderes Phänomen ist, das für Wissenschaftlerinnen und Wissenschaftler sehr unterschiedlicher Disziplinen spannende Fragen bereithält.

3. Zu diesem Buch

Dieses Buch will bewusst nicht ein Fachbuch für eine der oben genannten Wissenschaften sein. Es ist keine Einführung in die Kriminologie, kein Werk für Juristinnen oder Juristen und auch kein Studienbuch für die Polizeiausbildung – wenngleich die Nutzung hier selbstverständlich nicht verboten oder gar „kriminell“ ist. Das Buch möchte vielmehr einem breiteren Publikum mit Sachinformationen, wissenschaftlich fundierten Erklärungen und differenzierten Betrachtungen Denkanreize geben. Es soll die Alltagswahrnehmungen und die emotionale Faszination oder auch Furcht vor Kriminalität etwas aufbrechen und einen Beitrag zu einer rationaleren Betrachtung liefern. Die Autorinnen und Autoren sind wissenschaftlich ausgewiesen und/oder erfahrene Praktiker in verschiedenen Feldern der Kriminalitätsforschung bzw. -bekämpfung.

Die ersten Kapitel geben einen Einblick in die allgemeine Kriminalitätsdiskussion. Hier fragt zunächst *Marcel Schöne* nach den schon in der Einleitung angerissenen Bezügen von Gesellschaft und Kriminalität. Die Zusammenhänge zwischen „Raum und Kriminalität" im Sinne der Wirkungen von baulichen und sozialen Strukturen auf Kriminalität werden von *Felix Bode* erläutert. *Kai Seidensticker* stellt die Kriminalitätslage dar, wobei auf Daten der Polizeilichen Kriminalstatistik und andere Strafverfolgungsstatistiken eingegangen und deren Aussagereichweite bewertet wird. *Maike Meyer* schaut auf die Täter und beleuchtet die Ursachen der Kriminalität. Da ein relativ großer Teil von Kriminalität von Jugendlichen begangen wird, betrachtet *Andreas Kohl* deren Gründe, Wirkungen und Anforderungen an die Kriminalitätskontrolle. *Hermann Groß* rückt die gesellschaftliche Wahrnehmung von Kriminalität und ihre Auswirkungen auf das Sicherheitsempfinden in den Vordergrund.

Der zweite Themenblock fokussiert besondere Kriminalitätsformen. Ausgewählt wurden Deliktfelder, die etwas außerhalb der in Nachrichten- und Unterhaltungsmedien besonders häufig thematisierten Aggressions- oder Eigentumsdelikte stehen. Die Komplexität der Wirtschaftskriminalität wird von *Karlhans Liebl* dargelegt. Die Drogenkriminalität mit der Kriminalisierung des Konsums (und des Handels) ausgewählter Stoffe betrachtet *Ralf Gerlach*. Ein besonders hohes Maß an „krimineller Energie", an Planungs- und Organisationskompetenz sowie zielorientierter Tatbegehung sind sowohl im Bereich der Organisierten Kriminalität gefordert, wie *Dorothee Dienstbühl* und *Patrick Rohde* erläutern, wie auch bei der Cyberkriminalität, einem Deliktbereich, der kriminalstatistisch mit die höchsten Steigerungsraten aufweist, wie *Gina Wollinger* und *Arne Dreißigacker* ausführen. Gravierende Schädigungen der natürlichen Lebensgrundlagen sind Folge der Umweltkriminalität. *Alexander Werner* stellt vor, welche Delikte hierzu gezählt werden und wie die Hintergründe aussehen. *Daniela Pollich* analysiert die sexuell motivierte Kriminalität, die nicht ausschließlich ein Ergebnis von aktueller Lust- und Bedürfnisbefriedigung ist, sondern auch viel über die Gesellschaft und Rollenvorstellungen erklärt. Den Abschluss dieses Themenblocks liefert *Christoph Kopke* mit den Betrachtungen der politisch motivierten Kriminalität, die ihre besondere Schwere in der Mordserie des Nationalsozialistischen Untergrundes – NSU, dem Mord am Kasseler Regierungspräsidenten Walter Lübcke (2019) oder den rechtsterroristischen Anschlägen auf eine Synagoge in Halle/Saale (2019) oder auf Migrantinnen und Migranten in Hanau (2020) zeigten.

Der dritte Teil des Buches thematisiert den Umgang mit Kriminalität. *Torsten Madlung* erläutert die Kriminalitätskontrolle und Strafverfolgung durch die Polizei und Staatsanwaltschaft. Eine kommentierte Infografik von *Andreas Ruch* beschreibt das formelle Verfahren von der polizeilichen Ermittlung bis zum Gerichtsverfahren mit dem etwaigen Schuldspruch. Die Anforderungen und die Gestaltung des Strafvollzugs werden von *Stefan Suhling* und *Wolfang Wirth* beschrieben. Dass die Bekämpfung von Kriminalität nicht erst nach einer Tat erfolgen kann und soll, wird von *Diana Schubert* und *Stephan Christoph* erklärt, die das Konzept der (kommunalen) Kriminalprävention vorstellen. *Sigrid Pehle* richtet den Blick auf die Kriminalitätsopfer mit Unterstützungsmaßnahmen im Rahmen von Opferhilfe und -schutz. Und *Robin Hofmann* schließt die Ausführungen mit einem Blick auf die Kriminalpolitik, ihre Ziele und Gestaltung sowie die (partei-) politischen Positionen zur Kriminalität und Kriminalitätsbekämpfung.
Alle Autorinnen und Autoren hoffen, mit den Darlegungen einerseits Fragen der Leserschaft zu beantworten und gleichzeitig zu neuen Fragen, zu weiterem Nachdenken und zur kritischen Diskussion über Kriminalität anzuregen.

Zum Nach- und Weiterdenken

Der Text lieferte verschiedene Ansätze zum Verständnis und Definition der Kriminalität. Welcher Ansatz sagt Ihnen am ehesten zu? Oder versuchen Sie eine eigene Beschreibung dessen, was Kriminalität ist. Jede und jeder hat auch ihre/seine eigenen Vorstellungen, was „kriminell" ist. Bei welchen Handlungen würden Sie sagen, dass a) diese künftig unter (härtere) Strafe gestellt werden sollten bzw. b) deren Strafbarkeit aufgehoben werden sollte. Warum meinen Sie das? Welche Werte spielen bei Ihrer Meinung eine besondere Rolle?

Zum Weiterlesen

Klimke, D. und Legnaro, A. (Hrsg.) (2016): *Kriminologische Grundlagentexte*. Wiesbaden: Springer VS.

Die Kriminologie hat sich in den letzten Jahren vor allem mir sehr spezifischen Studien zum abweichenden Verhalten und zur Strafverfolgung und -vollzug befasst, während die „großen" Ideen und Thesen der jungen Wissenschaft teilweise in der Mitte bis Ende des 20. Jahrhunderts entwickelt wurden. Daniela Klimke und Aldo Legnaro vom Hamburger Institut für Sicherheits- und Präventionsforschung haben sich mit den Werken der Klassiker und Wegweiser der Kriminologie befasst, Schlüsseltexte herausgesucht und kommentiert. Das Buch vermittelt einen dichten Überblick über weiterhin aktuelle Debatten und Kontroversen der Kriminalitätsforschung.

Frevel, B. (2018): *Innere Sicherheit. Eine Einführung*. Wiesbaden: Springer VS

Die politikwissenschaftliche Betrachtung der Kriminalität ist Teil der Politikfe danalyse zur Inneren

Sicherheit. Das Lehrbuch legt die Grundzüge dieses Politikfeldes dar, diskutiert den Sicherheitsbegriff, beleuchtet neben der Kriminalität auch den Extremismus und Terrorismus als Problembereiche, stellt Felder und Akteure der Inneren Sicherheit vor und betrachtet aktuelle und grundlegende Probleme zur Gewährung der Inneren Sicherheit. Die kompakte Einführung schließt mit einem Ausblick, der aktuelle Probleme des Politikfeldes diskutiert. Das Buch zeigt wissenschaftliche Betrachtungsweisen und Analysewege auf, die in Zeiten der häufig emotional geführten Debatten über die Sicherheitslage gefordert sind.

Kriminalität und Gesellschaft – oder: Das Wesen von Trampelpfaden

Marcel Schöne

Wir alle sind schon einmal Trampelpfaden gefolgt. Arbeiten des Physikers Dirk Helbing von der Eidgenössischen Technischen Hochschule Zürich (ETH) zeigen, dass FußgängerInnen zumeist intuitiv den schnellsten und effizientesten Weg suchen bzw. wählen. Also die kürzeste Route, um ihr Ziel zu erreichen. Die so entstehenden Wege werden als *Desire Lines*, d.h. Strom- oder Wunschlinien oder eben einfach als Trampelpfade bezeichnet. Städtische Trampelpfade sind in diesem Sinne eine Wegoptimierung. Kriminologisch können sie in ihrem Kern als Korrektur einer offenbar als unzweckmäßig empfundenen Sozialstruktur verstanden werden. Sie sind also ein Regelbruch, eine Abweichung vom Weg im doppelten Sinne. Und sie sind, wenn man so will, als urdemokratische Revolte auch eine Abstimmung der Menschen mit den Füßen. Rechtlich sind sie ggf. Ordnungswidrigkeiten oder Straftaten, wenn Trampelpfade über Privateigentum führen und damit Kriminalität. Aber sieht so für uns Kriminalität aus?

1. AbweichlerInnen sind immer die Anderen

Im Grunde glaubt jede(r) zu wissen, was Kriminalität ist – bis man das erste Mal über das Wesen von Trampelpfaden nachdenkt. Um Kriminalität verstehen zu können, muss das scheinbar Unhinterfragbare hinterfragt, muss ins Räderwerk der Gewohnheit gegriffen werden. Sie werden im Verlauf des Buches merken, welche komplexen sozialen, kulturellen, psychischen und physischen Ursachen und Erscheinungsformen Abweichung hat, wie ungemein vielfältig und spannend die verschiedenen Perspektiven darauf sind. Und dass die Vorstellungen der Menschen darüber, was Kriminalität eigentlich ist, sehr weit auseinandergehen, nachvollziehbar bis diffus sind, logisch bis absurd. Trampelpfade sind für die meisten von uns jedenfalls nicht das, woran wir als erstes denken, wenn es um die Frage geht, was Kriminalität ist. Aber warum eigentlich nicht?

Fest steht zunächst, dass Kriminalität nach wie vor Konjunktur hat. Sie wird als abstoßend empfunden oder cool, als unverständlich und lästig, als gerecht oder ungerecht. Kriminalität ist ständig in fast allen Bereichen der Gesellschaft präsent und wird teils emotional diskutiert: In Familien, Freundeskreisen, an Stammtischen, in sozialen Netzwerken, am Arbeitsplatz, in politischen Foren. Dabei entstehen subjektive Realitäten, die Kriminalität nicht selten zum Mythos aufladen. Als Ausnahme zur Regel. Aber ist sie das wirklich, eine Ausnahme? Unbewegt lässt Kriminalität jedenfalls so gut wie niemanden. Friedrich Schiller vermerkte in seinem Werk „Der Verbrecher aus verlorener Ehre“: „In der ganzen Geschichte des Menschen ist kein Kapitel unterrichtender für Herz und Geist als die Annalen seiner Verirrungen.“[1] Die meisten Menschen erfahren Kriminalität nicht am eigenen Leib. Wir erfahren sie zumeist aus den Medien, über Dritte, vom Hörensagen. Über manche Kriminalitätsformen lachen wir. Andere nehmen wir gar nicht wahr. Für Robin-Hood-Aktionen haben wir bisweilen sogar heimlich Verständnis. Andere empören uns. Wir kennen die Forderung nach härteren Strafen für Sexualstraftäter, insbesondere solchen, deren Taten sich gegen Kinder richten. Oft scheint aus den Diskussionen die Angst oder Furcht, selbst Opfer einer Straftat zu werden, Schaden an Leib, Leben oder Eigentum zu nehmen. Und mit Angst lässt sich Politik machen. Die Frage nach der Bewertung von Kriminalität ist also offenbar auch abhängig davon, wie jeder von uns Sicherheit und Unsicherheit definiert und empfindet, was wir als gerecht, ungerecht oder gerechtfertigt einschätzen. Dabei scheint bisweilen auch so etwas wie Doppelmoral durch. Nach den Erkenntnissen der kriminologischen Dunkelfeldforschung haben ca. 90 Prozent aller Menschen in ihrer Jugendzeit mindestens einmal etwas Illegales getan. Und auch unser Alltagsverhalten ist durchaus von kleinen Abweichungen von Regeln bestimmt. Denken Sie nur an die Ordnungswidrigkeiten im ruhenden oder fließenden Straßenverkehr. Es ist fast unmöglich als FußgängerIn oder fahrrad-, moped- oder autofahrend alles richtig zu machen. Park- und Geschwindigkeitsverstöße eingeschlossen. Das aber blenden die meisten bei der Bewertung von Abweichung und Kriminalität aus. AbweichlerInnen sind (fast) immer die Anderen. Dabei erfüllt die Abweichung und ihr zumeist episodenhafter Charakter in unseren Biographien eine wichtige Funktion, wie wir noch sehen werden. Einleitend hat Bernhard Frevel erwähnt, dass Kriminalität für den Soziologen und Ethnologen Émile Durkheim als normaler Bestandteil von Gesellschaften bezeichnet wurde. Wie aber kann etwas normal sein, das Schaden verursacht? Und möglicherweise Leid? Und wessen Normalität ist gemeint? Lassen Sie uns diese Fragen als Sprungbrett nutzen zur Betrachtung des Wesens von Normen. Und Normalität.

2. Homo homini lupus est – Abweichung als Normalität?

Wir denken häufig in Gegensatzpaaren, um die Welt zu begreifen: Hell kann man nur benennen, wenn man gleichzeitig dunkel definiert. Genauso verhält es sich beispielsweise mit oben und unten, heiß und kalt, Schuld und Unschuld oder Recht und Unrecht. Der Schriftsteller Hermann Hesse nannte das die Bipolarität des Seins. In dieser Logik kommt zunächst auch keine Abweichung ohne Norm aus. Wenn in der biblischen Darstellung Kain seinen Bruder Abel erschlägt (das ist übrigens der erste dokumentierte Mord der Menschheitsgeschichte) und dafür bestraft wird, dann deshalb, weil er gegen eine Verbotsnorm verstoßen hat. Seit Menschen in Gemeinschaften und Gesellschaften zusammenleben, gibt es Regeln, die dieses Zusammenleben möglich machen. Indem sie es ordnen, strukturieren und kontrollierbar machen. Im Zentrum des sozialen Zusammenlebens und jeder Abweichung stehen daher Normen. Etymologisch abgeleitet vom lateinischen *norma* – Winkelmaß, Richtschnur, Maßstab – sind Normen individuelle und kollektive Verhaltenserwartungen mit unterschiedlichen Verbindlichkeitsgraden, denen spezifische Werte zugrunde liegen. Sie dienen uns als Orientierung, was möglich ist und was als unmöglich gilt. Sie definieren also zugleich Normalität und Abweichung. Wo Normen existieren, existiert auch die Abweichung von eben diesen Normen. Normen scheinen notwendig, um die menschliche Natur zu zivilisieren.

Homo homini lupus est – Der Mensch ist dem Menschen ein Wolf. Wir sind kulturhistorisch Fressfeinde. Das menschliche Drängen nach immer mehr, von Thomas Hobbes 1651 in seiner Staatstheorie Leviathan problematisiert, kann als einer der prägendsten Charakterzüge menschlicher Existenz angesehen werden. Nach Hobbes führt die Befriedigung der individuellen Begierden, mithin das Verlangen nach Gütern, Macht oder Ansehen zu einem fortwährenden Konkurrenzkampf um die Verteilung des Begehrten. Wenn viele nach etwas streben, das nur für wenige erreichbar ist, werden die Menschen zu Feinden, entbrennt ein Kampf aller gegen alle, der in seiner extremsten Ausprägung Krieg genannt wird. Mit Blick auf die (geo-)politische Lage und die weltweiten Phänomene sozialer Ungleichheit, Diskriminierung, Sexismus oder Rassismus ist das ein leider noch immer sehr aktueller Befund. Abweichung scheint also nicht die Ausnahme zur Regel zu sein, sondern bezogen auf das Wesen des Menschen normal. Aber keine Angst, wir sind nicht von lauter Mordgesellen umgeben. Eine relativierende Grunderkenntnis der Kriminologie lautet, dass viele Menschen leichte Verstöße gegen Rechtsnormen begehen und wenige Menschen viele schwere Verstöße. Auch aus sozialisationstheoretischer Sicht ist Abweichung als Begleiterscheinung und Ergebnis der Sozialisation eines Individuums ein normaler Vorgang, wie die eben erwähnten 90 % EpisodenabweichlerInnen zeigen. Insbesondere die Kindheits- und Jugendphase ist davon geprägt, dass das Individuum auf dem Weg zur Selbstständigkeit und seiner eigenen Sinnwelt Grenzen austestet. Und damit soziale, also gesellschaftliche Normen überschreitet und sie dabei deutlich, bisweilen auch schmerzhaft wahrnimmt und im besten Falle versteht. Fast jeder wird sich an Normverstöße seiner Kindheit und Jugend erinnern und sie benennen können. Die meisten Delikte sind dabei Bagatellen und nur eine Minderheit von Kindern, Jugendlichen und Heranwachsenden agiert brutal und damit erheblich sozialschädlich.

Mit Blick auf das Werden des Menschen vom Säugling zum Greis wird schnell klar, dass wir im Grunde als antisoziale Wesen auf die Welt kommen. Der Philosoph Rousseau sprach vom edlen Wilden, einem Naturmenschen, der vom Wesen her gut ist. Aber eben die Regeln seiner Umwelt noch nicht kennt. Und der sich deswegen normabweichend verhält. Im Schonraum Kindheit werden aufgrund dieser fehlenden sittlich-moralischen Einsichtsfähigkeit in das Unrecht Verhaltensweisen als normal betrachtet und verziehen, die bei Erwachsenen zu erheblichen Verwerfungen mit der Gesellschaft führen würden. Zahlreiche Kriminalitätstheorien sowie das auf dem Erziehungsgedanken fußende Jugendstrafrecht tragen dieser (Entwicklungs-) Dynamik Rechnung. Mit Blick auf Hobbes führt das natürliche und unbegrenzte Verhalten des Menschen nach historischer und zeitgenössischer Erfahrung zu einem Leben in Willkür nach egoistischen Interessen, die Leben, Gesundheit und Eigentum gefährden, da Menschen häufig gegen- und nicht miteinander ihren Vorteil suchen. Zur Vermeidung dieses Zustandes und zur Befriedigung des menschlichen Strebens nach Sicherheit ist für Hobbes ein Gesellschaftsvertrag notwendig. Und damit kollektiv wirkende Normen und die hierzu notwendige soziale Kontrolle.

Dieser Gesellschaftsvertrag besteht in modernen westlichen Gesellschaften in der Einrichtung eines (National)Staates, der das Gewaltmonopol innehat und Sicherheit, Freiheit und Wohlstand schafft sowie schützt. Im Tierreich würden wir vom Akt der Domestizierung sprechen. Einer Art häuslich machen. Das bedeutet einerseits eine Einschränkung der persönlichen Freiheit des Einzelnen, ermöglicht es den Mitgliedern der Gesellschaft jedoch andererseits, friedlich zusammenzuleben. Freiheit wird dabei als Autonomie des Subjekts, d.h. die größtmögliche Eigenständigkeit verstanden und Sicherheit als Zustand der Sorglosigkeit, ein Zustand also, der frei von Gefahren und Risiken ist. Die angesprochene soziale (Norm-)Kontrolle wird von verschiedenen formellen Instanzen übernommen: Polizeien, Ordnungsämtern, Sozialämtern, Staatsanwaltschaften, Gerichten, dem Strafvollzug etc. Und letztlich von den allgegenwärtigen informellen Instanzen der Sozialkontrolle: Unseren Mitmenschen in Familie, Freundeskreisen, in der Schule, im Arbeitsumfeld, in Sportvereinen, im öffentlichen Raum usw. All diese Instanzen achten direkt und indirekt darauf, dass wir uns benehmen, in der Spur bleiben, uns nicht vergehen – und sei es auf Trampelpfade. Und sie bieten uns gleichsam den Schutz und die Geborgenheit der menschlichen Gemeinschaft. Soziale Kontrolle ist also wie die Luft, die man atmet, überall und nirgends. Darin liegt nicht zuletzt auch ihre Wirkmacht.

3. Das Auge des Gesetzes sitzt im Gesicht der herrschenden Klasse – Kriminalität als Zuschreibungsakt

Dieser Satz des Philosophen Ernst Bloch führt zwangsläufig zu der Frage, wer letztlich bestimmt, was als kriminell gilt und was nicht. Und damit auch festlegt, wer von uns abweicht und wer nicht. Ohne in marxistische Klassendiskurse abgleiten zu wollen, muss gefragt werden, wer überhaupt die Möglichkeit und Macht hat, Kriminalität zuzuschreiben bzw. als sozial verbindlich festzulegen. Für die Theorie des Labeling Approach, einer Theorierichtung, die sich mit gesellschaftlichen Etikettierungen befasst, ist kein Verhalten von sich aus abweichend. Es wird erst durch individuelle und kollektive Zuschreibungsakte mit dem Etikett bzw. Label schlecht, negativ, unnormal, krank oder pervers versehen und damit zur Schuld, zur Abweichung. Abweichung wird daher als soziale Konstruktion verstanden. Sie ist relativ stabil, kann sich jedoch durch sozialen Wandel auch ändern. In diesem Sinne ist Gesellschaft etwas Konstruiertes, etwas Definiertes. Und diese Definitionsleistung setzt die Macht voraus, sie in gelebte Wirklichkeit umzusetzen. Genauer in geschriebenes (kodifiziertes) Recht und in die Vorstellungen der Menschen davon, was als abweichendes Verhalten gilt und damit als richtig und falsch. Was eine strafbare Handlung oder was ein Rechtsbruch ist, wird demnach im Prozess der so genannten primären Kriminalisierung, d.h. im Strafrecht und anderen Gesetzen und Verordnungen festgelegt und festgeschrieben. Die sekundäre Kriminalisierung ist in dieser Logik das, was die GewaltanwenderInnen, was die vollziehende (Exekutive) und rechtsprechende (Judikative) Gewalt im Staat mit dem Handwerkszeug der Gesetze und den Normen machen, wie also Polizei, Staatsanwaltschaften und Justiz die Rechtswirklichkeit in sozial gelebte Wirklichkeit umsetzen.

Die Diskussionen (nicht nur) des Jahres 2020 um *Racial Profiling* und *Black Lives Matter* haben diese teils willkürlichen und rechtswidrigen staatlichen Gestaltungsräume aufgezeigt. Zunächst sind die Aktivitäten der Polizei, der Staatsanwaltschaften und der Gerichte an das Recht gebunden. Sie sind als HüterInnen des Rechts quasi die Moralität in staatlicher Gestalt. Sie ahnden abweichendes, d. h. in der Logik des Staates, unmoralisches Verhalten. Sie selektieren damit aufgrund staatlicher Regeln und in Folge des staatlichen Dogmas von Schuld und Sühne in rechtstreu und rechtswidrig, in TäterInnen und unbescholtene BürgerInnen, also final in Schuld und Unschuld. Diese Haltung geht jedoch von objektiv vorhandenen Normen aus. Von Normen als objektive Kategorie, und unterschlägt den Prozess ihrer (staatlichen) Entwicklung und damit ihre Macht- und Herrschaftsfunktion. Diese wird seit den 1970er Jahren von KriminologInnen und SoziologInnen im Zuge der so genannten Instanzenforschung problematisiert. Zur Verdeutlichung:

Menschliches Handeln kann wertneutral als Erscheinungsform beschrieben werden (Deskription) oder zuschreibend im Sinne von bewertend bzw. urteilend (Askription). Von Interesse ist bei einer Beurteilung, wer wertet und aus welchen Gründen. Oder anders: *Cui bono*? Zu wessen Vorteil wird etwas gemacht? Aufgrund spezifischer gesellschaftlicher Zuschreibungsprozesse werden bestimmte Verhaltensweisen als von einer bestimmten Regel abweichend definiert und die Handelnden somit als Normkonforme oder Nonkonforme etikettiert und stigmatisiert. Das kann nach menschlichen Eigenschaften und Merkmalen wie Hautfarbe, Geschlecht, Kleidung, Sprache, körperlicher Verfasstheit geschehen sowie nach kulturellen, sozialen, politischen, ökonomischen, religiösen oder sexuellen Verhaltensweisen. Durch die Normen, beispielsweise denjenigen des Strafgesetzbuches, wird also einem bestimmten Verhalten etwas zugeschrieben, zuvorderst eine Sozialschädlichkeit, die bestraft werden muss: du sollst nicht töten, nicht stehlen, nicht ehebrechen, nicht falsch Zeugnis reden und so fort. Ohne diese Zuschreibung und damit ohne Normen, handelte es sich lediglich um menschliches Handeln, naturbelassen, könnte man sagen. Kommt aber ein Wert hinzu, wie Eigentum, Leben, Würde, Ehre oder das Recht auf sexuelle Selbstbestimmung, und damit eine (Be-)Wertung durch Kategorien wie gut oder schlecht, entsteht die vorgenannte Zuschreibungs-Hierarchie. Dabei kontrolliert die definierende bzw. etikettierende und stigmatisierende Gruppe durch die verschiedenen Spielarten der genannten formellen und informellen sozialen Kontrolle gleichsam die Einhaltung der Norm. Sie sanktioniert Übertritte und räumt sich dabei automatisch das Recht ein, dies auch zu tun. Die Verhängung der nachfolgend betrachteten Etiketten deviant oder delinquent ist dabei immer mit Werturteilen und den dahinterstehenden sozialen Prozessen von Normbildung und Subjektivierung verbunden. Diese laufen darauf hinaus, eine Norm als selbstverständlich und normal bzw. rational erscheinen zu lassen und nicht als subjektiv generiert. Diese Verschleierungsstrategien dienen dazu, eine Regel unbezweifelbar und damit unangreifbar zu machen. Oder anders: Jeder Staat verschleiert damit durchaus die Willkürlichkeit und Konstruiertheit seiner Herrschaft. Er gibt vor, dass er alternativlos und in seiner Verfasstheit und Funktion objektiv und von nicht anzuzweifelnder Selbstverständlichkeit ist.

4. Gerechtigkeit – ein philosophischer Exkurs

Dabei ist für den Staat der Gedanke der Gerechtigkeit ein zentrales Thema. In der *Politeia* begreift Platon Gerechtigkeit als die Bereitschaft der Staatsbürger, sich nicht in andere Belange einzumischen als diejenigen, für die er von Natur aus geeignet ist und die seinen Beruf ausmachen und seinem festgelegten

Stand entsprechen. Ungerechtigkeit entsteht in dieser Logik dann, wenn die Grenzen der staatlich definierten Zuständigkeitsbereiche missachtet werden. Übertritte gegen Rechtsnormen sind in dieser Denkart ungerecht. Doch was ist gerecht in einer Gesellschaft und wer legt das fest? Durch Thrasymachos, einen sophistischen Gesprächspartner, charakterisiert Platon Gerechtigkeit als ein Mittel der Herrschenden. In dieser Logik legen allein die Herrschenden durch Gesetzgebung in jedem Staat fest, was gerecht ist. Einen anderen Sophisten lässt Platon Gerechtigkeit als gesellschaftliche Konvention begreifen, in deren Folge die Bürger auf die Möglichkeit, Unrecht zu tun, verzichten, um sich gegen die Gefahr abzusichern, selbst zum Opfer von Unrecht zu werden. Ein Gedanke, den auch Aristoteles vertrat, für den die Tugend der Gerechtigkeit nur auf andere bezogen verwirklicht werden kann. Dieser Kern findet sich später auch im kategorischen Imperativ von Immanuel Kant, wonach man selbst nur das tun soll, was man auch von anderen Menschen erwartet. Platon verwirft die sophistischen Definitionen, da Gerechtigkeit aus seiner Sicht ein innerer Zustand des Individuums ist und nicht bloße Verpflichtung gegenüber anderen. Für ihn ist ein Mensch bereits gerecht aufgrund seiner Zugehörigkeit zu einer Gesellschaft und damit der Teilhabe an der Idee der Gerechtigkeit. Um nämlich einer Gemeinschaft angehören zu können, so die Annahme, muss jeder zumindest behaupten, gerecht zu sein.

Wie auch immer Gerechtigkeit philosophisch gefasst werden möge, ob sie mit Glück gleichzusetzen ist, und Ungerechtigkeit demzufolge mit Elend, wie Platon annimmt, der Gedanke der Gerechtigkeit ist eine Triebfeder der Idee des modernen Nationalstaates nach Hobbesscher Prägung und damit des Staates. In jeder Gerichtsverhandlung wird auf der Suche nach der Wahrheit die Frage von Gerechtigkeit und Ungerechtigkeit und damit von Recht und Unrecht immer wieder neu verhandelt. Gerechtigkeitsvorstellungen sind – oberflächlich betrachtet – objektiviert und allgemein verbindlich in den Gesetzen formuliert. Eine starke Verhaltenssteuerung wird jedoch den subjektiven Vorstellungen von Recht und Unrecht zugeschrieben. Welche Folgen hat dies aber für die betrachtete soziale Konstruktion der Kategorie Kriminalität? Wir erinnern uns: Am Anfang abweichenden Verhaltens steht eine menschliche Handlung. Und die gesellschaftliche Reaktion darauf. So weit so einfach. Verstehen können wir das aber nur, wenn wir uns verdeutlichen, wie Normen ausdifferenziert werden und warum.

5. Devianz und Delinquenz

Mit Blick auf die betrachtete Regulierung des sozialen Zusammenlebens ist Norm nämlich nicht gleich Norm – und Abweichung nicht gleich Abweichung. Da gibt es feine und weitreichende Unterschiede. Mit Blick auf den

Umstand, dass Normabweichung zumeist als negativ betrachtet wird, ist zunächst eine Erhellung der Funktion und Funktionalisierung von Normen angezeigt. Ohne Normabweichung gäbe es keine gesellschaftliche Entwicklung. Sie ist elementare Triebfeder für Veränderungen. Zunächst muss daher in positive (progressive) und negative (regressive) Abweichung unterschieden werden. Denn jeder olympische Rekord, jede bahnbrechende wissenschaftliche Erfindung, auch ebensolche künstlerischen Ideen und Konzepte, sind zunächst einmal auch eine Abweichung von dem, was vorher als normal galt. Abweichung ist also nicht per se negativ im Sinne von sozialschädlich – weder vom Akteur aus gesehen, noch hinsichtlich der gesellschaftlichen Folgen der Abweichung. Mit Blick auf Revolutionen, Widerstandsbewegungen, Whistleblower usw. gilt: Aus rechtlicher Sicht der betroffenen Nationalstaaten wurden und werden diese zumeist als Kriminalität bewertet. Und die Akteure als Kriminelle etikettiert. Mit anderen Worten: Des einen Held ist des anderen Staatsfeind. Man denke nur an die politischen Gefangenen der verschiedenen Systeme. In Bezug auf abweichendes Verhalten wird zunächst nach der Frage differenziert und kategorisiert, ob ein Verhalten gegen geschriebenes oder ungeschriebenes Recht verstößt. Und damit gleichsam nach dem Grad der Sozialschädlichkeit einer Handlung bzw. nach der kriminellen Energie, die einer Handlung zugrunde liegt. Hier liegt auch der Grund für die Unterscheidung in Vergehen und Verbrechen (§ 12 StGB). Die Einteilung in Kann-, Soll- und Muss-Normen am Anfang dieses Buches wird nachfolgend in Devianz und Delinquenz ausdifferenziert. Diese grundlegende Normenmatrix nach den Verbindlichkeitsgraden der Normen ist elementar für ein Verständnis von abweichendem Verhalten und sozialer Kontrolle.

5.1 Devianz – Die unteren 2/3 vom Eisberg

„Devianz" kommt aus dem Lateinischen und bedeutet „Abweichung". Im alltäglichen Sprachgebrauch finden wir es seltener als die im Anschluss thematisierte Delinquenz. Als Devianz wird ein Verhalten bezeichnet, das von geltenden, aber informellen, d.h. ungeschriebenen Normen und Werten abweicht. Solchen also, die sozial anerkannt sind, das heißt, zu einer bestimmten Zeit an einem bestimmten Ort und in einer bestimmten Gruppe bzw. Gemeinschaft oder Gesellschaft Gültigkeit haben, aber nicht in Gesetzen fixiert sind. Zum Beispiel ist nicht festgeschrieben, dass ein Vordrängeln an Warteschlangen nicht erwünscht ist. Es gibt trotzdem erheblichen Ärger. In Deutschland war bis zur Corona-Pandemie überwiegend ein Händedruck als Begrüßung üblich, wohingegen sich Menschen in Japan vor ihrem Gegenüber verbeugen. Letzteres galt hingegen in Deutschland bisher als befremdlich, also abweichend, während in Japan ausgestreckte Hände für Irritationen sorgten. Oder denken wir an den Höflichkeitsabstand auf dem Bahnsteig, am Geldautomaten oder in der Sauna, die angemessene Zeit, in der ein Blickkontakt von Fremden noch als angenehm empfunden wird (etwa 3,3 Sekunden), die gedämpfte Lautstärke, mit der wir uns in Kirchen unterhalten sollten, oder daran, dass die PartnerInnen von FreundInnen für sexuelle Annäherungen tabu sind, dass wir Rolltreppen in der richtigen Richtung benutzen und sie nicht gegen die Richtung hoch- oder runterlaufen, dass wir in Restaurants nicht laut aufstoßen, nicht zwischen den Sätzen einer Symphonie klatschen, mit Schuhen und nicht barfuß in Städten laufen oder zu Verabredungen pünktlich kommen: Alles ungeschriebene Normen, deren Einhaltung jedoch überwiegend erwartet wird.

Abweichende Verhaltensweisen rufen individuelle und/oder kollektive Reaktionen hervor. Sie dienen dazu, die AbweichlerInnen zu sanktionieren, zu disziplinieren und zu erziehen, d. h. hin zu normkonformem Verhalten zu bessern. Im Kern handelt deviant, wer gegen Kann- und Soll-Normen verstößt. Kann-Normen haben dabei in der Normenhierarchie den geringsten Verbindlichkeitsgrad. Hierunter fallen Bräuche und Gewohnheiten. Sie können von den Mitgliedern einer sozialen Gruppe eingehalten werden, müssen es aber nicht. Ihre Einhaltung kann mit Lob und Anerkennung belohnt werden. Verstöße gegen diese Normen ziehen zumeist keine informelle negative Sanktionen der Gruppe bzw. der Gruppenmitglieder nach sich, sie können es aber beispielsweise in Form der Missbilligung. Dabei werden je nach Gruppe durchaus erste Prozesse sozialer Inklusion (Einschluss) und Exklusion (Ausschluss) in Gang gesetzt. Wer sich erwartungsgemäß verhält, gehört dazu, wer nicht, fliegt eventuell raus. Soll-Normen spiegeln sich in Sitten, Bräuchen und Traditionen. Sie haben einen höheren Verbindlichkeitsgrad als Kann-Normen und einen geringeren als Muss-Normen. Die Mitglieder einer sozialen Gruppe, einer Organisation oder auch eines Staates sollen die jeweiligen Verhaltensregeln einhalten, müssen es aber rechtlich (de jure) nicht. Wie bei den Kann-Normen erfolgt die Sanktionierung oder Honorierung eines bestimmten Verhaltens nicht durch eine staatliche Instanz sondern durch soziale Gruppen und ihre Mitglieder. Verstöße gegen Soll-Normen können mit Missbilligung bis hin zur Ausgrenzung sanktioniert werden.

Für KriminologInnen sind die Abweichungen im Bereich der Devianz so etwas wie der Testfall der Abweichung. Ein grundlegendes Austesten der Grenzen und Möglichkeiten, das am Anfang von kriminellen Karrieren stehen kann. Eine wichtige kriminologische Erkenntnis ist dabei, dass aus Devianz und den sozialen Spannungen und Konflikten, die ihre Ursache sind, der überwiegende Teil der Kriminalität entsteht, d.h. die Verstöße gegen Muss-Normen, die nur sehr selten aus dem Nichts kommen, sondern zumeist eine Vorgeschichte haben. Sie stellen das Ende einer Eskalationsdynamik dar, die sich zwar im Bereich der ungeschriebenen Normen abspielt, also unter dem Radar von Polizei, Staatsanwaltschaften und Gerichten, aber folgenreich sein kann. Wie die berühmten 2/3 der Masse von Eisbergen, die sich unter der Wasseroberfläche befinden und nicht nur der Titanic den Untergang bescherten.

5.2 Delinquenz – Die Spitze des Eisberges

„Delinquenz" kommt aus dem Lateinischen und bedeutet „sich vergehen." Wie die TrampelpfadbenutzerInnen sich im übertragenen Sinne vergehen, indem sie einen zuvor nicht vorgesehenen Weg wählen und damit Ordnungswidrigkeiten oder Straftaten begehen. Im Gegensatz zur Devianz umfasst der Begriff die Abweichung von kodifiziertem Recht, also von geschriebenen Normen und den dahinterstehenden Werten. Diese geschriebenen Normen werden als Muss-Normen bezeichnet. Allein im deutschen Strafgesetzbuch finden sich knapp 280 Straftatbestände. Sie stellen Verhaltensregeln oder besser Gebots- oder Verbotsnormen dar, die für alle Mitglieder einer Gesellschaft zwingend verbindlich sind. Die Sanktionierung eines Verstoßes gegen Muss-Nomen erfolgt offiziell durch staatliche Instanzen wie Polizei, Staatsanwaltschaften und Gerichte nach festgelegten Regeln, das heißt nach de jure verbindlichen Prozessmaximen. Geregelt sind diese in der Strafprozessordnung. Dies verhindert natürlich nicht immer, dass Menschen zu Selbstjustiz greifen, um ihre Vorstellungen von Gerechtigkeit herzustellen bzw. Vergeltung zu üben. Aber gedacht ist das System anders, weshalb Selbstjustiz strafbar ist. So kann Delinquenz mit Kriminalität gleichgesetzt werden, d.h. abweichendem Verhalten, das gegen (Straf-)Rechtsnormen verstößt. Kriminalität ist dabei als Ausnahme zur Regel konstruiert. Jede Abweichung soll als Ausnahme die Regel bestätigen, sie sichtbar machen. Und zwar in dem Moment, wo die Abweichung als Regelbruch sanktioniert wird oder die Sanktionsdrohung im Raum steht. Ohne Sanktion oder die Drohung damit, würde irgendwann die Ausnahme zur Regel werden und die Grundregel würde auf kurz oder lang wegfallen.

Es besteht ein Mechanismus, der jeden, der eine Regel aufstellt, zwingt, die Regeleinhaltung auch zu kontrollieren und Abweichungen zu sanktionieren. Oder anders: Damit eine moderne demokratische Gesellschaft funktioniert, müssen die Kriminellen, das heißt die, die als kriminell definiert, bewertet und selektiert werden, in der Minderheit sein. Dabei gilt die Logik: Je mehr Kriminalität eine Gesellschaft prägt, desto weniger gelten ihre Normen. Und je weniger Normgeltung herrscht, desto geringer ist die Steuerung durch die sozialen Ressourcen Moral und Ethik, deren Wirkung gerade davon lebt, dass sich die Masse der Bevölkerung rechtskonform, das heißt moralisch verhält oder sich jedenfalls für moralisch hält, und dies auch trotz des Buches „1000 ganz legale Steuertricks" im Bücherregal.

Normabweichungen müssen zu den Ausnahmen gehören und dürfen nicht zur Regel werden, jedenfalls im sichtbaren Bereich der Kriminalität, dem sogenannten Hellfeld. Darunter werden alle begangenen und den Strafverfolgungsbehörden durch Anzeigen von BürgerInnen oder eigene Kontrolltätigkeiten bekannt gewordene Straftaten verstanden, die dann in Kriminalstatistiken registriert werden. Wobei KritikerInnen dieser Statistiken davon ausgehen, dass beispielsweise die polizeiliche Kriminalstatistik (PKS) nicht das tatsächliche Kriminalitätsgeschehen widerspiegelt, sondern lediglich das Registrierungs- und Kontrollverhalten der Polizei und das Anzeigeverhalten der Bevölkerung, wie es Kai Seidensticker in diesem Buch weiter ausführt. Unter dem Dunkelfeld werden hingegen alle begangenen, aber den Strafverfolgungsbehörden nicht bekannt gewordenen Straftaten verstanden. Dieser für den registrierenden Staat nicht sichtbare Teil der Kriminalität unterteilt sich noch einmal in ein relatives und ein absolutes Dunkelfeld. Das relative Dunkelfeld entsteht durch Methoden der wissenschaftlichen Dunkelfeldforschung, die hinsichtlich des Umfangs und der Struktur von Kriminalität ein umfassenderes Bild erzeugen können, weil sie andere Informations- und Wissensquellen erschließen: Teilnehmende Beobachtung, Aktenanalyse, Interviews, Befragungen usw. Das absolute Dunkelfeld hingegen bleibt so unerhellt, wie es klingt. – Kai Seidensticker geht in seinem Beitrag in diesem Band noch näher auf die Hell- und Dunkelfeld-Thematik ein.

5.3 Extinction Rebellion, Lifestyle und Paradoxien – Weitere Kategorien der Abweichung

Abschließend soll nicht unerwähnt bleiben, dass Sie in der Literatur noch weitere Arten finden, in die Abweichung unterteilt wird und die große Schnittmengen mit den Begriffen Devianz und Delinquenz haben. So die Gliederung in konventionelle Devianz, problematische Devianz und Kriminalität. Unter konventioneller Devianz werden Verstöße auf der Grenze zwischen Konformität und Abweichung verstanden. Dies können analog zu Verstößen gegen Kann- und Soll-Normen bspw. Musik- oder Kleidungsgeschmack sein, ein bestimmter Lifestyle, der für andere ungewöhnlich ist und deshalb auffällt. Jugendkulturen und damit Generationenkonflikte sind hier gute Stichwörter. Vielleicht haben Sie selbst ja schon einmal Ablehnung durch ihr bloßes Äußeres, ihr gesellschaftspolitisches Engagement bei *Extinction Rebellion, Fridays for Future* oder anderen sozialen Bewegungen, ihre gendergerechte Sprache usw. erfahren. Problematische Devianz ist hingegen gesellschaftlich nicht akzeptiert und gilt als ursächlich für soziale

Probleme und Kriminalität. Zum Beispiel das Schnüffeln von Klebstoff oder der Konsum harter Drogen. Dies ist der Übergang zum Bruch von Muss-Normen. Die Kategorie Kriminalität ist letztlich deckungsgleich mit dem schon diskutierten Begriff der Kriminalität. Sie sehen, dass die Übergänge fließend sein können.

Bei der weiteren Beschäftigung mit der Materie werden Sie zudem auf drei weitere Ansätze stoßen, die auf die Existenz von gewissen Paradoxien der Abweichung hindeuten. So kann ein Verhalten gegen Muss-Normen verstoßen aber gar nicht als Abweichung empfunden werden. Im Gegenzug kann ein rechtlich richtiges Verhalten als abweichend wahrgenommen werden. Dies kann bspw. Auswirkungen auf das Anzeigeverhalten der Bevölkerung oder auch auf das Kontrollverhalten der Polizei haben. Erklärlich ist dies mit der Unterscheidung zwischen dem normierten, dem erwartungsorientierten und dem sanktionsorientierten Ansatz. Für den normierten Ansatz ist jede Abweichung eine Abweichung von strafgesetzlichen Normen (Delinquenz). So weit, so nachvollziehbar.

Nach dem erwartungsorientierten Ansatz aber ist Abweichung ein Verhalten, das unabhängig von der strafrechtlichen Relevanz den Erwartungen der Interaktionspartner widerspricht. Hierunter können also Verstöße gegen alle bisher betrachteten Normen fallen. Mögliche Paradoxie dabei: Die InteraktionspartnerInnen erwarten ein rechtswidriges Verhalten. Richtig wird also falsch. Und falsch wird richtig. Mit anderen Worten: Ein rechtlich falsches Verhalten wäre in dem Fall also richtig, wie z.B. Falsch- oder Nichtaussagen vor Gericht im Bereich der Organisierten Kriminalität oder von AmtsträgerInnen, die kriminelle KollegInnen decken. Wider das Gesetz wird durch den Corpsgeist der Gruppe Solidarität und Loyalität erwartet. AmtsträgerInnen, die hingegen wahrheitsgemäß aussagen, also rechtlich alles richtig machen, werden in ihrer Dienststelle möglicherweise als NestbeschmutzerInnen oder WhistleblowerInnen gesehen und ausgegrenzt bzw. gemobbt, weil sie gegen die Erwartungshaltung ihrer KollegInnen verstoßen. Hier wird deutlich, warum diese weitere Unterscheidung so wichtig und erkenntnisreich ist, um Abweichung zu verstehen.

Beim sanktionsorientierten Ansatz schließlich liegt eine Abweichung dann vor, wenn auf ein Verhalten eine negative Sanktion erfolgt, da Abweichung in dieser Logik erst durch eine sanktionierende Reaktion zur Abweichung wird (siehe Etikettierung). Mögliche Paradoxie: Der/die FinderIn eines Portemonnaies behält dieses und wird durch den Inhalt (positiv) belohnt. Normorientiert liegt aber mit der Unterschlagung eine Abweichung vor, also müsste eine negative Sanktion erfolgen. Die aber bleibt aus. Ebenso wie die negative staatliche Reaktion auf eine nicht beweisbare Falschaussage eines Amtsträgers, der dafür jedoch von den KollegInnen für seine unbedingte Loyalität wertgeschätzt wird. Sanktion kommt übrigens aus dem Lateinischen und bedeutet Heilung, Strafandrohung und Bestätigung. Negative Sanktionen sind gleichzusetzen mit einer Strafe. Diese Lesart kennen wir alle. Aber was ist mit Bestätigung gemeint? Dies erklärt sich durch positive Sanktionen, zu denen Lob und Bekräftigung gezählt werden, das also, was die Psychologie einen positiven Verstärker für Verhalten nennt.

6. Abweichungsparadoxien

Wie mehrfach angedeutet, haben Abweichungen wichtige gesellschaftliche Funktionen. Diese Funktionen nehmen wir abschließend in den Fokus. Und bündeln damit auch einige bisherige Betrachtungen. Nach dem sogenannten Funktionalitätsparadox ist Abweichung nicht Folge sozialer Desorganisation, also mangelnder Organisationsfähigkeit des eigenen Verhaltens oder schlicht Verpeiltheit sondern überwiegend hochgradig funktional. Also zielgerichtet. Doch welche Funktionen bzw. Ziele werden erfüllt?

- Zunächst stabilisiert Abweichung die Normen. Nur im Kontrast zu den AbweichlerInnen können Konforme ihre Loyalität zu den Normen deutlich machen. Und sich auch als Konforme sehen und spiegeln. Dies erfüllt zudem das menschliche Bedürfnisse nach Abgrenzung bzw. Unterscheidbarkeit von Anderen (Distinktion).
- In die Gesellschaft integriertes abweichendes Verhalten stützt ebenfalls die Norm. Durch Enttabuisierung würde die Abweichung ihren Reiz verlieren (z.B. überwachte Drogenabgabe).
- Abweichendes Verhalten kann ein Indikator für gesellschaftlichen Wandel sein. Die Diskrepanz zwischen Norm und Verhalten führt zu sozialem Wandel und damit auch einem Wandel von Normen.
- Abweichendes Verhalten erzeugt ein Wir-Gefühl in sozialen Gruppen. Sowohl bei Konformen wie bei Abweichlern. Dieses Gemeinschafts- oder Zusammengehörigkeitsgefühl wird auch als Gruppenkohäsion bezeichnet. Abweichendes Verhalten kann in diesem Zuge als erwartete Verhaltensnorm bspw. in kriminellen Subkulturen sogar eine Art Zugangscode für die Mitgliedschaft sein.
- Abweichendes Verhalten ist ein subjektives Bewältigungsverhalten für soziale Konflikte. Es ist Produkt eines individuellen Erfahrungshorizonts. Und eine Möglichkeit sich soziale Aufmerksamkeit zu verschaffen. Dies gilt vom Ladendiebstahl, Banküberfall über Gewalt an Schulen bis zum Terrorismus.

7. Conclusio

Wir haben gemeinsam eine kleine Reise in den Kosmos der Normen und der Abweichungen von diesen Normen unternommen und sind dem Wesen von Regelsetzungen, Regelbrüchen und den Paradoxien der Abweichung auf den Grund gegangen. Trampelpfade sind für die meisten von uns wahrscheinlich noch immer keine Kriminalität. Aber jetzt könnten Sie sagen: Nach dem erwartungsorientierten Ansatz werden sie im Gegensatz zum normorientierten Ansatz auch nicht als Abweichung gesehen. Und sanktioniert werden sie auch meistens nicht. Und damit liegen sie genau richtig und verlassen möglicherweise gesellschaftliche (Trampel)Pfade, denen sie bisher gedanklich gefolgt waren. Sie wenden also den selbstverständlichen Blick in einen kritisch hinterfragenden und daher verstehenden Blick. Es ist deutlich geworden, dass eine Norm als Verhaltenserwartung der Gesellschaft zunächst eine Normalität formuliert. Und damit gleichzeitig immer ihr Gegenteil: Das Unnormale, das vom Normalen Abweichende.

Sie wissen, dass es von Relevanz ist, wer die Macht zur Formulierung dieser Normalität hat. Gott kann über Kain richten, weil er in der gesellschaftlich anerkannten Position ist, dies zu tun. Das Kainsmal ist dabei gleichzeitig positive (Schutz) wie negative (Strafe) Stigmatisierung. Normen wurden als soziale Konstruktion der Gesellschaft herausgearbeitet. Sie sollen die menschliche Natur zivilisieren und befrieden. Dabei wird deutlich, dass Normabweichungen als Suchverhalten des Individuums notwendig sind, um Regeln wahrzunehmen, zu verstehen, spezifische Positionen in der Gesellschaft einzunehmen und gesellschaftlichen Wandel zu erzeugen. Ohne Normabweichungen gibt es keinen Fortschritt. Und keine Verdeutlichung der Normgeltung als Ausnahme zur Regel. Zudem gibt es keine Gesellschaft ohne Normabweichungen. Die Aufgabe der unterschiedlichen Instanzen der informellen und formellen sozialen Kontrolle ist es, diese Normabweichungen in Grenzen zu halten und nicht in delinquentes Verhalten münden zu lassen. Kriminalität als staatliches und soziales Kontrollinstrument ist dabei eine teils willkürliche soziale Konstruktion, die verschiedene Menschen nach spezifischen Merkmalen je nach Zeitgeist und Kultur in rechtskonform und rechtswidrig handelnde Individuen oder Gruppen einteilt. Diese binäre staatliche Konstruktion wirkt als sozialer Kitt der Gesellschaft. Weil sich damit die sogenannte konforme Mehrheitsgesellschaft besser fühlen kann als die abweichende Minderheit. Kriminalität als soziales Phänomen kann letztlich auch als Teil einer umfassenden Suche der Menschen nach Orientierung, Wahrheit und Gerechtigkeit verstanden werden. Oder wie Ernst Bloch in der Tübinger Einleitung zur Philosophie schrieb: „Ich bin. Aber ich habe mich nicht. Darum werden wir erst.“

Zum Nach- und Weiterdenken

Wer bestimmt, welche Verhaltensweisen und Handlungen gesellschaftlich akzeptiert sind?
Ist abweichendes Verhalten immer negativ? Welche Fortschritte verdankt die Gesellschaft Devianten und Delinquenten?
Für die Theorie des Labeling Approach ist kein Verhalten von sich aus abweichend. Es wird erst durch individuelle und kollektive Zuschreibungsakte, also durch Etiketten oder Label wie Schuld, schlecht, negativ, unnormal oder pervers zur Abweichung. Welche Etiketten kennen Sie und nach welchen Merkmalen verwenden Sie diese auch selbst?

Zum Weiterlesen

Kunz, K.-L. / Singelnstein, T. (2016): *Kriminologie*. Bern: Haupt Verlag

Insbesondere die Kapitel 12 und 13 dieses Lehrbuches führen Gedanken aus dem vorliegenden Aufsatz aus und vertiefen sie juristisch-kriminologisch.

Popitz, H. (1968 / 2003): *Über die Präventivwirkung des Nichtwissens: Mit einer Einführung von Fritz Sack und Hubert Treiber.* Berlin: BWV

Als das Buch 1968 erschien und die These der „optimalen Sanktionierungsrate" präsentierte, wurden Selbstverständlichkeiten der bisherigen Strafrechtspflege infrage gestellt. Was wäre, wenn alles abweichende Verhalten bekannt würde und welche Folgen hätte dies für die Mitglieder der Gesellschaft und deren Normempfinden? Popitz betont die Funktionalität der Kriminalität für die Integration einer Gesellschaft.

Herrnkind, M. & Scheerer, S. (Hrsg.) (2002): *Die Polizei als Organisation mit Gewaltlizenz. Möglichkeiten und Grenzen der Kontrolle*. Münster/ Hamburg/ London.

Die Autoren diskutieren die Rolle der Polizei im Rahmen der formellen sozialen Kontrolle und die Risiken des abweichenden Verhaltens von Polizistinnen und Polizisten vor dem Hintergrund der These, dass die Polizei individuelle und kollektive Freiheiten gleichzeitig schützt und gefährdet.

Raum und Kriminalität

Felix Bode

Im folgenden Beitrag wird näher auf den Zusammenhang zwischen Raum und Kriminalität eingegangen, also inwiefern Kriminalitätsentstehung im Zusammenhang mit baulichen und sozialen Strukturen eines Gebietes stehen können. Diese Verbindung wird anhand der historischen Entwicklung der Kriminalgeografie beschrieben und mit ausgewählten Theorien vertieft, um so das Abhängigkeitsverhältnis von Raum und Kriminalität nachvollziehbar zu präsentieren. Neben damit verbundenen Fragen zur Verhinderung von Kriminalität geht dieser Beitrag zudem auf die Auswirkungen auf die Polizei ein, insbesondere mit Blick auf eine konzentrierte und effiziente Steuerung der Beamten.[1] Eine besondere Bedeutung dieses Zusammenhangs wird in letzter Zeit vor allem durch die zunehmenden Einführungen von Softwarelösungen offensichtlich, die Kriminalität vorhersagen sollen, sogenanntes Predictive Policing.[2]

1. Einleitung

„Mord auf offener Straße", „Einbruch in Schule" oder „Neuer Drogenbrennpunkt am Hauptbahnhof" sind Meldungen, die sich häufiger in Pressemitteilungen lesen lassen. Mediale Berichterstattung über Kriminalität ist allgegenwärtig. Kriminalität findet statt und mit Spannung wird über spektakuläre Einzelfälle berichtet. Leser staunen nicht selten, wenn beispielsweise Hintergründe zu Taten bekannt werden, wenn Erklärungen für das Verhalten von Tätern oder Opfern durch Psychologen gedeutet werden oder wie Polizisten mit neuesten Methoden Täter identifizieren. Beim Lesen solcher Meldungen steht vor allem das jeweilige Delikt, also die Kriminalität, im Vordergrund. Das Delikt steht aber nicht nur beim Leser im Fokus, auch der ermittelnde Kriminalist und dessen Zuständigkeit werden durch das Delikt im Wesentlichen bestimmt. Ein Mord wird im Regelfall durch Kriminalbeamte einer Mordkommission bearbeitet, der Einbruch in die Schule durch Kriminalbeamte im Kommissariat für Einbruchsangelegenheiten und die strafrechtliche Verfolgung von Drogendelikten durch Kriminalbeamte eines Kommissariats für Drogenangelegenheiten. Kriminalität findet allerdings nicht einfach statt, sondern sie ereignet sich selbstverständlich an den unterschiedlichsten Orten, wie auf öffentlichen Straßen und Plätzen, in Parks, in Kaufhäusern, in Gaststätten oder aber in Wohnungen und Häusern. Die kriminologische Forschung spricht in diesem Zusammenhang vom sogenannten Raum. Johannes Luff, Mitarbeiter der Kriminologischen Forschungsgruppe der Bayerischen Polizei, hat es im Jahr 2016 wie folgt treffend formuliert:

> *„Zu ihrer Entfaltung benötigt Kriminalität Raum. Straftaten ereignen sich nicht in steriler Atmosphäre, sondern in einer von Menschen physisch und sozial geprägten Umgebung."*[3]

Mit Raum ist folglich kein umschlossenes Gebilde gemeint, in dem Kriminalität stattfindet, sondern Raum bezeichnet in diesem Kontext alle Orte, an denen Kriminalität geschieht. Das kann, mit Bezug auf die zuvor genannten beispielhaften (fiktiven) Pressemitteilungen, die offene Straße, die Schule oder aber die Gegend um den Hauptbahnhof sein. Neben der Tat mit Tätern und Opfern, gehören somit ebenfalls der Tatort und der angrenzende Raum zu den Grundbestandteilen eines Deliktes. Nicht zuletzt wird die Bedeutung des Raumes spätestens dann für Laien deutlich, wenn in abendlichen TV-Krimis die Ermittler Pinnwände mit Stecknadeln zu Tatorten analysieren und interpretieren. Der Raum ist insofern fester Bestandteil jeder Straftat, auch wenn er häufig erst auf den zweiten Blick relevant erscheinen mag. Aber:

- Warum ist der Raum im Zusammenhang mit Kriminalität überhaupt wichtig?
- Welche Rolle nimmt der Raum bei der Entstehung von Kriminalität ein?
- Was für Theorien gibt es zur Erklärung des Zusammenhangs zwischen Raum und Kriminalität?
- Wie werden die Erkenntnisse des Zusammenhangs von Raum und Kriminalität genutzt?
- Welche Grenzen und Kritik gibt es in wissenschaftlichen Diskussionen?

Diese beispielhaft aufgeworfenen Fragen werden im Nachfolgenden näher erläutert und beantwortet.

2. Historische Entwicklung der Kriminalgeografie

Die Thematisierung von Raum und Kriminalität, also die Betrachtung örtlich-zeitlicher Bedingungen von Straftaten, fällt in der Kriminologie, der sogenannten Lehre vom Verbrechen, in den Bereich der Kriminalgeografie. Die Kriminologie selbst ist eine Wissenschaft, die interdisziplinär ist und sich in viele Teilwissenschaften gliedert. So sind beispielsweise die Kriminalpsychologie oder Kriminalätiologie (Lehre von den Ursachen des Verbrechens)

Teilwissenschaften der Kriminologie, genauso wie die Kriminalgeografie, welche sich mit dem Zusammenspiel von Raum und Kriminalität befasst. Während die Polizei schon fast immer vor allem Delikt und Personen spezifisch ermittelt, wird der Raum und dessen Bezug zur Kriminalität in der Kriminalgeografie erst seit knapp 200 Jahren differenzierter analysiert.

So findet man im frühen 19. Jahrhundert erste kriminologische Forschungen, deren Gegenstand die räumliche Kriminalitätsdarstellung und -auswertung ist. Diese Untersuchungen gehen im Wesentlichen auf André Michel Guerry[4], einen französischen Juristen und Statistiker, und Lambert Adolphe Jacques Quételet[5], einen belgischen Astronom und Statistiker, zurück. Der Schwerpunkt ihrer Studien lag in der Analyse von Zusammenhängen zwischen Kriminalität und Sozialdaten, konkret in der Prüfung des Zusammenhangs zwischen Kriminalität und Armut, mangelnder Bildung sowie Bevölkerungsdichte.[6] In ihren Forschungen fanden sie heraus, dass unter anderem die wohlhabenden französischen Regionen höhere Fallzahlen bei Vermögensdelikten aufweisen. Daraus schlossen sie, dass nicht die Armut als Faktor an sich, sondern eher die Gelegenheit selbst für eine Straftatenentstehung verantwortlich sein muss. Darüber hinaus stellten sie fest, dass es in den Regionen und Städten Verbrechensschwerpunkte gibt, sich die Kriminalität also nicht gleichmäßig über das Land verteilt, sondern geografisch konzentriert ist.[7] Beide Forscher brachten damit Kriminalität erstmalig geografisch im Zusammenhang mit wirtschaftlichen und sozialen Struktur einer Bevölkerung und schufen hierdurch das Fundament für die Kriminalgeografie.

Die Kriminalgeografie selbst wird

> „… als Zweig der kriminologisch-kriminalistischen Forschung, der kriminelles Verhalten in seiner raumzeitlichen Verteilung erfasst und durch spezifische raumzeitliche Verbreitungs- und Verknüpfungsmuster demographischer, wirtschaftlicher, sozialer, psychischer und kultureller Einflussgrößen zu erklären versucht“[8]

definiert, wenngleich es keine allgemein verbindliche und einheitliche Definition von Kriminalgeografie in der Kriminologie gibt. Trotz der nicht einheitlich vorhandenen Begriffsbestimmung lässt sich die Kriminalgeografie aber prinzipiell in unterschiedliche Bereiche einteilen. Abbildung 1 zeigt dies exemplarisch.

Es gibt eine deskriptive, eine ätiologische und eine kriminalistische Kriminalgeografie. Die Kenntnis dieser Einordnung ist oft wichtig, um zu verstehen, welchen Zweck eine Analyse hat. Denn so hat der Kriminalist und Praktiker in der Polizei sicherlich ein anderes Ziel, wenn er Daten auf Zusammenhänge zwischen Raum und Kriminalität untersucht, als der Kriminologe und Wissenschaftler, wenn er dasselbe tut.

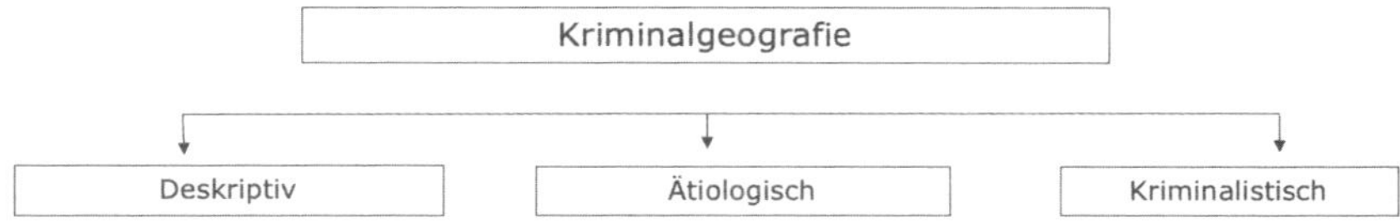

Abb. 1: Einteilung der Kriminalgeographie. (Quelle: Eigene Darstellung)

Aber was heißt deskriptiv? Was ist ätiologisch? Und was ist eine kriminalistische Kriminalgeografie?

- Deskriptiv meint, dass eine reine Beschreibung stattfindet, wo welche Straftaten zu verzeichnen sind. Diese Art der Darstellung von Kriminalität findet sich z. B. häufig in der Erstellung von (digitalen) Stecknadelkarten. Die Beschreibungen in der Polizeilichen Kriminalstatistik sind ebenfalls meist der deskriptiven Kriminalgeografie zuzuordnen, denn sie beschreiben, in welchen Bundesländern oder Städten wie viele Straftaten registriert wurden.
- Findet eine Analyse der Ursachen, beispielsweise mit Blick auf wirtschaftliche, soziale oder kulturelle Einflussgrößen statt, handelt es sich um die sogenannte ätiologische Kriminalgeografie. Hier steht die Frage des „Warum" im Vordergrund.
- Die Ausführungen der Polizeilichen Kriminalstatistik greifen die Frage des „Warum" nicht auf. Dies machen in der Regel Studien, die eine bestimmte Fragestellung im Zusammenhang mit Raum und Kriminalität untersuchen. Der bereits zuvor angesprochene Kriminalist in der Polizei bewegt sich meist im Bereich der kriminalistischen Kriminalgeografie. Er hat ein Interesse daran, die Tat aufzuklären, will also wissen, wo mögliche Täter wohnen, welche Route sie zum Tatobjekt genommen haben (sogenannte Tätermobilität) und welche Gegenden möglicherweise für den Täter besonders „anziehend" sind. Das können Bereiche sein, wo Fluchtmöglichkeiten besser sind, das Entdeckungsrisiko geringer ist oder aber, mit Blick auf einen Einbruchstäter, „lohnenswerte" Einbruchsobjekte stehen.

Da es in diesem Beitrag vor allem um den Zusammenhang zwischen Raum und Kriminalität geht, wird der Schwerpunkt nachfolgend vor allem auf eine deskriptive sowie ätiologische Kriminalgeografie und deren Erkenntnisse gelegt.

Mitte des 19. Jahrhunderts wurde die Fortführung der kriminalgeografischen Analysen in den USA vor allem durch die so genannte Chicago School bestimmt.[9] Die Befunde der Chicago School zeigen auf, dass Kriminalität unter anderem auf prekäre Wohnverhältnisse, finanzielle Armut und soziale Ausgrenzung zurückzuführen sein kann, indem zwei amerikanische Forscher (Clifford Shaw und Henry McKay) 1942 feststellten, dass die Kriminalität im zentralen Geschäftsviertel Chicagos am stärksten zu verzeichnen ist und konzentrisch (in Kreisen) nach außen hin abnimmt.[10] Die Verteilung der Kriminalität in einer Stadt ist folglich nicht zufällig, sondern sie scheint sich auf bestimmte Räume und Gebiete stärker zu verteilen als auf andere. Diese Ergebnisse bestärken damit die bereits von Guerry und Quételet gemachten Erfahrungen in Frankreich und ebneten den Weg für weitere größere Forschungen und erste Kriminalitäts(entstehungs)theorien mit Bezug zum Raum.

Der Raum kann daher mit Blick auf diese ersten dargestellten Befunde eine nicht unerhebliche Rolle bei der Erklärung von strafrechtlich relevantem Verhalten einnehmen. Sicherlich ist die Ursache für Kriminalität nicht der Raum selbst noch ist er nicht ursächlich für schwierige Wohnverhältnisse, finanzielle Armut und soziale Ausgrenzung. Er zeigt aber auf, dass sich soziale Problemlagen möglicherweise in bestimmten Gegenden stärker konzentrieren können. Diese Kenntnis der Umstände ist wichtig, da sozialpolitische, ordnungsrechtliche oder polizeiliche Strategien häufig auf solchen Befunden aufbauen. Sie haben für die staatliche Aufgabenbewältigung eine hohe Praxisrelevanz und liefern, z. B. für die kommunale Kriminalprävention, wichtige Informationen. Gleiches gilt beispielhaft für die Polizei, die ihre Personalplanung in sozialen Brennpunkten schlussfolgernd anders ausgestalten muss.

Die beschriebenen Untersuchungen aus Frankreich und den USA sind allerdings verhältnismäßig alt und es kann sicherlich die Frage gestellt werden, auf welche Informationen aktueller Art dann zurückgegriffen werden kann. Eine Möglichkeit aktueller Informationsgewinnung zu Raum und Kriminalität bietet hierbei allerdings die Polizeiliche Kriminalstatistik.

3. Der Raum als Bezugspunkt in der Polizeilichen Kriminalstatistik

Das Bundeskriminalamt (BKA) beschreibt in der jährlichen Polizeilichem Kriminalstatistik Raum und Kriminalität auf regional-geografischer Ebene, indem es die Bundesrepublik Deutschland nach Ländern und deren Kriminalitätsbelastung visualisiert.[11] Hierbei ist zunächst vor allem ein stärkeres Nord-Süd-Gefälle erkennbar. Das heißt, dass in den nördlichen Bundesländern mehr Straftaten pro 100.000 Einwohner registriert werden als in den südlichen Bundesländern. Darüber hinaus ist deutlich wahrnehmbar, dass die Stadtstaaten Berlin, Hamburg und Bremen besonders hohe Kriminalitätsbelastungen aufweisen. Aber es sind nicht nur die Stadtstaaten: Städte an sich weisen grundsätzlich eine höhere Kriminalitätsbelastung auf. Großstädte ab 500.000 Einwohnern haben pro 100.000 Einwohner anteilig die meisten Straftaten zu verzeichnen und je kleiner die Stadt oder Gemeinde ist, desto geringer ist der Anteil der Straftaten.[12] Da hier bereits durch das BKA eine anteilige Berechnung pro 100.000 Einwohner vorgenommen wird, ist der Umstand, dass in der Stadt auch mehr Menschen leben, bereits mitbedacht und einberechnet. Der höhere Anteil von Straftaten in Städten lässt sich dementsprechend nicht allein mit der größeren Anzahl der dort lebenden Menschen begründen.

Wie lässt sich aber dann das Nord-Süd- oder Stadt-Land-Gefälle erklären? Dieser Frage widmet sich die ätiologische Kriminalgeografie. So ist zunächst festzustellen, dass ein nicht unwesentlicher Teil der Täter und Opfer – gerade in den Stadtstaaten – gar nicht zur Wohnbevölkerung gehört. Denkbar sind hierbei Pendler oder Touristen, die eine Straftat in der Stadt begehen. Sie werden jedoch statistisch der Wohnbevölkerung des Tatortbundeslandes zugerechnet, sodass durch diese Art und Weise des Zählens in der Polizeilichen Kriminalstatistik eine erste Verzerrung entsteht. Außerdem findet sich eine Erklärung in der grundsätzlich höheren Arbeitsplatzdichte in bevölkerungsreicheren Bundesländern sowie den vermehrten Tatgelegenheiten in Städten. Denn Tatgelegenheiten ergeben sich eben häufiger in Innenstädten, wo es zahlreiche Geschäfte, Bars und Gaststätten gibt. Gleichzeitig ist die Anonymität in den Städten oft wesentlich größer als in kleineren Gemeinden oder auf dem Land. Schließlich kennt man in der städtischen Umgebung oft die meisten Mitmenschen nicht persönlich und die Wahrscheinlichkeit für eine informelle Regelung der Verstöße „unter sich“ wird dadurch geringer. Darüber hinaus haben Städte das Problem, dass sich in bestimmten Bereichen der Stadt soziale Probleme konzentrieren können und auf diese Art und Weise soziale Brennpunkte entstehen. Diese wenigen, beispielhaften Erklärungen für das Nord-Süd- und Stadt-Land-Gefälle unterstreichen zusammenfassend die Bedeutung des Raumes für die Entstehung der Kriminalität und zeigen, dass die Ursachen folglich häufig auch indirekt mit dem Raum tun zu haben können.

Bei der Betrachtung und Analyse von Raum und Kriminalität wurden in diesem Beitrag bislang die historische Entwicklung und, mit Blick auf die Polizeiliche Kriminalstatistik, erste deskriptive und ätiologische Analysen dargestellt. Hierbei handelt es sich allerdings lediglich um eine Aufzählung von Ergebnissen und Vermutungen über bestimmte Zusammenhänge zwischen Raum und Kriminalität. Nachfolgend werden deshalb noch zwei ausgewählte wissenschaftliche Theorien beschrieben, um das Abhängigkeits- und Interaktionsverhältnis zu vertiefen. Kriminologisch werden in diesem Kontext vor allem der Defensible-Space-Ansatz von Oscar Newman und die Broken-Windows-Theorie von James Wilson und George Kelling immer wieder thematisiert. Beide Ansätze sind, trotz vielseitiger Kritik, sicherlich die populärsten Beispiele für eine Verbindung von Raum und Kriminalität.

3.1 Der Defensible-Space-Ansatz

Der Defensible-Space-Ansatz geht auf den amerikanischen Architekten Oscar Newman im Jahr 1972 zurück.[13] Newman untersuchte die mögliche Wirkung von baulichen Merkmalen (insbesondere Gebäuden) auf deren (soziale) Umgebung. Die Ergebnisse seiner Studie zeigen im Wesentlichen:[14]

- In Hochhaussiedlungen mit niedrigem sozialökonomischem Status treten Verfallserscheinungen, Vandalismus und Kriminalität verstärkt auf.
- Je mehr Personen sich einen Hauseingang sowie gemeinschaftlich genutzte Flächen teilen, desto geringer ist die Erhebung individuellen Anspruchs („Keiner fühlt sich verantwortlich").
- Je höher das Gebäude, desto geringer ist die Nutzung sogenannter (halb-)öffentlicher Orte wie Flure, Treppenhäuser oder Gemeinschaftsgärten. Die Folge ist eine geringe soziale Kontrolle.
- Je geringer die soziale Kontrolle ist, desto größer ist die Anonymität.
- Je größer die Anonymität, desto stärker ist die Furcht vor Kriminalität.

Nach Newman hat somit die Gestaltung der Umgebung und Häuser großen Einfluss auf das Verhalten der Bewohner. Fühlen sich diese insbesondere durch Verfallserscheinungen und hohe Anonymität unsicher, steigt das Risiko für Kriminalität. Der Raum und die Gebäude schaffen demzufolge Situationen, die Kriminalität erzeugen können und deshalb entsprechend umgestaltet werden müssten. Aus diesem Grund wurden von Newman bereits frühzeitig Empfehlungen herausgegeben, die einer solchen Entwicklung entgegenwirken können, wie z. B.:[15]

- Verzicht auf Hochhausbau (max. 6–9 Wohnungen pro Haus)
- Planung kurzer Korridore (max. 2–4 Wohnungstüren)
- Eingrenzung der Grundstücke durch Zäune
- Schaffung von Gemeinschaftseinrichtungen, wie Spiel- oder Grillplätze
- Überwachung unübersichtlicher Stellen durch Monitore oder Beleuchtung
- Schaffung von Einsehbarkeiten bei Hauseingängen

- Einführung von symbolischen Barrieren zur Unterscheidung von öffentlichem und privatem Raum, wie durch Pflasterung des Gehweges zum Haus

Viele der in der heutigen Zeit stattfindenden stadtplanerischen Gestaltungen beinhalten diese Empfehlungen bereits seit langem. In der modernen Kriminal- und Baupolitik wird die Beachtung von Kriminalität verhindernden Bauweisen als städtebauliche Kriminalprävention bezeichnet bzw. im Englischen als „Crime Prevention Through Environmental Design".

3.2 Die Broken-Windows-Theorie

Die Broken-Windows-Theorie zählt wohl zu den berühmtesten Kriminalitätstheorien. Sie baut ebenfalls auf der Erkenntnis auf, dass zwischen Raum und Kriminalität Zusammenhänge bestehen. Die Theorie selbst geht dabei auf die amerikanischen Forscher James Wilson und George Kelling im Jahr 1982 zurück.[16] So griffen Wilson und Kelling für ihre Theorie zunächst ein Experiment des Psychologen Philip Zimbardo aus dem Jahr 1979 auf.[17] Zimbardo stellte in seinem Experiment ein älteres Auto mit demontierten Reifen und geöffneter Motorhaube am Straßenrand der Bronx (New York) ab. Eine Beobachtung des Autos zeigte, dass bereits nach kürzester Zeit das „Ausschlachten" erfolgte und alle noch brauchbaren Gegenstände entwendet wurden. Anschließend erfolgte sogar eine Verwüstung des Autos. Den gleichen Versuch wiederholte Zimbardo im gutbürgerlichen Palo Alto (Kalifornien). Die Beobachtung zeigte hier, dass über Wochen nichts passierte und sogar ein besorgter Bürger die offenstehende Motorhaube des Autos wieder schloss. Erst mit Zimbardos Einschlagen einer Scheibe am Auto erfolgte ein ähnlicher Verlauf wie bei dem Versuch in der Bronx. Wilson und Kelling griffen diese Beobachtung auf und leiten daraus ab, dass symbolisch eine zerbrochene Scheibe („broken window") für Unordnung und fehlende Verantwortlichkeit steht. Sollte – im übertragenen Sinne – eine Scheibe nicht möglichst schnell repariert werden, sind bald weitere Scheiben zerbrochen. Verwirrend? Was hat das mit Kriminalität zu tun?

Ein Gebiet, das heruntergekommen ist und damit vernachlässigt wirkt, kann potenziellen Tätern signalisieren, dass sich die dort ansässigen Bewohner kaum sorgen oder gegenseitig aufeinander aufpassen. Unsicherheitsgefühle und Furcht können entstehen. Furcht wiederum kann zum Zusammenbruch der informellen Sozialkontrolle bei den verbleibenden Bewohnern führen, ähnlich wie es bereits Newman zuvor in seinem Defensible-Space-Ansatz festgestellt hatte. Und fehlende informelle Sozialkontrolle kann eben Kriminalität begünstigen. In Wohngebieten, die gut instandgehalten sind, kann es potenziellen Tätern dagegen signalisieren, dass die Bewohner sich hier kümmern und wechselseitig aufeinander aufpassen. Die Entdeckungswahrscheinlichkeit bei einer Straftatenbegehung erscheint durchaus größer. Deshalb plädieren Wilson und Kelling für eine Wiederherstellung der sozialen Kontrolle in den betroffenen Gebieten, indem der physikalischen und sozialen Unordnung entgegengewirkt wird. Physikalische Unordnung sind beispielsweise Vandalismus, Graffiti, baufällige Gebäude oder herumliegender Abfall. Soziale Unordnung meint z. B. Verhaltensweisen wie aggressives Betteln, Betäubungsmittelkonsum in der Öffentlichkeit oder lärmende Jugendliche.

Die Theorie ist meistens deshalb so bekannt und zugleich umstritten, da mit ihr häufig sogenannte Null-Toleranz-Konzepte verbunden werden. Die Interpretation der wissenschaftlichen Befunde wird von Verfechtern einer Null-Toleranz-Strategie häufig dahingehend (falsch) verstanden, dass bereits bei kleinsten Anzeichen von Unordnung im Raum konsequent durchgegriffen werden müsse. In diesem Kontext findet aber leider häufig eine Vermischung von Theorie und Konzept statt. Die Broken-Windows-Theorie enthält keine Empfehlungen, die ausschließlich eine Null-Toleranz-Strategie fokussieren. Wilson und Kelling haben lediglich den zuvor beschriebenen Zusammenhang wissenschaftlich festgestellt und darauf aufbauend ihre Theorie entwickelt. Interventionskonzepte, die auf der Broken-Windows-Theorie aufbauen, müssen folglich immer getrennt von der eigentlichen Theorie betrachtet werden. Denn es gibt auch zahlreiche andere Möglichkeiten, wie durch sogenanntes Community Policing als gemeinwesenorientierte Sicherheitsarbeit, auf die Erkenntnisse der Broken-Windows-Theorie zu reagieren.

4. Angsträume

Wenn es, wie zuvor in der Broken-Windows-Theorie erwähnt, teilweise um Furcht geht, taucht häufig der Begriff der sogenannten Angsträume auf. Was aber ist ein Angstraum? Und unterscheidet sich ein Angstraum von einem Kriminalitätsbrennpunkt? Dies soll kurz erläutert werden: Ein Angstraum ist ein Ort, an dem auf Grund der Lage, der dortigen Baustruktur, Beleuchtung oder Nutzung bei vielen Menschen in der Bevölkerung ein Unsicherheitsgefühl entsteht. Dieses Unsicherheitsgefühl ist, wie das Wort „Gefühl" bereits andeutet, eher subjektiv. Die tatsächliche Kriminalitätslage muss dem Gefühl nicht entsprechen. Und hierin unterscheidet sich dann der Angstraum vom Kriminalitätsbrennpunkt. An einem Kriminalitätsbrennpunkt können tatsächlich verstärkt Straftaten registriert werden. Nichtsdestotrotz widmen sich die Polizei und Kriminalpolitik bei ihren Maßnahmen ebenso Angsträumen. Denn wie bereits zuvor bei der Erläuterung des Defensible-Space-Ansatzes und der Broken-Windows-Theorie dargelegt, können Unsicherheitsgefühle und Furcht bewirken, dass informelle Sozialkontrolle in diesen Gegenden abnimmt. Bewohner passen beispielsweise nicht mehr gegenseitig so stark aufeinander auf und langfristig droht an diesen Orten dann ein tatsächlicher Verfall, verbunden mit einem Kriminalitätsanstieg. Dem möchten Polizei und Kriminalpolitik entgegenwirken, sodass sich Angsträumen ebenfalls mit Präventionsmaßnahmen gewidmet wird.

5. Polizeiliche Arbeit im Raum

Neben den zuvor exemplarisch dokumentierten Ergebnissen einzelner Studien und Theorien gab es in den letzten Jahren eine Vielzahl an weiteren kriminalgeografischen Untersuchungen. Für die Polizei und die Arbeit in Kriminalitätsbrennpunkten sind die in diesen Forschungen gewonnenen Erkenntnisse zu Raum und Kriminalität wichtig. Sie erleichtern die Einsatzplanung und -taktik. So fand in diesem Zusammenhang z. B. die amerikanische Forschergruppe um Lawrence Sherman heraus, dass über die Hälfte der Polizei-Notrufe von lediglich 3,3 Prozent der Adressen einer Großstadt getätigt wurden.[18] Die Studie bzw. das Experiment ist auch als „Minneapolis-Hot-Spots-Patrol-Experiment" in der Kriminologie bekannt. Für die Städte Seattle und Washington ließ sich zudem durch die ebenfalls amerikanische Forschergruppe um David Weisburd feststellen, dass Kriminalitätsbrennpunkte häufig über Jahre unverändert fortbestehen.[19] Kurz zusammengefasst bedeutet dies, dass Kriminalität sich in den meisten Fällen auf nur einen kleinen Bereich der Stadt, teilweise sogar nur auf Straßenzüge, konzentriert und dies über Jahre konstant bleibt. Die Nutzung dieses Wissen in der Polizei ermöglicht demzufolge eine konzentriertere und effizientere Steuerung der Beamten für repressive wie präventive Maßnahmen.

Erkenntnisse aus Untersuchungen zu Raum und Kriminalität beschäftigen ebenfalls die Kriminalpolitik. Strafverschärfungen oder neue Ermächtigungsgrundlagen, beispielsweise zeitliche Betretungsverbote für bestimmte Bereiche einer Stadt, können an dieser Stelle exemplarisch hierfür genannt werden. Nicht zuletzt wird von Seiten der Politik (und auf Druck von Polizeigewerkschaften) auch der Ausbau der Videoüberwachung in Deutschland verstärkt medial und rechtlich vorangetrieben. Der Einsatz von vermehrter Videoüberwachung ist in diesem Kontext ein Beispiel dafür, dass ebenso auf Ebene der Politik Zusammenhänge zwischen Raum und Kriminalität realisiert werden und mit dem Einsatz von Kameras versucht wird, der Kriminalität in bestimmten Gegenden einer Stadt räumlich entgegenzuwirken.

Die derzeit modernste Form, in dem das Wissen zu Raum und Kriminalität vereint und genutzt wird, ist Predictive Policing. Begrifflich setzt sich Predictive Policing aus dem Englischen „to predict" (vorhersagen) und

„policing“ (Polizeiarbeit) zusammen. Bei Predictive Policing handelt es sich folglich um vorausschauende Polizeiarbeit, gewissermaßen eine Art Blick in die Zukunft, wo und wann sich potenziell Straftaten ereignen können. Der Fokus liegt vor allem auf dem „Wo“. Über algorithmische Software wird versucht, Kriminalitätsbrennpunkte im Vorfeld räumlich zu erkennen und diese zu verhindern. Raum und Zeit bezogen werden hierfür Daten zur Kriminalität und Daten zum Raum (z. B. Wohnlage) in Verbindung gesetzt. Vorhersagen dieser Art beziehen sich dabei auf unterschiedliche Kriminalitätsphänomene, meist jedoch auf den Wohnungseinbruchdiebstahl. Aufbauend auf den daraus gewonnen Erkenntnissen können die jeweiligen Polizeieinheiten dann gezielter in risikoreicheren Gebieten eingesetzt werden.

6. Grenzen und Kritik

Der Raum selbst kann für sich genommen natürlich keine Kriminalität erzeugen. Er ist neutral. Kriminalität entsteht im Raum durch die dort jeweils lebende Bevölkerung. Bestimmte Risiko- und Einflussfaktoren werden in kriminologischen Studien deshalb immer wieder auf ihren Zusammenhang zwischen Raum und Kriminalität geprüft. Dies sind vor allem Informationen über die Bevölkerungsstruktur (z. B. nach Alter, Bildung, Nationalität, Religion oder Zu- und Wegzüge) sowie die jeweiligen Gebietsfunktionen (z. B. Wohnsituation, Freizeitangebot oder Infrastruktur). Besondere Risikofaktoren für verstärkte Kriminalität werden dabei in der Wissenschaft immer wieder in Gebieten mit hohen Anteilen von benachteiligten Minderheiten, Personen mit niedrigen formalen Bildungsabschlüssen, Straftätern und großer Belegungsdichte von Wohnungen gesehen.[20] Solche Risikofaktoren können dann beispielsweise in ihrer Gesamtheit dazu führen, dass sich soziale Brennpunkte und Kriminalität bilden.

Die Diskussionen um Raum und Kriminalität finden deshalb auch Kritik. So ist zunächst festzuhalten, dass es eine Reihe von Delikten gibt, bei denen der Raum überhaupt keine wesentliche Rolle spielt. Als Beispiele können hier Steuerbetrug, Betrug gegenüber dem Sozialamt oder bestimmte Formen der Internetkriminalität genannt werden. Solche Straftaten haben keinen oder zumindest einen zu vernachlässigenden Bezug zum Raum. Der Tatort ist nicht so zentral im Fokus, wie beispielsweise beim Wohnungseinbruchdiebstahl. Nicht selten ist der Raum zudem inzwischen digital geworden, was vor allem Beleidigungs- oder Mobbing-Delikte im Internet betrifft. Analysen mit Bezug auf den Raum und dessen Zusammenhang mit der Entstehung erfahren hier ihre Grenzen an der Straftat selbst.

Darüber hinaus gibt es noch die berechtige Kritik, dass Kriminalität ein soziales Konstrukt ist. Das bedeutet, dass das, was Kriminalität in unseren

Strafgesetzbüchern beschreibt, von Menschen festgelegt wird. Es ist per se Definitionssache eines jeden Staates zu bestimmen, welche Verhaltensweisen die Gesellschaft für abweichend hält. So kann beispielsweise der Besitz von bestimmten Betäubungsmitteln in dem einen Staat strafrechtlich verfolgt werden, in dem anderen Staat dagegen nicht. Das bedeutet dann aber auch, wenn Analysen zu Raum und Kriminalität erstellt werden, dass diese einer gewissen Einseitigkeit unterliegen. Der eingangs erwähnte neue Drogenbrennpunkt am Hauptbahnhof kann folglich nur dort zum Drogenbrennpunkt werden, wo der Besitz von Betäubungsmitteln ebenso strafrechtlich verboten ist. Werden Studien zu Raum und Kriminalität durchgeführt oder werden Theorien zur Kriminalitätsentstehung entwickelt (z. B. die Broken-Windows-Theorie), so müssen diese immer im Lichte der jeweiligen gesellschaftlichen Rahmenbedingungen interpretiert werden. Eine 1:1-Übertragung von Forschungsergebnissen ist im Regelfall nicht möglich.

Zuletzt erfahren die Diskussionen um Zusammenhänge von Raum und Kriminalität dahingehend Kritik, dass bei einer polizeilichen Nutzung solcher Analysen und Ergebnisse diskriminierende Tendenzen entstehen können. Der Kriminologe Bernd Belina weist hierauf besonders im Zusammenhang mit Predictive Policing hin.[21] So ist nicht auszuschließen, dass die Polizei bei der Kontrolle von Personen bestimmte Gegenden einer Stadt häufiger bestreift als andere. Das hätte im schlimmsten Fall zur Folge, dass die Polizei immer nur Straftaten in den Vierteln entdeckt, die sie bestreift und in denen sie kontrolliert. Eingesetzte Software im Rahmen von Predictive Policing würde dann (mathematisch richtig) diese Gegenden als besonders gefährlich klassifizieren, was wiederum zu einer noch höheren Bestreifung und Kontrolle führen würde.

7. Zusammenfassung

In diesem Beitrag wurden Zusammenhänge zwischen Raum und Kriminalität aufgezeigt. Was vielleicht in der Überschrift und in den ersten Zeilen dieses Beitrages abstrakt und wenig greifbar klang, wird bei einer intensiveren Betrachtung dann doch bedeutend. Mit der Darstellung der historischen Entwicklung der Kriminalgeografie konnte vorliegend zunächst aufgezeigt werden, dass bereits im frühen 19. Jahrhundert festgestellt wurde, dass sich Verbrechensschwerpunkte geografisch konzentrieren. Die in der Polizeilichen Kriminalstatistik regelmäßig dokumentierte Darstellung zur Verteilung der Kriminalität in Deutschland zeigt dies ebenfalls auf, z. B. mit dem Nord-Süd- oder Stadt-Land-Gefälle. Kriminalitätstheorien, wie beispielsweise der Defensible-Space-Ansatz oder die Broken-Windows-Theorie, geben darüber hinaus systematische Erklärungsansätze für die unterschiedliche Verteilung von Kriminalität im Raum. Die Wohnumgebung und soziale Strukturen stehen in diesem Fall in einem Abhängigkeits- und Interaktionsverhältnis. Für Kriminalitätsentstehung im Raum sind dabei vor allem die sozialen Strukturen, insbesondere der Zusammenhalt einer Bevölkerung, maßgeblich.

Die Polizei nutzt das Wissen rund um die Entstehung von Kriminalität im Raum. Sie kann durch gezielte präventive Maßnahmen Kriminalität verhindern. Methoden des Predictive Policing werden hierbei in den letzten Jahren besonders häufig von der Polizei zur Früherkennung von Kriminalitätsbrennpunkten eingesetzt. Nichtsdestotrotz kommen Analysen zu Zusammenhängen zwischen Raum und Kriminalität auch an ihre Grenzen und erfahren Kritik. Denn nicht bei jedem Delikt ist die Bedeutung des Raumes wichtig, wie es zunehmend Internetstraftaten belegen. Darüber hinaus besteht vor allem bei einer (falschen) polizeilichen Nutzung gewonnener Erkenntniszusammenhänge die Gefahr der Stigmatisierung des Raumes oder der Diskriminierung der dort lebenden Bewohner. Die Nutzung gewonnener Erkenntnisse zu Zusammenhängen zwischen Raum und Kriminalität sollte somit immer mit Bedacht geschehen.

Zum Nach- und Weiterdenken

Konnten die vorliegenden Ausführungen Ihr Interesse an Diskussionen zum Zusammenhang von Raum und Kriminalität wecken?
Wie sieht es in Ihrer Stadt und Gemeinde aus? Gibt es dort Angstorte und Brennpunkte? Was sind die ortsspezifischen Merkmale?
Haben Sie den Eindruck, dass die örtliche Polizei und das zuständige Ordnungsamt der Kommune den raumspezifischen Sicherheits- und Ordnungsproblemen angemessen begegnet?

Zum Weiterlesen

Hess, H. (2004): Broken Windows: Zur Diskussion um die Strategie des New York Police Department. In: *ZStW*, 116 (2004), Heft 1, S. 66–110.

Der Zeitschriftenaufsatz gibt einen vertiefenden Einblick auf das im Beitrag vorgestellte „Broken-Windows"-Modell in der amerikanischen Praxis und regt zur weiteren Betrachtung der Übertragbarkeit auf deutsche Bedingungen an.

Frers, L., Krasmann, S. & Wehrheim, J. (2013): Geopolicing und Kriminalitätskartierungen. In: *Kriminologisches Journal*, 45. Jahrgang 2013, Heft 3, S. 166–179.

In diesem Artikel geht es um die zunehmende Nutzung von digitalen Kriminalitätskarten durch die Polizei.

Die Kriminalitätslage in Deutschland

Kai Seidensticker

Der folgende Beitrag befasst sich näher mit der Lage und Entwicklung der Kriminalität in Deutschland und schaut dabei insbesondere auf die Polizeiliche Kriminalstatistik 2019 des Bundeskriminalamtes (BKA). Dazu wird zunächst auf die Aussagekraft und die Grenzen der statistischen Erfassung von Kriminalität, insbesondere mit Blick auf die Polizeiliche Kriminalstatistik (PKS) eingegangen und in die Begrifflichkeiten des Hell- und Dunkelfeldes eingeführt. Im Anschluss erfolgt eine Darstellung sowohl der aktuellen Zahlen und historischen Entwicklung der Kriminalität in Deutschland, wobei einzelne Deliktfelder exemplarisch aufgegriffen werden. Abschließend werden die Erkenntnisse zu Tatverdächtigen und Opfern der Kriminalität in Deutschland aus der Polizeilichen Kriminalstatistik betrachtet.

1. Einleitung

Wie steht es um die Kriminalität in Deutschland? Hat sich die Kriminalitätslage verbessert oder eher verschlechtert? Diese und weitere Fragen werden in der Öffentlichkeit fortlaufend breit diskutiert. Aber auf welcher Grundlage lassen sich überhaupt Aussagen über die Lage und Entwicklung der Kriminalität in Deutschland treffen? Zumeist wird in der Diskussion auf Kriminalstatistiken, insbesondere die Polizeiliche Kriminalstatistik zurückgegriffen. Daneben existieren jedoch noch weitere Statistiken, wie beispielsweise die Strafverfolgungsstatistik, die Strafvollzugsstatistik oder die Staatsanwaltschaftsstatistik. Die genannten Datenquellen sind naturgemäß immer nur in der Lage, einen Aspekt der Kriminalitätslage aus einem bestimmten Blickwinkel abzubilden und können daher für sich genommen kein vollständiges Bild der Kriminalitätslage in Deutschland zeichnen.

Neben diesem wichtigen Aspekt gilt es eine weitere Besonderheit der Statistiken zu betrachten: in ihnen können nur die bekannt gewordenen und registrierten Fälle – das sogenannte Hellfeld – abgebildet werden. Wird eine Straftat also von den Opfern oder auch den Täter*innen nicht als Straftat wahrgenommen, oder wird eine Straftat zwar als solche wahrgenommen aber nicht gemeldet oder beispielsweise von der Polizei nicht registriert, landet diese im sogenannten Dunkelfeld. So kann es bei Verstößen gegen das Betäubungsmittelgesetz der Fall sein, dass es keine Opfer im direkten Sinne gibt, welche den Verstoß melden könnten, beispielsweise wenn es um den unerlaubten Besitz von Betäubungsmitteln geht. Hier müsste die Meldung durch die Täter*innen selbst geschehen, was wohl als hinreichend unwahrscheinlich bewertet werden kann. Das Dunkelfeld kann zusammenfassend als die Summe von Delikten verstanden werden, die durch die Strafverfolgungsbehörden nicht registriert wird und die deshalb nicht in den Kriminalstatistiken erscheint. Wie groß dieses Dunkelfeld ist und wie viel wir im Umkehrschluss überhaupt über die Kriminalitätslage in Deutschland wissen, kann pauschal nicht gesagt werden. Die Dunkelfeldzifferrelation, also das Verhältnis aus der Zahl der bekannt gewordenen zu der Anzahl der nicht bekannt gewordenen Straftaten,[1] variiert je nach Delikt, Täter*innen- und Opfergruppe und auch in der zeitlichen Entwicklung. Sie ist insbesondere von der Anzeigebereitschaft der Opfer bzw. Zeug*innen abhängig. Grundsätzlich scheint das Dunkelfeld jedoch bei leichter und mittlerer Kriminalität größer zu sein, als bei schwerer Kriminalität. Auch verbleiben die Delinquenz von Kindern und Jugendlichen sowie Gewalt- und Sexualdelikte eher im Dunkelfeld. Seriöse Schätzungen gehen indes von einer Dunkelfeldzifferrelation von 1:3 aus, also einem Dunkelfeld, welches dreimal so groß ist, wie das Hellfeld.[2]

Ein Teil dieses Dunkelfeldes, das sogenannte relative Dunkelfeld, lässt sich mit Hilfe von Methoden der Dunkelfeldforschung aufhellen. Hier kommen insbesondere groß angelegte Befragungen zufällig ausgewählter Personen nach deren Opfererfahrungen in einem bestimmten Zeitraum in Betracht, wie der im Juli 2017 durch die Innenministerkonferenz beschlossene, regelmäßig durchzuführende bundesweite Viktimisierungssurvey. Neben dem relativen Dunkelfeld existiert ein Bereich, der sich nicht durch Dunkelfeldforschung aufhellen lässt, das absolute Dunkelfeld. Hierunter fallen insbesondere Straftaten, die durch niemanden bemerkt werden und somit auch nicht durch beispielsweise Befragungen bekannt werden können.

Im weiteren Verlauf wollen wir uns der Kriminalitätslage in Deutschland auf Grundlage der Polizeilichen Kriminalstatistik 2019[3] annähern und folgende Fragen beantworten:

- Wie lässt sich die aktuelle Kriminalitätslage in Deutschland beschreiben?
- Wie hat sich die Kriminalitätslage in Deutschland im Zeitverlauf entwickelt?
- Wie verteilt sich die Kriminalität in Deutschland?
- Wer sind Tatverdächtige, wer Opfer von Kriminalität?

Dazu betrachten wir die Polizeiliche Kriminalstatistik und deren Aussagekraft und Limitierungen. Wir blicken insbesondere auf die Entwicklung der Kriminalität, genauer der Fallzahlen und der Aufklärungsquote der Kriminalstatistik und schauen uns unterschiedliche Kriminalitätsquotienten an, die eine Aussage über die Kriminalitätslage in Deutschland erlauben. Dabei betrachten wir auch die Verteilung der Kriminalität auf die Bundesländer und betrachten die Merkmale von Tatverdächtigen und Opfern, die in der Polizeilichen Kriminalstatistik ausgewiesen werden. Als hauptsächliche Quelle dient uns dabei die Polizeiliche Kriminalstatistik (hier zum Berichtsjahr 2019), die regelmäßig vom Bundeskriminalamt herausgegeben wird.

2. Die Polizeiliche Kriminalstatistik

Die Polizeiliche Kriminalstatistik wurde 1953/1954 eingeführt und wird auf Bundesebene vom Bundeskriminalamt und auf Landesebene von den jeweiligen Landeskriminalämtern (LKÄ) herausgegeben. In ihr werden alle der Polizei bekannt gewordenen und durch diese endbearbeiteten Straftaten erfasst, einschließlich der mit Strafe bedrohten Versuche. Nicht in der PKS aufgeführt sind jedoch Auslandsstraftaten, Staatsschutz- und Verkehrsdelikte (letztere mit Ausnahme der §§ 315, 315b StGB sowie des § 22a StVG), Verstöße gegen Strafvorschriften der Länder, Finanz- und Steuerdelikte sowie unmittelbar bei der Staatsanwaltschaft angezeigte und bearbeitete Delikte. Ordnungswidrigkeiten werden ebenfalls nicht in der PKS erfasst. Seit dem 01.01.1971 wird die PKS bundeseinheitlich (ab 1993 mit den „neuen" Bundesländern) als sogenannte Ausgangsstatistik geführt, was bedeutet, dass die jeweiligen Straftaten erst nach Abschluss der polizeilichen Ermittlungen und mit Abgabe der Akten an die zuständige Staatsanwaltschaft bzw. das Gericht in der Statistik erfasst werden. Dieser Aspekt kann zu Verzerrungen in den Zahlen führen, beispielsweise wenn der Polizei eine Straftat im Jahr 2018 bekannt geworden ist, diese jedoch erst im Jahr 2019 endbearbeitet und an die Staatsanwaltschaft übergeben wurde. In der Konsequenz würde diese Straftat dann in der Statistik für 2019 gezählt werden. Dies trifft auf circa 22,6 % der in der PKS 2019 erfassten Straftaten zu.

Die PKS enthält insbesondere Angaben zu der Art und Anzahl der erfassten Straftaten, zu Tatorten und Tatzeiten, zu Opfern und Schäden, zu Aufklärungsergebnissen sowie zu Alter, Geschlecht, Staatsangehörigkeit und anderen Merkmalen von Tatverdächtigen (PKS 2019, S. 5). An dieser Stelle wird deutlich, dass die PKS keine verlässliche Aussage über Täter*innen treffen kann, sondern nur über Personen, die einer Tat aufgrund zureichender tatsächlicher Anhaltspunkte von der Polizei verdächtigt werden. Ob es sich bei den ermittelten Personen tatsächlich auch um die Täter*innen handelt, obliegt nicht der Polizei und ihren Ermittlungen, sondern der Bewertung der Gerichte. Gibt die PKS also in diesem Sinne Auskunft über das Verhältnis von bekannt gewordenen zu aufgeklärten Fällen, ist damit das Verhältnis von angezeigten und registrierten Fällen zu den Fällen gemeint, in welchen mindestens ein*e namentlich bekannte*r Tatverdächtige*r ermittelt werden konnte. Dieses Verhältnis wird in der PKS als Aufklärungsquote bezeichnet.

In der PKS werden auch Taten erfasst, die von nicht strafmündigen Kindern (unter vierzehn Jahren) oder schuldunfähigen psychisch Kranken begangen wurden, um ein möglichst vollständiges Bild der erfassbaren Kriminalitätslage nachzuzeichnen.

3. Das Dunkelfeld der Kriminalität

In der PKS – als einer von der Polizei geführten Statistik – können aber nur diejenigen Taten aufgeführt werden, die der Polizei bekannt und von dieser auch aufgenommen bzw. registriert werden. Da nicht alle Taten immer entdeckt bzw. gemeldet und nicht alle Täter*innen gefasst werden, ist die PKS auch nur ein Ausschnitt oder eine Annäherung an die Kriminalität in der Gesellschaft. So konnte in dem Deutschen Viktimisierungssurvey 2017[4] herausgestellt werden, dass Opfer von persönlichen Diebstahlsdelikten diese zu 42,3 % bei der Polizei angezeigt hatten. Körperverletzungsdelikte wurden zu 36,6 % angezeigt und Internetdelikte (Schadsoftware, Phishing und Pharming) sogar nur zu knapp über zehn Prozent, wohingegen vollendete Wohnungseinbruchdiebstähle (72,5 %) und der Diebstahl eines Kraftfahrzeugs (100 %) vergleichsweise häufig angezeigt wurden. Doch was geschieht mit den Taten, die nicht angezeigt und von der Polizei nicht registriert werden? Diese Taten werden begrifflich zu dem sogenannten Dunkelfeld der Kriminalität gezählt.

„Unter dem Dunkelfeld der Straftaten wird die Summe jener Delikte verstanden, die den Strafverfolgungsbehörden (Polizei und Justiz) nicht bekannt werden und deshalb in der Kriminalstatistik auch gar nicht erscheinen.“[5] Zusammen mit der PKS, die das Hellfeld der Kriminalität abbildet, ergibt sich daraus die Gesamtmenge der Kriminalitätsereignisse. Das Dunkelfeld lässt sich indes noch in das relative und das absolute (oder doppelte) Dunkelfeld unterteilen. Durch diese Unterscheidung soll ausgedrückt werden, dass auch bei Ereignissen innerhalb des Dunkelfeldes differenziert werden muss: Ereignisse, die dem relativen Dunkelfeld zugerechnet werden, können beispielsweise durch wissenschaftliche Methoden erforscht werden (sogenannte Dunkelfeldforschung), wohingegen Ereignisse aus dem absoluten Dunkelfeld weder durch die Polizei noch durch die Dunkelfeldforschung vollständig erfasst werden können. So können Straftaten, die von den Opfern, Täter*innen oder Dritten wahrgenommen, aber nicht zur Anzeige gebracht wurden, beispielsweise durch wissenschaftliche Befragungen der

Betroffenen erforscht werden, wohingegen Taten, die von niemandem bemerkt werden, nicht (mehr) berichtet werden können oder nicht als strafbar bewertet werden, dieser Erforschung nicht zugänglich sind. So können beispielsweise Opfer von Tötungsdelikten nicht nach ihrer Opferwerdung befragt werden. Auch könnte die strafrechtliche Relevanz von Handlungen nicht erkannt und diese zum Beispiel nur als Belästigung wahrgenommen werden (z. B. sexuelle Belästigungen).

In welchem Ausmaß sich Kriminalität also in der Gesellschaft ereignet lässt sich gar nicht genau sagen. Aussagen über das Hellfeld und das relative Dunkelfeld können höchstens als Annäherung an die Gesamtheit der Kriminalität betrachtet werden, insbesondere da ein konstanter Zusammenhang zwischen der Anzahl der Taten im Hell- und im Dunkelfeld nicht gegeben ist. Schätzungen zufolge könnte ein Verhältnis von ungefähr 1:3 vorliegen, was bedeutet, dass auf eine registrierte Tat im Hellfeld drei nicht bekannt gewordene Taten im Dunkelfeld kommen.[6] Festhalten kann man an dieser Stelle zumindest, dass der Umfang der von der Bevölkerung als Kriminalität wahrgenommenen Ereignisse die Menge an amtlich registrierten Kriminalitätsereignissen deutlich übersteigt und je nach Delikt, Täter*innen- und Opfergruppen sowie zeitlicher Entwicklung unterschiedliche ausgeprägt ist.

Trotz dieser Einschränkungen in ihrer Aussagekraft ist die PKS ein wichtiges Instrument, welches „im Interesse einer wirksamen Kriminalitätsbekämpfung zu einem überschaubaren und möglichst verzerrungsfreien Bild der angezeigten Kriminalität führen" soll[7] und demnach ein wichtiger Indikator für die Innere Sicherheit.

4. Entwicklung der Kriminalität in Deutschland

Entgegen einer vielleicht aus den öffentlichen Diskussionen zu vermutenden starken Zunahme an Kriminalität zeigt sich in der PKS ein mehr oder weniger kontinuierlicher Rückgang der erfassten Fälle. Deren Anzahl ist seit 1993 von 6.750.613 Fällen auf 5.436.401 Fälle im Berichtsjahr 2019 zurückgegangen. Diese Fallzahl bedeutet für 2019 einen Rückgang um 2,1 % im Vergleich zum Jahr 2018 (siehe Abbildung 1).

Demgegenüber ist die Aufklärungsquote, also das Verhältnis von aufgeklärten Fällen zu allen polizeilich registrierten Fällen, seit dem Berichtsjahr 1993 von 43,8 % auf 57,5 % im Jahr 2019 angestiegen (siehe Abbildung 1). 3.124.161 Straftaten konnten damit im Jahr 2019 als aufgeklärt registriert werden. Schaut man genauer in die Zahlen, so stellt sich heraus, dass die Kriminalitätslage in Deutschland maßgeblich von Eigentumsdelikten (Diebstahls-, Vermögens- und Fälschungsdelikte) geprägt ist. Insbesondere der Diebstahl hat noch immer einen großen Anteil an den Fallzahlen. Obwohl

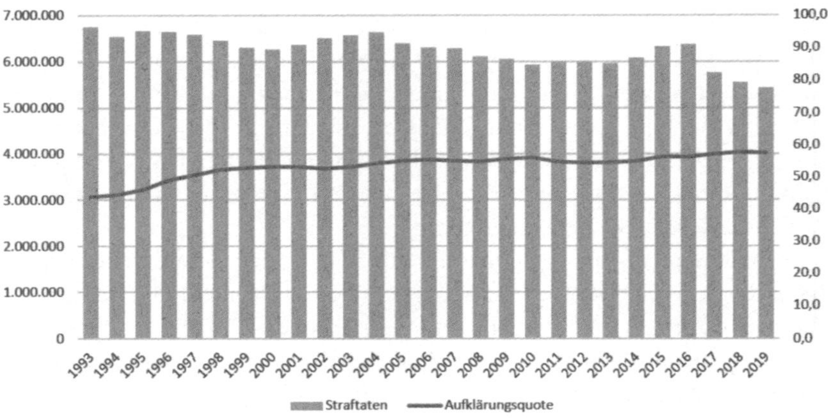

Abb. 1: Entwicklung der Straftagen (insgesamt) und der Aufklärungsquote in der Polizeilichen Kriminalstatistik. Eigene Darstellung basierend auf der PKS 2019.

dieser seit 1993 von 61,5 % auf 33,5 % im Jahr 2019 zurückgegangen ist, zählen einfache Diebstahlsdelikte sowie Vermögens- und Fälschungsdelikte auch 2019 zu den häufigsten Delikten (siehe Abbildung 2). Insgesamt wurde im Berichtsjahr 2019 eine Schadenssumme von 6.647,4 Millionen Euro in der PKS erfasst. Diese Summe ist ebenfalls Rückläufig und lag im Jahr 2008 noch bei knapp 10.000 Millionen Euro.

Gewaltdelikte machen hingegen in der PKS einen weitaus geringeren Anteil an der Gesamtkriminalität aus. Während Körperverletzungsdelikte in der PKS 2019 mit einem Anteil von 10,1 % zu Buche schlagen, wurden Sexualdelikte (1,3 %) und Straftaten gegen das Leben (0,1 %) vergleichsweise selten registriert. Ein Rückblick auf die Entwicklung in den vergangenen Jahren zeigt zudem, dass die Gewaltkriminalität (hierzu zählen laut PKS die Deliktgruppen „Mord, Totschlag, Tötung auf Verlangen", „Vergewaltigung, sexuelle Nötigung und sexueller Übergriff im besonders schweren Fall einschl. mit Todesfolge", „Raubdelikte" und „gefährliche und schwere Körperverletzung, Verstümmelung weiblicher Genitalien") in Deutschland seit 2004 rückläufig ist. Wurden 2004 noch 211.172 Fälle im Bereich der Gewaltkriminalität registriert, waren es auf dem tiefsten Stand im Jahr 2014 nur noch 180.955. Aktuell weist die PKS für das Berichtsjahr 2019 in Deutschland 181.054 Fälle der Gewaltkriminalität aus. Im Deliktbereich „vorsätzliche einfache Körperverletzung" haben sich die Zahlen hingegen im Vergleich zu 2005 um 11,3 % gesteigert und sind von 347.207 auf 386.517 Fälle angewachsen.

Der Versuchsanteil an den bekannt gewordenen Straftaten lag 2019 insgesamt bei 7,7 %. Dabei schwankt dieser Anteil in Abhängigkeit vom jeweiligen Delikt. So zeigen sich hohe Versuchsanteile etwa bei der Strafta-

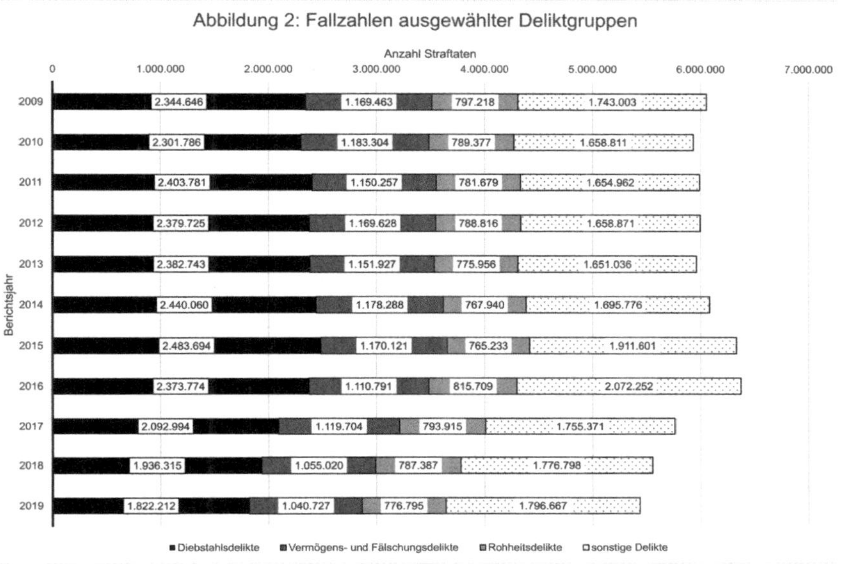

Abb. 2: Fallzahlen ausgewählter Deliktgruppen. Eigene Darstellung basierende auf der PKS 2019

tengruppe „Mord, Totschlag und Tötung auf Verlangen“ (78,1 %) oder auch beim Wohnungseinbruchdiebstahl (45,3 %), wohingegen diese beispielsweise beim Ladendiebstahl (2,6 %) oder bei Sachbeschädigungen (1,3 %) vergleichsweise gering sind.

Große Schwankungen lassen sich auch bei der straftatenspezifischen Betrachtung der Aufklärungsquote ausmachen. So gibt es Straftatengruppen, die grundsätzlich über eine hohe Aufklärungsquote verfügen, wie beispielsweise Rauschgiftdelikte oder Straftaten gegen das Aufenthalts-, das Asyl- und das Freizügigkeitsgesetz/EU. Hier liegt die Aufklärungsquote regelmäßig bei über 90 %. Demgegenüber existieren Straftatengruppen, bei denen die Aufklärungsquote regelmäßig vergleichsweise niedrig ist. Hier lassen sich beispielsweise der Wohnungseinbruchdiebstahl, dessen Aufklärungsquote von 15,7 % im Jahr 2012 auf 17,4 % im Jahr 2019 gesteigert werden konnte, oder die Sachbeschädigung (24,7 % im Jahr 2012 und 25,2 % im Jahr 2019) anführen.

Die starken Schwankungen der Aufklärungsquoten und der Fallzahlen je nach betrachtetem Delikt stehen jedoch zumeist nicht in einem direkten Zusammenhang zu guter oder schlechter polizeilicher Ermittlungstätigkeit. Vielmehr liegen die Gründe in deliktspezifischen Ursachen und den Erfassungsmodalitäten der PKS. So ist die Aufklärungsquote bei Hol- und Kontrollkriminalität regelmäßig höher als bei anderen Delikten. Als Hol-

oder Kontrollkriminalität werden Deliktbereiche bezeichnet, von denen die Polizei in der großen Mehrheit nicht durch die Bürger*innen Kenntnis erlangt, sondern durch eigene polizeiliche Kontroll- und Ermittlungsaktivitäten. Hierzu zählen insbesondere Rauschgift-, Umwelt-, Korruptions-, Wirtschafts- und Organisierte Kriminalität (zur Umweltkriminalität und Organisierten Kriminalität siehe jeweils die Beiträge von Alexander Werner und Dorothee Dienstbühl in diesem Band). Anhand des Beispiels der Rauschgiftkriminalität wird dies deutlich: in diesem Deliktbereich haben alle Beteiligten kein Interesse an einer Strafverfolgung, da sich Käufer*in und Verkäufer*in einer Strafverfolgung aussetzen würden, wenn die Tat zur Anzeige kommt. Daher hängt die Aufhellung solcher Delikte im Wesentlichen von den Aktivitäten der Polizei und deren eigenen Feststellungen ab. Im Umkehrschluss bedeutet dies: da, wo die Polizei viele Kontrollaktivitäten durchführt, steigen auch die Zahlen in der PKS. Reduziert die Polizei ihre Kontrollen in einem bestimmten Bereich, fallen die Zahlen. Darüber hinaus ergibt sich insbesondere im Deliktbereich der Rauschgiftkriminalität eine weitere Besonderheit: werden durch verstärke Kontrollaktivitäten der Polizei Delikte bekannt, sind diese gleichzeitig zumeist auch aufgeklärt, da die Tatverdächtigen in der Regel ebenfalls bekannt sind (z. B. weil in einer Kontrolle Betäubungsmittel bei einer Person aufgefunden wurden und diese damit gleichzeitig der Tat verdächtigt wird).

Betrachtet man die räumliche Verteilung von Straftaten anhand der Gemeindegrößenklassen, also der nach der Einwohner*innenzahl in Klassen eingeteilten Gemeinden, so wird deutlich, dass der Großteil der Straftaten in Großstädten registriert wird (siehe Abbildung 3). In Städten ab 500.000 Einwohner*innen wurden im Jahr 2019 1.569.157 Straftaten registriert, was einen Anteil von 28,9 % an der Gesamtzahl der Straftaten ausmacht. Der prozentuale Anteil an der Gesamtkriminalität lässt hier zwar keinen linearen Zusammenhang zwischen den Gemeindegrößenklassen und den registrierten Straftaten erkennen, was jedoch auf die ungleiche Verteilung des Bevölkerungsanteils auf diese Gemeindegrößenklassen zurückgeführt werden kann. Zwar zeigt sich in Großstädten von 100.000 bis unter 500.000 Einwohner*innen ein geringerer Straftatenanteil (19,5 %) als in Städten von 20.000 bis unter 100.000 Einwohner*innen (26,7 %) bzw. in Gemeinden bis unter 20.000 Einwohner*innen (22,9 %), allerdings ist der Bevölkerungsanteil gemessen an der Gesamtbevölkerung in den Gemeinden bis 20.000 Einwohner*innen (40,5 %) bzw. den Städten von 20.000 bis unter 100.000 Einwohner*innen mit 27,4 % auch deutlich größer, als der Bevölkerungsanteil in den Großstädten (15,2 %). Hier bietet sich zum Vergleich eine andere statistische Maßzahl an: die Häufigkeitszahl. Mit dieser werden die bekannt gewordenen Fälle je 100.000 Einwohner*innen berechnet, wodurch die Be-

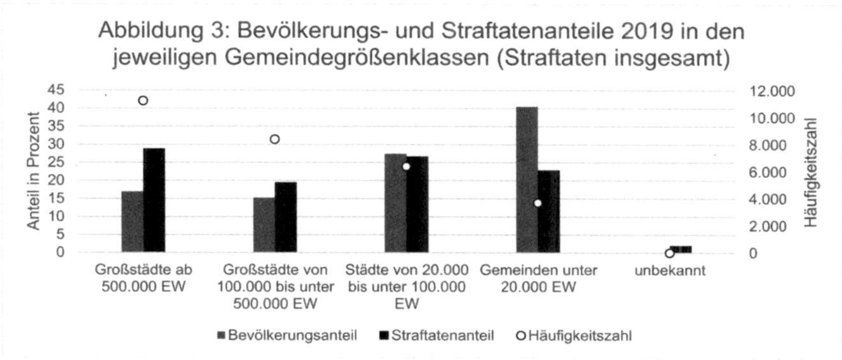

Abb. 3: Bevölkerungs- und Straftatenanteile 2019 in den jeweiligen Gemeindegrößenklassen (Straftaten insgesamt). Eigene Darstellung basierende auf der PKS 2019.

völkerungszahl mit den Straftaten in Bezug gesetzt wird. Betrachtet man nun die Häufigkeitszahl im Kontext der Gemeindegrößenklassen, so zeigt sich ein deutlicher Zusammenhang zwischen der Gemeindegröße und den registrierten Straftaten: je kleiner die Gemeindegrößenklasse, desto niedriger die Häufigkeitszahl.

Dieser Zusammenhang gilt zumeist auch für die Betrachtung einzelner Deliktgruppen, insbesondere für Aggressions-, Diebstahls- und Vermögensdelikte. Raubdelikte kommen in kleinen Gemeinden bis 20.000 Einwohner*innen mit einem Anteil von 12,7 % beispielsweise relativ selten vor. Aber es gibt auch Ausnahmen von dieser Regel: Die Deliktgruppen „Brandstiftung und Herbeiführen einer Brandgefahr", „Verletzung der Unterhaltspflicht" und „Straftaten gegen die Umwelt" (siehe zur Umweltkriminalität den Beitrag von Alexander Werner in diesem Band) beispielsweise verteilen sich insgesamt eher auf kleinere Gemeindegrößenklassen. Während die Brandstiftung mit einem Anteil von 42,8 % in Gemeinden bis 20.000 Einwohner*innen auftrat, wurden dort bei der Verletzung der Unterhaltspflicht ein Anteil von 44,4 % und bei Straftaten gegen die Umwelt sogar ein Anteil von 47,6 % registriert.

Auch bei Betrachtung der einzelnen Bundesländer ergibt sich ein differenziertes Bild zur Kriminalitätslage (siehe Abbildung 4). Schaut man hier auf die absoluten Zahlen der erfassten Fälle, so wird deutlich, dass in Nordrhein-Westfalen mit 1.227.929 Fällen im Jahr 2019 die meisten Straftaten erfasst wurden. Es folgen Bayern (603.464 Fälle), Baden-Württemberg (573.813 Fälle) und Berlin (513.426 Fälle). Die Schlusslichter bilden in dieser Betrachtung Bremen (78.228 Fälle) und das Saarland (74.719 Fälle). Bei einem solchen Vergleich ist es ebenfalls lohnenswert den Bevölkerungsan-

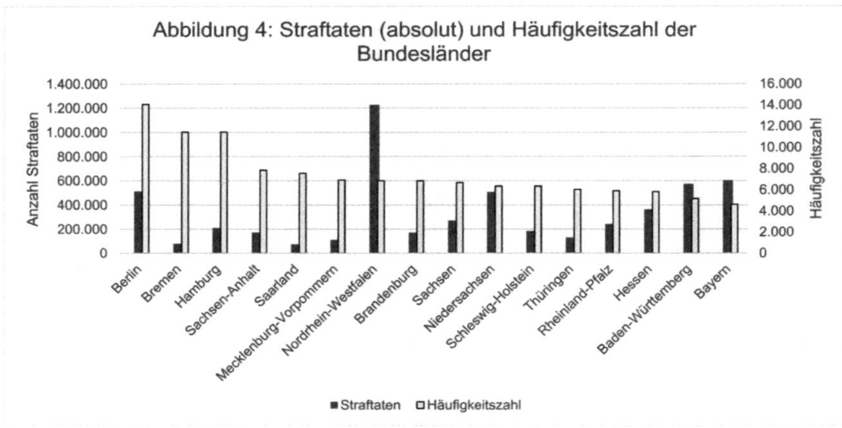

Abb. 4: Straftaten (absolut) und Häufigkeitszahl der Bundesländer. Eigene Darstellung basierend auf der PKS 2019

teil der jeweiligen Bundesländer mit in die Betrachtung einzubeziehen und erneut die Häufigkeitszahl heranzuziehen. Gemessen an diesem Verhältnis stehen die Stadtstaaten im Fokus des Kriminalitätsaufkommens: Berlin wird zum Spitzenreiter mit einer Häufigkeitszahl von 14.160, gefolgt von Bremen (11.454) und Hamburg (11.941). Bayern hingegen weist mit 4.615 die niedrigste Häufigkeitszahl auf. Insgesamt zeigt sich bei einer den Bevölkerungsanteil beachtenden Betrachtung ein klares Nord-Süd-Gefälle der Kriminalität in Deutschland: der Norden ist pro 100.000 Einwohner*innen anteilsmäßig stärker von Kriminalität betroffen als der Süden (zum Zusammenhang zwischen Kriminalität und Raum siehe weiterführend den Beitrag von Felix Bode in diesem Band).

Der Fokus auf die Stadtstaaten lässt sich vermutlich dadurch erklären, dass ein erheblicher Anteil der Tatverdächtigen und auch der Opfer von Kriminalität nicht zwingend auch zur Wohnbevölkerung des jeweiligen Bundeslandes gezählt werden muss. So können natürlich auch Tourist*innen oder Pendler*innen Tatverdächtige oder Opfer von Straftaten werden, wodurch sich die Anzahl der erfassten Fälle durch diese Personen erhöht, die jedoch nicht zur Wohnbevölkerung des Bundeslandes gezählt werden. Gerade die Stadtstaaten Berlin, Bremen und Hamburg dürfte diese Besonderheit in der Statistik treffen, da das Tourist*innen- und Pendler*innenaufkommen hier sehr hoch geschätzt werden kann. Allein in Berlin haben sich beispielsweise im Jahr 2019 circa 5.484.566 gemeldete Tourist*innen aus dem Ausland aufgehalten.[8]

5. Tatverdächtige der Kriminalität in Deutschland

Tatverdächtige sind laut PKS in der Regel männlich (75 %), erwachsen (78,8 %), deutsch (65,4 %) und stammen aus der Tatortgemeinde (56,9 %). Die Anzahl der Tatverdächtigen insgesamt ist seit 2009 leicht rückläufig. Demgegenüber steht ein leichter Anstieg an nichtdeutschen Tatverdächtigen seit 2009, der in den Jahren 2015/2016 seinen Höhepunkt erreichte und seitdem wieder rückläufig ist. Beachtet werden muss an dieser Stelle, dass ein Vergleich der Belastung deutscher und nichtdeutscher Wohnbevölkerung anhand der statistisch vorliegenden Zahlen nur in sehr begrenztem Umfang möglich ist. So sind beispielsweise die Zahlen der amtlich gemeldeten ausländischen Wohnbevölkerung nur äußerst ungenau. Darüber hinaus müssen stets weitere Einschränkungen der Vergleichbarkeit mitgedacht werden, wie beispielsweise ausländerspezifische Straftaten (Straftaten die nur von Nichtdeutschen begangen werden können, wie beispielsweise die unerlaubte Einreise) und der damit zusammenhängende ausländerrechtliche und polizeiliche Fokus auf vermeintlich ausländische Personen(-gruppen) und die höhere Wahrscheinlichkeit, dass man als vermeintlich ausländische Person eher einer Straftat verdächtigt oder angezeigt wird.[9]

Zwar sind die meisten Tatverdächtigen de Gruppe der Erwachsenen zuzurechnen, allerdings lohnt auch hier ein genauerer Blick in die Statistik und insbesondere in das Verhältnis von Tatverdächtigen einer Altersgruppe zu der Größe dieser Altersgruppe in der Wohnbevölkerung. Aus diesem Blickwinkel wird schnell deutlich, dass die Gruppe der Erwachsenen mit 58.692.780 Personen zum 31.12.2018 auch den größten Anteil an der Wohnbevölkerung ausmacht. Daher ist es nicht verwunderlich, dass aus dieser Gruppe auch die meisten Tatverdächtigen stammen. Um die Zahlen in ein aussagekräftigeres Verhältnis zu setzen, bietet die PKS die sogenannte Tatverdächtigenbelastungszahl (TVBZ) an. Diese gibt das Verhältnis der ermittelten Tatverdächtigen, errechnet auf 100.000 Einwohner*innen des entsprechenden Bevölkerungsanteils an. Für die Gruppe der Erwachsenen ergibt sich daher für das Berichtsjahr 2019 eine TVBZ von 1.727. Im Vergleich hierzu weist die Gruppe der Jugendlichen (14 bis unter 18 Jahren) eine TVBZ von 4.954 und die Gruppe der Heranwachsenden (18 bis unter 21) sogar eine TVBZ von 5.344 auf, da deren Anteil an der Wohnbevölkerung jeweils geringer ist (siehe Abbildung 5). Die TVBZ der Kinder (8 bis unter 14) liegt bei 1.264. Die hohe Belastung der Kinder und Jugendlichen kann insbesondere durch eine Häufung weniger gravierender Tatbestände, wie Ladendiebstahl, Zweiraddiebstahl, „Schwarzfahren" oder Sachbeschädigung erklärt werden.

In allen Altersgruppen ist die männliche Bevölkerung stärker belastet, wobei die stärkste Belastung in der Altersgruppe zwischen 16 bis unter 21

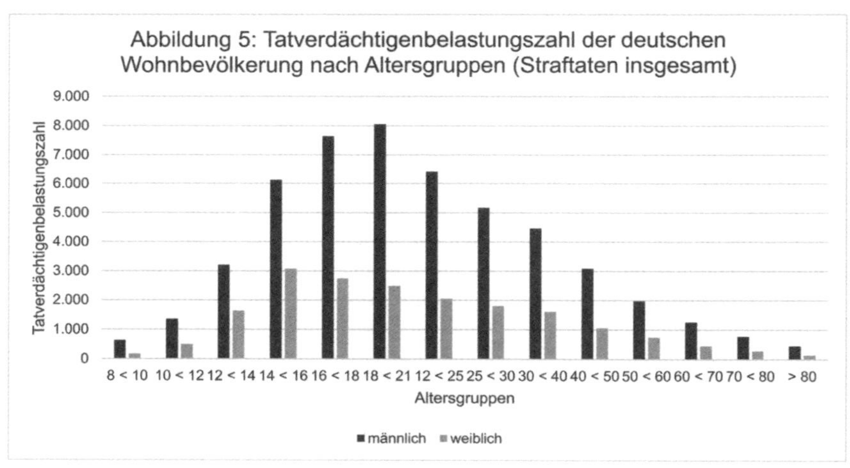

Abb. 5: Tatverdächtigenbelastungszahl der deutschen Wohnbevölkerung nach Altersgruppen (Straftaten insgesamt). Eigene Darstellung basierend auf der PKS 2019.

Jahren liegt. In der weiblichen Bevölkerung hingegen liegt die stärkste Belastung bereits in der Altersgruppe zwischen 14 und unter 16 Jahren. Es zeigt sich, dass die Alterskurve der Kriminalitätsbelastung bei beiden Geschlechtern zunächst bis zu ihrem jeweiligen Höhepunkt steil ansteigt und im weiteren Altersverlauf dann moderat abfällt. Seit 2009 sind die TVBZ zudem in allen Altersgruppen recht konstant rückläufig.

Der Anteil bereits in Erscheinung getretener Tatverdächtiger lag 2019 bei 59,8 %. Mehr als jede*r zweite Tatverdächtige wurde demnach in den Jahren zuvor bereits aufgrund einer anderen Straftat polizeilich registriert. Bei Raubdelikten waren 88,6 % der Tatverdächtigen bereits zuvor in Erscheinung getreten und bei der Straftatengruppe Diebstahl unter erschwerenden Umständen sogar 86,4 %. Fahrlässige Körperverletzung (24,2 %) und Straftaten gegen die Umwelt (33,0 %) wurden hingegen weniger oft von Tatverdächtigen begangen, die bereits vorher als tatverdächtig in Erscheinung getreten waren. Im Jahr 2019 mehrfach im gleichen Deliktsbereich polizeilich erfasst (sogenannte Mehrfachtatverdächtige) wurden 26,5 % der Tatverdächtigen, wobei die meisten von ihnen mit zwei Straftaten auffallen. Bei Gewaltkriminalität sind die Tatverdächtigen zu 88,6 % nur einmal im Berichtsjahr auffällig, bei Diebstahlsdelikten zu 77 %. Bei den Heranwachsenden ist der Anteil der Mehrfachtatverdächtigen mit 32 % etwas höher als bei den Jugendlichen mit 30,9 %.

Bei Widerstandhandlungen gegen und tätlichen Angriffen auf die Staatsgewalt standen 2019 54,8 % der Tatverdächtigen unter Alkoholeinfluss. Bei der Gewaltkriminalität insgesamt waren es immerhin noch 25,6 %, die unter Alkoholeinfluss standen.

6. Opfer der Kriminalität in Deutschland

Im Jahr 2019 wurden laut PKS insgesamt 1.013.048 Opfer gezählt (bzw. zählt die PKS die Häufigkeit des Opferwerdens, da eine Person hier auch mehrfach registriert wird, wenn sie mehrfach Opfer wurde). Damit hat sich die Zahl im Vergleich zum Vorjahr um 1,2 % reduziert. Mit Blick auf die Staatsangehörigkeit werden 77,7 % zur Gruppe der deutschen Opfer und 22,3 % zu den nichtdeutschen Opfern gezählt, wobei in letzterer die türkische Staatsangehörigkeit mit 12,0 % den größten Anteil ausmacht, gefolgt von der syrischen Staatsangehörigkeit mit 9,9 %. Bei der gefährlichen Körperverletzung liegt der Anteil der nichtdeutschen Opfer mit 31,0 % weit über dem Durchschnitt. Insgesamt wurden 2019 42.141 männliche und 22.057 weibliche Opfer in der PKS registriert, wobei auch hier der Großteil der Opfer (770.678) der Altersgruppe der Erwachsene ab 21 Jahren zuzurechnen ist. In dieser großen Altersklasse liegt der Schwerpunkt der Verteilung bei den Personen ab 30 bis unter 40 Jahren. Einen leichten Anstieg verzeichnet die PKS in der Altersgruppe der Kinder. Hier stiegen die Zahlen im Vergleich zu 2018 von 70.590 auf 72.772 Opfer, während die Zahlen in den übrigen Altersgruppen leicht rückläufig sind. Beachtet werden muss auch bei dieser Darstellung immer der Umgang mit den Absolutzahlen der PKS und der Aspekt, dass die relativen Anteile der jeweiligen Gruppen an der Wohnbevölkerung hier bisher nicht berücksichtigt wurden. Um diese Relationen mit einzubeziehen, stellt die PKS die sogenannte Opfergefährdungszahl (OGZ) zur Verfügung. Diese bezieht die Anzahl der Opfer auf 100.000 Einwohner*innen des entsprechenden Bevölkerungsanteils (ähnlich der TVBZ). Betrachtet man die OGZ in Bezug auf die Altersgruppen, wird deutlich, dass die Gruppe der Heranwachsenden (18 bis unter 21 Jahre) mit 3.317,9 die höchste Opfergefährdung aufweist, gefolgt von der Gruppe der Jugendlichen (14 bis unter 18 Jahren) mit einer OGZ von 2.737,3. Innerhalb der Gruppe der Erwachsenen ab 21 Jahren verschiebt sich der Schwerpunkt auf die Altersklasse 21 bis unter 25 Jahre und die OGZ nimmt mit zunehmender Altersklasse kontinuierlich ab.

Bei den Opfern lassen sich überdies deutliche geschlechtsspezifische Unterschiede feststellen. So werden bei Straftaten gegen die sexuelle Selbstbestimmung nahezu ausschließlich Opfer weiblichen Geschlechts in der PKS 2019 ausgewiesen (92,4 %), wohingegen die Opfer bei Raub (72 %), Mord, Totschlag und Tötung auf Verlangen (71,1 %) und Körperverletzung (62,4 %) überwiegend männlichen Geschlechts sind. Bei Straftaten gegen die sexuelle Selbstbestimmung liegt die höchste Opfergefährdung für weibliche Personen in den Altersgruppen 14 bis unter 18 Jahren und 18 bis unter 21 Jahren vor, die mit zunehmendem Alter stark abnimmt. Genauso verteilt sich auch die Opfergefährdung bei Raubdelikten für männliche Personen.

Insgesamt weisen männliche Personen mit 1.472,1 jedoch eine höhere OGZ auf als weibliche Personen (974,9).

Die PKS gibt darüber hinaus Auskunft über die Täter-Opfer-Beziehung bei registrierten Straftaten. Hier fällt für das Berichtsjahr 2019 auf, dass in 75,2 % der Fälle von vollendetem Mord und Totschlag Verwandte oder nähere Bekannte tatverdächtig waren. Bei Straftaten gegen die sexuelle Selbstbestimmung unter Gewaltanwendung oder Ausnutzen eine Abhängigkeitsverhältnisses können gut die Hälfte der Tatverdächtigen zum Kreis der näheren Bekannten des jeweiligen Opfers gezählt werden. Bei Raubdelikten hingegen ist der Anteil der Taten ohne oder mit ungeklärter Vorbeziehung mit circa 80 % am höchsten. Weibliche Opfer weisen in diesen Deliktbereichen einen höheren Anteil enger Vorbeziehungen auf als männliche Opfer, was bedeutet, dass diese Straftaten gegen weibliche Opfer häufiger durch Personen aus dem engeren Umfeld begangen wurden. Insbesondere bei den Delikten Mord, Totschlag und Tötung auf Verlangen (85 %) und Körperverletzung (66,6 %) sind die Tatverdächtigen meist Verwandte oder Bekannte des weiblichen Opfers.

7. Zusammenfassung

Das tatsächliche Ausmaß der Kriminalität in Deutschland kann nicht vollumfänglich abgebildet werden. Die Polizeiliche Kriminalstatistik bietet lediglich eine Annäherung an das sogenannte Hellfeld der Kriminalität, also die polizeilich registrierten Straftaten. Nicht registrierte Straftaten verbleiben im Dunkelfeld und können nur teilweise durch Dunkelfeldforschung ans Licht gebracht werden. Basierend auf dem Hellfeld der Kriminalität stellen wir fest, dass die absolute Anzahl der Straftaten in der PKS seit 1993 auf nunmehr 5.436.401 Fälle gesunken ist, wohingegen sich die Aufklärungsquote kontinuierlich gesteigert hat. Maßgeblich geprägt wird die Kriminalitätslage dabei von Eigentumsdelikten; Gewaltdelikte machen einen vergleichsweise geringen Anteil aus. Der Großteil der Kriminalität wird in Großstädten registriert. Insbesondere die Häufigkeitszahl zeigt hier einen linearen Zusammenhang zwischen der Größe der Gemeinden und der Kriminalität auf: Je größer die Gemeine, desto mehr Kriminalität ereignet sich, gemessen am relativen Bevölkerungsanteil. Bei der Betrachtung der Bundesländer sehen wir ein klares Nord-Süd-Gefälle der Kriminalitätsverteilung. Teilt man Deutschland in Nord und Süd, so zeigt sich, dass in den nördlichen Bundesländern mehr Kriminalität registriert wurde als in den südlichen. Zudem wird deutlich, dass in Nordrhein-Westfalen die absolute Anzahl an Fällen in der PKS am höchsten ist. In Relation zum Bevölkerungsanteil sind die Stadtstaaten Berlin, Bremen und Hamburg jedoch Spitzenreiter bei der registrierten Kriminalität, was sich zum Teil mit den Erfassungsmodalitäten der PKS erklären lässt. Die Tatverdächtigen (und auch die Opfer) sind laut PKS zumeist männlich, erwachsen, deutsch und stammen aus der Tatortgemeinde. Allerdings zeigt sich bei Betrachtung der Tatverdächtigenbelastungszahl eine stärkere Belastung der Altersgruppe der Jugendlichen und Heranwachsenden.

Zum Nach- und Weiterdenken

Welche Gründe kann es geben, dass Straftaten der Polizei nicht gemeldet werden?
Warum sind Jugendliche und Heranwachsende häufig Opfer und Täter*innen von Kriminalität?
Was könnte die Entwicklung der Fallzahlen in der PKS beeinflussen?

Zum Weiterlesen

Birkel, C., Church, D., Hummelsheim-Doss, D., Leitgöb-Guzy, N., & Oberwittler, D. (2019): *Der Deutsche Viktimisierungssurvey 2017. Opfererfahrungen, kriminalitätsbezogene Einstellungen sowie die Wahrnehmung von Unsicherheit und Kriminalität in Deutschland. Wiesbaden: Bundeskriminalamt.* Online verfügbar unter http://hdl.handle.net/21.11116/0000-0003-4DF7-1.

Wie sicher fühlen sich die Menschen in Deutschland? Welche Erfahrungen als Opfer einer Straftat haben sie gemacht? Unterscheidet sich das Gefühl der Sicherheit von der Wahrnehmung tatsächlicher Kriminalitätsrisiken? Antworten auf diese und andere Fragen zur Wahrnehmung von Kriminalität liefert der Bericht zum „Deutschen Viktimisierungssurvey 2017" (DVS). Grundlage des Berichts sind Opferbefragungen, die Aufschluss über Trends der Kriminalitätsentwicklung und das Sicherheitsempfinden der Bürgerinnen und Bürger geben. Sie sind eine Ergänzung zur PKS und ein wichtiges Mittel, um die Ausmaße und Folgen von Kriminalität abzuschätzen.

Kunz, K.-L. & Singelnstein, T. (2016): *Kriminologie*. 7. Auflage. Bern: Haupt.

Das gut geschriebene Lehrbuch ordnet zunächst die Kriminologie als Wissenschaft ein, stellt wichtige Kriminalitäts- bzw. Kriminalisierungstheorien vor und diskutiert Zusammenhänge von Gesellschaft, Gemeinschaft, sozialer Kontrolle und abweichendem Verhalten. Es richtet sich im Wesentlichen an Studierende z.B. der Rechtswissenschaften, der Polizei und der Sozialen Arbeit, bietet aber auch für nicht-akademisch Interessierte viele Informationen und Vertiefungshinweise für die Auseinandersetzung mit der Kriminalität und des Umgangs mit ihr.

Ursachen von Kriminalität

Maike Meyer

Kriminalität ist ein Phänomen, dem in der Öffentlichkeit stets eine besondere Aufmerksamkeit zu Teil wird. Dies zeigt sich beispielsweise an der hohen Popularität von Kriminalromanen oder Kriminalsendungen im Fernsehen (z.B. der „Tatort") oder der Anzahl der Beiträge zum Thema Kriminalität in der medialen Berichterstattung (z.B. in Zeitungen, im Fernsehen und im Hörfunk). Im Mittelpunkt des Interesses steht dabei oft die Frage, warum sich Menschen kriminell verhalten. Zur Beantwortung dieser Frage können zahlreiche unterschiedliche Kriminalitätstheorien herangezogen werden. In diesem Beitrag werden Ansätze zur Erklärung von Kriminalität erläutert.

1. Ursachen von Kriminalität

Der vorliegende Beitrag befasst sich mit der Erklärung von Kriminalität. Zahlreiche Erklärungsansätze für kriminelles Verhalten sind Ihnen sicher bereits geläufig, denken Sie beispielsweise an gesellschaftlich verbreitete Sprichwörter wie „Der Apfel fällt nicht weit vom Stamm", „Auge um Auge, Zahn um Zahn", „Verbotene Früchte sind süß" oder „Gelegenheiten machen Diebe". Hier werden im Folgenden ausgewählte wissenschaftliche Ansätze zur Erklärung von Kriminalität erläutert.

Die wissenschaftlichen Ansätze zur Erklärung von Kriminalität sind vielfältig und reichen von der Auflistung einzelner Risikofaktoren bis hin zu komplexen Theorien. Erste theoretische Ansätze zur Erklärung von Kriminalität entstanden Mitte des 18. Jahrhunderts mit der sogenannten „klassischen Schule" der Kriminologie. Es wurde angenommen, dass nicht individuelle Faktoren, sondern gesellschaftliche Bedingungen abweichendes Verhalten wie Kriminalität bedingen. Da jedes Mitglied der Gesellschaft von diesen Bedingungen beeinflusst werden kann, kann sich auch jedes Mitglied der Gesellschaft abweichend verhalten. Um Kriminalität zu verstehen gelte es daher vorwiegend, die gesellschaftlichen Bedingungen und die Tat an sich zu betrachten und nicht den Täter.[1]

Ende des 19. Jahrhunderts entwickelte sich ein Theoriezweig, der dieser klassischen Auffassung der Kriminologie widersprach. In biologischen Kriminalitätstheorien stand vielmehr der Täter im Fokus des Interesses. Sie gingen davon aus, dass kriminelles Verhalten durch biologische Faktoren (z.B. Gene, Hormone, Gehirnanomalien) bedingt sei. Besonders prominent ist beispielsweise Lombrosos Theorie vom „geborenen Verbrecher", deren

Grundannahme ist, dass sich Kriminelle und Nicht-Kriminelle aufgrund ihrer körperlichen Merkmale voneinander unterscheiden. Äußere Faktoren, denen das Individuum ausgesetzt ist, wurden von den frühen biologischen Ansätzen nur bedingt berücksichtigt. Rein biologische Kriminalitätstheorien haben in der Wissenschaft keine Bestätigung gefunden.[2] Das Sprichwort „Der Apfel fällt nicht weit vom Stamm" kann entsprechend zumindest aus kriminologischer Perspektive nicht bestätigt werden.

Anfang des 20. Jahrhunderts wurden dann soziologische und psychologische Theorien entwickelt, die auch heute noch von großer Bedeutung sind. Die Grenzen zwischen soziologischen und (sozial-)psychologischen Theorien sind dabei oftmals fließend.[3]

In diesem Beitrag werden im Folgenden einige der bekanntesten soziologischen und psychologischen Kriminalitätstheorien dargelegt. Dabei wird unterschieden zwischen Theorien über Ursachen von Kriminalität, die primär in der Person liegen, solchen, die die Ursachen von Kriminalität primär in Gruppen oder der Gesellschaft verorten sowie Ansätzen, die verschiedene Ebenen verknüpfen.

2. Personenbezogene Theorien

Im Folgenden werden zunächst ausgewählte Theorien dargestellt, denen zufolge die Ursachen von Kriminalität primär in der Person liegen: Lerntheorien, Handlungstheorien, Kontrolltheorien sowie Neutralisierungstechniken.

2.1 Lerntheorien

Kriminalität wird im Entwicklungsprozess gelernt.

Grundannahme von Lerntheorien ist, dass kriminelles Verhalten im Laufe der Entwicklung ebenso gelernt wird, wie gesetzeskonformes Verhalten. Lernen bezeichnet dabei einen Prozess, der Resultat der Interaktion mit anderen Personen ist, aus der eine Person sich Verhaltensweisen aneignet.[4]

Eine bekannte Lerntheorie ist die Theorie der differentiellen Kontakte von Edwin H. Sutherland. Sutherland geht davon aus, dass Personen sowohl Kontakte mit Personen mit konformem als auch mit Personen mit abweichendem Verhalten haben und spricht daher von differentiellen Kontakten. Kriminelles Verhalten wird ihm zufolge insbesondere in intimen persönlichen Gruppen (z.B. Familie, Freunde) gelernt. Dabei werden einerseits die Techniken und Methoden zur Ausführung einer kriminellen Handlung und andererseits Motive und Einstellungen, die Gesetzesverletzungen begünstigen, übernommen. Eine Person wird der Theorie zufolge dann kriminell, wenn in den intimen persönlichen Gruppen Einstellungen, die Gesetzesverletzungen begünstigen, stärker vertreten sind als solche, die Gesetzesverletzungen negativ bewerten. Relevant sind dabei die Häufigkeit, Dauer, Priorität und Intensität der Kontakte.[5]

Konkretisiert wurde dies durch den deutschen Soziologen Karl-Dieter Opp. Opp geht davon aus, dass positive Bewertungen von Gesetzesverletzungen überwiegen, je häufiger eine Person Kontakt zu Personen hat, die Gesetze verletzen. Sie akzeptiere abweichende Normen zudem umso stärker, je früher in ihrem Leben diese Kontakte sich verfestigen. Er beschreibt ferner den Teufelskreis, dass je häufiger eine Person selbst Gesetzesverletzungen begeht, sie desto häufiger auch Kontakt zu anderen Personen, die Gesetze verletzen, hat.[6]

Sutherlands Theorie kann jedoch nicht erklären, warum eine Person welche Kontakte hat. Hierzu müssten weitere Faktoren, beispielsweise das soziale Umfeld oder aber Gelegenheitsbedingungen, berücksichtigt werden.

Sutherland geht außerdem davon aus, dass Verhalten nur in Interaktion mit anderen Personen gelernt wird. Viel diskutiert wird jedoch auch die Frage, ob insbesondere gewalttätiges Verhalten über die Nutzung von Medien, etwa Computerspiele oder Filme mit Gewaltinhalten, gelernt werden kann. Besonders prominent waren Diskussionen über diese Frage etwa infolge von Amokläufen an Schulen, wenn sich herausstellte, dass die Täterin oder der Täter in ihrer bzw. seiner Freizeit gewalttätige Videospiele konsumierte. Hinsichtlich dieser Frage kann Albert Banduras sozial-kognitive Lerntheorie herangezogen werden, die davon ausgeht, dass Lernen am Modell erfolgt.[7] Die Forschung belegt Zusammenhänge zwischen dem Konsum von Medien mit Gewaltinhalten, insbesondere solchen, in denen der Konsument selbst involviert ist (z.B. sog. „Ego-Shooter") und Gewalt.[8] Der Effekt ist jedoch zumeist nur verstärkender Natur und nicht alleinige Ursache von Gewalt. So fasst der bekannte Kriminologe Christian Pfeiffer in einem Interview zusammen: „Man wird nicht Amokläufer, weil man ein brutales Computerspiel gespielt hat. […] Das Spielen von gewalthaltigen Spielen erhöht bei Gefährdeten, die ohnehin schon auf dem Weg Richtung Gewalt sind, das Risiko, dass sie tatsächlich gewalttätig werden. Es führt zu Empathieverlusten, es desensibilisiert, es erhöht das Risiko."[9] Von stärkerer Bedeutung ist Forschungsbefunden zufolge etwa das soziale Umfeld, insbesondere die von Sutherland aufgeführten intimen persönlichen Gruppen.

2.2 Die Theorie der rationalen Entscheidung (Rational Choice)

Kriminalität ist das Resultat rationalen Abwägens zwischen dem erwarteten Nutzen und den erwarteten Kosten einer kriminellen Handlung.

Bei der Rational Choice Theorie handelt es sich um eine Handlungstheorie, die nicht allein auf Kriminalität fokussiert, sondern die Erklärung jeglicher Handlung ermöglichen soll. Sie basiert auf drei Grundannahmen:

1. Die Präferenz-Annahme geht davon aus, dass Personen mit ihren Handlungen Ziele verfolgen.
2. Gemäß der Annahme der Handlungsrestriktionen wird weiter angenommen, dass Handlungen mit Möglichkeiten (Nutzen) und Restriktionen (Kosten) verbunden sind.
3. Die Annahme der Nutzenmaximierung geht davon aus, dass eine Person mit einer Handlung immer versucht, ihren persönlichen Nutzen zu maximieren.

Die Theorie lässt sich darauf aufbauend wie folgt formulieren: „Je größer der persönliche Nutzen ist und je geringer die persönlichen Kosten sind, die eine Person mit einer bestimmten Handlungsalternative subjektiv verbindet, desto eher bzw. häufiger wird sie diese Handlungsalternative ausführen.“[10]

Veranschaulichen lässt sich die Rationale Choice Theorie am Beispiel des Ladendiebstahls: Ein Jugendlicher betritt einen Laden, um sich ein Videospiel zu besorgen. Ihm stehen nun im Wesentlichen zwei Handlungsalternativen offen: Das Produkt stehlen oder das Produkt kaufen. Der Nutzen des Stehlens kann beispielsweise finanzieller Natur sein (Geld sparen), Spaß und Spannung beinhalten (Nervenkitzel) oder sozial motiviert sein (z.B. Mutprobe unter Jugendlichen). Demgegenüber stehen die Kosten. Im Beispiel ist etwa im Falle des „Erwischt-Werdens“ mit strafrechtlichen Konsequenzen zu rechnen. Zudem können auch Scham- und Schuldgefühle eine Rolle spielen. Die konforme Handlungsalternative geht auf Nutzenseite mit einem reinen Gewissen einher. Demgegenüber stehen insbesondere die Kosten, die für das Produkt anfallen, oder aber der Ansehensverlust in der Clique, wenn die Mutprobe nicht bestanden wird.

Grundannahme der Theorie ist, dass menschliche Handlungen rational sind. Handlungen, die im Affekt begangen werden, können mit der Theorie entsprechend nicht erklärt werden.

2.3 Kontrolltheorien

Menschen verhalten sich gesetzeskonform, wenn enge Bindungen an Bezugspersonen, konventionelle gesellschaftliche Ziele, konventionelle gesellschaftliche Aktivitäten und soziale Werte bestehen.

Im Gegensatz zu den meisten Kriminalitätstheorien fragen Kontrolltheorien nicht nach den Ursachen von Kriminalität, sondern nach den Ursachen von Konformität. Warum verhalten sich Menschen also nicht kriminell? Kontrolltheorien zufolge sind Menschen in der Regel an einen Werte- und Normenkonsens gebunden. Sie neigen jedoch generell dazu, gegen diesen Werte- und Normenkonsens zu verstoßen. „Devianz ist selbstverständlich. Konformität muss erklärt werden".

Eine der bekanntesten Kontrolltheorien ist die soziale Bindungstheorie von Travis Hirschi. Sie geht davon aus, dass eine Person sich konform verhält, wenn sie eng in die Gesellschaft eingebunden ist. Dies betrifft der Theorie zufolge vier Faktoren:

1. die Bindung an Bezugspersonen,
2. die Bindung an konventionelle Ziele,
3. die Einbindung in konventionelle Aktivitäten und
4. die Akzeptanz sozialer Normen.

Die Bindung an Bezugspersonen ist dabei am relevantesten. Es wird angenommen, dass enge soziale Bindungen an wichtige Bezugspersonen, die kriminelles Verhalten ablehnen, konformes Verhalten bedingen, da sie zur Rücksichtnahme auf die Wünsche und Erwartungen dieser Personen verpflichten. Bei den Bezugspersonen kann es sich beispielsweise um Eltern, Freunde oder Lehrerinnen und Lehrer handeln. Mit konventionellen gesellschaftlichen Zielen sind etwa die Erreichung eines Schulabschlusses oder die Ausübung eines Berufes gemeint. Hier ist die Abwägung der diesbezüglichen Nachteile entscheidend, die mit einer Straftat einhergehen (z.B. Verlust der Arbeitsstelle). Weiter kann die Einbindung in konventionelle Aktivitäten und Gruppen, wie etwa einen Sportverein oder eine Kirchengemeinde, kriminellem Verhalten vorbeugen. Zeit, die in konventionelle Aktivitäten investiert wird, kann nicht mit kriminellem Verhalten gefüllt werden. Schließlich wird der Glaube an die Verbindlichkeit moralischer bzw. sozialer Werte als Bedingungsfaktor konformen Verhaltens aufgeführt.[11]

2.4 Neutralisierungstechniken

Personen, die kriminelle Handlungen ausführen, rechtfertigen ihr Handeln vor oder nach der Tat.

Die Techniken der Neutralisierung wurden 1957 von Gresham M. Sykes und David Matza formuliert. Die Autoren nehmen an, dass kriminelle Handlungen von den Täterinnen und Tätern mit verschiedenen Argumenten gerechtfertigt werden. Dies kann vor der Tat geschehen, und somit eine (Mit-) Ursache von Kriminalität sein, oder nach der Tat, und damit zur Reduktion von Gewissensbissen beitragen. Sykes und Matza formulieren insgesamt fünf Neutralisierungstechniken:

1. Ablehnung der Verantwortung: Der Täter betrachtet sich für seine Tat als nicht verantwortlich.
   Beispiel (Schlägerei): „Der andere hat angefangen, es war nur Selbstverteidigung."
2. Verneinung des Unrechts: Der Täter betrachtet die Tat nicht als Unrecht.
   Beispiel (Ladendiebstahl): „Für das Kaufhaus ist kein wirklicher Schaden entstanden. Der Schaden wird gar nicht erst bemerkt."
3. Ablehnung des Opfers: Das Opfer der Tat hat es nicht anders verdient.
   Beispiel (Sexuelle Belästigung): „Sie ist selbst schuld, wenn sie einen so kurzen Rock trägt."
4. Verdammung der Verdammenden: Den Personen, die den Täter negativ sanktionieren, werden negative Eigenschaften zugeschrieben.
   Beispiel (Polizeiliche Festnahme): „Polizisten sind fremdenfeindlich. Sie haben mich nur auf Grund meiner Hautfarbe festgenommen."
5. Berufung auf höhere Instanzen: Der Täter beruft sich auf Normen und Werte, die jenen Normen (z.B. die des Strafgesetzbuches), die er durch seine Tat verletzt hat, aus seiner Sicht übergeordnet sind.
   Beispiel (Ehrenmord): „Die Familienehre musste wiederhergestellt werden."

Neutralisierungstechniken sind jedoch in der Regel nicht alleinige Ursache von Kriminalität. Vielmehr wird angenommen, dass sich eine Person umso eher bzw. häufiger abweichend verhält, „je stärker die Intention einer Person ist, sich abweichend zu verhalten, je mehr Handlungsmöglichkeiten für abweichendes Verhalten sie hat und je stärker eine Person Rationalisierungen („Techniken der Neutralisierung") akzeptiert, die abweichendes Verhalten rechtfertigen."[12]

3. Theorien zu Gruppen und Gesellschaft

Nachfolgend werden ausgewählte Theorien dargelegt, denen zufolge Kriminalität primär durch Gruppen oder die Gesellschaft verursacht wird: Subkulturtheorien, Anomietheorien, Desintegrationsansätze und Etikettierungsansätze.

3.1 Subkulturtheorien

Subkulturen sind gesellschaftliche Teilkulturen, die sich in ihren Normen, Werten und Verhaltensweisen von der gesellschaftlich dominierenden Kultur unterscheiden. Kriminelle Subkulturen können entstehen, wenn sich Personen zusammenschließen, die Status- und Anpassungsprobleme haben, die sich aus gesellschaftlich ungleichen Lagen ergeben und für die die gesellschaftlich dominierende Kultur keine zureichenden Lösungen stellen kann bzw. stellt.

Eine der bekanntesten Subkulturtheorien wurde von dem amerikanischen Forscher Albert K. Cohen auf Grundlage der Beobachtung jugendlicher Gangs in den USA entwickelt. Er geht grundlegend davon aus, dass „alles Handeln das Ergebnis von andauernden Bemühungen ist, Probleme der Anpassung zu lösen".[13] Diese Anpassungs- oder auch Statusprobleme ergeben sich ihm zufolge im Wesentlichen aus gesellschaftlich ungleichen Lagen bzw. innerhalb gesellschaftlich benachteiligter Gruppen. Als Reaktion auf die Status- und Anpassungsprobleme kommen verschiedene Möglichkeiten in Betracht. Hinsichtlich der Erklärung von Kriminalität ist der Zusammenschluss mit Personen mit vergleichbaren Anpassungsproblemen, für die es keine institutionalisierte Lösung und auch keine alternative Bezugsgruppe gibt, entscheidend. So kann es zur Entstehung von Subkulturen kommen, in deren Kontext über Interaktionsprozesse gemeinsame Normen, Werte und Verhaltensweisen entstehen, die von denen der gesellschaftlich dominierenden Kultur abweichen.[14]

Subkulturen können ihren Mitgliedern Status verleihen, den sie auf andere (legale) Weise nicht erlangen können. Sie können darüber hinaus Feindseligkeit und Aggression gegenüber der gesellschaftlich dominierenden Kultur rechtfertigen. Zudem können sie Angst- und Schuldgefühle mildern, indem die anderen Gruppenmitglieder als Bezugsgruppe herangezogen werden.[15]

Ursprünglich wurde die Subkulturtheorie insbesondere zur Erklärung jugendlicher Bandenkriminalität herangezogen. Einen Erklärungsansatz stellt die Theorie aber auch für andere Subkulturen dar, etwa Rocker, Hooligans oder extremistische Gruppierungen.

3.2 Anomietheorien

Kriminalität ist die Folge des Auseinanderklaffens der in der Gesellschaft als legitim anerkannten Ziele und den reduzierten Zugangsmöglichkeiten zu den zur Erreichung dieser Ziele erforderlichen Mittel.

Der Begriff der Anomie geht auf den französischen Soziologen Émile Durkheim zurück und kann mit Regellosigkeit übersetzt werden. Anomie bezieht sich nach Durkheim auf „eine Gesellschaft, in der die Solidarität verloren gegangen ist und deshalb auseinanderfällt und in Unordnung versinkt.“[16] Sie trete insbesondere in Zeiten sozialer Umbrüche (z.B. Kriege, Zeiten hoher Arbeitslosigkeit) auf.

Weiterentwickelt wurden Durkheims Thesen vom amerikanischen Soziologen Robert K. Merton, der sozialstrukturelle Elemente der Gesellschaft in die Erklärung abweichenden Verhaltens einbezieht. Merton zufolge kommt es zu Desorientierung für ein Gesellschaftsmitglied, wenn die allgemein verbindlichen, kulturellen Ziele und die sozialstrukturell determinierte Verteilung der Mittel, mit denen diese Ziele erreicht werden können, auseinanderklaffen. Da das Gesellschaftsmitglied nicht dauerhaft mit den durch die Desorientierung bedingten psychischen Belastungen und sozialen Konflikten leben kann, bedarf es einer Lösung.[17] Je nachdem, ob das Individuum die kulturellen Ziele anerkennt oder nicht, ergeben sich Merton zufolge verschiedene Lösungsformen, die nachfolgend am Beispiel des Ziels „Wohlstand“ erläutert werden:[18]

1. Konformität: Die Ziele und Mittel werden akzeptiert.
   Eine Person geht beispielsweise einer schlecht bezahlten Tätigkeit nach und schränkt sich daher ein (Konsumverzicht), um Wohlstand zu erzielen. Das Individuum verhält sich entsprechend nicht abweichend und trägt zur Aufrechterhaltung von Werten und Normen in der Gesellschaft bei.
2. Innovation: Die Ziele werden akzeptiert, die Mittel jedoch abgelehnt.
   Diese Lösungsform kann zur Erklärung von Kriminalität herangezogen werden. So versucht eine Person beispielsweise über Formen kriminellen Verhaltens (z.B. Diebstahl) Wohlstand zu erzielen.
3. Ritualismus: Die Ziele werden (teilweise) abgelehnt, die Mittel aber beibehalten.
   Bei dieser Lösungsform werden die Erwartungen an die zu erreichenden Ziele abgesenkt, sodass die vorhandenen Mittel zur Zielerreichung ausreichen. Die Abweichung ist hier unscheinbar. Eine Person strebt entsprechend beispielsweise keinen Wohlstand an, geht einer bezahlten Tätigkeit aber routinemäßig nach.

4. Rückzug: Die Ziele und Mittel werden abgelehnt.
   Bei dieser Lösungsform zieht sich eine Person aus der Gesellschaft zurück. Typisch sind hier Scheinwelten, die beispielsweise Alkohol, Rauschgift oder Sekten eröffnen.
5. Rebellion: Die Ziele und Mittel werden abgelehnt, aber durch neue ersetzt.
   Bei der Rebellion wird die bestehende Gesellschaftsform negiert und nach radikalem Wandel gestrebt. Ein aktuelles Beispiel ist diesbezüglich die Reichsbürgerbewegung in Deutschland.

3.3 Desintegrationsansätze

Kriminalität ist die Folge von Desintegration, die auf die Individualisierungsprozesse moderner Gesellschaften zurückgeführt werden kann.

Ähnlich wie Anomietheorien gehen Desintegrationsansätze davon aus, dass Kriminalität die Folge gesellschaftlicher Missstände ist. Ein bekannter Desintegrationsansatz geht auf den deutschen Wissenschaftler Wilhelm Heitmeyer zurück. Moderne Gesellschaften befinden sich Heitmeyer zufolge in starken Individualisierungsprozessen, die Desintegration bedingen können. „Dort, wo sich das Soziale auflöst, müssen die Folgen des eigenen Handelns nicht mehr sonderlich berücksichtigt werden. […] die Gewaltschwellen sinken und die Gewaltoptionen steigen.“[19]

Diese Desintegration tritt Heitmeyer zufolge in zwei Formen auf: als kulturelle Desorientierung und als strukturelle Desorganisation. Sie werden in drei Dimensionen konkretisiert:[20]

1. Im Kontext von Individualisierungsprozessen verlieren allgemein anerkannte Normen und Werte an Bedeutung. Die Auflösung der Normen- und Wertesysteme kann zu kultureller Desorientierung und Handlungsunsicherheit führen.
2. Kulturelle Desorientierung sowie strukturelle Desorganisation sind Folge der Auflösung sozialer Beziehungen und Lebenszusammenhänge im Zuge der Individualisierung, die Vereinzelungserfahrugen bedingen kann.
3. Individualisierung führt dazu, dass Menschen seltener Bezug zu zentralen gesellschaftlichen Einrichtungen und Institutionen gewinnen. Hierdurch wird strukturelle Desorganisation bedingt, die zu Ohnmachtserfahrungen führen kann.

Personen verhalten sich der Theorie zufolge delinquent, wenn sie die mit der Individualisierung einhergehenden Probleme nicht mit legalen Mitteln bewältigen können.

Heitmeyer entwickelte seine Theorie in Folge der rechtsextremistischen Vorfälle zu Beginn der 1990er Jahre in Deutschland. Auch heute noch wird sein Ansatz zur Erklärung von Rechtsextremismus herangezogen. Daneben wird die Theorie insbesondere auf Gewaltphänomene angewendet.

3.4 Etikettierungsansätze

> Über die Zuschreibung stigmatisierender Merkmale oder abweichenden Verhaltens durch die soziale Umwelt und Institutionen sozialer Kontrolle reduzieren sich die konformen Handlungsmöglichkeiten einer Person.

Etikettierungsansätze werden im wissenschaftlichen Sprachgebrauch auch als Labeling Approach bezeichnet. Im Gegensatz zu den bisher thematisierten Theorien suchen sie nicht nach den Ursachen von Kriminalität, sondern verstehen sie als Zuschreibungsprozess.

Die Theorie wurde in den 1950er Jahren vom amerikanischen Soziologen Frank Tannenbaum entwickelt und in den folgenden Jahren unter anderem von Edwin Lemert und Howard S. Becker weiterentwickelt. Letztere gelten heute als Hauptvertreter des Labeling Approaches.

Grundlegend wird angenommen, dass die soziale Umwelt (z.B. Gleichaltrige, Eltern, Lehrerinnen und Lehrer) und Institutionen sozialer Kontrolle (z.B. Schule, Behörden, Polizei) einer Person negativ bewertete Attribute zuschreiben und ihr entsprechend ein „Label“ geben (z.B. „Krimineller“, „Verrückter“).[21] Lamnek verdeutlicht dies am folgenden Beispiel:

> „Wird eine ältere, gepflegt wirkende Dame ohne Fahrschein in einem öffentlichen Verkehrsmittel erwischt, so werden andere Fahrgäste und Kontrolleure ihr Verhalten mit ‚Vergesslichkeit', ‚Zerstreutheit', etc. erklären, sie aber kaum als in irgendeiner Weise abweichend betrachten und behandeln. Einen schlampig gekleideten, unrasierten und nach Alkohol riechenden Mann in der gleichen Situation wird man dagegen eher als ‚asozial' etikettieren und entsprechend behandeln, nämlich als Schwarzfahrer.“[22]

Treten solche Zuschreibungen gehäuft auf, können sich die konformen Handlungsmöglichkeiten einer Person reduzieren. So können sie zum Beispiel den Verlust des Arbeitsplatzes bedingen, die Kündigung der Wohnung oder den Verlust von Freunden. Sie können jedoch auch Einfluss auf das Selbstbild einer Person haben, wenn diese das ihr zugeschriebene Merkmal in ihr Selbstbild übernimmt. Die Zuschreibung wird dann immer stärker von der Person akzeptiert und das Verhalten daran ausgerichtet.[23] Mit der Theorie wird entsprechend eine sich selbst erfüllende Prophezeiung beschrieben: der als abweichend Bezeichnete wird sich abweichend verhalten.

4. Übergreifende Theorien: Situational Action Theory

Aufbauend auf den dargelegten Theorien wurden darüber hinaus zahlreiche Ansätze entwickelt, die die Interaktion und Wechselwirkungen zwischen Individuum und Gruppen bzw. der Gesellschaft berücksichtigen. Hierzu zählt beispielsweise die relativ aktuelle Situational Action Theory (SAT) des schwedischen Kriminologen Per-Olof Wikström sowie Kolleginnen und Kollegen,[24] die im Folgenden in ihren Grundzügen skizziert wird.

Die grundlegenden Elemente der SAT sind eine Person, ein Umfeld, eine Situation und eine Handlung. Sie geht davon aus, dass aus der Interaktion zwischen einer Person und ihrem Umfeld eine Situation resultiert, in der die Person verschiedene Handlungsalternativen wahrnimmt und Handlungsentscheidungen trifft. Letzteres wird als Wahrnehmungs-Entscheidungsprozess bezeichnet, der an die oben dargelegten Annahmen der Rational Choice Theorie anknüpft. Der Wahrnehmungs-Entscheidungsprozess wird bedingt durch die Interaktion zwischen der kriminellen Neigung einer Person und den kriminogenen Eigenschaften ihres Umfeldes. Kriminalität entsteht entsprechend, wenn eine Person, die zu kriminellem Verhalten neigt, sich in einem kriminalitätsbegünstigenden Umfeld bewegt. Die Theorie differenziert entsprechend zwischen Personen- und Umfeldfaktoren.

- Personenfaktoren
  Auf Personenebene ist die kriminelle Neigung einer Person entscheidend. Diese wird bedingt durch ihre Moralität sowie ihre Fähigkeit zur Ausübung von Selbstkontrolle.
  Der Begriff der Moralität umfasst in der Theorie zum einen die Verhaltensregeln, die eine Person innehat, das heißt welche Handlungen sie als richtig und welche als falsch erachtet, und zum anderen die emotionale Bewertung dieser Regeln. Die Stärke der Moralität spiegelt sich in den moralischen Emotionen wider, die mit dem Brechen der Regel verbunden sind (z.B. Schuld, Scham).
  Die SAT nimmt an, dass sich Personen mit einer starken Moralität mit hoher Wahrscheinlichkeit nicht kriminell verhalten. Sie nehmen Kriminalität nicht als Handlungsalternative wahr. Ist die Moralität einer Person jedoch weniger stark ausgeprägt und bewegt sie sich in einem kriminalitätsbegünstigendem Umfeld, kommt es auf ihre Fähigkeit zur Selbstkontrolle an, ob sie sich kriminell verhält oder nicht. Selbstkontrolle ist die Tendenz Handlungen zu vermeiden, deren langfristige ne-

gative Konsequenzen den kurzfristigen Vorteil, der sich aus der kriminellen Handlung ergeben würde, übersteigen.

- Umfeldfaktoren
  Ein Umfeld ist der SAT zufolge kriminogen, wenn die dort dominierenden moralischen Regeln kriminelles Verhalten begünstigen und die externe Kontrolle unzureichend ist. Dabei ist entscheidend, wie eine Person ihr Umfeld hinsichtlich dieser beiden Merkmale subjektiv wahrnimmt. Die wahrgenommene Moralität des Umfelds ist auch in anderen, zuvor thematisierten Theorien bedeutsam (z.B. Subkulturtheorien). Auch die wahrgenommene Durchsetzung der verbindlichen moralischen Normen wird in zahlreichen Kriminalitätstheorien einbezogen.
- Wahrnehmungs-Entscheidungsprozess
  Die Interaktion zwischen einer zu Kriminalität neigenden Person und einem kriminogenen Umfeld führt der SAT zufolge zu einem Prozess, in dem eine Person Handlungsalternativen wahrnimmt und Handlungsentscheidungen trifft. Die Theorie geht davon aus, dass eine Person sich nur dann für kriminelles Verhalten entscheiden kann, wenn sie diese auch als Handlungsalternative wahrnimmt. Ist Kriminalität eine Handlungsalternative, wird der Entscheidungsprozess relevant. Diesbezüglich wird zwischen Handlungen aus Gewohnheit und rationalen Entscheidungen differenziert. Stellt Kriminalität eine Gewohnheitshandlung dar, werden andere Handlungsalternativen von der Person gar nicht erst berücksichtigt. Rationale Handlungsentscheidungen werden den Annahmen der Rational Choice Theorie entsprechend vor dem Hintergrund von Kosten-Nutzen-Erwägungen getroffen.
- Situative Faktoren
  Neben den Personen- und Umfeldfaktoren berücksichtigt die SAT auch situative Faktoren. Hierzu zählen die Motivation, der sogenannte moralische Filter und Kontrollen. Zunächst wird angenommen, dass sich in einer Situation für eine Person eine Motivation zum Erreichen eines in der Situation relevanten Ziels ergibt.
  Für welche Handlungsalternative sich eine Person als Reaktion auf die Motivation entscheidet, hängt von dem sogenannten moralischen Filter ab. Dieser resultiert aus der Interaktion zwischen der Moralität der Person und der Moralität ihres Umfeldes. Sind diese deckungsgleich in dem Sinne, als dass sie kriminellem Verhalten entgegenstehen, stellt Kriminalität in der Regel keine Handlungsalternative dar. Spricht sowohl die eigene Moralität als auch die des Umfeldes für Kriminalität, ist kriminelles Verhalten wahrscheinlich. Korrespondieren die eigene Moralität und die des Umfelds nicht miteinander, werden Kontrollen relevant.

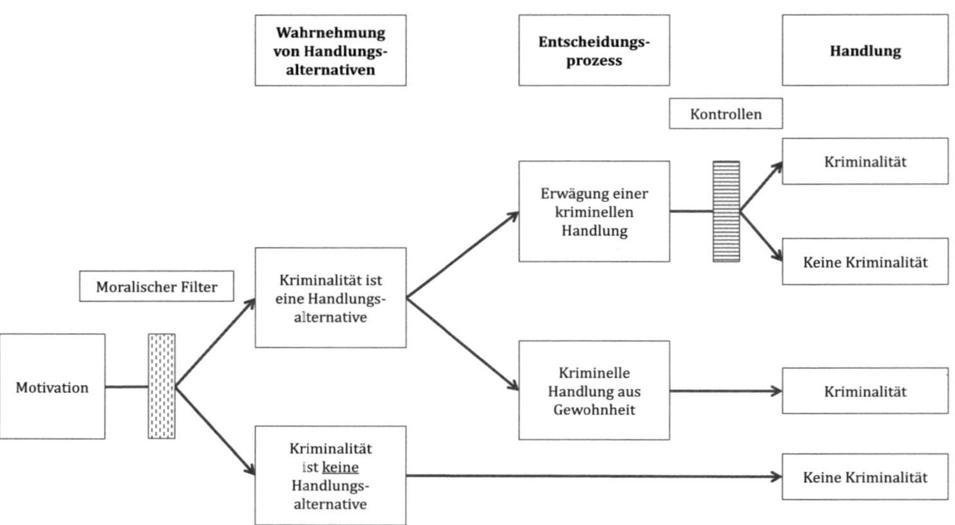

Abb. 1: Situational Action Theory[25]

Die SAT bezieht, wie oben dargelegt, zwei Formen der Kontrolle ein: Selbstkontrolle und externe Kontrolle. Verleitet das Umfeld der Person sie zur Kriminalität, kommt es auf ihre Fähigkeit zur Selbstkontrolle an, ob sie sich kriminell verhält oder nicht. Ist die Person jedoch selbst geneigt, sich kriminell zu verhalten, ist die externe Kontrolle im Umfeld entscheidend.

Die hier überblicksartig dargelegten Grundannahmen der Theorie werden in Abbildung **1** veranschaulicht und nachfolgend an einem Beispiel verdeutlicht.

Frau Müller möchte mit dem Bus zum Hauptbahnhof fahren (Motivation).
Fallkonstellation I: Frau Müller hat eine hohe Moralität. Neben ihr an der Bushaltestelle steht ihre Nachbarin, die sie gut kennt und die ihre Werte und Normen teilt. Frau Müller denkt daher überhaupt nicht daran, schwarz zu fahren und kauft sich eine Fahrkarte.
Fallkonstellation II: Frau Müller hat eine geringe Moralität. An der Haltestelle neben ihr steht eine Nachbarin, die sie gut kennt und von der sie weiß, dass sie regelmäßig schwarzfährt. Auch Frau Müller fährt regelmäßig ohne gültigen Fahrschein und entscheidet sich daher aus Gewohnheit für das Schwarzfahren.
Fallkonstellation III: Frau Müller hat eine hohe Moralität. An der Haltestelle neben ihr steht eine Nachbarin, die sie gut kennt und von der sie weiß, dass sie regelmäßig schwarzfährt. Frau Müller erwägt, dass es sie 60 Euro kostet, wenn sie beim Schwarzfahren erwischt wird, die Fahrkarte jedoch nur zwei Euro. Sie entscheidet sich daher dafür, eine Fahrkarte zu kaufen.

Fallkonstellation IV: Frau Müller hat eine geringe Moralität. Sie fährt regelmäßig schwarz. Neben ihr an der Haltestelle steht jedoch bereits der Fahrkartenkontrolleur, weshalb sie sich eine Fahrkarte kauft.

5. Fazit

Im Rahmen des vorliegenden Beitrags wurden Theorien zur Erklärung von Kriminalität erläutert. Hierbei wurden Theorien berücksichtigt, denen zufolge die Ursachen von Kriminalität primär in der Personen liegen, solche, die zur Erklärung von Kriminalität Gruppen oder die Gesellschaft betrachten und solche, die verschiedene Ebenen berücksichtigen. Bei den dargelegten Theorien handelt es sich jedoch lediglich um eine Auswahl besonders populärer und einflussreicher Kriminalitätstheorien aus der riesigen Masse an Ansätzen zur Erklärung von Kriminalität. Zudem wurden nur soziologische und (sozial-)psychologische Ansätze berücksichtigt.

Zum Nach- und Weiterdenken

Wenn Sie sich darüber hinaus gedanklich intensiver mit der Thematik befassen möchten, denken Sie gerne über folgende Fragestellungen nach:
Was würde/könnte Sie persönlich dazu motivieren, sich kriminell zu verhalten?
Wozu bedarf es Theorien zur Erklärung von Kriminalität? Inwiefern können sie beispielsweise bei der Entwicklung von Maßnahmen zur Bekämpfung von Kriminalität nutzen?

Zum Weiterlesen

Lamnek, S. (2017): *Theorien abweichenden Verhaltens I. „Klassische" Ansätze.* 10. Auflage. Paderborn: Wilhelm Fink Verlag

Lamnek, S. und Vogl, S. (2017): *Theorien abweichenden Verhaltens II. „Moderne Ansätze".* 4. Auflage. Paderborn: Wilhelm Fink Verlag.

Sigfried Lamnek fasst in seinen Werken Theorien abweichenden Verhaltens I und II zahlreiche klassische und moderne kriminologische Kriminalitätstheorien zusammen und gibt zudem einen umfassenden Überblick über mögliche Kategorisierungen dieser Theorien.

Schwind, H.-D. (2016): *Kriminologie. Eine praxisorientierte Einführung mit Beispielen.* 23. Auflage. Heidelberg (u.a.): Verlagsgruppe Hüthig Jehle Rehm GmbH

Hans-Dieter Schwind erläutert in seiner praxisorientierten Einführung in die Kriminologie die Geschichte der Kriminologie und der Kriminalitätstheorien und geht auch detailliert auf biologische Kriminalitätstheorien ein.

Jugendkriminalität

Andreas Kohl

1. Einleitung

„*Immer jünger! Immer mehr!*“ Beunruhigende Schlagzeilen über Jugendkriminalität tauchen immer dann in den Medien auf, wenn entweder eine neue Kriminalstatistik vorgestellt wird oder ein aktueller Fall Schlagzeilen macht. Gleichzeitig wird Jugendkriminalität in den Sozialen Medien diskutiert und nicht selten politisch instrumentalisiert. Diese ständige Präsenz von Kriminalitätsberichterstattung kann allerdings dazu führen, dass der Blick auf die tatsächliche Kriminalitätslage mitunter getrübt wird. Im Folgenden soll daher ein knapper Überblick über die Jugendkriminalität in Deutschland gegeben werden.

2. Was ist eigentlich Jugendkriminalität?

Die einfache Antwort auf diese Frage lautet: Die Kriminalität aller Menschen, die noch nicht erwachsen, also unter 18 Jahren alt sind. In der Realität ist es jedoch etwas komplizierter, daher gibt es auf diese Frage keine eindeutige Antwort. Je nachdem, ob man die Jugendkriminalität aus der juristischen, statistischen oder kriminologischen Perspektive betrachtet, werden unterschiedliche Altersgruppen und Aspekte in die Betrachtung mit einbezogen.

Juristisch betrachtet sind in Deutschland Kinder unter 14 Jahren strafunmündig, das heißt, sie können für die von ihnen begangenen Delikte nicht vor ein Strafgericht kommen und verurteilt werden. Wer 14, aber noch keine 18 Jahre alt ist, wird nach dem Jugendgerichtsgesetz (JGG) verurteilt. Wer 18, also juristisch schon erwachsen, aber noch keine 21 Jahre alt ist, kann, wenn die Richter dies feststellen, ebenfalls noch nach dem JGG verurteilt werden. Menschen, die 21 Jahre oder älter sind, werden immer nach dem Erwachsenenstrafrecht verurteilt.

Das war in Deutschland nicht immer so. Im deutschen Kaiserreich waren Kinder ab 12 Jahren strafmündig, dieses Alter wurde dann während der Weimarer Republik auf 14 Jahre heraufgesetzt. Im Nationalsozialismus konnten Jugendliche ab 1943 ab 12 Jahren für strafmündig erklärt werden, ab 14 Jahren war es sogar möglich, das Erwachsenenstrafrecht anzuwenden. In der noch jungen Bundesrepublik Deutschland wurde das Alter dann 1953 wieder auf die auch heute noch gültigen 14 Jahre heraufgesetzt. Auch in der Deutschen Demokratischen Republik galt dieses Alter ab 1952. Bis heute ist diese Schwelle von 14 Jahren immer wieder Gegenstand kontroverser politischer Diskussionen.

Auch in anderen Ländern ist die Frage, ab wann Kinder und Jugendliche nach welchem Recht verurteilt werden sollten, durchaus unterschiedlich geregelt. In den Niederlanden gilt die Strafmündigkeit bereits ab 12 Jahren, bei schweren Delikten ist die Anwendung des Erwachsenenstrafrechts bei 17- und 18-Jährigen möglich. In Frankreich sind Kinder mit 10 Jahren strafmündig, Gefängnisstrafen sind ab 13 Jahren möglich, das Erwachsenenstrafrecht kann ab 16 Jahren angewendet werden. In Großbritannien gilt eine Strafmündigkeit ab 10 Jahren (in Schottland sogar ab 8 Jahren). Nach dem Prinzip ‚Härte statt Nachsicht' ist für Jugendliche hier sogar eine lebenslange Haft möglich (das ist auch in den USA so). Die Anwendung des Jugendstrafrechts für Jugendliche im Alter von 16 und 17 Jahren ist in Großbritannien seit 2003 nicht mehr möglich.

Die Polizei definiert für ihre Polizeiliche Kriminalstatistik (PKS) die hier relevanten Altersgruppen wie folgt: Kinder sind bis 13 Jahre, Jugendliche 14 bis 17 Jahre, Heranwachsende 18 bis 20 Jahre alt. Dazu kommen noch Jungerwachsene, die 21 bis 24 Jahre alt und juristisch eigentlich schon volljährig sind. Wenn man Jugendkriminalität kriminologisch untersucht, ist es oft sinnvoll, neben den Kernaltersgruppen zwischen 14 und 20 Jahren auch noch die Kinder bis 13 Jahren und die Jungerwachsenen mit zu betrachten, um z.B. in Langzeituntersuchungen Entwicklungsverläufe deutlich zu machen.

3. Die Entwicklung der Jugendkriminalität

Betrachtet man die Entwicklung der Jugendkriminalität in Deutschland, so muss – wie auch in dem Beitrag von Kai Seidensticker in diesem Buch beschrieben wird – zunächst einmal zwischen Hellfeld und Dunkelfeld unterschieden werden. Das Hellfeld enthält alle den Strafverfolgungsbehörden bekannt gewordenen Straftaten und die dafür Tatverdächtigen. Aus diesen Daten werden dann die jährlichen Polizeilichen Kriminalstatistiken erstellt.[1] Es bildet daher nur einen Teil der tatsächlich statt gefundenen Straftaten ab. Das Dunkelfeld besteht demgegenüber aus allen Straftaten, die eben nicht bekannt geworden sind. Das kann passieren, wenn das Opfer kein Interesse an einer Strafanzeige hat, z.B. wenn ein nicht versichertes Fahrrad gestohlen wurde und die Chance auf eine Wiedererlangung gering eingeschätzt wird. Auch bei Gewalt innerhalb der Familie wird oft aus Angst oder Scham keine Anzeige erstattet. Verborgen bleiben oft auch sogenannte opferlose Delikte wie z.B. der Besitz von Drogen. Da sich die Täter nicht selbst anzeigen, gelangen diese Delikte erst dann ins Hellfeld, wenn eine Ermittlungstätigkeit der

Strafverfolgungsbehörden einsetzt. Das Dunkelfeld ist daher nur schwer einzuschätzen, es ist je nach Delikt unterschiedlich groß, mit Hilfe von kriminologischen Untersuchungen können allerdings Teile davon aufgehellt werden.

Jede Aussage über die Entwicklung von Kriminalitätsphänomenen anhand der vorhandenen Statistiken steht daher unter dem Vorbehalt, dass eben diese Statistiken nur einen Teil der Kriminalitätswirklichkeit abbilden und als eine Art „Tätigkeitsbericht" die Arbeit der Strafverfolgungsbehörden widerspiegeln. Gleichwohl sollen hier einige Entwicklungslinien seit 1995 aufgezeigt werden.

3.1 Das Hellfeld – die bekannt gewordenen Straftaten

Wenn man sich über die Entwicklung der Tatverdächtigen informieren will, macht es Sinn, nicht die absoluten Zahlen zu betrachten, sondern diese in Relation zur – sich ja verändernden – Einwohnerzahl zu setzen. Diese Relation wird durch die Tatverdächtigenbelastungszahl (TVBZ) ausgedrückt. Dieses Wortungetüm bezeichnet die Anzahl der deutschen Tatverdächtigen auf 100.000 Einwohner, für Nichtdeutsche kann diese Zahl nicht erhoben werden.

Tabelle 1 zeigt TVBZ für alle Kinder, Jugendlichen und Heranwachsenden von 8 bis 20 Jahren auf. Nach einer Steigerung von 1995 bis ca. 1998 bleib diese bis ca. 2008 auf dem Niveau von ca. 5.000 und sank dann bis auf ca. 3.200 im Jahr 2016, um dann wieder leicht anzusteigen. Vergleicht man die TVBZ mit der aller Tatverdächtigen ab 8 Jahren im gleichen Zeitraum,

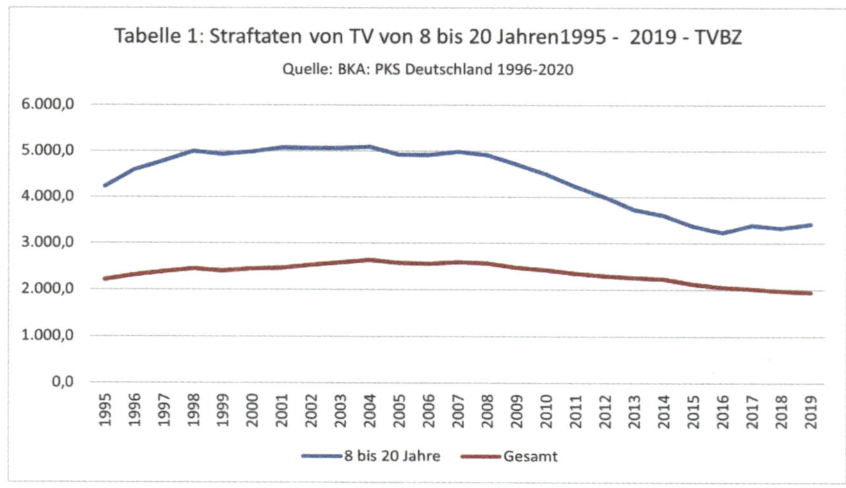

Abb. 1: Straftaten von TV von 8 bis 20 Jahren1995 – 2019 – TVBZ. Quelle: BKA: PKS Deutschland 1996–2020

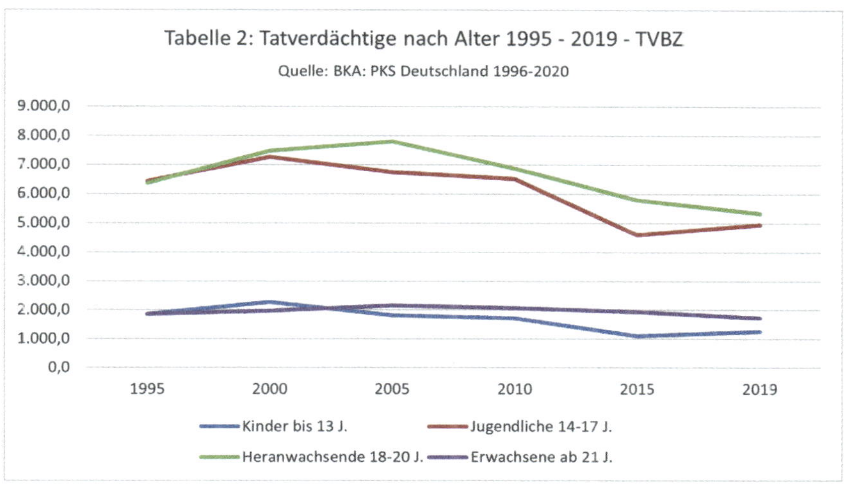

Abb. 2: Tatverdächtige nach Alter 1995 – 2019 – TVBZ. Quelle: BKA: PKS Deutschland 1996–2020

dann sind Kinder, Jugendliche und Heranwachsende ungefähr doppelt so belastet wie die Gesamtbevölkerung. Bei dieser nimmt die Belastung ab 1995 leicht zu, bleibt dann bis ca. 2008 auf dem Niveau von ca. 2.500 und sinkt seitdem stetig bis unter 2.000 im Jahre 2019.

Ein Anstieg der Tatverdächtigen wie der aufgezeigte führt allerdings nicht automatisch auch zu einer höheren Verurteilungsquote. Eine Untersuchung der Zunahme in den 1990er Jahren durch die bayerische Polizei[2] hat z.B. für Heranwachsende aufgezeigt, dass trotz einer Zunahme der Gewaltkriminalität in der Kriminalstatistik um 63 % zwischen 1989 und 1998 die Zahl der Verurteilungen leicht abnahm und die Freisprüche sowie die Verfahrenseinstellungen aufgrund fehlender Strafbarkeitsvoraussetzungen deutlich anstiegen. Auch hier gilt, dass Kriminalstatistiken mit Vorsicht zu interpretieren sind. Es zeigt sich, dass aktuell gut 5 % aller Jugendlichen und Heranwachsenden 2019 als Tatverdächtige polizeilich bekannt geworden sind, im Umkehrschluss allerdings auch, dass das bei ca. 95 % nicht der Fall war.

Tabelle 2 zeigt die Entwicklung der TVBZ einzelner Altersgruppen von 1995 bis 2019 für Kinder (bis 13 Jahre), Jugendliche (14–17 Jahre), Heranwachsende (18–20 Jahre) und Erwachsene (ab 21 Jahre) auf. Insgesamt zeigt sich für den gesamten Zeitraum, dass Jugendliche und Heranwachsende die höchste TVBZ aufweisen, mit deutlichem Abstand zu Kindern und Erwachsenen. Nicht nur die TVBZ, sondern auch der Anteil an den Gesamtstraftaten macht deutlich, dass Jugendliche insgesamt mehr Straftaten begehen als Erwachsene. Der Anteil von 14- bis unter 21-Jährigen an der Gesamtbevölkerung lag 2018 in Deutschland bei ca. 5 %, ihr Anteil an allen Straftaten

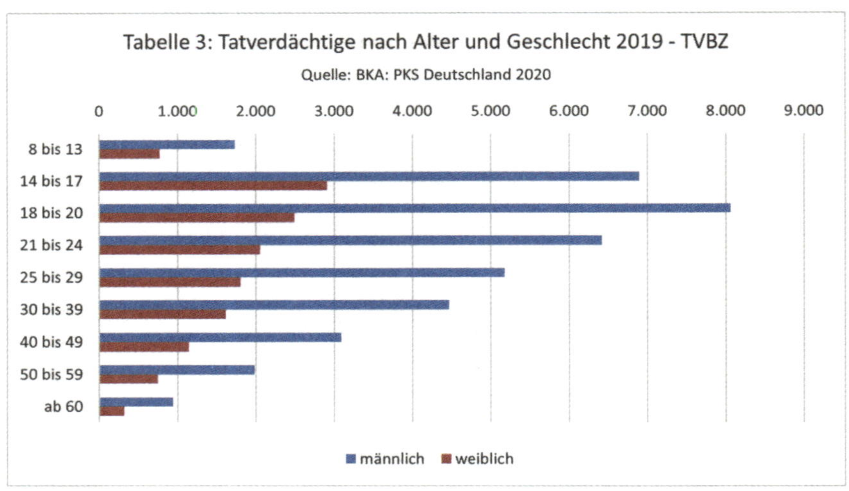

Abb. 3: Tatverdächtige nach Alter und Geschlecht 2019 – TVBZ. Quelle: BKA: PKS Deutschland 2020

in der PKS allerdings bei 18 %, bei den Gewalttaten sogar bei 26 %. Zum Vergleich: Menschen, die 60 Jahre oder älter sind, stellen 23 % der Gesamtbevölkerung, begehen aber nur ca. 8 % der Straftaten.

Doch nicht nur die unterschiedlichen Altersstufen, auch das Geschlecht beeinflusst die Delinquenz. Die nächste Tabelle 3 zeigt daher für das Jahr 2019 den Unterschied zwischen weiblichen und männlichen Tatverdächtigen nach Alter und Geschlecht ab 8 Jahren. Hier zeigt sich bei beiden Geschlechtern ein Verlauf, nach dem die TVBZ im Kindealter langsam ansteigt, bis sie bei den Heranwachsenden im Alter von 18 bis 20 Jahren dann ihren Höhepunkt erreicht. Danach sinkt die Belastung dann wieder mit zunehmendem Lebensalter. Insgesamt sind also im Hellfeld der Tatverdächtigen unter 21 Jahren die Heranwachsenden die Gruppe mit der höchsten Belastung, die Kinder die mit der geringsten. Frauen sind über ihre gesamte Lebensspanne weitaus weniger belastet als Männer. Die höchste Belastung wird bei ihnen allerdings schon etwas früher erreicht, nämlich als Jugendliche von 14 bis 17 Jahren.

Schaut man darauf, welche Delikte Jugendliche am häufigsten begehen, dann ergeben sich auch hier Unterschiede zu erwachsenen Tatverdächtigen. Die am häufigsten bei Jugendlichen vorkommenden Straftaten sind Bagatelldelikte wie Ladendiebstähle, Delikte der sog. Straßenkriminalität, die also auf Straßen, Wegen oder Plätzen begangen werden, leichte Körperverletzungen, das Erschleichen von Leistungen (= Schwarzfahren) sowie Rauschgiftdelikte wie z.B. der Besitz von Cannabisprodukten. Schwere Delikte, hohe Schadenssummen oder gar Verbrechen kommen dementsprechend seltener vor. Tabelle 4 zeigt die Altersverteilung der TVBZ beispielhaft für Straßen-

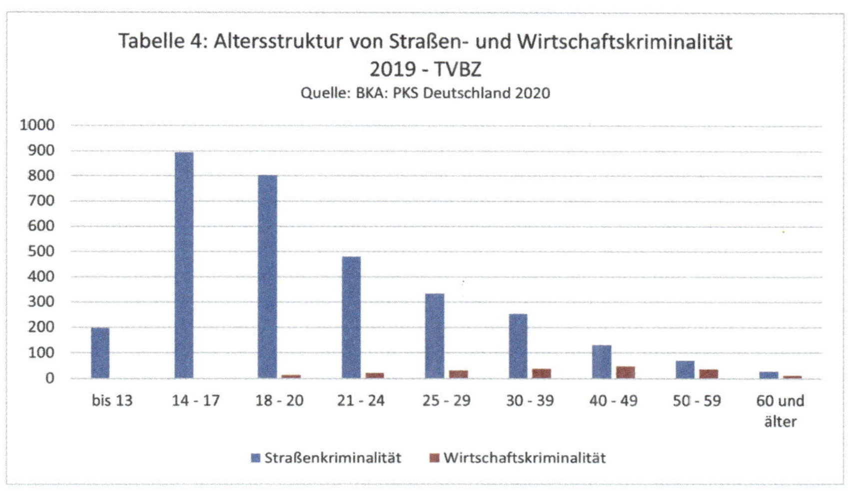

Abb. 4: Altersstruktur von Straßen- und Wirtschaftskriminalität 2019 – TVBZ. Quelle: BKA: PKS Deutschland 2020

und Wirtschaftskriminalität auf. Diese Verteilung hängt auch damit zusammen, dass Kinder und Jugendliche Straftaten häufig spontan, z.B. innerhalb der Clique, begehen und nicht sorgfältig planen oder durchdenken. Häufig werden Gelegenheiten genutzt, Jugendkriminalität ist deshalb auch opportunistische Delinquenz. Gerade deshalb kann es natürlich vorkommen, dass Unberechenbarkeit oder Unachtsamkeit ungewollt zu großen Schadenssummen führen.

3.2 Das Dunkelfeld

Es existiert, wie oben schon beschrieben, neben dem bekannten Hellfeld der Straftaten auch noch ein Dunkelfeld, das nur zum Teil, z.B. durch wissenschaftliche Studien und Befragungen, aufgehellt werden kann. Wie groß ist dieses Dunkelfeld nun im Fall der Jugendkriminalität? Das häufigste Mittel zur Erkenntnisgewinnung sind Opferbefragungen von Schülern, die teilweise nur einmal, teilweise aber auch (z.B. von den Kriminologen der Universität Münster im Rahmen der Münsteraner Längsschnittstudie[3]) jährlich mit den gleichen Befragten durchgeführt werden, um so genauere Ergebnisse zu erlangen. Wissenschaftlichen Untersuchungen zufolge werden der Polizei weniger als 5 % aller Delikte bekannt. Diese Zahl variiert je nach Delikt, die – im Jugendalter überwiegenden – Bagatelldelikte bleiben weit häufiger unentdeckt als schwere Delikte.

Die Dunkelfelduntersuchungen haben aufgezeigt, dass deutlich mehr Jugendliche strafbar werden als in der offiziellen PKS aufgeführt sind. Nur wenige Jugendliche berichten, keine, auch nicht leichte, Straftaten begangen zu haben. Zwei weitere Unterschiede zum Hellfeld konnten festgestellt werden: Zum einen ist die Belastung von Mädchen zwar immer noch geringer als die von Jungen, der Abstand zwischen diesen beiden Gruppen ist im Dunkelfeld aber nicht mehr so groß. Zum anderen tritt der Höhepunkt der Delinquenz im Dunkelfeld bei beiden Geschlechtern deutlich früher auf als im Hellfeld, nämlich schon mit 14–15 Jahren.

Betrachtet man die deutschen Dunkelfelduntersuchungen über einen längeren Zeitraum, wird deutlich, dass sich z.B. eine Entwicklung im Hellfeld hier nicht wiederfindet. Während in den 2000er Jahren die Gewaltdelikte von Jugendlichen im Hellfeld angestiegen sind, sind sie in den Dunkelfelduntersuchungen zwischen dem Ende der 1990er und dem Ende der 2000er Jahre gesunken, auch die Zahlen der Mehrfachtatverdächtigen.

3.3 Sonderfall jugendliche Mehrfachstraftäter

Einen Sonderfall bilden die sogenannten jugendlichen Mehrfachstraftäter, die häufig auch als Intensivtäter bezeichnet werden. Während, wie oben beschrieben, die allermeisten Jugendlichen nur sehr selten straffällig werden und diese Episode in der Jugend nur eine kurze Zeit lang anhält, gibt es doch auch Jugendliche, die in kurzer Zeit viele Straftaten begehen und damit Gefahr laufen, in eine lebenslange kriminelle Karriere abzurutschen. Um dies zu verhindern, haben Politik und Strafverfolgungsbehörden diese kleine Gruppe von Jugendlichen daher seit einigen Jahren verstärkt im Blick und arbeiten daran, dass diese Täter durch Präventionsprojekte, aber auch mit Repression wieder zurück in ein gesetzeskonformes Leben finden können.

Doch wer ist jetzt überhaupt ein jugendlicher Mehrfachstraftäter? Da die Innere Sicherheit Ländersache ist, haben die Bundesländer hier auch unterschiedliche Definitionen, ab wann ein jugendlicher Straftäter zu dieser Gruppe gezählt wird. In Nordrhein-Westfalen sind es z.B. Jugendliche, die innerhalb eines Kalenderjahres fünf oder mehr Straftaten gegangen haben. Generell heben die unterschiedlichen Definitionen auf die drei Dimensionen Quantität (Anzahl der begangenen Straftaten), Qualität (Schwere der begangenen Straftaten) sowie Zeit (Dauer der Straftatenbegehung) ab. Wie groß die Gruppe derer ist, auf die diese Merkmale zutreffen, ist nicht genau zu sagen. Die PKS Deutschland erfasst alle jungen Straftäter unter 21 Jahren, die mehrfach in Erscheinung getreten sind. In 2019 waren das z.B. bei den Männern 15.410 Personen, die 4–5 Straftaten begangen haben, 10.007 Personen, bei denen 6–10 Straftaten verzeichnet werden, 3.668 Personen, die mit 11–20 Straftaten registriert wurden und immer noch 1.343 Personen, die mehr als 20 Straftaten verdächtigt werden. Frauen sind immer weniger belastet als Männer, daher waren es bei ihnen 3.529 Personen, die 4–5 Straftaten begangen haben, 1.796 Personen, mit 6–10 Straftaten, 479 Personen mit 11–20 Straftaten und 133 Personen mit mehr als 20 Straftaten. Rechnet man alle diese Personen zusammen, dann sind das 36.365 Tatverdächtige, d.h. 1,8 % aller bekannt gewordenen Tatverdächtigen in 2019. Andere Untersuchungen, die zum Teil das Dunkelfeld mit einbeziehen, kommen auf einen Anteil von 3 bis 5 Prozent, sie machen also nur einen kleinen Teil der Tatverdächtigen aus, sind aber für einen deutlich größeren Anteil an allen begangenen Straftaten, insbesondere der Gewalttaten, verantwortlich und damit ins Licht der Kriminalpolitik und polizeilicher Maßnahmen gerückt. Jugendliche mit Migrationshintergrund sind in dieser Gruppe der Mehrfachstraftäter statistisch überrepräsentiert.

3.4 Die Kriminalität Jugendlicher mit Migrationshintergrund

Ein – auch in der Öffentlichkeit immer wieder kontrovers diskutiertes – Thema stellt die Kriminalität von ausländischen Jugendlichen bzw. solchen mit Migrationshintergrund dar. In Deutschland lebten 2019 mehr als 21 Millionen Menschen mit Migrationshintergrund, also mehr als ein Viertel der Einwohnerzahl Deutschlands, davon besaßen ca. 50 % einen deutschen Pass, 50 % waren Nichtdeutsche. Dazu kommen noch Personen, die sich illegal in Deutschland aufhalten, sowie Touristen und Durchreisende. Der Begriff des Ausländers und die von Politik und Medien häufig angeführte „Ausländerkriminalität" sind daher nicht zielführend, um die Zusammenhänge von Kriminalität und Nationalität bzw. Migrationsgeschichte randscharf zu beschreiben, denn er sagt weder etwas über den Grund, die Dauer des Aufenthaltes noch den Status der betreffenden Person bzw. Gruppe aus.

Einige Tendenzen können allerdings – gerade auch im Hinblick auf Jugendliche – dargestellt werden. Während Arbeitsmigranten mit und ohne deutsche Staatsbürgerschaft (also die Gruppe, die lange als „Gastarbeiter" bezeichnet wurden) insgesamt nicht häufiger straffällig werden als Deutsche ohne Migrationshintergrund, können bei Jugendlichen aus dieser Gruppe einige Auffälligkeiten beobachtet werden. So haben kriminologische Studien aufgezeigt, dass Jugendliche aus Einwandererfamilien mehr Gewaltdelikte begehen als Deutsche, auch ihr Anteil an den Mehrfachstraftätern ist überdurchschnittlich hoch. Aber auch diese Ergebnisse müssen unter der Einschränkung betrachtet werden, dass Personen, die nicht „deutsch" aussehen, häufiger angezeigt werden und dass Nichtdeutsche vor Gericht härter bestraft werden. Auch die weiter unten aufgeführten Bildungsdefizite von Migrantenkindern und ihre soziale Situation spielen hier eine Rolle.

Seit dem Beginn der verstärkten Zuwanderung von Flüchtlingen 2015 ist auch diese Gruppe immer wieder das Ziel politischer Angriffe geworden, die sie für eine Zunahme der Kriminalität in Deutschland verantwortlich gemacht hat. Eine Auswertung des BKA hat für das Jahr 2019 aufgezeigt, dass die Zuwanderer unter 18 Jahren statistisch nicht auffällig waren, ihr Anteil lag bei den Zuwanderern bei 11 %, während er bei den Tatverdächtigen insgesamt bei 13 % lag. Deutlich überdurchschnittlich belastet ist hingegen die Gruppe der 18 bis 30jährigen, zu der auch die hier mitbetrachtete Gruppe der unter 21jährgen gehört. Ihr Anteil lag bei allen Tatverdächtigen bei 32 %, bei den Zuwanderern jedoch bei 52 %.

3.5 Charakteristika von Jugendkriminalität

Aus dem Vorgesagten wird deutlich, dass sich Jugendkriminalität vom Kindesalter bis zu den Jungerwachsenen unter 25 Jahren deutlich von der Kriminalität älterer Menschen unterscheidet und ganz eigene Charakteristika aufweist. Die kriminologische Forschung hat die Eigenheiten, die die Kriminalität von Jugendlichen kennzeichnet, daher mit drei Begriffen beschrieben.

- *Ubiquität*

Ubiquität bedeutet, dass Delinquenz im Kinder- und Jugendalter keine Ausnahme darstellt, sondern im Gegenteil durchaus zum normalen Heranwachsen gehört. Sich auszuprobieren und zu beweisen, Grenzen zu überschreiten, den Freunden zu imponieren, all das kann zu Straftaten führen. Wie aufgezeigt wurde, sind männliche Jugendliche hier deutlich überrepräsentiert, es dominieren außerdem Bagatelldelikte.

- *Spontanbewährung*

Unter Spontanbewährung versteht man, dass die Delinquenz Jugendlicher überwiegend episodenhaft in der Phase zum Erwachsenwerden passiert. Nach einer Hochphase, die bei Frauen früher als bei Männern eintritt, ebbt sie spontan wieder ab, ohne dass die Polizei oder die Justiz eingreifen müssen. Das ist ein Ausdruck einer erfolgreich verlaufenden Normsozialisation.

- *Intensität*

Wie aus den Statistiken ersichtlich ist, wird die Mehrzahl der jugendlichen Tatverdächtigen nur wegen einer Straftat registriert. Die Zahl der Mehrfachtatverdächtigen, auch Intensivtäter genannt, ist demgegenüber sehr gering. In der Regel folgt auf delinquentes Verhalten im Jugendalter keine Straffälligkeit mehr im Erwachsenenalter. Nicht jede Form jugendlicher Delinquenz ist daher gleich ein Indikator für Störungen oder Erziehungsdefizite.

4. Ursachen von Jugendkriminalität

Zu vielen Aspekten der Jugendkriminalität wurden wissenschaftliche Theorien entwickelt, die dabei helfen sollen, dieses Phänomen besser zu verstehen. Denn das grundlegende Verständnis für die tieferen Ursachen ist eine wichtige Voraussetzung dafür, Ansätze und Projekte zu entwerfen, wie, wo und durch wen Jugendkriminalität verhindert werden kann.

Die Zeit, in der aus einem Kind erst ein Jugendlicher und dann ein Erwachsener wird, kann aus unterschiedlichen Blickwinkeln betrachtet werden. Das ist wichtig, um herauszufinden, warum einige Kinder und Jugendliche straffällig werden, manche sogar wiederholt, andere hingegen gar nicht. Biologisch betrachtet bedeutet die körperliche Entwicklung vom Kind zum Erwachsenen Größenwachstum, Geschlechtsreife und die damit einhergehenden inneren Auseinandersetzungen. Sozialpsychologisch ist dieser Prozess ein mitunter problematisch verlaufender Abschnitt zwischen Kindheit und Übernahme der Erwachsenenrolle, in der eine Identitätsfindung stattfindet, die Konfliktfähigkeit erlernt werden muss und der von der Abhängigkeit und Fremdbestimmung durch die Eltern zur Selbstbestimmung führt. In diesem Lebensabschnitt ist zunächst die Familie im Rahmen der primären Sozialisation von großer Bedeutung, während darauf die sekundäre Sozialisation folgt, in der Schule, Freunde und die Medien verstärkt auf die Jugendlichen einwirken und sie in ihren Einstellungen und ihrem Verhalten beeinflussen. In dieser Phase, die meist mit der Pubertät einhergeht, können daher sehr unterschiedliche Werte- und Moralvorstellungen auf die Jugendlichen einwirken.

Die kriminologische Forschung hat sich in den letzten Jahrzehnten daher intensiv mit der Frage befasst, welche Voraussetzungen eigentlich gegeben sein müssen, damit ein Kind bzw. ein Jugendlicher straffällig wird oder eben nicht. Man spricht hier von Belastungsfaktoren, die entweder einzeln oder im Zusammenspiel wirken können. Demgegenüber existieren auch sogenannte Schutzfaktoren, die, wenn vorhanden, diese Entwicklung verhindern können. Einige dieser Faktoren, die auf die Entwicklung Einfluss nehmen, sollen im Folgenden vorgestellt werden.

- *Die Familie*

Die erste und wichtigste Institution, durch die ein Kind im ersten Jahrzehnt seines Lebens geprägt wird, ist seine Familie. Hier werden durch das Nachahmen von Eltern und Geschwistern die grundlegenden sozialen Fähigkeiten erlernt, die später helfen, sich erfolgreich im Leben zu bewähren. So sind laut Shell-Jugendstudie 2019[4] immer noch für fast drei Viertel aller Jugendlichen die Eltern Erziehungsvorbilder. Zu nennen sind hier z.B. Lernstrategien, der Umgang mit Leistungsdruck und das Erlernen von Frustrationstoleranz, Kommunikationsfähigkeit, Empathie oder Konfliktlösungsstrategien. Verhalten sich die Eltern zueinander und den Kindern gegenüber häufig gewalttätig, erhöht sich die Wahrscheinlichkeit, dass auch die Kinder Gewalt als legitimes Mittel zur Konfliktlösung ansehen. Das kann eine Rolle spielen, wenn gewaltlegitimierende Männlichkeitsnormen („Macho-Kultur") und Gewalterfahrungen zu negativen Entwicklungen führen können. Voraussetzung für eine positive Entwicklung ist daher ein Elternhaus, das in der Lage ist, diese Schutzfaktoren auch an die Kinder zu vermitteln. Die letzten Jahrzehnte haben gezeigt, dass in Deutschland viele Kinder z.B. durch die Scheidung der Eltern in unvollständigen Familien aufwachsen müssen. Auch wirtschaftliche Probleme wie prekäre Arbeitsverhältnisse oder Arbeitslosigkeit der Eltern und schlechte oder beengte Wohnverhältnisse können sich negativ auf die Entwicklung der Kinder auswirken. Trotzdem stellt die Erziehung durch die Eltern den wichtigsten Beitrag zur Entwicklung dar, weil hier frühe Weichen gestellt werden, die für das gesamte weitere Leben von Bedeutung sind.

- *Der Freundeskreis*

Mit dem Erreichen der Pubertät tritt das Elternhaus als wichtigster sozialer Einfluss für Jugendliche immer mehr zurück, die Gruppe der gleichaltrigen Freunde, auch Peer Group genannt, gewinnt an Bedeutung. In dieser manchmal problematischen Zeit, der Suche nach einer eigenen Identität, der sexuellen Orientierung und generell nach dem eigenen Platz in der Gesellschaft, leisten Freundschaften und Gruppen Gleichaltriger einen wichtigen Beitrag zur Entwicklung. Hier finden Jugendliche Freunde mit den gleichen Einstellungen und Werten, können sich ausprobieren und vom Elternhaus ablösen. Die enge Bindung an eine Gruppe bedeutet aber auch, dass nicht nur fördernde, sondern auch negative Einstellungen übernommen werden können, z.B. wenn in der Gruppe Gewaltausübung, das Verüben von Straftaten oder der Konsum von Drogen als akzeptables Verhalten gelten. Diese negativen Entwicklungen können noch verstärkt werden, wenn in der Wohnumgebung der Jugendlichen z.B. durch fehlende Infrastruktur keine Angebote sinnvoller Freizeitgestaltung angeboten werden. Ist dies der Fall, ist es wichtig, den Einfluss der Gruppe zu reduzieren bzw. zu versuchen, den betroffenen Jugendlichen aus der Gruppe herauszulösen.

- *Schulische Bildung und Berufsausbildung*

Kinder und Jugendliche werden häufiger straffällig, wenn sie in der Schule keinen Erfolg haben und/oder keine Berufsausbildung gefunden haben. Ein erreichter Schulabschluss und eine darauffolgende Ausbildung sind daher Schutzfaktoren, die Jugendliche vor Straffälligkeit bewahren können. Das hat wichtige Konsequenzen für die Präventionsarbeit, die einen Fokus z.B. auf das Thema Bullying, und immer stärker auch Cyber-Bullying, legt. Die Opfer von Bullying leiden häufig unter Schulversagen, psychischen bis hin zu körperlichen Problemen, oder sie ziehen sich aus sozialen Beziehungen zurück. Andere Präventionsprojekte unterstützten Jugendliche dabei, ihren Schulabschluss zu erlangen oder vermitteln ihnen Praktikumsplätze und Ausbildungsstellen. Dies ist insbesondere auch im Hinblick auf Jugendliche mit Migrationshintergrund von Bedeutung, die in Deutschland immer noch überdurchschnittlich häufig ohne Schul- oder Berufsabschluss bleiben.

- *Gesellschaftliche Entwicklung*

Einige soziologische Kriminalitätstheorien wie z.B. die Anomietheorie machen allgemeine gesellschaftliche Entwicklungen mit dafür verantwortlich, dass Jugendliche straffällig werden. Wenn die Gesellschaft eine gemeinsame – und durch die Medien verstärkte – Vorstellung davon teilt, was im Leben erstrebenswert ist, z.B. Reichtum, Statussymbole oder eine gute Ausbildung, dann kann es zu Problemen kommen, wenn sich gleichzeitig die Schere zwischen Arm und Reich immer weiter öffnet und viele Menschen für sich keine Perspektive sehen, diese Ziele auf legale Art und Weise zu erlangen. In dieser Situation kann eine Reaktion auf diese Einsicht sein, sich die Ziele durch illegale Taten anzueignen, z.B. durch Betrug, Diebstahl oder das Fälschen von Zeugnissen. Auch aus diesem Grunde ist es wichtig, dass möglichst viele Jugendliche einen Schulabschluss erreichen, um danach eine Berufsausbildung beginnen zu können oder eine weiterführende Schule zu besuchen. Eine Politik, die möglichst vielen Menschen durch Bildung die Teilhabe am gesellschaftlichen Erfolg ermöglicht, ist daher auch immer eine gute Politik zur Verhinderung von Kriminalität.

- *Medien*

Die Frage, welchen Einfluss Medien auf die Entwicklung und die Einstellungen von Kindern und Jugendlichen haben, wird seit Jahrzehnten von Kriminologen, aber auch von Pädagogen und Politikern, kontrovers diskutiert. Unbestritten ist, dass in der heutigen Gesellschaft, in der das Internet mit seinen Angeboten allgegenwärtig und rund um die Uhr verfügbar ist, dieser Einfluss nicht unterschätzt werden kann. Die Entwicklung der Hard-, aber auch der Software und der Angebote im Internet ist insbesondere in den letzten 15 Jahren durch die Verbreitung des internetfähigen Smartphones rasant fortgeschritten. Im Jahre 2019 haben mehr als die Hälfte der 6- und 9jährigen Kinder, 80 Prozent der 10- und 11jährigen und 97 Prozent 14 bis 19jährigen ein Smartphone besessen bzw. genutzt. Unbestritten ist, dass der Konsum von Gewaltvideos und Pornographie durch Kinder und Jugendliche einen negativen Einfluss auf die Entwicklung hat. Die Antwort auf die Frage, ob es dadurch automatisch auch zu einem Anstieg der Jugendkriminalität kommt, ist dagegen komplizierter und nicht eindeutig geklärt. Viele Präventionsprojekte widmen sich dem Thema allerdings, indem sie versuchen, bei Eltern und Kindern ein Bewusstsein für einen verantwortungsvollen Umgang mit Smartphones und Medien zu fördern und bei Kindern und Jugendlichen eine Medienkompetenz auszubilden, die dann als Schutzfaktor dienen kann.

5. Bekämpfung von Jugendkriminalität

5.1 Strafverfolgung

Es wurde bereits gesagt, dass Jugendliche von 14 bis 17 Jahren bei Bekanntwerden einer Straftat nicht wie Erwachsene behandelt, sondern immer nach dem Jugendgerichtsgesetz (JGG) verhandelt werden. Wer 18, aber noch keine 21 Jahre alt ist, kann ebenfalls nach dem JGG verurteilt werden, wenn der Täter zur Zeit der Tat nach seiner sittlichen und geistigen Entwicklung noch einem Jugendlichen gleichstand oder es sich um eine typische Jugendverfehlung gehandelt hat. Das macht Sinn, weil alle wissenschaftlichen Erkenntnisse darauf hindeuten, dass nicht Bestrafung oder Sühne, sondern der Erziehungsgedanke sowie der Versuch, den jungen Straftätern Wege aufzuzeigen, ihr Leben ohne Straftaten weiter zu führen, hier positiv wirken können.

Unterschieden wird hierbei zwischen der formellen und der informellen Sanktionierung der Straftaten. Eine informelle Sanktionierung (auch Diversion genannt) kann die Einstellung des Verfahrens mit oder ohne Auflagen bedeuten. Diese Auflagen können z.B. bedeuten, dass der Täter im Gespräch mit einem Mitarbeiter der Polizei, der Jugendgerichtshilfe oder des Jugendstaatsanwaltes ermahnt bzw. belehrt wird. Auch Arbeitsleistungen, die Teilnahme am Täter-Opfer-Ausgleich, die Wiedergutmachung des Schadens, die Zahlung einer Geldbuße oder eine Entschuldigung beim Opfer können zur Auflage der Einstellung gemacht werden.

Wird der Täter formell sanktioniert, sind teilweise härtere Strafen möglich. So können z.B. Erziehungsmaßregeln angeordnet werden. Das bedeutet, dass er z.B.

- einem Betreuer unterstellt wird,
- soziale Trainingskurse besuchen muss,

- am Täter-Opfer-Ausgleich teilnimmt,
- bestimmte Orte nicht besuchen und bestimmte Menschen nicht treffen darf, oder
- Arbeitsleistungen erbringen muss.

Wenn diese Mittel nach Auffassung des Gerichtes nicht ausreichen, können auch Zuchtmittel angeordnet werden, nämlich die richterliche Ermahnung, der Jugendarrest und die Erteilung von Auflagen. Wird Jugendarrest angeordnet, bedeutet dies entweder Freizeitarrest (1 oder 2 Freizeiten), Kurzarrest (max. 4 Tage) oder Dauerarrest (1 bis 4 Wochen). Wenn die Schwere der Tat oder vorherige gescheiterte Maßnahmen dies anzeigen, kann als schwerste Strafe die Jugendhaft verhängt werden, die mindestens 6 Monate und in schweren Fällen 10 Jahre, bei Mord sogar 15 Jahre, dauern kann.

Die Justizpraxis hat aufgezeigt, dass der Anteil der formell sanktionierten Fälle in Deutschland seit Jahren sinkt, lag er 1981 noch bei 56 %, 2015 bei 24 % und 2019 bei unter 20 %. Das hat mit der Einsicht zu tun, dass die – wie oben erläutert – meist episoden- und bagatellhaft begangenen Delikte nicht durch zu harte Strafen sanktioniert werden sollten, sondern Hilfen zur Rückkehr in ein Leben ohne Straftaten im Vordergrund stehen sollten. Zudem ist die Wirkung freiheitsentziehender Strafen eingeschränkt. Das zeigen Rückfallquoten auf, die je nach Jugendvollzugsanstalt zwischen 40 % und 70 % liegen. Ein weiterer Grund für diese Entwicklung ist ein verstärkter Blick auf die Interessen der Opfer, die z.B. im Täter-Opfer-Ausgleich stärker ins Licht gerückt werden. Letztlich ist auch die Überlastung der Justiz ein Teil des Problems, jahrelange Verfahren sind die Folge. Ein Versuch, hier gegenzusteuern, stellen die Häuser des Jugendrechts (siehe unten) dar. Auch insgesamt ist die Gesamtzahl der Jugendlichen, die nach dem JGG formell oder informell sanktioniert wurden, gesunken, von mehr als 400.000 im Jahr 2007 bis auf 285.000 im Jahr 2015.

5.2 Prävention

Besser als Jugendliche vor Gericht zu stellen, ist es aber allemal, wenn Straftaten erst gar nicht begangen werden. Die unterschiedlichen gesellschaftlichen Institutionen (neben Polizei, Schulen, Kommunen auch gewerbliche und gemeinnützige Akteure) sind daher seit Jahren bemüht, entsprechende Präventionsprojekte durchzuführen. Prävention wird unterschieden in primäre Prävention, die sich – vor der Tat – der Schaffung positiver Lebensbedingungen widmet, in sekundäre Prävention, die – bei Begehung der Tat – die Verminderung von Tatgelegenheiten zum Ziel hat, und tertiäre Prävention, welche sich – nach der Tat – um die Verhinderung von Rückfällen bekanntgewordener Täter kümmert. Nachfolgend sollen einige Beispiele für Prävention kurz vorgestellt werden.

Mit dem Programm „Medienhelden" z.B. soll die Medienkompetenz von Kindern und Jugendlichen verbessert werden. Das Programm wird in Schulen durchgeführt und soll die Teilnehmer befähigen, ihren Medienkonsum kritisch zu hinterfragen und bewusster damit umzugehen. Auch Cyberbullying ist Thema des Programms. Durch Gruppenarbeit in der Klasse sollen Empathie, Kompetenz und das Wissen über Medienkonsum verbessert werden. Mögliche negative Folgen sollen so verhindert, Schutzfaktoren aufgebaut werden. Das Programm ist evaluiert und gilt als wirksam.

Ein Beispiel für tertiäre Prävention stellen die Häuser des Jugendrechts dar. Es gibt sie seit ca. 20 Jahren mittlerweile in ganz Deutschland, und in ihnen arbeiten alle an Jugendstrafverfahren beteiligten Behörden, also Jugendgerichtshilfe, Jugendämter, Gerichte, Jugendsachbearbeiter der Polizei und der Staatsanwaltschaft eng zusammen. Das Ziel ist es, insbesondere Jugendgewalt zu bekämpfen, auch und gerade durch Mehrfachtäter begangen. Die Verfahren der Jugendlichen sollen beschleunigt werden, um die Strafe der Tat auf dem Fuße folgen zu lassen, also zeitnah zu reagieren. Auch ist für einen Täter jeweils ein Sachbearbeiter zuständig, um einen Überblick über dessen Aktivitäten zu behalten. So können beginnende kriminelle „Karrieren" schneller erkannt, und es kann durch interdisziplinäre Fallkonferenzen entsprechend gegengesteuert werden. Ganz unumstritten sind diese Einrichtungen nicht, dann die in ihnen vertretenen Institutionen haben unterschiedliche Aufträge und Interessen. Das Legalitätsprinzip und das Ermittlungsinteresse von Staatsanwaltschaft und Polizei trifft auf den Förderungs- und Erziehungsauftrag sowie den Vertrauensschutz der Jugendhilfe, die angestrebte Kooperation ist daher nicht immer einfach.

Die Initiative „Kurve kriegen" des Innenministeriums Nordrhein-Westfalen ist ebenfalls im Bereich der Tertiärprävention angesiedelt und richtet sich an 8- bis 15-jährige Kinder und Jugendliche, die mit Gewalt- oder Eigentumsdelikten auffällig geworden sind und bei denen ein dauerhaftes Abrutschen in die Kriminalität droht. Vor dem Hintergrund, dass Mehrfachstraftäter viele Gewaltopfer nach sich ziehen und hohe gesellschaftliche Folgekosten verursachen, hat die Initiative ein Netzwerk aus Kooperationspartnern in Kreispolizeibehörden aufgebaut und arbeitet dort mit den Eltern der betroffenen Kinder und Jugendlichen zusammen. Für diese werden Risikoscreenings durchgeführt, die die individuellen Belastungsfaktoren erfassen, auf dieser Grundlage wird dann eine Gefährdungsprognose erstellt. Weitere Maßnahmen sind die Ansprache, Beratung und Unterstützung der Jugendlichen und ihrer Sorgeberechtigten und vielfältige Angebote z.B. für Anti-Gewalt-Trainings, Lern- und Sprachkurse oder der Kontakt zu Sucht-

oder Erziehungsberatung. Auch dieses Projekt wurde mittlerweile evaluiert.

Wichtig bei allen Präventionsaktivitäten ist, dass die richtigen Beteiligten zusammenkommen, und dass ein Projekt ausgewählt wird, welches – wie oben aufgezeigt – durch vorhergegangene positive Evaluationen seine Wirksamkeit auch beweisen konnte. So kann man z.B. auf der Webseite der Grünen Liste Prävention[5] des Landespräventionsrates Niedersachsen Informationen über wirksame und empfohlene Präventionsprojekte einholen. Auch auf der Webseite des Deutschen Präventionstages[6], der jährlich stattfindet, lassen sich viele Informationen über gute Präventionsprojekte finden.

Zum Nach- und Weiterdenken

Warum wird in Deutschland immer wieder über die Verringerung des Strafmündigkeitsalters diskutiert? Recherchieren Sie die Gründe dafür sowie die beteiligten Akteure und ihre Interessen.
Machen „Ballerspiele" und Black Metal zum Amokläufer? Was ist über den Zusammenhang von Medienkonsum und Gewaltneigung bekannt?
Wie können Präventionsprojekte evaluiert werden? Welche Bedingungen müssen erfüllt sein, damit von einer Wirksamkeit eines Projektes gesprochen werden kann?

Zum Weiterlesen

Boers, K./Reinecke, J. (Hrsg.) (2007): *Delinquenz im Jugendalter. Erkenntnisse aus einer Münsteraner Längsschnittstudie*. Münster u.a.: Waxmann.

In diesem Sammelband werden die Ergebnisse der Münsteraner Studie, die seitdem weiter fortgeführt worden ist, zusammengefasst. Die Autoren der Beiträge widmen sich neben theoretischen und methodischen Fragen vielen spannenden Aspekten der Kriminalität im Jugendalter und hellen das Dunkelfeld auf.

Spiess, G. (2012): *Jugendkriminalität in Deutschland – zwischen Fakten und Dramatisierung. Kriminalstatistische und kriminologische Befunde*. Konstanz: Universität Konstanz. URL: https://www.uni-konstanz.de/rtf/gs/G.Spiess-Jugendkriminalitaet-2012.pdf (abger. am 14.12.2020)

Der Aufsatz widmet sich detailliert der Frage, was die Statistik und die Kriminologie über die Jugendkriminalität aussagen können und was nicht. Dabei werden auch politisch-populistische Forderungen unter die Lupe genommen und auf ihren Wahrheitsgehalt geprüft.

Trenczek, T./Goldberg, B. (2016): *Jugendkriminalität, Jugendhilfe und Strafjustiz. Mitwirkung der Jugendhilfe im strafrechtlichen Verfahren*. Boorberg: München u.a.:

Trenczek und Goldberg beleuchten zunächst die sozialwissenschaftlichen Grundlagen der Jugendkriminalität, bevor sie dann die rechtlichen Grundlagen der Jugendhilfe in Strafverfahren nach dem Jugendgerichtsgesetz ausführlich darstellen.

Kriminalitätsfurcht und subjektives Sicherheitsgefühl

Hermann Groß

Subjektive Aspekte der Kriminalität gewinnen in den letzten Jahrzehnten sowohl innerhalb der wissenschaftlichen Betrachtung als auch für Akteure der Inneren Sicherheit zunehmende Bedeutung. Sowohl die Erhebung des subjektiven Sicherheitsgefühls in der Bevölkerung, Erklärungsmodelle für Entstehung und Veränderung als auch konkrete Aktionsprogramme oder die Ausrichtung der Sicherheitsarbeit von BOS (Behörden und Organisationen mit Sicherheitsaufgaben) rücken diese Aspekte in den Vordergrund. Für eine umfassende Bearbeitung Innerer Sicherheit kommt es nicht nur auf die reale Kriminalitätsbekämpfung an, sondern auch auf die Wahrnehmung und Bewertung von Sicherheit.

1. Was ist subjektive Sicherheit?

"If men define situations as real, they are real in their consequences"
(W.I. Thomas/D.S. Thomas 1928)

Einer sozialpsychologischen Grunderkenntnis nach sind für das tatsächliche menschliche Verhalten weniger die realen und objektiven Fakten entscheidend, sondern die subjektiven Wahrnehmungen und Einschätzungen. Dies gilt auch für das Themenfeld „Kriminalität". Nach dem sogenannten Thomas-Theorem, benannt nach einem amerikanischen Soziologen-Ehepaar, meiden wir z.B. einen „gefährlichen Ort" wie das Bahnhofsviertel, nicht weil wir wissen, dass dort besonders viele Straftaten passieren und wir gefährdet sein könnten, sondern weil wir glauben, dass es dort gefährlich ist. Frei nach Pippi Langstrumpf machen wir uns die „Bedrohungswelt, wie sie uns gefällt" und handeln auch danach.

In der Kriminologie, genauer in ihrer Teildisziplin der Viktimologie, die sich mit dem Prozess der Opferwerdung, den Beziehungen zwischen Tätern und Opfern und den Folgen der Kriminalität für das Kriminalitätsopfer befasst, wird diese subjektive Seite der Kriminalität von zwei Seiten her mit Begriffen diskutiert: Zum einen negativ als „Kriminalitätsangst", „Kriminalitätsfurcht" oder „Verbrechensfurcht" und zum anderen positiv als „Sicherheitsgefühl" oder „Sicherheitsempfinden". „Furcht" bezieht sich dabei tendenziell auf konkrete Situationen und Personen, während „Angst" ein längerfristiges Persönlichkeitsmuster darstellt. Ich fürchte mich also vor dem Kampfhund meines Nachbarn, wenn er die Zähne fletscht, und leide unter Hundeangst, obwohl gar kein Hund da ist.

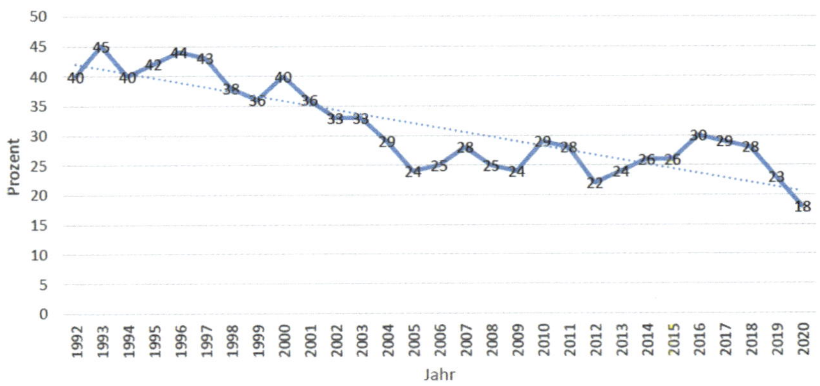

Abb. 1: Angst, Opfer einer Straftat zu werden. Quelle: Ängste-Studie R+V Versicherung (https://www.ruv.de/dam/jcr:e30d4d08-9b04-43c3-88fc-9229957 660 f6/ruv-aengste-langzeitgrafik-straftaten.jpg); eigene Darstellung

Innerhalb des Komplexes „subjektives Sicherheitsgefühl" existieren mehrere Dimensionen, die eine genaue und präzise Definition erlauben: Zunächst unterscheiden Kriminologen zwischen einer personalen und einer sozialen Kriminalitätsangst. Im ersten Fall werden individuelle Befürchtungen und Wahrscheinlichkeiten untersucht, nach denen Menschen ihr Risiko Opfer zu werden allgemein und speziell für bestimmte Delikte einschätzen. Im zweiten Fall stehen dagegen Bewertungen im Vordergrund, die vom Individuum und der eigenen Person weggehen und die soziale Umgebung in der unmittelbaren Umgebung, etwa der eigenen Kommune oder Region, einbeziehen oder Einschätzungen für Gesamtgesellschaften wie ein Bundesland oder ganz Deutschland markieren.

Entgegen der landläufigen (oder über Medien) verbreiteten Meinung hat die personale Kriminalitätsangst in den letzten Jahrzehnten deutlich abgenommen: Befürchteten Anfang und Mitte der 1990er Jahre noch rund 40 % der Befragten in der „Ängste"-Studie der R+V Opfer einer Straftat zu werden, hat sich dieser Anteil bis 2020 auf unter 20 % halbiert. Nur jeder fünfte Befragte in Deutschland sieht für sich selbst damit aktuell ein Risiko, Kriminalitätsopfer zu werden. In der Kriminologie wird personale Kriminalitätsangst über die international eingesetzte Standardfrage „Wie sicher fühlen Sie sich – oder würden Sie sich fühlen –, wenn Sie nach Einbruch der Dunkelheit alleine zu Fuß in Ihrer Wohngegend unterwegs sind oder wären? – Sehr sicher, eher sicher, eher unsicher, sehr unsicher?" gemessen. Dies erlaubt sowohl Vergleiche über verschiedene Länder und kann auch Veränderungen im Zeitverlauf aufzeigen. 2017 fühlten sich in Deutschland demnach knapp 80 % der Befragten „sehr sicher" oder „eher sicher".

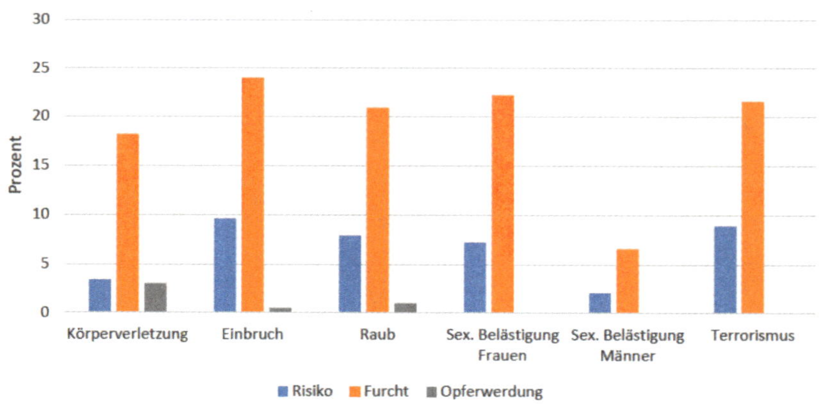

Abb. 2: Risikoeinschätzung – Kriminalitätsfurcht – Opferwerdung. Quelle: Christoph Birkel/Daniel Church/Dina Hummelsheim u.a.: Der Deutsche Viktimisierungssurvey 2017, Wiesbaden 2020, eigene Darstellung

Soziale Kriminalitätsangst erfasst insbesondere, welche Befürchtungen Menschen für ihr Gemeinwesen im Bereich der Inneren Sicherheit hegen, für wie bedrohlich sie Kriminalität im Vergleich zu anderen sozialen Problemen, wie etwa ökonomischen Schwierigkeiten, halten und welche Lösungsmöglichkeiten wahrgenommen werden. Auch das Vertrauen in (staatliche) Sicherheitsakteure wie Polizei und Justiz können in dieses Konzept einbezogen werden. So genießen die Polizei (und etwas schwächer die Justiz) über die Jahre hinweg ein sehr hohes Vertrauen in der Bevölkerung und nur 10–15 % der Bürger haben kein Vertrauen in die Polizei. Im Gegensatz zu Parteien, Politikern und seit einigen Jahren auch Kirchen haben Akteure der Inneren Sicherheit auch keinen Vertrauensverlust zu beklagen. Politikverdrossenheit wird nicht durch „Polizei- und Justizverdrossenheit“ begleitet. Selbst wenn man aktuelle Zahlen aus dem Jahr 2020 heranzieht, finden sich (noch) keine Auswirkungen aktueller Polizeiskandale im Umfeld rechtsextremistischer Vorfälle oder der Racial Profiling-Debatte. Racial Profiling meint polizeiliche Maßnahmen (etwa Identitätsfeststellung oder Durchsuchung), die nicht aufgrund konkreter Verdachtsmerkmale stattfinden, sondern aufgrund äußerer (ethnischer) Merkmale.

Mit einer weiteren Ausdifferenzierung des Konzepts „Sicherheitsgefühl“, die einer gängigen Definition menschlichen Verhaltens in der Psychologie folgt, werden folgende drei Dimensionen unterschieden:

- Kognitiv-rational
- Affektiv-emotional
- Konativ-handlungsbezogen

Auf kognitiv-rationaler Ebene finden individuelle Risikoabschätzungen statt; eine Person überlegt, für wie wahrscheinlich sie es hält, Opfer einer Straftat zu werden. Dies muss keinesfalls mit den objektiven Wahrscheinlichkeiten zusammenhängen. Zumeist finden subjektiv deutliche Überschätzungen statt. Bürgerinnen und Bürger glauben viel häufiger Opfer zu werden, als es tatsächlich der Fall ist.

Anhand von Ergebnissen des Deutschen Viktimisierungssurveys 2017 wird erkennbar, dass kognitiv bei vielen Deliktarten die Risikoeinschätzung deutlich über der tatsächlichen Kriminalitätsbelastung liegt: So rechnen z.B. knapp 10 % der Befragten innerhalb von 12 Monaten mit einem Einbruch, aber nur 0,5 % erleiden diesen nach eigenen Angaben auch. Selbst wenn berücksichtigt wird, dass in diesen Ergebnissen auch das Dunkelfeld der Kriminalität enthalten ist, also auch Delikte, die den Strafverfolgungsbehörden nicht bekannt wurden, liegen im kognitiven Bereich damit massive Überschätzungen des tatsächlichen Viktimisierungsrisikos vor. Fast jeder zehnte Bewohner Deutschlands glaubt 2017 daran, Opfer eines Terroranschlags zu werden, obwohl tatsächlich nur wenige terroristische Opfer zu beklagen sind. Zu vermuten ist hierbei, dass der Terroranschlag auf den Weihnachtsmarkt am Breitscheidplatz in Berlin im Dezember 2016 bei den Befragten noch präsent war und eigene Individualrisiken verzerrte. An dieser Stelle wird aber auch schon deutlich, dass das subjektive Sicherheitsgefühl nicht bei allen Bürgerinnen und Bürgern gleich ausgeprägt ist, sondern markante Unterschiede aufweist, wenn beispielsweise Unterschiede zwischen den Geschlechtern berücksichtigt werden: Nur 2 % der Männer, aber 7 % der Frauen rechnen damit innerhalb eines Jahres sexuell belästigt zu werden, wiederum deutliche überschätzte Risiken.

Affektiv-emotionale Anteile des subjektiven Sicherheitsgefühls betreffen konkrete oder diffuse Ängste davor, Opfer von Straftaten zu werden. Sehr viel mehr Menschen haben Angst vor Kriminalität als dass sie tatsächlich damit rechnen: Um beim Beispiel von sexueller Belästigung zu bleiben: 7 % der Frauen rechnen damit, sexuell belästigt zu werden, 22 % haben jedoch Angst davor. Auch bei den Deliktgruppen Körperverletzung, Einbruch, Raub und Terrorismus haben jeweils rund 15 % mehr Befragte affektiv-emotional Angst als kognitiv-rationale Risikoerwartungen.

Konativ-handlungsbezogen lässt sich insbesondere Vermeidungsverhalten nachweisen. Wenn Menschen sich unsicher fühlen, versuchen sie sich dadurch zu schützen, dass sie sich tatsächlichen oder vermeintlichen gefährlichen Situationen erst gar nicht aussetzen, sich also nicht in Gefahr begeben. Außerdem zählen zu dieser Dimension des Sicherheitsgefühls auch Schutzmaßnahmen, die kriminelle Handlungen, etwa Einbrüche, verhindern sollen.

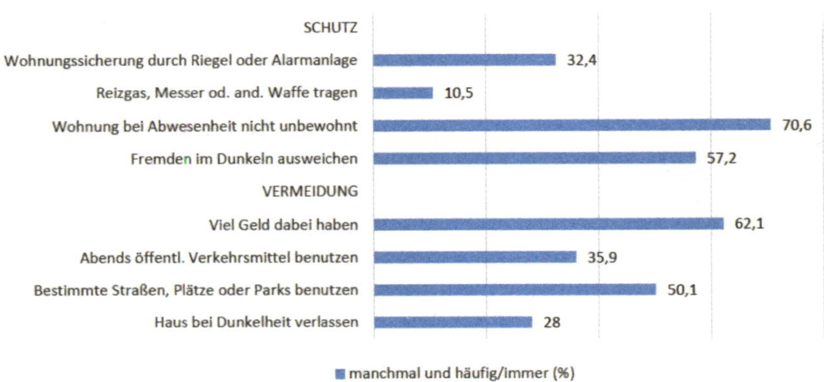

Abb. 3: Schutz- und Vermeidungsverhalten. Quelle: LKA Niedersachsen: Befragung zu Sicherheit und Kriminalität in Niedersachsen 2017, Hannover 2018, eigene Berechnung und Darstellung

Anhand niedersächsischer Daten, die sich in ähnlicher Form auch in anderen Bundesländern wie Nordrhein-Westfalen oder Schleswig-Holstein gezeigt haben, gibt ein erheblicher Teil der Bevölkerung an, Schutzmaßnahmen zu tätigen, wobei insbesondere Wohnungen nicht den Eindruck erwecken sollen, dass sich niemand darin aufhält (über 70 % der Befragten); über 30 % greifen auch zu technischen Sicherungsmaßnahmen der Wohnung, um diese vor Einbruch zu schützen. Gut die Hälfte der Befragten weicht zumindest manchmal Fremden (bei Dunkelheit) aus, was dem generellen sozialen Vertrauen in Deutschland ein zwiespältiges Gesicht verleiht. Soziales Vertrauen (auch Sozialkapital) beschreibt verschiedene Konzepte in der Soziologie und Sozialpsychologie, die auf den Zusammenhalt, Kooperation und gegenseitige Unterstützung einer Gemeinschaft oder Gesellschaft aufbauen.

Bezieht man ein Drittel der Bevölkerung ein, die abends öffentliche Verkehrsmittel meiden oder die Hälfte der Befragten, die bestimmte Örtlichkeiten nicht mehr aufsucht, wird das in einem Gutteil der Bevölkerung existierende schwache soziale Vertrauen aufgrund eines beeinträchtigten Sicherheitsgefühls bestätigt. Für 28 % der Befragten führt das sogar soweit, dass sie bei Dunkelheit ihr Haus oder ihre Wohnung überhaupt nicht mehr verlassen. Sie müssen damit eine massive Einschränkung ihrer Lebensqualität und Bewegungsfreiheit hinnehmen.

2. Welche Erklärungsmodelle gibt es für subjektive Sicherheit?

Ebenso wie bei der objektiven Kriminalitätsbelastung, also etwa bei den über die Polizeiliche Kriminalstatistik (PKS) erfassten Fallzahlen, lassen sich auch beim subjektiven Sicherheitsgefühl systematische Unterschiede erkennen, die etwa Alter, Geschlecht, regionale Herkunft, soziale Umgebung, Bildungsstand, soziale Umgebung oder Einkommen betreffen. So waren nach Angaben der PKS 2019 drei von vier Tatverdächtigen männlich und nur eine weiblich; auch unter den Opfern befinden sich mit rund 60 % mehr Männer als Frauen. Einzige Ausnahme sind Sexualdelikte, bei denen über 90 % der Opfer weiblich sind. Kriminalität ist also objektiv sowohl aus Täter- als auch als Opferperspektive „männlich". Eine ähnliche Beziehung lässt sich zwischen Lebensalter und Kriminalitätsbelastung herstellen: Tendenziell sind mehr Täter und mehr Opfer in jüngeren Altersgruppen zu finden als in älteren. Subjektiv lässt sich damit ein Kriminalitäts-Furcht-Paradoxon erkennen: Diejenigen Personen, die ein deutlich geringeres Viktimisierungsrisiko haben und damit seltener Opfererfahrungen erleiden, also Frauen und ältere Mitbürger, fühlen sich gleichzeitig tendenziell unsicherer. Jüngere Personen und Männer sind häufiger Täter und Opfer als ältere Menschen und Frauen, fühlen sich aber gleichzeitig subjektiv sicherer. Zu einem doppelten Kriminalitäts-Furcht-Paradoxon wird die Beziehung zwischen objektiver und subjektiver Kriminalitätsbelastung, wenn für bestimmte Zeiträume oder bestimmte Deliktarten die Zahl der Straftaten sinkt, sich aber gleichzeitig das subjektive Sicherheitsgefühl verschlechtert.

Neben Alter und Geschlecht existieren für eine Vielzahl weiterer Hintergrundfaktoren, die in Beziehung mit dem subjektiven Sicherheitsgefühl stehen, bundesweite Ergebnisse, die durch Untersuchungen insbesondere für bestimmte Bundesländer oder Großstadtkommunen ergänzt werden. Das bedeutet aber noch nicht, dass damit auch Erklärungsmodelle geliefert werden, es weist nur einen korrelativen Zusammenhang nach, aber keine Ursachenbeschreibung. Tendenziell fühlen sich Menschen mit einem höheren Bildungsgrad oder einem höheren Einkommen sicherer als Personen mit niedrigem Bildungsgrad oder niedrigerem Einkommen. Einwohner Ostdeutschlands fühlen sich auch 30 Jahre nach der deutschen Wiedervereinigung noch unsicherer als solche in den alten Ländern oder Bewohner ländlicher Räume sicherer als Bewohner von Großstädten.

Ein anderer Augenmerk in der Kriminologie und der Arbeit von Sicherheitsbehörden richtet sich auch auf vulnerable („verletzliche") Gruppen, die nicht nur als Kriminalitätsopfer eine hohe Belastung aufweisen, sondern auch in ihrem Sicherheitsgefühl stark beeinträchtigt sind: Dazu zählen Menschen mit Migrationshintergrund, Asylsuchende und Flüchtlinge, Obdachlose, Prostituierte oder Homosexuelle. Sie sind dem ausgesetzt, was als „Hass- und Vorurteilskriminalität" bezeichnet wird. Soziale Medien liefern diesem Deliktsspektrum vorurteilsbedingter Kriminalität fast unbegrenzte Möglichkeiten; es kommt dadurch zu Verstärkerwirkungen und Verzerrungen, die mit einer realistischen Wahrnehmung nichts mehr zu tun haben, aufgrund der technischen und rechtlichen Beschränkungen aber nur schwierig bekämpft werden können.

Eine Vielzahl konkurrierender, aber auch miteinander kombinierbarer Erklärungsansätze für das subjektive Sicherheitsempfinden lassen sich auf drei Analyseebenen ansiedeln. Auf der Mikroebene, die das Individuum als Ausgangspunkt für ein Erklärungsmodell stellt, finden sich primär psychologische Theorien, die zunächst eine konkrete Opfererfahrung (Viktimisierung) für eine Beeinträchtigung des subjektiven Sicherheitsempfindens verantwortlich macht. Die Befunde zeigen aber kein einheitliches Bild, allein für Wohnungseinbrüche lässt sich eine deutliche Verschlechterung des Sicherheitsgefühls nachweisen. Mit diesem Delikt ist eine stärkere Verunsicherung verbunden als mit Körperverletzungen oder Raub. Interessant dabei ist, dass im Gegensatz zu einer eigenen Opferwerdung eine „indirekte" Opferwerdung gelegentlich stärkere Einflüsse hat. Wenn Menschen also Zeugen von Straftaten werden oder aus ihrem Umfeld davon berichtet bekommen, steigt ihre Kriminalitätsfurcht. Nicht wenn ich selber Opfer eines Internetbetrugs werde, sinkt mein Sicherheitsgefühl in diesem Bereich oder generell, sondern, wenn ein Familienangehöriger oder Freund davon betroffen ist.

Mit der Vulnerabilitätsthese verbunden ist eine persönliche Einschätzung der eigenen Wahrscheinlichkeit, Opfer zu werden; diese bezieht sich daher primär auf die kognitiv-rationale Dimension des Sicherheitsgefühls. Hier spielen Faktoren eine Rolle, die eigene Fähigkeiten betreffen, z.B. sich

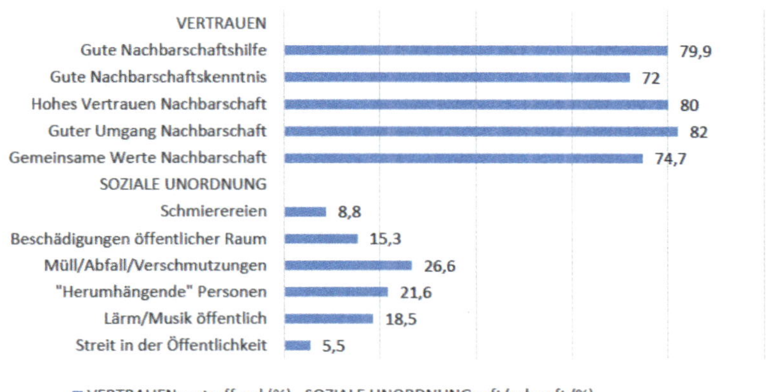

Abb. 4: Vertrauen in das soziale Umfeld – Soziale Unordnung. Quelle: LKA Nordrhein-Westfalen: Sicherheit und Gewalt in Nordrhein-Westfalen, Düsseldorf 2020, eigene Berechnung und Darstellung

gegen physische Angriffe wehren zu können, auf Betrugsversuche wie den „Enkeltrick“ (telefonische Vortäuschung von Verwandtschaft zur Erlangung von Geld bei zumeist älteren Personen) oder einen Online-Betrug nicht hereinzufallen. Letztendlich handelt es sich um eine Bewertung des eigenen Bewältigungspotentials und eigener Coping-Strategien; diese beziehen sich auf das direkte Handeln wie eine aktive Verteidigung oder den Umgang mit den eigenen (Unsicherheits-)Gefühlen z.B. mit Entspannungsübungen.

Aus der Persönlichkeitspsychologie entnommen sind Ansätze, die von einem individuell unterschiedlichen Angstniveau ausgehen, das als stabiles Merkmal lebenslang damit auch das Sicherheitsgefühl bestimmt. Trotz einer hohen Plausibilität finden sich dazu nur wenige empirische Belege.

Ein komplexes Interaktionsmodell, das ebenfalls der Psychologie und insbesondere verhaltenstherapeutischer Ansätze im Zusammenhang mit Stress entlehnt ist, bietet ein realitätsnahes Analysemodell auch für das Verständnis subjektiver Sicherheit: Zunächst bewerten Menschen eine Situation danach, ob diese für sie positiv, neutral oder negativ ist. Im Negativfall findet in einem zweiten Bewertungsschritt ein Abgleich mit den eigenen Coping-Fähigkeiten statt, der letztendlich zu Kriminalitätsangst führt, wenn die Bewältigungsmöglichkeiten als unzureichend empfunden werden.

Soziologische Erklärungen basieren auf der Mesoebene auf Wahrnehmungen und Bewertungen aus dem sozialen und räumlichen Umfeld von Bürgerinnen und Bürgern. Diese Perspektive sozialer Kontrolle beschäftigt sich insbesondere mit Fragen der sozialen Unordnung, sogenannten „Incivilities“, wie Müll auf der Straße, Graffitis oder lauter Musik und dem Vertrauen in das Nahfeld sozialer Beziehungen. Daten aus Nordrhein-Westfalen zeigen, dass 72–82 % der Befragten sozialen Zusammenhalt (soziale Kohäsion) in ihrer Nachbarschaft verspüren, ihre Nachbarschaft kennen, dieser vertrauen und sich gegenseitig helfen. Soziale Unordnung in Form von Beschädigungen und Schmutz im öffentlichen Raum, Lärm oder Personen, die dort (in unangenehmer Weise) „abhängen", nehmen zwischen 15 und 27 % der Befragten wahr, Schmierereien 9 % und Streit in der Öffentlichkeit immerhin noch 5 %.

Eine klare Beziehung zwischen diesen Einschätzungen und Wahrnehmungen, die in der Perspektive sozialer Kontrolle das Sicherheitsgefühl der Bevölkerung beeinflussen, lässt sich dabei mit dem sozio-ökonomischen Status der Befragten herstellen. Je höher das Einkommen, desto besser wird der soziale Zusammenhalt eingeschätzt und desto weniger Phänomene sozialer Unordnung werden beobachtet. Letztendlich reflektieren diese Ergebnisse eine Differenzierung des Wohnumfeldes nach „guten" und „schlechten" Wohngebieten: Man muss es sich also leisten können, in einem angenehmen und sicheren sozialen Umfeld zu wohnen.

Die bekannteste Theorie in der Kriminologie und Kriminalpolitik, die auf diesem Ansatz aufbaut, ist die Broken-Windows-Theorie. Hier liefern schon kleine Störungen und Irritationen, wie eben ein zerbrochenes Fenster, den Anlass zu weiterer Verwahrlosung und letztendlich vermehrter Kriminalität. Im New York der 1990er Jahre wurde diese Theorie als Grundlage für eine Polizeiarbeit genommen, die mit einer Null-Toleranz-Politik (zero tolerance) schon kleinste Vergehen (etwa Schwarzfahren) einem hohen Verfolgungsdruck aussetzte und hart bestrafte.

Eine Makro-Perspektive zur Erklärung der subjektiven Sicherheit nimmt ganz allgemein auf Problemlagen einer Gesamtgesellschaft und insbesondere ihre Thematisierung in Politik und Medien Bezug. Negative Effekte auf das subjektive Sicherheitsgefühl werden von einer skandalisierenden Berichterstattung und einem „übertriebenen" politischen Diskurs erwartet. Immer bedeutender werden dabei auch soziale Medien, in denen Themen der Inneren Sicherheit teilweise noch extremer diskutiert und verbreitet werden. Im Mittelpunkt stehen dabei oft „spektakuläre" Straftaten wie Mord oder Sexualdelikte. Die Ermordung von Kindern aus sexuellen Motiven bildet dann die „Spitze" solch einer Berichterstattung und kann zu grotesken Verzerrungen führen, die Ausmaß und Risikoeinschätzung betreffen. Die Anzahl der Sexualmorde an Kindern, wie im Übrigen auch die Zahl aller Morde, hat in Deutschland in den letzten Jahrzehnten deutlich abgenommen und bewegt sich im (unteren) einstelligen Bereich. Auch bei diesem Theorieansatz sind aber die Kausalitäten nicht eindeutig, wobei der Zusammenhang zwischen Kriminalitätsfurcht und Medienberichterstattung vermutlich in beide Richtungen läuft: Medien verstärken über ihre Berichterstattung subjektive

Unsicherheit, gleichzeitig interessieren sich aber auch unsichere Personen im Besonderen für Kriminalität und bestimmte Delikte und sind deshalb häufiger diesen verzerrten Informationen ausgesetzt. Allein ein Wechsel der Bezeichnung von „Bandenkriminalität" hin zu „Clan-Kriminalität" in Politik und Medien kann beispielsweise mit Kriminalitätsfurcht assoziierte Bewertungen erhöhen.

Das subjektive Sicherheitsgefühl ist in der Perspektive sozialer Probleme nicht als isoliertes Phänomen zu sehen, sondern steht in Beziehung zur Bewertung anderer Lebensbereiche wie der Bewertung der ökonomischen Lage oder des Sozialsystems eines Landes. Menschen fühlen sich damit subjektiv sicherer, wenn sie ökonomische und soziale Sicherheit in ihrem Land wahrnehmen. Umgekehrt kann durch schnelle Veränderungsprozesse oder Ereignisse wie eine Pandemie in einer Gesellschaft eine allgemeine und diffuse Verunsicherung eintreten, die kriminalitätsbezogene Sicherheitsbedenken verstärkt. Ein empirischer Befund hierzu findet sich in dem durchschnittlich niedrigeren subjektiven Sicherheitsgefühl in Ostdeutschland im Vergleich zu Westdeutschland, das sich nach der Wende 1989/90 herausgebildet hat und immer noch nachweisbar ist. Auch im internationalen Vergleich sind Länder mit einem ausgebauten Wohlfahrtsstaat (etwa skandinavische Länder, aber auch Deutschland) und einem engmaschigen Sozialsystem in der subjektiven Wahrnehmung ihrer Bürger auch im Bereich Kriminalität sicherer als Länder mit einer geringeren sozio-ökonomischen Absicherung, wie z.B. in den USA. Das subjektive Sicherheitsgefühl kann damit auch als Indikator für den generellen Zustand eines Gemeinwesens genommen werden.

3. Wie kann man die subjektive Sicherheit verbessern?

Obwohl das subjektive Sicherheitsgefühl das allgemeine Wohlbefinden, die Lebensqualität und insbesondere die psychische Gesundheit von Menschen betrifft, muss es im Zusammenhang mit dem psycho-sozialen Kontext gesehen werden, wenn Akteure der Inneren Sicherheit auch den Auftrag haben die subjektive Sicherheit zu fördern. Ob die klassische Aufklärungsarbeit in Form von Präventionskampagnen oder Kriminalpolizeilichen Beratungsstellen dabei das subjektive Sicherheitsempfinden steigert, bleibt dabei zumindest unklar. Es verhält sich ähnlich wie bei einer Erhöhung der Polizeipräsenz, die von der Öffentlichkeit gefordert wird, aber auch zu einem gegenteiligen Effekt führen könnte, der die Unsicherheit steigen lässt, wenn überall Polizeikräfte sichtbar sind.

Am Beispiel einer Befragung zur Sicherheitslage in Leipzig wird deutlich, dass die Polizei überwiegend positiv wahrgenommen wird, wenn rund drei Viertel der Befragten sie als „freundlich und rücksichtsvoll" wahrnehmen

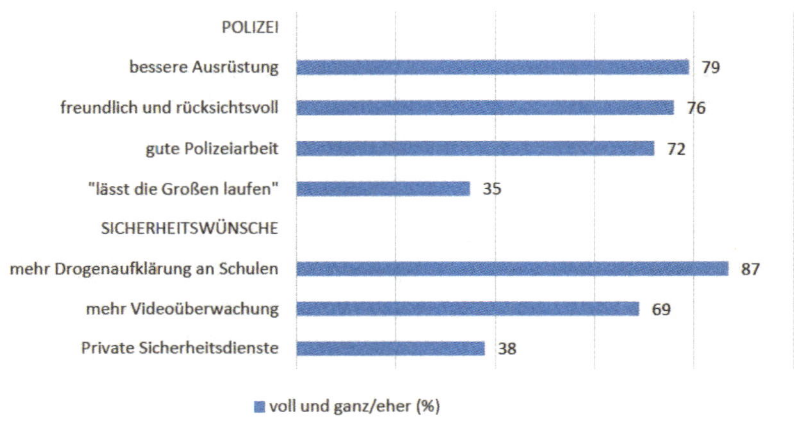

Abb. 5: Polizei und Sicherheit in Leipzig 2016. Quelle: Stadt Leipzig: Umfrage zur Sicherheit in Leipzig 2016. Ergebnisbericht, Leipzig 2017, eigene Berechnung und Darstellung

und die Polizeiarbeit als „gut" bewerten. Dieses Ergebnis von 75–80 % positiver Bewertungen der Polizei findet sich stabil über viele Befragungen zu deutschen Polizeien hinweg. Der Wunsch nach einer besseren Ausrüstung und mehr Mitteln für die Polizei ist ebenfalls eine Konstante bei Bürgerbefragungen, genauso wie der Wunsch nach mehr Polizei. Als wesentlichem Akteur innerhalb der Landschaft der Sicherheits- und Ordnungs-Akteure wird der Polizei also großes Vertrauen entgegengebracht, was auch gute Voraussetzungen für eine an der Verbesserung der subjektiven Sicherheit orientierten Polizeiarbeit liefert. Selbst die populistische Aussage einer diskriminierenden und „unfähigen" Strafverfolgung durch die Polizei, nach dem Motto „die Kleinen hängt man und die Großen lässt man laufen" findet nur bei einem Drittel der Leipziger Zustimmung.

Sicherheit ist ein „unendliches" Bedürfnis, das niemals hundertprozentig zu befriedigen ist, womit auch Wünsche im Sicherheitsbereich immer mit den Adjektiven „mehr", „besser" und „schneller" versehen sind. Allerdings zeigen Leipziger Befragte unterschiedlich ausgeprägte Präferenzen: So wünschen sich fast 90 % der Befragten mehr Aufklärung über Drogen an Schulen, 70 % mehr Videoüberwachung, aber nur knapp 40 % sehen private Sicherheitsdienste positiv.

Innere Sicherheit in Form objektiver und subjektiver Kriminalität ist als Ziel klar formulierbar, wenn als Idealzustand „Null Straftaten" und „vollständiges Sicherheitsgefühl" angenommen werden. Die Wege dorthin, also die Mittel zur Zielerreichung unterliegen sowohl persönlichen Präferenzen als auch dem kriminalpolitischen Diskurs über geeignete Maßnahmen.

Ein Gesamtkonzept zur Steigerung des subjektiven Sicherheitsgefühls kann dabei auf folgenden Ebenen ansetzen:

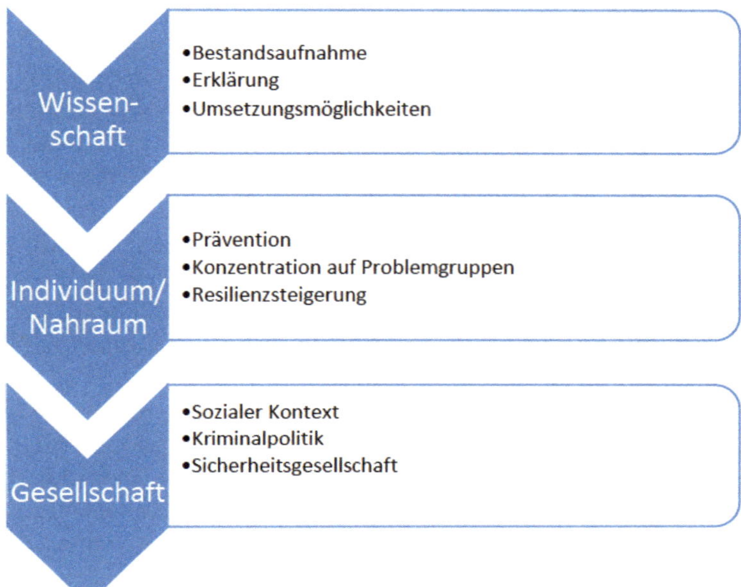

Aufgabe der Wissenschaft ist es zunächst, eine genaue Bestandsaufnahme der subjektiven Sicherheit zu leisten. Mit den Viktimisierungssurveys auf Bundesebene, den Erhebungen in einigen Bundesländern und zunehmend auch auf kommunaler Ebene liegt eine Vielzahl an Ergebnissen vor. Erklärungsmodelle haben bisher aber zu keiner eindeutigen und bewährten Theorie subjektiver Sicherheit geführt. Hier könnten z.B. Panelstudien, in denen dieselben Personen über längere Zeiträume hinweg immer wieder befragt werden, zur Klärung von Ursache-Wirkungszusammenhängen beitragen. Erst auf dieser Grundlage sind dann wissenschaftlich fundierte Umsetzungsmöglichkeiten zu erwarten, die über kleinteilige Empfehlungen hinausgehen.

Der klare Zusammenhang zwischen Lebensalter und subjektivem Sicherheitsempfinden lässt vor dem Hintergrund demographischer Entwicklungen in Deutschland („Überalterung“) eine durchschnittliche Verschlechterung der subjektiven Sicherheit erwarten. Konkret bedarf es deshalb im Rahmen von Präventionsmaßnahmen einer Konzentration auf ältere Personen und insbesondere ältere Frauen. Aus psychologischer Perspektive geht es um die Steigerung der Resilienz, also der Widerstandsfähigkeit im Bereich subjektiver Sicherheit z.B. durch konkrete Aufklärung über Hilfsangebote und vermutlich noch effektiver über erweiterte Fähigkeiten wie Abwehrtechniken. Weitgehend vernachlässigt sind viele „vulnerable“ Randgruppen, obwohl bekannt ist, dass sich z.B. Menschen mit Migrationshintergrund unsicherer fühlen als Menschen ohne Migrationshintergrund. Über die subjektive Sicherheit bei Gruppen wie Obdachlosen, die aufgrund ihrer Lebenssituation auch ein hohes Viktimisierungsrisiko haben, gibt es keine systematischen Erkenntnisse und wenig Bemühungen objektive und subjektive Sicherheit zu verbessern. Sozialräumlich ist die Identifikation von „Angsträumen", die aufgrund einer tatsächlichen oder gefühlten Unsicherheit gemieden werden, ein vielversprechender Ansatz, der auf kommunaler Ebene verfolgt wird. Hier hilft z.B. allein schon eine vermehrte Ausleuchtung, um subjektiv Sicherheit zu erhöhen. Auch moderne technische Möglichkeiten, die über ein Notrufarmband weit hinausgehen, können auf individueller Ebene und im sozialen Nahraum subjektive Sicherheit fördern, wenn digital schneller Hilfe organisiert werden kann.

Letztendlich gilt aber auch im Bereich subjektiver Sicherheit die klassische Aussage des deutschen Strafrechtslehrers und Reichstagsabgeordneten Franz von Liszt (1851–1919), der schon vor mehr als 100 Jahren für eine ganzheitliche Betrachtung von Kriminalität plädiert hat und feststellte: „Die beste Kriminalpolitik ist eine gute Sozialpolitik." Von einer Verbesserung der sozialen Gerechtigkeit und einer Erhöhung der Legitimität eines politischen Systems gehen immer auch positive Effekte für die objektive, aber auch für die subjektive Sicherheit in einer Gesellschaft aus.

Zum Nach- und Weiterdenken

Es werden drei Formen subjektiver Sicherheit unterschieden. Wie sehen Sie das bei sich selbst mit ihrer Risikoeinschätzung, der Angst und dem Schutz- und Vermeideverhalten, z.B. wenn Sie an Ihre Sicherheit in Ihrem Wohnumfeld denken oder an Ihr Verhalten im Internet?

Was versteht man unter dem Kriminalitäts-Furcht-Paradoxon? Und ist es wirklich so paradox, wenn ältere Menschen mehr Furcht verspüren als jüngere, Frauen mehr als Männer?

Welche konkreten Maßnahmen zur Steigerung Ihrer subjektiven Sicherheit wenden Sie schon an und welche würden Sie gern vornehmen?

Zum Weiterlesen

Hummelsheim-Doss, D. (2017): Objektive und subjektive Sicherheit in Deutschland. Eine wissenschaftliche Annäherung an das Sicherheitsgefühl, in: *Aus Politik und Zeitgeschichte*, Heft 32–33, S. 34–39. URL: https://www.bpb.de/apuz/253609/objektive-und-subjektive-sicherheit-in-deutschland.

Knappe und präzise Zusammenfassung des wissenschaftlichen Diskussionstandes zum Thema „subjektive Sicherheit".

Birkel, C., Church, D., Hummelsheim-Doss, D., Leitgöb-Guzy, N. & Oberwittler D. (2020): *Der Deutsche Viktimisierungssurvey 2017. Opfererfahrungen, kriminalitätsbezogene Einstellungen sowie die Wahrnehmung von Unsicherheit und Kriminalität in Deutschland, Wiesbaden*. URL: https://www.bka.de/DE/Aktuelle Informationen/ StatistikenLagebilder/ Viktimisierungssurvey-Dunkelfeldforschung/viktimisierungssurveyDunkelfeldforschung_node.html

Materialreiche Zusammenfassung der beiden Deutschen Viktimisierungssurveys 2012 und 2017 mit Ergebnissen zu Opfererfahrungen, Anzeigeverhalten, subjektiver Sicherheit und Erfahrungen mit Polizei und Justiz.

Unter dem Kürzel SKiD („Sicherheit und Kriminalität in Deutschland") wird die Erforschung des Dunkelfeldes der Kriminalität und der subjektiven Sicherheit seit 2020 ausgeweitet und mit einem zweijährigen Turnus verstetigt. URL: https://www.bka.de/DE/UnsereAufgaben/ Forschung/ ForschungsprojekteUnd-Ergebnisse/Dunkelfeldforschung/SKiD/skid_node.html

Wirtschaftskriminalität und ihre Folgen

Karlhans Liebl

1. Was ist Wirtschaftskriminalität?

Die Delikte der Wirtschaftskriminalität finden sich weder in einem einheitlichen Gesetzbuch noch in einem eigenen Abschnitt im deutschen Strafrecht. Man kann deshalb ganz pauschal feststellen, dass die Palette der Tatbestände in der Wirtschaftskriminalität fast das ganze Alphabet umfasst: Von A wie Anlagebetrug, über E wie Effektenfälschungen, I wie Insolvenzstraftaten und S bis Z, wie Steuerhinterziehung und Zollvergehen. Die nachfolgende Übersicht gibt einen knappen Überblick über die Vielzahl wirtschaftskrimineller Handlungen.

<table>
<tr><th colspan="6">Kriminelle Handlungen durch Manager und Gesellschafter</th></tr>
<tr><th colspan="6">Unternehmensbereich</th></tr>
<tr><td colspan="3">• Betrug (auch Subventionsbetrug)
• Untreue
• Fälschung von Bilanz und Buchführung
• Marken- und Urheberrechtsverletzungen
• Lebensmittel- und Umweltverstöße (als Firmenstrategie)
• Steuerhinterziehung</td><td colspan="3">• Patentverletzungen und Betriebsspionage
• Insolvenzverschleppung oder Bankrott
• Gläubigerbegünstigung
• Schuldnerbegünstigung
• Nichtabführen der Sozialversicherungsbeiträge
• Computerdelikte
• Kapitalanlagebetrug als Geschäftsmodell</td></tr>
<tr><th colspan="6">Kriminelle Handlungen durch Firmenmitarbeiter</th></tr>
<tr><th colspan="2">Strafgesetzbuch</th><th colspan="2">Urheberrecht</th><th colspan="2">Wettbewerbsrecht</th></tr>
<tr><td colspan="2">• Veruntreuung von Firmengeldern (Abrechnungsbetrug)
• Korruption
• EDV-Sabotage
• Kreditbetrug
• Fälschung von Daten/Urkunden</td><td colspan="2">• Patent-, Warenzeichen-, Gebrauchsmuster- und Markenverletzungen
• Marken- und Produktpiraterie</td><td colspan="2">• Ausspähen von Kundendaten, Werbekampagnen, Personaldaten und bevorstehenden Transaktionen
• Verrat und Ausspähung von Betriebs- und Geschäftsgeheimnissen</td></tr>
<tr><th colspan="6">Weitere Straftaten (verschiedenste Hintergründe)</th></tr>
<tr><th colspan="2">Lebensmittelrecht</th><th colspan="2">Kapitalgeschäfte</th><th colspan="2">Umwelt</th></tr>
<tr><td colspan="2">• Wein- und Lebensmittelmanipulationen
• Mogelpackungen</td><td colspan="2">• Insiderhandel und Manipulation von Aktienkursen
• Abrechnungsbetrug im Gesundheitswesen</td><td colspan="2">• illegaler Müllexport
• Umweltgefährdende Abfallentsorgung</td></tr>
</table>

Übersicht 1: Straftaten der Wirtschaftskriminalität nach Position der Täter in einem Unternehmen bezogen auf Gesetzesgrundlage (Auswahl)

Begriff	*Verwendung und Bedeutung*	
	National	*International*
White-collar-Crime („Weiße Kragen-Kriminalität")*)	Synonym für Wirtschaftsdelikte (zuletzt selten verwendet)	Kriminalität der Oberschicht (aber auch z.B. Fehler bei Schönheitsoperationen)
Corporate crime	Unternehmenskriminalität (nur selten verwendet)	Unternehmensbezogene Kriminalität (auch Unternehmenskriminalität)
Economic crime	Synonym für Wirtschaftskriminalität, insbesondere innerhalb der EU-Verwaltung	Wirtschaftskriminalität (EU-Bereich)
Wirtschaftskriminalität (nach § 74 c GVG**)	Von den Strafverfolgungsorganen verwendeter Begriff	Keine Verwendung

*) Im Gegensatz zu „Blue-collar-crime" = Straßenkriminalität **) Gerichtsverfassungsgesetz

Übersicht 2: Allgemeine Kurz-Definitionen der Wirtschaftskriminalität

Aufgrund dieser Vielzahl von Handlungsmöglichkeiten und Täterstrukturen fehlt bisher eine einheitliche – auch international – anerkannte Definition von Wirtschaftskriminalität. Die unterschiedlichen in die Diskussion eingebrachten Definitionen beleuchten den Gegenstand aus den sehr verschiedenen Blickwinkeln und zeigen oftmals nur auf, welcher Gesichtspunkt gerade im Mittelpunkt des Interesses des jeweiligen Betrachters stand (siehe Übersicht 2).

Es zeigte sich in der letzten Zeit, dass diese Kurz-Definitionen immer mehr durch umfangreichere Beschreibungen ersetzt werden, wie z.B. „eine Gesetzesübertretung, die von einer Person oder einer Gruppe von Personen im Rahmen ihrer ansonsten geachteten und legitimen Berufstätigkeit oder finanziellen Tätigkeit begangen wurde "[1]. Dabei darf nicht übersehen werden, dass nicht jedes Gewinnstreben im Bereich der Wirtschaft gleich „Kriminalität" darstellt. Die Erzielung von Gewinnen ist vielmehr der wesentliche Faktor für die Tätigkeit eines Unternehmens – auch wenn es z.B. um die „Daseinsvorsorge" geht. So sollten auch bei einem Wasserwerk aus der Geschäftstätigkeit Rücklagen z.B. für die Erneuerung des Leitungssystems erzielt werden. Bei der Wirtschaftskriminalität geht es um die Erzielung von Gewinn mit illegalen Mitteln, wodurch einzelnen Personen oder der Allgemeinheit einen Schaden zugefügt wird. Einen Überblick über die Handlungen des „legalen" Wirtschaftslebens und der „illegalen" Wirtschaftskriminalität im unternehmerischen Handeln zeigt Übersicht 3. Dabei muss beachtet werden, dass die Grenzziehungen zwischen legalem und illegalem Handeln sowie zwischen legalen und illegalen Märkten und Produkten laufenden Änderungen unterliegen (z.B. durch Gesetzesänderungen) und von historischen, politischen, moralischen, wirtschaftlichen, technischen u.a. Entwicklungen abhängen.

		Handeln der Akteure	
		legal	illegal
Märkte und Produkte	legal	**legales Handeln auf einem legalen Markt,** **gutes Kaufmannshandeln** Vertrauen, Vorsicht, Bezahlung der Verbindlichkeiten *Der ehrenwerte Kaufmann*	**illegales Handeln auf einem legalen Markt,** **Wirtschaftskriminalität** z.B. Betrug im Wirtschaftsleben, Insolvenzdelikte, Subventionsbetrug
	illegal	**legales Handeln mit illegalen Produkten bzw. auf illegalen Märkten,** z.B. Lieferung von Waren mittels Verstoß gegen das Kriegswaffenkontrollgesetz („Immhausen-Affäre")	**illegales Handeln mit illegalen Produkten bzw. auf illegalen Märkten,** z.B. Schutzgelderpressung (gehört mehrheitlich jedoch zur Organisierten Kriminalität)

Übersicht 3: Handlungen des Wirtschaftslebens und ihre rechtliche Bewertung (in Anlehnung an Kühne 2007 – mit freundlicher Genehmigung des Autors)

Man kann in der letzten Zeit feststellen, dass Wirtschaftskriminalität immer häufiger in den Medien thematisiert wird, obwohl sie einen Kriminalitätsbereich mit einem geringen „Unterhaltungswert" darstellt. Deshalb finden sich entsprechende Hinweise zumeist nur im Wirtschaftsteil der Tages- und Wochenzeitungen.

1.1 Täter und Opfer der Wirtschaftskriminalität

Ging man noch in den 1990er Jahren davon aus, dass Wirtschaftsstraftäter z.B. in „ihrer Persönlichkeit eingeengt auf die Ziele seiner Habgier" wären und „gewiß mindere Formen der Intelligenz" aufwiesen (Kaiser 1996: 851f.), so ist man heute einer völlig anderen Ansicht. Wirtschaftsstraftäter gelten als hoch intelligent. Sie nützen die Möglichkeiten des globalisierten Marktes zu ihrem Vorteil aus. Zugute kommt ihnen, dass die Opfereigenschaft sich oft verflüchtigt. Wer fühlt sich als Opfer, wenn er nur mehr Steuern bezahlen muss, weil andere sie dem Staat hinterzogen? Insoweit sind die Opfer sowohl andere Unternehmen als auch – und dies zu einem überwiegenden Teil – die Gemeinschaft der Steuerzahler. Bereits in den 1970er Jahren ging man davon aus, dass die Steuersätze um 50 % gesenkt werden könnten, wenn die Wirtschaftskriminalität besser eingedämmt würde!

1.2 Warum kommt Wirtschaftskriminalität in Film und Fernsehen nur selten vor?

Man kann dies ganz gut am 2020 bekannt gewordenen „Wirecard"-Fall nachzeichnen. Bei der „Wirecard"-AG wurden durch Falschbuchungen und der Gründung von Tochter- (oder Schein-)Firmen im Ausland angeblich oder tatsächlich Geldbeträge in diesem Firmengeflecht hin- und hergeschoben und in den für jedes Unternehmen notwendigen Bilanzen dann so dargestellt, als ob die „Wirecard-AG" über ein Milliarden Euro-Vermögen verfügen würde. Dies führte dann auch dazu, dass die Aktie an der Börse einen sehr hohen Kurswert erreichte. Die nachfolgende „aktuelle Fallschilderung" zeichnet die Vorgehensweise nach.

„Aktueller Fall" zur Einführung:
Es handelt sich um einen Fall mit einem Milliarden Euro-Schaden. „Wirecard" war ein Unternehmen, über das der bargeldlose Zahlungsverkehr bei Einkäufen in Geschäften – also über eine Kredit- oder Bankcard – abwickelt wurde. Der „Wirecard"-Konzern hatte dafür, neben vielen Tochterfirmen (auch im Ausland), eine eigene Bank gegründet, bei der die an dem Abrechnungsverfahren teilnehmenden Geschäfte ein Konto hatten. Auf diesem Konto wurden die von den Kunden vorgenommenen Bezahlungen gutgeschrieben und danach diesen der Betrag auf ihren Bank- oder Kreditkartenkontos belastet. Soweit alles ein normaler Vorgang. Was war nun der „Knackpunkt"? Hier soll einmal die Süddeutsche Zeitung zitiert werden, die die Vorgehensweise knapp, aber verständlich beschrieben hat: „Die Wirecard Bank, eine Tochter der Wirecard AG, hat wiederholt Partnerfirmen des Konzerns in Asien teils hohe Millionenbeträge geliehen. Gebürgt hat für solche Kredite meist der Mutterkonzern der Bank, die Wirecard AG. Vordergründig war bei der Wirecard Bank alles in Ordnung, da die Darlehen ja besichert waren. Die Wirecard AG indes unterlag, im Gegensatz zur konzerneigenen Bank, nicht der Kreditaufsicht."[2] Es erfolgte also eine Absicherung von Krediten durch sich selbst. In der Realität war somit keine Absicherung des Kredites vorhanden. Mit diesen Geldern wurden in Asien nur angeblich Geschäfte, so genannte Scheingeschäfte getätigt, die eine umfangreiche Handelstätigkeit dieser Tochterfirmen auswiesen. Deren „Geschäftstätigkeit" floss wiederum in die Bilanz die Wirecard AG (als Muttergesellschaft des Konzerns), was diese wieder als sehr umsatzstarkes Unternehmen auswies. Insoweit bekamen die Wirecard AG und ihre Bank auch von anderen Banken Kredite, da sie ja einen hohen Umsatz und Gewinn in den Bilanzen auswiesen. Das aufgenommene Geld floss wiederum zu den Tochterfirmen nach Asien und von dort zu vielen Firmen und

„verschwand" auf vielen Konten und von dort (wohl) in den Taschen der Hauptaktionäre und Manager.

Wichtig dabei ist Folgendes: Bei diesen Manipulationen wurde niemand überfallen, es fand kein Raub statt und es kam auch nicht zu einer Körperverletzung oder sogar Mord. Es wurden nur Formulare und Geschäftspapiere unrichtig ausgefüllt oder gefälscht. In den Kriminalfilmen der Fernsehanstalten sieht man (fast) nie einen Buchhalter, der gerade eine Bilanz fälscht – was sicherlich in der Darstellung auch zu langweilig wäre gegenüber einem Mord oder Bankraub. So brachte der deutsche Dramatiker Bertolt Brecht die Wirtschaftskriminalität sinngemäß auf den Nenner: „Die Gründung einer Bank bringt mehr Geld als die Beraubung einer solchen".

1.3 Schäden durch Wirtschaftskriminalität

Dieses Bild einer zwar unspektakulären jedoch schadensreichen Kriminalität zeichnet auch die Polizeiliche Kriminalstatistik (abgekürzt PKS) nach, diese erfasst die der Polizei bekanntgewordenen Fälle von (möglichen) Kriminalitätsfällen in Deutschland. Wie auch in anderen Wirtschaftsnationen zeigt die Schadensbilanz für Deutschland, dass sich pro Jahr ca. 5 % der polizeilichen Ermittlungen auf Fälle von Wirtschaftskriminalität beziehen, jedoch aber ca. 60 % der ausgewiesenen Schadenssumme darauf entfallen. So wurde für das Jahr 2019 ein Gesamtschaden aller der Polizei bekanntgewordenen Ermittlungsfälle von ca. 6,650 Mrd. € in der PKS ausgewiesen. Davon entfielen knapp 4 Mrd. € auf Fälle der Wirtschaftskriminalität![3] Bei den Fallzahlen lag der Anteil im Jahre 2019 nur bei ca. 2 %. Beide Zahlen zeigen, welche Schädigung sich durch die – an sich – geringe Anzahl von Wirtschaftsstraftaten ergibt.

Leider gibt es innerhalb der EU-Verwaltung keinen Nachweis der in ihrem Bereich aufgedeckten Wirtschaftskriminalitätsfälle. Es werden nur Einzelfälle oder fallbezogene Statistiken veröffentlicht. Warum es keine EU-Statistik zur Wirtschaftskriminalität gibt? Darauf gibt es keine Antwort und man muss sich selbst seine Meinung bilden.

1.4 Besondere Probleme mit der Wirtschaftskriminalität

Neben den gerade ausgeführten Fakten darf nicht übersehen werden, dass es sich bei den Verfahren zumeist um sehr umfangreiche Ermittlungen handelt, wobei insbesondere kaufmännischer Sachverstand vonnöten ist und die Auswertung einer Vielzahl von Unterlagen vorgenommen werden muss. Trotz jahrelanger Forderungen zur personellen Verbesserung hinsichtlich

Zahl und Qualität der Ermittler stagnieren die Zahlen der fachlich geschulten Ermittler (Staatsanwälte/Richter) weiterhin. So werden noch heute in Deutschland speziell ausgebildete Beamtinnen und Beamte aufgrund von Personalengpässen in ganz anderen Ermittlungsbereichen eingesetzt. Die oftmals bei den Staatsanwaltschaften eingesetzten „Berufsanfänger" können noch keine ausreichenden Kenntnisse und Erfahrungen des Wirtschaftslebens haben. Dazu kommt noch, dass in den letzten Jahren wirtschaftskriminelles Handeln von Unternehmen offensichtlich wurde, denen man dies nicht zugetraut hätte (wie z.B. die sogenannte „Mogelsoftware" in der Automobilindustrie). Zur Situationsbeschreibung taugt auch eine Petition an den nordrhein-westfälischen Ministerpräsidenten vom 8.9.2020. Darin wird ausgeführt, dass nur „15 Staatsanwälte, 5 LKA-Beamte und wenige Steuerfahnder in NRW für die Strafverfolgung in „Cum-Ex-Verfahren" (siehe unter Steuerhinterziehung) mit 900 Beschuldigten zur Verfügung stehen." Begibt man sich auf EU-Ebene so muss man feststellen, dass auch dort fast keine (erfolgreiche) Strafverfolgung z.B. für Subventionsbetrug existiert.[4]

2. Wirtschaftskriminalität anhand von Fallbeispielen

Was verbirgt sich nun konkret hinter der Wirtschaftskriminalität und wie sehen die Tathandlungen aus? Im Folgenden wird versucht, wenigstens ansatzweise die wichtigsten Facetten dieser Straftaten zu erklären. Anzumerken ist, dass in vielen Fällen der Wirtschaftskriminalität das Internet eine große Rolle spielt, wobei jedoch die sog. „Computerkriminalität" hier nicht im Gesamten behandelt werden kann (vgl. hierzu den Beitrag von Wollinger & Dreißigacker in diesem Band).

2.1 Betrug und artverwandte Handlungsweisen

Welche „Betrugsmaschen" gibt es im Bereich der Wirtschaftskriminalität? Vorab ist anzumerken, dass zu diesem Bereich z.B. nicht der so genannte „Shopping-Betrug" gehört (man bestellt ohne Zahlungswillen/-können Waren), da hier der oder die Täter/Täterin privat handelt.

- Allgemeiner Wirtschaftsbetrug: Hierbei handelt es sich um eine hinsichtlich der Tatbegehung einfache Vorgehensweise der Täter. Es werden Waren bei einem „Unternehmen" bestellt und nach Bezahlung nicht geliefert, da es z.B. das bestellende Unternehmen überhaupt nicht gibt (sog. „Scheinfirmen"). Oder es kann keine mängelfreie Ware geliefert werden, wodurch die Lieferung wertlos ist. Auch kommt es vor, dass

Waren im großen Umfang bestellt und dann jedoch vom Besteller nicht bezahlt werden.

Alltägliche Praxis:
Die Firma Handelsplatz GmbH, gegr. 1928, steht zum Verkauf. Sie hat bereits jahrelang keinen Geschäftsbetrieb mehr gehabt. Jedoch steht sie als Kapitalgesellschaft im Handelsregister, ist somit eine sogenannte „juristische Rechtsperson", und kann als „Firmenmantel" verkauft werden. Solche Firmenmäntel werden gerne von Personen, die eine betrügerische Absicht haben, gekauft, um den Eindruck eines alteingesessenen Unternehmens vorzutäuschen. Nachdem sie mit dem Firmenmantel in kurzer Zeit durch Verkäufe – z.B. mangelhafte oder gefälschte Ware – gute Einnahmen erzielt haben, setzen sich die Käufer ins Ausland ab. Zurück bleiben leere Geschäftsräume und Konten – die Einnahmen sind mit den Tätern im Ausland „verschwunden".

- Der Internet-, IT- oder Computerbetrug beinhaltet eine zumeist ähnliche Phänomenologie wie der allgemeine Wirtschaftsbetrug. Aufgrund der Durchdringung des alltäglichen Lebens durch das Internet spielt seine Nutzung für den Bereich der Wirtschaftskriminalität eine zunehmende Rolle. Dabei handelt es sich nicht um eine neue Form von kriminellem Handeln, sondern die Anonymität oder die Möglichkeiten der Verschleierung spielen hier die entscheidende Rolle. Dazu kommen noch fehlende Möglichkeiten eines finanziellen Schadensausgleichs bzw. der Strafverfolgung, da der Verkäufer z.B. nicht mehr auffindbar ist oder sich ins Ausland abgesetzt hat. Es kommt in diesem Bereich auch zu Tatgeschehen, in denen mit gefälschten Internet-Seiten die Käufer in die Irre gelockt und finanziell geschädigt werden (Fälle von „Scheinfirmen").

Beispiel:
Nutzung des Internets durch Finanzbetrüger, die ihre Absenderadressen so verändern, dass z.B. die Finanzbuchhaltung eines Unternehmens der Ansicht ist, dass die Mitteilungen vom Geschäftsführer (bzw. „Chef"/CEO) kommen und sie eine vertrauliche und dringende Überweisung auf ein ausländisches Konto vornehmen. Aufgrund der situativen Tatanlage wird diesem Vorgehen Vertrauen geschenkt und es kommt zu erheblichen finanziellen Verlusten. So soll der CEO-Fraud genannte Betrug allein in Baden-Württemberg 2018 zu einem Schaden von 55 Mio. € geführt haben.

- Subventionsbetrug (§ 264 StGB) wird begangen, um staatliche Subventionen – auch EU-Subventionen – aufgrund von Falschangaben zu erlangen. Dabei kommt es oftmals zur Zusammenarbeit von verschiedenen Wirtschaftsunternehmen, wie z.B. im Agrarbereich bei den sog. „Abschlachtungsprämien".

Fall aus der „Corona-Zeit": „Wer will noch mal, wer hat noch nicht?"
Dies war die Überschrift eines Zeitungsartikels über Subventionen im Zusammenhang mit Hilfen für Unternehmen, die aufgrund der Corona-Pandemie ihrem Geschäftsbetrieb nicht nachgehen konnten. Es wurde von Personen berichtet, die Mittel für ein nicht vorhandenes Unternehmen beantragten oder sich mit falschen Angaben Subventionen in dreistelliger Millionenhöhe erschlichen haben. Entsprechende Zahlungen gingen auch auf Auslandskonten, sodass ein erheblicher Schaden für die Finanzbehörden in Deutschland eingetreten ist.

- Unter Kapitalanlagebetrug (§ 264a StGB) werden umgangssprachlich alle Formen des Betrugs verstanden, um Geldanleger zu täuschen und finanziell zu schädigen. Hier ein aktueller Fall:

Die „Krypto-Welt" als Anlagebetrug: Sog. „Krypto-Währungen", wie Bitcoins oder Ethereum, oder aber auch aus der realen Finanzwelt nachgebildete Spekulationsformen – auch als „Defi" (Decentralized Finance) bekannt – werden in der letzten Zeit als Möglichkeiten angeboten, schnell zu sehr viel Geld zu kommen und haben sich zu einem Zocker-Paradies entwickelt. Auch die von Network-Marketing-Firmen vermittelten sogenannten Tradings oder Kreditangebote in Krypto-Währungen gehören in diese Kategorie. Da in diesem Bereich keinerlei Kontrollinstanzen vorhanden sind und jederzeit auch – wie bereits geschehen – Hackerangriffe zu einem Totalverlust eines virtuellen Kontos führen können, ist dies im Augenblick eine „Spielwiese" auf der Millionen zwar gewonnen aber auch ebenso schnell verloren werden können. Die Chance bei betrügerischen Machenschaften sein Geld wiederzuerlangen, beträgt Null Prozent!

Obwohl es noch zahlreiche weitere Betrugsspielarten gibt, soll zum Schluss dieses Bereiches noch auf den Abrechnungs- und den Sozialleistungsbetrug hingewiesen werden, durch den jedes Jahr die Sozialversicherungssysteme erhebliche Schäden in Millionenhöhe erleiden. Dazu gehört auch, dass für beschäftige Arbeitnehmer – für die eine Scheinselbstständigkeit (Einzelperson als Firma) angemeldet wurde – keine Sozialabgaben abgeführt werden und es damit zur Schädigung der Arbeitnehmer und der Sozialkassen (bzw. der „Allgemeinheit") kommt.

2.2 Rechtsschutzverletzungen: „Produktpiraterie", Wirtschafts- und Betriebsspionage

Dieser Bereich der Wirtschaftsvergehen (z.B. Urheberrechts-, Markenrechts- oder Wettbewerbsrecht- bzw. Patentverletzungen in den verschiedenen Gesetzen wie UWG, Patentgesetz usw. geregelt), dessen Umfang nur geschätzt werden kann, ist ein Bereich mit dem theoretisch fast jede Person bereits in Berührung gekommen ist. Allein nach OECD Schätzungen sollen im Jahr 2016 ge- oder verfälschte Waren in einem Umfang von 121 Mrd. € in die EU verbracht worden sein. Weltweit wird der Schaden auf ca. 460 Mrd. € geschätzt, so eine OECD Meldung für 2016. Deutlich wurde auch, dass Hongkong und China immer noch als „Marktführer" bei der Herstellung von Produktfälschungen gelten. Als Beispiel seien hier illegal hergestellte – zumeist hochpreisige – Markenartikel, wie Uhren (z.B. Rolex), Handtaschen (z.B. Hermes), Schuhe (z.B. Nike) oder Bekleidungsstücke (insbes. „Marken-Jeans" wie Versace, Givenchy, Valentino, Gucci, Roberto Cavalli o.ä.), aber auch Medikamente oder Maschinenteile bzw. ganze Maschinen genannt. Vertrieben werden diese verbraucherbezogenen Waren oftmals in Urlaubsgebieten und schwerpunktmäßig in der jüngeren Zeit über das Internet. Medikamente werden, speziell auf den Märken der Entwicklungsländer („Less Developed Countries"), in den Wirtschaftskreislauf durch Organisationen eingeschleust oder Maschinen auch ganz öffentlich auf Messen und durch Prospekte angeboten.

Ein wichtiger Hinweis:
Ein bedeutsamer Aspekt, der an dieser Stelle noch erwähnt werden soll, ist, dass die Einfuhr von gefälschten Waren eine Straftat darstellt (nicht jedoch das Bestellen). Wenn man also eine sehr günstige Marken-Jeans auf einer Warenplattform in China oder den USA findet und diese bestellt, muss man bei einer Entdeckung bei der Einfuhr nach Deutschland nicht nur mit einer ersatzlosen Einziehung der gekauften Ware rechnen, sondern man hat auch eine Strafanzeige zu erwarten. Hat man eine größere Menge solcher gefälschter Produkte gekauft, kann auch die Herstellerfirma der Originalware auf Unterlassung und Schadenersatz klagen, was bereits in Deutschland zu Urteilen mit hohen Strafen geführt hat.

Im Zusammenhang mit gefälschten Markenprodukten steht die Wirtschafts- und Betriebsspionage. Dabei muss beachtet werden, dass als Betriebsspionage das Ausspähen von Betriebsgeheimnissen zwischen zwei Unternehmen bezeichnet wird und die Wirtschaftsspionage das staatliche Ausspionieren von Unternehmen oder ganzen Wirtschaftsbereichen beinhaltet. Ein besonderes Interesse besteht an Konstruktionsplänen aber auch an Einkaufspreisen bzw. an Preiskalkulationen. Die – zwischenstaatliche – Wirtschaftsspionage ist im EU-Bereich nicht mehr so präsent. Andererseits darf man nicht vergessen, dass in diesem Kriminalitätsbereich eine große Vermeidungsstrategie hinsichtlich einer Veröffentlichung von Fällen besteht und man deshalb von einem hohen Dunkelfeld ausgehen muss.

2.3 Verstöße gegen das Lebensmittelrecht und ähnliche Vorschriften

Wirtschaftskriminalität im Bereich der Verstöße nach dem Lebensmittelrecht oder Weingesetz bzw. der Tierarzneimittelverordnung, kann zu erheblichen – insbesondere auch gesundheitlichen – Schäden bei den Verbrauchern führen und insoweit jeden betreffen. Trotzdem gelangen der Öffentlichkeit diese Verstöße oftmals nur am Rande zur Kenntnis. Auch im Bereich der Strafverfolgung fristen diese Taten eher ein „Schattendasein", trotz der bei Kontrollen festgestellten erheblichen Verstöße.

> Verstöße gegen Lebensmittelrecht:
> Proben von Aprikosenkernen ergaben, dass diese mehr Blausäure enthalten haben als der EU-Grenzwert erlaubt.
> Andere Fälle:
> Eine im Zeitraum von 2014 bis 2016 durchgeführte Untersuchung brachte im Zusammenhang mit der Geflügelzucht von Puten besonders viele Verstöße zutage. Da die Putenaufzucht nur unter Einsatz von Antibiotika vorgenommen werden kann und es aufgrund der (zu kleinen) Stallhaltung zu häufigen Erkrankungen der Tiere kommt, werden unerlaubte Mengen von Arzneimittelzugaben eingesetzt. Diese werden entweder über Tierärzte oder aus den Benelux-Staaten bezogen. Auch werden immer wieder Fälle aufgedeckt, in denen Olivenöl in großen Mengen – insbesondere der Qualitätsstufe „nativ extra" – z.T. mit Maschinenöl gepanscht wurde oder auch billige Weine als hochwertige Toskana-Weine (Chianti oder Brunello) verkauft wurden.

Erwähnt werden müssen auch die häufig festgestellten Falschdeklarationen, wie z.B. beim Fischverkauf, wo billigere Fischteile (auch Fischabfall) als Edelfischteile ausgegeben werden oder das Gewicht der Verkaufswaren durch Zusatz von Wasser verfälscht wird. Gleichfalls werden auch Produkte als Bio-Ware verkauft, die jedoch diesen Qualitätsnormen nicht entsprechen.

Solche Verfälschungen treten selbstverständlich auch beim Fleisch- und Wurstverkauf auf, wobei gerade der letztere Produktbereich durch vielfältige Möglichkeiten des Betrugs und durch gesundheitsgefährdete Verunreinigungen auffällt – wie z.B. beim „Wilke-Wurst"-Fall. Festhalten an dieser Stelle muss man auch, dass z.B. das Eichgesetz im Bereich der Strafverfolgung keine Rolle mehr spielt, obwohl man bereits bei einer Untersuchung in den 1980er Jahren aufdeckte[5], dass fast jede abgepackte Ware ein Untergewicht aufwies und somit der Verbraucher erheblich geschädigt wurde. Wer wiegt schon eine solche Packung heute nach?

2.4 Steuerhinterziehung

Die Steuerhinterziehung (geregelt in der Abgabenordnung – AO und zahlreichen Nebengesetzen) ist eine Form der Wirtschaftskriminalität, die oftmals noch weniger spektakulär abläuft als die anderen Wirtschaftsdelikte. Steuerhinterzieher bürden jedoch der Allgemeinheit einen sehr hohen Schaden auf und manche Schule oder Schwimmbad konnte wegen dieses Delikts in den letzten Jahren nicht saniert oder gebaut werden. Die Steuerhinterziehungen sind häufig sehr einfach gestaltet, wenn z.B. Einnahmen verschwiegen oder Kosten überhöht dargestellt werden. Dabei werden auch oft Einnahmen in ausländische Tochtergesellschaften verlagert und die Kosten im Inland verbucht, wobei zumeist Länder ausgewählt werden, die sehr geringe Steuersätze haben (sog. „Steuerparadiese").

Daneben gibt es jedoch Vorgehensweisen, die komplexer gestaltet sind und auch oftmals mit wesentlich höheren Schadenssummen einhergehen. So z.B. die sog. „Mehrwertsteuerkarusselle", bei denen keine oder immer die gleichen Waren (z.B. hochwertige Handys oder Fleischerzeugnisse) zwischen verschiedenen Staaten ausgetauscht werden, jedoch durch Scheinrechnungen ein reger Handel abgebildet wird. Aufgrund der steuerlichen Möglichkeiten wird die im internationalen Handel erstattungsfähige nationale Mehrwertsteuer von den Finanzämtern zurückgefordert. Bis die betrügerischen Handlungen auffallen, sind die Beträge in andere Länder transferiert und die beteiligten Unternehmen gehen in die Insolvenz, sodass von ihnen keine Rückforderungen mehr erfolgen können. Laut einer Recherche des ZDF-Magazins „Frontal 21" im Jahr 2020 soll durch Umsatzsteuerkarusselle jährlich ein Schaden von 50 Milliarden Euro entstehen.

Ebenso wurden in den letzten Jahren umfangreiche Steuerhinterziehungen unter Beteiligung von deutschen Banken bekannt, wodurch die Allgemeinheit um Milliarden Euro geschädigt wurde. Diese „Cum-Ex-Fälle" (auch „Cum-Cum"-Geschäfte genannt), wie sie in der Fachwelt genannt werden, sind nicht so leicht darzustellen (umfassende Darstellung in Bundestagsdrucksachen-

Drs. 19/12212 und 19/12692). Die Vorgehensweise basiert auf der Besteuerung der entsprechenden Dividenden mit der Kapitalertragssteuer. Durch massenweisen An- und Verkauf von Aktien – um den Dividendenstichtag – haben Investoren und Banken gezielt Aktienpakete hin- und hergeschoben, um die tatsächlichen Eigentümer der Aktien vor dem Finanzamt zu verschleiern und sich als ausländische Aktienbesitzer die einbehaltene Kapitalertragssteuer erstatten zu lassen. Dies geschah bei manchen Aktienpaketen sogar mehrfach, sodass die Finanzämter auch Kapitalertragssteuern erstatteten, die gar nicht abgeführt wurden. Hält z.B. ein ausländischer Anleger Aktien eines deutschen Unternehmens, muss er die Dividenden entsprechend versteuern. Verschiebt er die Aktien kurzfristig an eine Bank und erhält sie erst danach wieder zurück, so zahlt er diese Steuern auf die Dividenden nicht. Die Bank muss zunächst die Dividenden versteuern, kann sich diese Steuern jedoch erstatten lassen. Bank und Investor teilen sich den finanziellen Erfolg – der Fiskus hat das Nachsehen. In Deutschland soll z.B. die Hamburger Privatbank M. M. Warburg an solchen Geschäften in Höhe von 176 Mio. € teilgenommen haben. Gerade dieser Fall ist besorgniserregend, da sich der Hamburger Senat unter dem damaligen Ersten Bürgermeister und derzeitigen Bundesfinanzminister (2020) bis heute bemüht hat, eine Verurteilung oder Rückzahlung der hinterzogenen Steuern durch diese Bank zu verhindern.[6]

2.5 Insolvenzkriminalität

Einen Schwerpunkt der Wirtschaftskriminalität stellte in den letzten Jahren die Insolvenzkriminalität (§§ 283ff. StGB; 64, 84 GmbHG) dar. Aufgrund von Gesetzesänderungen wegen der Corona-Pandemie ist im Augenblick jedoch nicht abzusehen, wie sich diese Kriminalität in den nächsten Jahren entwickelt. Daher hier nur sehr kurze Hinweise dazu.

In einer Krisensituation eines Unternehmens, wenn also die Zahlung von Rechnungen nicht mehr möglich ist, wird oftmals von den Eigentümern versucht, diese Krise irgendwie zu überwinden, ohne einen rechtlich in dieser Situation notwendigen Insolvenzantrag zu stellen. Diese „Rettungsversuche" können auch dazu führen, dass durch Vereinbarungen oder Handlungen Schuldner- oder Gläubigerbegünstigungen vorkommen, d.h. eine Bevorteilung von Personen oder Unternehmen, denen z.B. durch schnelle Barzahlung an das Krisenunternehmen hohe Abschläge auf ihre Schulden angeboten werden oder Kreditgebern, denen eine bevorzugte Tilgung ihrer Kredite zugesagt wird, wenn sie weiterhin liefern oder auch eine Neugründung unterstützen. Werden Bilanzen, zu deren Erstellung jedes Unternehmen verpflichtet ist, um Auskunft über seinen Vermögenszustand zu geben, nicht vorgelegt, so gehört auch dies in den Bereich der Insolvenzkriminalität. Des Weiteren kann auch eine Überschuldung als Insolvenzgrund vorliegen, d.h. dass das Unternehmensvermögen zur Deckung der Verbindlichkeiten nicht mehr ausreicht und auch kein sonstiges Vermögen mehr dafür zur Verfügung steht. Weiterhin müssen in diesem Zusammenhang auch Insolvenzen erwähnt werden, die zur Vermeidung von Schadenersatz erfolgen. Wie beim Fall aus der Humanmedizin (z.B. beim Schmerzmittel „Osycontin") oder beim Pfusch am Bau (z.B. mangelhaft befestigte Schallschutzmauer an der Kölner Autobahn, wodurch der Tod einer Autofahrerin verursacht wurde).

2.6 Untreue

Die Veruntreuung von Geldbeträgen im Rahmen einer institutionellen Wahrnehmung der Vermögensbetreuung ist hinsichtlich der hohen Schadenssummen ein weiterer Schwerpunkt der Wirtschaftskriminalität (§ 266 Strafgesetzbuch). Dabei handelt es sich jedoch nicht bei jeder Veruntreuung von Geldern, z.B. durch einen Vermögensverwalter, um Wirtschaftskriminalität. Die Untreue ergibt sich als Wirtschaftsdelikt immer dort, wo das Management Firmenvermögen für nicht dem Unternehmen dienende Maßnahmen entzieht. Ein bekannter Fall der letzten Jahre war der des früheren Arcandor-Vorstandsvorsitzenden Middelhoff.

2.7 Welche anderen Delikte sind noch wichtig?

Weitere Erscheinungsformen der Wirtschaftskriminalität könnten noch seitenlang aufgeführt werden. Eine Auflistung aller strafrechtlichen Normen dieser Kriminalität, die bereits 1987 erstellt wurde, umfasste mehrere hunderte Einzelvorschriften, die jedoch seit dieser Zeit noch wesentlich erweitert wurden.[7]

Zu nennen wären Preisabsprachen oder Schädigungen der Käuferinnen und Käufer durch technische Manipulationen (z.B. die Abschaltsoftware bei PKWs). Dabei stehen diese Taten oftmals auch im Zusammenhang mit kartellrechtlichen Verstößen (§ 1 Gesetz gegen Wettbewerbsbeschränkungen – GWG), auf deren Begehungsweisen und Komplexität an dieser Stelle jedoch nur hingewiesen werden kann. Als Beispiele können lediglich einige wenige angeführt werden, wie das sog. „Zuckerkartell", bei dem mehrere Zuckerhersteller ihre Abgabepreise abgestimmt haben und damit die Verbraucher erheblich schädigten. Weitere bekanntgewordene Fälle bezogen sich auf Preisabsprachen beim Bierpreis, Absprachen unter Herstellern von Schienen für den Bahnverkehr bzw. auch hinsichtlich der Rabattgewährung an Endabnehmer durch LKW-Hersteller. Der Fall im Zusammenhang mit der Deutschen Bahn soll alleine zu einem Schaden von 500 Mio. € geführt haben. Weiterhin werden in letzter Zeit als NGOs auftretende Vereinigungen von

Unternehmen gesponsert, wie z.B. die Deutsche Umwelthilfe von Toyota,[8] um Konkurrenten anzuprangern oder diese durch negative Imagezufügungen zu schädigen. In welchem Umfang dies bereits geschieht, ist noch nicht abschließend geklärt.

2.8 Staatlich organisierte Wirtschaftskriminalität

Allgemein verstärken sich Hinweise darauf, dass auch Staaten die Möglichkeiten nutzen, sich über der Wirtschaftskriminalität zuzurechnende Handlungen bzw. deren Unterstützung zu bereichern und damit aber auch andere Staaten zu schädigen.

Was verbirgt sich dahinter? Verschiedene Staaten haben ihre Steuerpolitik darauf ausgerichtet, diejenige anderer Staaten zu „unterlaufen". Die Staaten beteiligen sich nicht tatsächlich an Kriminalitätshandlungen, sie leisten dazu jedoch Beihilfe, sodass es wohl gerechtfertigt ist, von einer solchen Kriminalitätsform zu sprechen. Gleichfalls müssen noch die Formen der staatlichen Unterstützung von Unternehmen zur Umgehung von Lizenz- und Patentrechten angeführt werden, was insbesondere in einigen asiatischen Ländern weiterhin der Fall ist, wie z.B. in China oder Japan. Weiter zu nennen sind in diesem Zusammenhang auch Sabotageangriffe durch Hacker auf IT-Systeme von Unternehmen oder Behörden. Zahlreiche dieser Angriffe sollen von China, Iran oder Nordkorea ausgegangen sein.[9]

2.9 Organisierte Wirtschaftskriminalität

Letztendlich ist noch die Organisierte Wirtschaftskriminalität zu erwähnen, die nicht zur Organisierten Kriminalität (OK) gehört. Sie fasst die Bereiche zusammen, in denen die OK Wirtschaftsunternehmen für kriminelle Handlungen nutzt, wie z.B. zur Marktmanipulation auf den Rohstoffbörsen, wobei auch hier wiederum ein Schwerpunkt bei den asiatischen Börsen liegt. Hier wird auch über „Leerverkäufe", die eine Lieferung zu einem bestimmten Zeitraum zu einem vereinbarten Preis beinhalten, auf lebenswichtige Nahrungsmittel spekuliert und aufgrund der finanziellen Möglichkeiten der Spekulanten z.B. der Preis für Reis oder andere Naturprodukte erheblich verteuert.

3. Ein Schlusswort

Diese vielfältige und trotzdem unvollständige Auflistung möglicher Straftaten macht deutlich, welche Ermittlungsschwierigkeiten bei den Strafverfolgungsorganen gelöst werden müssen, wie umfangreich und vielfältig die Anforderungen an die Ausbildung der Ermittler sind und welchen Schaden die Gesellschaft durch Wirtschaftskriminalität erfährt. Man stößt in diesem Zusammenhang auch immer wieder auf dieses Zitat:

> Stiehlt einer ein Geldstück, dann hängt man ihn. Wer öffentliche Gelder unterschlägt, wer durch Monopole, Wucher und tausenderlei Machenschaften und Betrügereien noch so viel zusammenstiehlt, wird unter die vornehmen Leute gerechnet.
> Nach: Erasmus von Rotterdam, ca. 1520,
> „Adagiorum Collectanea" (auch andere Fassungen bekannt)

Bei diesem Zitat aus dem 16. Jahrhundert kann man sich fragen, ob es nicht erst in jüngster Zeit geschrieben wurde, was die lange Geschichte der Wirtschaftskriminalität aufzeigt!

Fragen zum Nach- und Weiterdenken

Was könnten die Gründe dafür sein, dass die Strafverfolgungsbehörden, also Polizei, Staatsanwaltschaft und Gerichte, noch immer nicht über ein sachgerecht geschultes Personal zur Verfolgung von Wirtschaftsstraftaten verfügen?
In Baden-Württemberg wurden seit 2015 die Stellen für Kontrolleure bei den Lebensmittelkontrollen um ca. 50 % reduziert (Quelle: Pforzheimer Zeitung 30.11.2020: 5) Was können Gründe für diese Entwicklung sein und welche Effekte auf die Wirtschaftskriminalität erwarten Sie?
Was sind wohl die Gründe, dass große Subventionsbetrügereien mit EU-Fördermitteln nur ganz selten publiziert werden?

Zum Weiterlesen

Kühne, E. / Liebl, K. (Hrsg.) (2015): *Forschungen zur Wirtschaftskriminalität. Neue Befunde.* Rothenburg: Schriftenreihe der Hochschule der Sächsischen Polizei.

Enthält den einzigen zeitaktuellen analytischen Bericht hinsichtlich der Lebensmittelkontrolle (Beitrag Schäfer) und neueste Analysen zur Insolvenzkriminalität (Beiträge Gust & Epperlein) sowie zum Kapitalanlagebetrug (Beitrag Schieck) in Deutschland.

Liebl, K. ([3]2020): *Wirtschafts- und Organisierte Kriminalität.* Wiesbaden: Springer.

Aktuelle und vertiefende Darstellung der Wirtschaftskriminalität mit ihren verschiedenen Facetten (auch über Deutschland hinaus).

Noll, Bernd (2020): *Wirtschaftskriminalität. Eine Herausforderung*, Stuttgart: Kohlhammer.

Ein für einen vertiefenden Einstieg in die Ermittlungsprobleme bei den Strafverfolgungsorganen in Deutschland interessantes Buch. Umfangreiche Diskussion der Definition von Wirtschaftskriminalität und möglicher weiterer Strafgesetzbuchsänderungen.

Wallwaey, E./ Bollhöfer, E./ Knickmeier, S. (Hrsg.) (2020): *Wirtschaftsspionage und Konkurrenzausspähung, Kriminologische Forschungsberichte des MPI*, Berlin: Duncker & Humblot.

Einzige umfassende Darstellung der Wirtschafts- und Konkurrenzspionage, die in Deutschland seit 30 Jahren erstellt wurde. Verschiedenste Aspekte dieses Teilbereichs der Wirtschaftskriminalität werden umfassend dargestellt.

Drogenkriminalität – ein Ergebnis von Drogenpolitik?

Ralf Gerlach

Drogenkriminalität ist eine facettenreiche Kriminalitätsform. Das Bundeskriminalamt veröffentlicht jährliche Berichte zur aktuellen Situation in Deutschland. Wie aussagekräftig sind die dort aufgelisteten Daten? Welche strafrechtlichen Sanktionen gibt es im Betäubungsmittelgesetz? Wie erfolgreich agieren die Strafverfolgungsbehörden? Gibt es Alternativen zur Drogenverbotspolitik? Unter anderem diese Fragen werden bearbeitet, wobei zunächst geklärt wird, was Drogen eigentlich sind.

1. Einleitende Bemerkungen

Im Jahr 1998 gab der damalige Leiter des Büros für Drogenkontrolle und Verbrechensbekämpfung der Vereinten Nationen, Pino Arlacchi, die Zielvorgabe aus, eine drogenfreie Welt zu schaffen, und meinte, dies sei innerhalb von 10 Jahren möglich.[1] Wie wir wissen, war dies eine krasse Fehleinschätzung. Heute, über 20 Jahre nach Arlacchis Fehlprognose, sind wir weiter von einer drogenfreien Welt entfernt denn je. Die Realität der Drogenverbotspolitik (Drogenprohibition) hat uns ernüchternd überholt:

> *„Nie haben so viele Menschen so viele verschiedene Drogen konsumiert. Nie waren die Verfügbarkeit so groß und die Preise so moderat.“*[2]

Drogenkonsum und Drogenkriminalität lassen sich weder durch strengste Strafandrohung und Inhaftierung auslöschen noch spürbar eindämmen – auch nicht in den 40 Staaten, in denen bei Drogenbesitz und -handel bereits bei geringen Mengen noch immer die Todesstrafe droht. Zu verlockend riesig sind bei einem geschätzten weltweiten Jahresumsatz von 320–360 Milliarden Dollar die Gewinnaussichten im internationalen illegalen Drogenhandel, zu groß ist der Bedarf an verbotenen Substanzen auf Konsumentenseite.

Wer sich ernsthaft und möglichst wirklichkeitsnah dem Thema Drogen und Drogenkriminalität widmen möchte, muss bereit sein, sich von einigen hartnäckig konservierten Mythen zu verabschieden und auch eiserne Tabus zu brechen. Denn in einer durch Fake News geprägten Zeit müssen wir zurück zu belegbaren wissenschaftlichen Fakten, weitestgehend vorurteilsfrei über den Tellerrand unserer „Gedankengefängnisse“ blicken und uns einer vernunftbasierten und realitätsangemessenen Diskussion stellen. Dies soll hier ein Stück weit versucht werden. Ein Stück weit nur, weil die mit dem Thema verknüpften Aspekte zu vielfältig sind, als dass alle diskussionswerten Facetten im vorliegenden Beitrag berücksichtigt werden könnten.

Da viele Menschen glauben, dass sich der Begriff Drogen ausschließlich auf verbotene Substanzen bezieht, die zudem äußerst gesundheitsschädlich sind, bedarf es zunächst einer Klärung, was tatsächlich darunter zu verstehen ist, um im weiteren Verlauf die eingeleiteten Maßnahmen zur Bekämpfung der Drogenkriminalität angemessen beurteilen zu können.

2. Was sind eigentlich Drogen und wie gefährlich sind sie?

Drogen aller Art begleiten nicht nur die Menschen in allen Kulturen und Gesellschaftsschichten bereits seit den frühen Anfängen ihrer Geschichte, sondern sie üben auch auf viele Tierarten seit jeher einen besonderen Konsumreiz aus.[3] Es gibt vielfältige Gründe und mögliche Motive für den Gebrauch von Drogen, wie etwa die Suche nach Gruppenzugehörigkeit, aus Neugier, zur Selbstmedikation, zur Problembewältigung, zum Feiern und zur Geselligkeit, aus Langeweile, zum Stressabbau, um Spaß zu haben und sich wohl zu fühlen (positive Stimmungsveränderung), zur Antriebsförderung und Leistungssteigerung, zur Entspannung, zur Rauscherzeugung, zur Bewusstseinserweiterung, auf Grund von körperlicher und/oder psychischer Abhängigkeit, im Rahmen religiöser Rituale oder als Heil- und Arzneimittel.

> *Als Drogen werden alle von außen zugeführten pflanzlichen oder chemischen Substanzen bezeichnet, die über das zentrale Nervensystem körperliche und seelische Veränderungen im Befinden der Konsumierenden auslösen können. Dies heißt, auch sog. Genussmittel wie etwa Alkohol, Tabak, Kaffee oder auch Arzneimittel sind Drogen.*

Einige Drogen können gravierende gesundheitsschädliche Wirkungen hervorrufen, manche körperliche und/oder seelische Abhängigkeit erzeugen. Akuter oder chronischer Konsum bestimmter Drogen kann aufgrund ihrer pharmakologischen Eigenschaften aggressives und gewalttätiges Verhalten hervorrufen. So ist zwischen übermäßigem Alkoholkonsum und Straftaten, vor allem Gewalttaten, ein enger Zusammenhang belegt. Bei 10,0 % aller in Deutschland aufgeklärten Straftaten wurde Alkoholeinfluss festgestellt.[4] Ein solcher Zusammenhang ist deutlich geringer bei Kokain-/Crack- und Amphetaminkonsum. Gewalttaten unter Einfluss von Opiaten oder Cannabis gibt es aufgrund ihrer eher aggressionshemmenden Wirkung nur äußerst selten.

Es gibt sowohl im professionellen als auch im alltäglichen Sprachgebrauch eine Vielzahl an sinnverwandten, teils fragwürdigen Wortschöpfungen, die gleichbedeutend mit dem Begriff Droge verwendet werden. So spricht etwa die Polizei von Rauschgift z.B. beim „Rauschgiftlagebericht", obwohl nicht alle Drogen einen Rausch bewirken und nicht alle Drogen „giftig" sind, wie uns schon Paracelsus erklärt hat: ‚Die Dosis macht das Gift'. Der Gesetzgeber verwendet den Begriff Betäubungsmittel im „Betäubungsmittelgesetz", obwohl nicht alle Drogen eine betäubende Wirkung haben, und den Begriff der psychoaktiven Stoffe („Neue-psychoaktive-Stoffe-Gesetz"), während die Krankenkassen von Arzneimitteln („Arzneimittelbericht") sprechen.[5] Die Polizei unterscheidet zudem noch zwischen „harten" und „weichen" Drogen, wobei alle in den Anlagen I-III des Betäubungsmittelgesetzes aufgelisteten Substanzen mit Ausnahme von Cannabisprodukten als „harte" Drogen bezeichnet werden.

Die rechtliche Bewertung von Drogen unterliegt gesellschaftlichen und kulturellen Wandlungsprozessen. Sie ändert sich im geschichtlichen Zeitverlauf. Erinnert sei hier beispielhaft an die Kaffeeverbote im 18. Jahrhundert[6] und die Alkoholprohibition in den USA von 1920–1933 sowie daran, dass in Deutschland alle heute verbotenen Drogen noch bis ins frühe 20. Jahrhundert legal und frei erhältlich waren. Erst im frühen 20. Jahrhundert wurden im Zuge internationaler Kontrollbestrebungen in Deutschland strenge und restriktive nationale Drogenkontrollmaßnahmen eingeführt, die im Opiumgesetz von 1929 mündeten und 1971 vom Betäubungsmittelgesetz abgelöst wurden. Es zeigt sich: Zu bestimmten Zeiten sind bestimmte Drogen verboten (illegalisiert). Dadurch werden die Händler und Konsumenten zu Kriminellen abgestempelt (kriminalisiert), zu anderen Zeiten wieder nicht. Die Unterscheidung in legal und illegal erfolgt(e) allerdings nie nach dem tatsächlichen Grad der Gefährlichkeit der entsprechenden Drogen, sondern stets nach moralischen, ideologischen und wirtschaftspolitischen Gesichtspunkten.

Ein Beispiel für die aktuelle Drogen-Wirklichkeit: Während jedes Jahr in München beim Oktoberfest Millionen von Besuchern auf der größten legalen Drogenparty der Welt unbehelligt dem Alkoholkonsum frönen dürfen, von denen mehrere hundert als medizinisch behandlungsbedürftige „Bierleichen" enden, wird z.B. jede kleine „Kifferparty" bei Bekanntwerden durch die Polizei „gestürmt", das Cannabis beschlagnahmt und Strafanzeige gegen die Teilnehmenden gestellt.

Das auch heute noch vorherrschende politische, strafrechtliche und öffentliche Meinungsbild ist geprägt durch jahrzehntelang vermittelte Fehlinformationen zur Sozial- und Gesundheitsschädlichkeit von bestimmten Drogen.[7]

Die illegalen Drogen sind (in reinem Zustand) nicht gesundheitsschädlicher als legale und massiv beworbene wie z.B. Alkohol, Tabak und viele Medikamente. Manche (Cannabis, Ecstasy) sind sogar „deutlich weniger schädlich".[8] Cannabis, Kokain und Heroin (Diamorphin) und andere Opiate/Opioide sind sogar für den medizinischen Gebrauch zugelassen.

3. Drogenkriminalität – eine erste Standortbestimmung

Unter den Begriff Drogenkriminalität fallen primär alle Straftaten nach dem Betäubungsmittelgesetz (BtMG) und dem Neue-psychoaktive-Stoffe-Gesetz (NpSG). Darüber hinaus bestehen aufgrund des verbotenen Handels auch enge Verknüpfungen zwischen Drogenkriminalität und Organisierter Kriminalität (OK) (vgl. hierzu den Beitrag von Dienstbühl & Rohde in diesem Band). So stehen ca. 34 % der vom Bundeskriminalamt (BKA) geführten Ermittlungsverfahren im Rahmen der OK in Zusammenhang mit Rauschgifthandel.[9]

In diesem gesetzlichen Rahmen sind die wesentlichen Aufgaben polizeilicher Drogenbekämpfung[10]

- Verhinderung illegalen Anbaus und illegaler Produktion
- Verhinderung der Einfuhr, Durchfuhr und Ausfuhr von Drogen
- Zerschlagung des internationalen Drogenhandels
- Sicherstellung illegaler Drogen
- Abschöpfung illegaler Gewinne aus dem Drogenhandel.

Die Polizei unterliegt dem Legalitätsprinzip, d.h. Polizeibeamte sind laut Strafprozessordnung (§ 163 Abs. 1 StPO) dazu verpflichtet, Straftaten zu erforschen, zur Strafanzeige zu bringen und zur Staatsanwaltschaft zu übermitteln, ansonsten würden sie sich selbst strafbar machen. Es besteht ein Strafverfolgungszwang. Jede noch so kleine Drogenmenge muss die Polizei grundsätzlich beschlagnahmen und den Händler, Käufer und Besitzer anzeigen. In der Praxis verfahren Polizeibeamte allerdings oft auch nach der (nachvollziehbaren) „Strategie des Übersehens" und minderschwere Straftaten werden ignoriert.[11]

Das Bundeskriminalamt veröffentlicht jährlich ein Bundeslagebild zur Drogenkriminalität, dort Rauschgiftkriminalität genannt, in dem auf der Basis der Polizeilichen Kriminalstatistik eine Analyse aller im Vorjahr bekannt gewordenen Rauschgiftdelikte erfolgt.[12] Da es praktisch keine Opfer gibt, die Strafanzeigen stellen, bleibt die meiste Drogenkriminalität jedoch weitgehend unentdeckt und ungeahndet. Als so genannte Kontrollkriminalität werden Delikte – anders als viele andere Vergehen und Verbrechen – durch die häufig zielgerichtete Kontrolle von Personen durch (zumeist) die Polizei aufgedeckt.

Die illegale Drogenkette vom Anbau bis zum Endverbraucher bewegt sich quasi innerhalb einer „Blase" mit eigenen Gesetzen (Schattenwirtschaft), denn die Illegalität des Marktes hebelt reguläres Handelsrecht aus. Daher ist das Dunkelfeld enorm groß. Schätzungen auf der Grundlage wissenschaftlicher Untersuchungsmethoden zum Ausmaß von Drogenkriminalität können nur ein vages Abbild liefern. Die vom Bundeskriminalamt veröffentlichten Daten haben keine Aussagekraft hinsichtlich der Frage, ob Drogenkriminalität oder Konsumentenzahlen tatsächlich zu- oder abnehmen. Deshalb wird im vorliegenden Beitrag auf eine wiederholte graphische Darstellung verzichtet. Die in der Polizeilichen Kriminalstatistik erfasste Anzahl an Drogendelikten und Tatverdächtigen (es handelt sich dabei um registrierte Delikte ohne Auskunft darüber, wie viele davon letztlich aufgeklärt wurden) liefert nur einen Hinweis auf die Intensität des betriebenen Strafverfolgungsaufwandes in bestimmten Jahren – wir erinnern uns: Die Polizei produziert Täter/Tatverdächtige im Rahmen ihrer Kontrolltätigkeit quasi selbst: Eine Ausweitung und Forcierung der Kontroll- und Fahndungsaktivitäten resultiert stets in einem Anstieg registrierter Delikthäufigkeit, eine Verringerung stets in einer Abnahme an Fallzahlen.

Die Intensität der Strafverfolgung richtet sich u.a. nach vorhandener Personalstärke, der Finanzlage und danach, inwieweit Druck seitens der Politik, der Öffentlichkeit und der Medien ausgeübt wird. Außerdem vermittelt uns die publizierte Datenlage auch Informationen darüber, welche Straftatbestände und Tätergruppen im Mittelpunkt polizeilicher Ermittlungs- und Fahndungstätigkeit stehen. Vorweggenommen: Schwerpunktmäßig richtet sich die Polizeiarbeit massiv gegen die Drogenkonsumenten. Die Hinterleute, die „großen Fische" – etwa Mafia- und Kartellbosse, korrupte Politiker und Militärs, also die Kontrolleure und wahren Profiteure des illegalen Drogenhandels – bleiben in der Regel ungeschoren oder unerkannt. Massive Verstrickungen von globaler Politik und internationalem Drogenhandel sind unverkennbar. Eine herausragende Rolle spielt(e) dabei der US-Geheimdienst CIA.[13]

4. Skizzierung von Ausmaß und Folgen des Drogengebrauchs

Der Konsum legaler und illegaler Drogen ist weit verbreitet. Die Konsumentenzahlen halten sich seit Jahrzehnten mit gelegentlichen Schwankungen auf einem hohen Niveau. Bei einem Teil dieser Konsumenten besteht eine Substanzabhängigkeit. So sind Schätzungen zufolge – ich erinnere an die Schwächen von Schätzverfahren – in Deutschland 12 Millionen Menschen nikotinabhängig (jeder 4. Erwachsene raucht[14]), 1,6 Millionen alkohol- und medikamentenabhängig, 309.000 abhängig von Cannabis, 166.000 von Opioiden (z.B. Heroin), 103.000 von Amphetaminen und 41.000 von Kokain.[15] Jährlich sterben über 120.000 Menschen an den Folgen des Tabakrauchens,[16] über 70.000 als Folge von Alkoholkonsum, 1.398 bezogen auf alle illegalen Drogen in 2019 (ein Cannabis-Todesfall ist bisher nicht bekannt).

Der volkswirtschaftliche Schaden durch legale Substanzen ist wesentlich höher einzustufen als der von illegalen.[17] Er beträgt bezogen auf Alkohol und Tabak zusammen jährlich über 150 Milliarden Euro.[18] Und nebenbei: Der Staat nimmt pro Jahr 14,3 Milliarden Euro an Tabak-[19] und 2,1 Milliarden Euro an Alkoholsteuer ein.[20] Im Zusammenhang mit illegalen Drogen hat der Staat keine Einnahmen, sondern ausschließlich Kosten von mindestens 6 Milliarden Euro jährlich zu tragen (z.B. Polizei, Justiz, Sozialversicherungsträger).[21]

Illegale Drogen müssen zwangsläufig illegal auf dem so genannten Schwarzmarkt erworben werden. Da es bei der Herstellung kein kontrollierbares Reinheitsgebot wie etwa beim deutschen Bier gibt oder sonstige Qualitätskontrollen, treten regelmäßig Qualitätsschwankungen bezüglich des Reinheitsgrades auf. Die Drogen werden entsprechend der Marktlogik (Gewinnorientierung/ Profitmaximierung) in der Handels- und Zwischenverkaufskette bis hin zum Endverbraucher zig Male mit toxischen oder allergenen Streckmitteln versetzt. Das macht sie so besonders gefährlich. Die Gefahr von lebensbedrohlichen Überdosierungen, Krampfanfällen und schwerwiegenden Erkrankungen ist fortdauernd gegeben.

5. Drogenkriminalität – Delikte

Seit 1993 wird eine gesamtdeutsche Kriminalstatistik geführt. Von damals 122.240 erfassten Verstößen gegen das Betäubungsmittelgesetz stieg die Deliktanzahl stetig bis auf 359.747 in 2019. Diese Verstöße machen 6,6 % an der Gesamtzahl aller in Deutschland registrierten Straftaten aus.[22] Differenziert nach Drogenarten stehen in 2019 etwa zwei Drittel (64 %) aller Delikte in Zusammenhang mit der „weichen" Droge Cannabis, mit den „harten" Drogen Amphetamin 14,8 %, Kokain/Crack 6,8 %, Methamphetamin (Crystal) 3,6 %, Heroin: 3,3 %. Bezogen auf Cannabis zeigt sich ein dramatischer Anstieg von 50.277 in 1993 auf 221.866 in 2019.

Abhängige von illegalen harten Drogen können ihren Bedarf oft nur durch die Verübung von Straftaten decken oder finanzieren. Diesbezüglich spricht man von Beschaffungskriminalität als einer Erscheinungsform der Drogenkriminalität. Hierbei wird zwischen direkter und indirekter Beschaffungskriminalität unterschieden, wobei das Bundeskriminalamt selbst darauf hinweist, dass „die Erkennbarkeit und Erfassung von Konsumenten harter Drogen unvollständig" sind und „eine Drogenabhängigkeit der Tatverdächtigen oft nicht erkannt wird."[23]

- *Direkte Beschaffungskriminalität*: Straftaten zur direkten Drogenerlangung wie etwa Rezeptfälschungen, Apothekeneinbrüche, Diebstahl aus Arztpraxen und Krankenhäusern
  In 2019 wurden 1.598 Straftaten (2015 = 1.868), davon 145 Raub-, 684 Fälschungs- und 769 Diebstahlsdelikte registriert, wovon 958 Fälle aufgeklärt wurden, von denen 426 Konsumenten „harten" Drogen zuzuordnen sind.[24]
- *Indirekte Beschaffungskriminalität*: Straftaten zur Beschaffung von Zahlungsmitteln (Geld, Wertgegenstände) zum Drogenerwerb, wie z.B. Wohnungs- und Ladeneinbrüche, Handtaschenraub, Taschendiebstähle
  Die Aufklärungsquote von indirekter Beschaffungskriminalität zuzuordnender Delikte, die durch Konsumenten „harter" Drogen verübt wurden, bewegt sich in den vergangenen 15 Jahren auf einem relativ konstanten Niveau (2005: 285.742; 2019: 269.645; im Jahresdurchschnitt 2005–2019: 261.331)[24]

Bei Deliktarten ist zudem die Kategorie konsumnahe Delikte besonders zu beachten. 284.603 erfasste Fälle bedeuteten 79,1 % aller in 2019 dokumentierten Drogendelikte. Hierzu zählen allgemeine Verstöße gegen das Betäubungsmittelgesetz, vor allem Delikte nach § 29, der u.a. auch den „kleineren" Handel (Dealtätigkeiten von Konsumenten zur Finanzierung des eigenen Drogenbedarfs) mit und sowohl Erwerb als auch Besitz von geringen Drogenmengen einschließt (s.w.u.).

Drogen-Einfuhrschmuggel erfolgt nach den Erkenntnissen des Bundeskriminalamtes nach wie vor vorwiegend auf dem Landweg nach Deutschland,[25] allerdings nimmt der Schmuggel auf dem Seeweg zu. Der Handel erfolgt vermehrt auch über das verschlüsselte Darknet und per Lieferung auf dem Postweg. Schmuggler sind sehr erfinderisch und flexibel: Sie entwickeln immer wieder neue Schmuggelmethoden und Schmuggelrouten. Bezüglich des Umfangs unerlaubten Handels mit und Schmuggels von Drogen wurden in 2019 insgesamt 53.375 Straftaten ermittelt, wovon 1.530 Fälle die Einfuhr von nicht geringen Mengen betraf. Es handelte sich folglich mehrheitlich um Straftaten in Zusammenhang mit geringen Mengen, und die Tatverdächtigen waren meist Konsumenten oder (konsumierende) Kleindealer.

Vom bundesweiten Bedarf an illegalen Drogen greifen Polizei und Zoll kaum mehr als 0,5 % ab. Es stellt sich die Frage, ob das den enormen personellen und finanziellen Aufwand lohnt, denn die finanziellen Einbußen durch Beschlagnahmung sind von den Großhändlern von Vornherein fest einkalkuliert.[26] Sowohl die Versorgung mit Drogen als auch das Preisniveau bleiben davon völlig unberührt. Dennoch zelebriert die Polizei (größere)

Drogenfunde medial und öffentlichkeitswirksam als Erfolg und „Schlag gegen die Drogenmafia".

6. Drogenkriminalität – Strafrechtliche Sanktionen

Der Umgang mit illegalen Substanzen (Drogen) ist mit besonderen strafrechtlichen Sanktionen verknüpft. Deutschland hat sich durch Unterzeichnung verschiedener Drogenkontrollkonventionen der Vereinten Nationen wie z.B. dem Einheitsübereinkommen von 1961 über Suchtstoffe („Single Convention") dazu verpflichtet. Hauptsächlich von Bedeutung sind diesbezüglich das Betäubungsmittelgesetz (BtMG) und das Neue-psychoaktive-Stoffe-Gesetz (NpSG).

Der Zweck des BtMG ist gemäß § 5 Abs. 1 Nr. 6 „die notwendige medizinische Versorgung der Bevölkerung sicherzustellen, daneben aber den Missbrauch von Betäubungsmitteln oder die missbräuchliche Herstellung ausgenommener Zubereitungen sowie das Entstehen oder Erhalten einer Betäubungsmittelabhängigkeit soweit wie möglich auszuschließen".

Ein strafbarer Umgang ist im BtMG, in dem Drogen als Betäubungsmittel bezeichnet werden, im Einzelnen zwar nur in wenigen Paragraphen (§§ 29–31a) geregelt, doch beinhalten diese „eine Vielzahl unterschiedlicher Begehensweisen" und Einzeltatbestände. In der Rechtspraxis spielen häufig weitere Gesetzesnormen eine Rolle.[27] Dies sorgt dafür, dass betäubungsmittelrechtliche Vorgaben im Detail für juristische Laien gar nicht oder nur schwer überschaubar sind. Personen, die wegen eines (möglichen) Drogendeliktes eine Anzeige erhalten, sollten sich daher umgehend an einen Fachanwalt für Betäubungsmittelrecht wenden, zumal es bezüglich der Rechtspraxis auffällige regionale Unterschiede gibt, obwohl das BtMG ein Bundesgesetz ist, d.h. länderübergreifend gilt.

Gemäß des sehr umfangreichen § 29 BtMG sind u.a. der unerlaubte Anbau, Erwerb, Handel, die unerlaubte Ein-, Durch- und Ausfuhr, Verabreichung, Herstellung und der unerlaubte Besitz der Substanzen, die diesem Gesetz in den Anlagen I-III unterstellt sind, strafbar. Zwar ist der Konsum von illegalen Drogen straffrei, aber er setzt in der Regel einen vorherigen Erwerb und Besitz voraus. Im Gegensatz zum BtMG, in dem nur einzelne Stoffe aufgenommen werden, können im NpSG Stoffgruppen gelistet werden. Somit ist es möglich, neue psychoaktive Stoffe, die nur geringfügig in ihrer chemischen Struktur gegenüber einem bereits im BtMG aufgeführten Stoff verändert und wirkungsähnlich sind, durch Zuordnung zu einer Stoffgruppe zeitnah unter Strafrecht zu stellen.

In beiden Gesetzen werden Strafrahmen für Verstöße gesetzt. Je nach Deliktschwere reichen diese von einer geringen Geldbuße bis hin zu langjährigen Haftstrafen. Handelt es sich um bandenmäßigen Anbau oder Handel oder um bandenmäßige Herstellung im Sinne des § 30 BtMG fallen Strafen strenger aus.

Bei Besitz einer geringen Menge von Drogen zum Eigenbedarf kann die Staatsanwaltschaft von einer Strafverfolgung absehen und das Ermittlungsverfahren wegen Verstoß gegen das BtMG gemäß § 29 Abs. 5 und § 31a BtMG einstellen. „Geringe Mengen" sind aber noch nicht abschließend bundeseinheitlich geregelt. Bei jeder Feststellung von Drogenbesitz, auch bei geringen Mengen, ist eine Eintragung in das Bundeszentralregister möglich. Darüber hinaus informiert die Polizei in der Regel das Straßenverkehrsamt (Führerscheinstelle) und es droht Führerscheinentzug. Zudem finanzieren viele drogenabhängige Frauen (über 50 %) und Männer (10–20 %) ihren Drogenkonsum durch Prostitution.[28] Auch Prostitution kann gemäß § 184f Strafgesetzbuch strafbar sein oder nach dem Gesetz über Ordnungswidrigkeiten nach § 120 geahndet werden.

Laut Statistischem Bundesamt weist für das Jahr 2019 die gerichtliche Strafverfolgungsstatistik 728.868 rechtskräftige Verurteilungen durch Strafgerichte auf, von denen nicht alle mit Haftstrafen belegt wurden. Davon erfolgten 69.471 Verurteilungen aufgrund von Verstößen gegen das BtMG (= 9,5 % aller Verurteilungen). Zum Stichtag 31. März 2020 befanden sich 46.054 Strafgefangene in deutschen Justizvollzugsanstalten, davon 6.417 nach dem BtMG Verurteilte (6.127 Männer und 290 Frauen).[29] Schätzungen zufolge sind 22–30 % aller Inhaftierten in Deutschland intravenös Drogenkonsumierende, von denen über 80 % mehr als dreijährige Haftstrafen verbüßen.[30] Die Altersgruppenverteilung stellt sich folgendermaßen dar: unter 25 Jahre = 633, 25–30 Jahre = 1.135, 30–40 Jahre = 2.491, über 40 Jahre = 2.158. Im Übrigen floriert selbst in Gefängnissen der Drogenhandel fast ungebremst. Die Drogen gelangen etwa durch Freigänger, Besucher, Personal, Lieferanten und Drohnen hinein.

7. Erfolgsbewertung der Drogenbekämpfung

Die hohe Zahl an erfassten betäubungsmittelrelevanten Straftaten im Bundeslagebericht des BKA mag zwar auf den ersten Blick faszinieren, macht sie doch glauben, die Polizei unternähme ja etwas gegen die schlimmen Drogen und die bösen (kriminellen) Dealer und hätte die Lage gut im Griff. Auf den zweiten Blick wird jedoch deutlich, dass dies nicht der Fall ist. Die Sicherstellungsmengen von Drogen fallen so gering aus, dass der Schwarzmarkt dadurch in keiner Weise beeinträchtigt wird. Im Übrigen besteht seit längerem sogar ein Überangebot, und die Preise bleiben selbst während der Corona-Pandemie stabil. Es sind überwiegend Drogenkonsumenten, und hier vor allem Konsumenten von Cannabis, einer in Reinform nicht toxisch wirkenden „weichen" Droge, die in das Visier polizeilicher Ermittlungsaktivitäten geraten – sie sind ja auch viel leichter aufzuspüren und strafrechtlich zu belangen als die großen schwarzmarktbeherrschenden Drogenbosse, bezüglich derer es an Erfolgsmeldungen mangelt. Die berufliche Perspektive vieler junger Menschen wird durch diese Kontrollpraxis vielfach ruiniert.

Bezüglich der Konsumenten „harter" Drogen ist festzustellen, dass sich deren Gesundheitszustand und soziale Lage in den vergangenen 20 Jahren verschlechtert haben.[31] Sie erleben Diskriminierung, soziale Ausgrenzung und Isolation, stehen unter starker psychischer Belastung durch Beschaffungsdruck und leben ständig mit der Angst, von der Polizei entdeckt und strafrechtlich belangt zu werden. Viele von ihnen durchlaufen einen „Teufelskreis aus Illegalität, Beschaffungskriminalität, Gefängnis, Freiheit, Rückfall (...) mit erhöhtem Mortalitätsrisiko nach der Haftentlassung".[32]

Die maßgeblichen Ziele, die man im Drogenbereich mit verbotspolitischen Maßnahmen erreichen will, wie weniger Konsumenten, geringere Verfügbarkeit von illegalen Substanzen, weniger drogenbedingte Schäden und Delikte, werden Jahr für Jahr verfehlt. Verbotenes Verhalten wird weder spürbar begrenzt noch verhindert. Wenn sich 123 deutsche Strafrechtsprofessoren sorgenvoll mit einer Resolution an die Abgeordneten des Deutschen Bundestages wenden,[33] in der sie die Auffassung vertreten, dass das geltende Betäubungsmittelstrafrecht seinen Zweck nicht erfüllt und darüber hinaus die Strukturen der organisierten Kriminalität beim Drogenhandel eher stützt als bekämpft, sollte man aufhorchen!

Drogenkriminalität ist eine logische Konsequenz des Betäubungsmittelrechts und der daraus resultierenden Strafverfolgungspraxis. Sie ist ein „hausgemachtes" Problem, das unter den gegebenen Bedingungen nicht gelöst werden kann. Die Polizei und andere Strafverfolgungsbehörden (z.B. Zoll und Staatsanwaltschaft) werden aufgrund des BtMG zu einem Scheingefecht gegen Drogen verpflichtet (Produktion von Tatverdächtigen), das enorme personelle und finanzielle Ressourcen verschlingt. Dieses wird letztlich auf dem Rücken der Konsumenten ausgetragen, die abhängig davon sind, sich ihre Drogen zu besorgen, unter welchen Bedingungen auch immer. Verbote sowie Straf- und Haftandrohung halten keinen Dealer vom Dealen ab (hohe Nachfrage und Profite) und keinen Konsumenten vom Konsum (insbesondere bei Abhängigkeit).

8. Und nun?

Es gibt bereits Staaten, in denen zumindest bezüglich Cannabis alternative Wege beschritten werden. So wurde der Umgang mit Cannabis z.B. in Uruguay, Kanada und in 15 Bundesstaaten in den USA (weitere werden dort in naher Zukunft folgen) legalisiert. Auch wenn hinter diesem Wandel, analog zur Einführung des Cannabisverbotes, wirtschaftspolitische Motive stehen mögen, profitieren die Konsumenten und die Gesellschaft davon merklich. Diese Entwicklung wird auch in Deutschland nicht mehr langfristig aufzuhalten sein, auch wenn es vielleicht noch einige Zeit dauern mag, bis auf politischer Seite Einsicht einkehren und eine Haltungsänderung erfolgen wird.

Aber Cannabislegalisierung kann nur ein Anfang sein, denn:

> *„Erst wenn die Prohibition beendet wird und die riesigen Gewinne aus dem Handel wegfallen, kann der Drogenkriminalität die Existenzgrundlage entzogen werden.“*[34]

Wird es kein Einlenken und keine Abkehr von der Verbotspolitik seitens des Gesetzgebers im Hinblick auf alle (noch) als illegal eingestuften Drogen geben, keine Umorientierung von strafrechtlicher zu gesundheitsrechtlicher Regulierung des Umgangs mit diesen Drogen, d.h. keine staatliche Regulierung wie etwa bei Alkohol oder Tabak, werden wir weiterhin mit illegalen Drogen und nicht aufzulösender hausgemachter und haushaltsbelastender Drogenkriminalität mit den erwähnten Konsequenzen leben müssen, obwohl die aktuell eingesetzten personellen und finanziellen Ressourcen sinnvoller in anderen Bereichen der Kriminalitätsbekämpfung angelegt wären. Wem dies (noch) zu weit führt: Portugal hat vor ca. 20 Jahren einen Zwischenschritt eingelegt: Bestimmte Drogen bleiben zwar verboten, aber es wurde die Entkriminalisierung der Konsumenten eingeführt, mit bis heute sehr positiven Erfahrungen (z.B. kein Anstieg der Konsumentenzahlen, verbesserter Zugang zum Hilfesystem).

Gefragt sind nun die für die Drogengesetzgebung zuständigen Politiker im Deutschen Bundestag und im Bundesrat…

Zum Nach- und Weiterdenken

Ist vor dem Hintergrund der gesundheitlichen, sozialen und volkswirtschaftlichen Schäden die Differenzierung von illegalen „harten“ und „weichen“ sowie legalen Drogen (wie Nikotin und Alkohol) sinnvoll?

Meinen Sie, dass Kriminalisierung und Kriminalitätskontrolle von Drogenhandel und -konsum einen positiven Effekt auf die Verbreitung dieser Stoffe haben kann? Oder wäre eine Entkriminalisierung für das individuelle und/oder das Gemeinwohl wirksamer?

Zum Weiterlesen

Akzept e.V. Bundesverband / Deutsche Aidshilfe (Hrsg.) (2020): *7. Alternativer Drogen- und Suchtbericht 2020.* Lengerich: Pabst Sciences Publishers

Der Bericht eröffnet eine konstruktiv-kritische Perspektive auf die aktuellen Entwicklungen im Drogen- und Suchtbereich. 42 namhafte Autoren informieren über vorbildliche Projekte und innovative Ansätze, weisen auf Missstände und Blockaden hin und entwerfen Szenarien für eine Drogenpolitik der Zukunft.

Feustel, R., Schmidt-Semisch, H. & Bröckling, Ulrich (Hrsg.) (2019): *Handbuch Drogen in sozial- und kulturwissenschaftlicher Perspektive.* Wiesbaden: Springer

Das Handbuch diskutiert in 47 kurzen Kapiteln vielfältige Dimensionen der Drogen, von Sucht, Drogenmärkten und Drogenpolitik.

Hoffmann, A. (2012): *Drogenkonsum und -kontrolle. Zur Etablierung eines sozialen Problems im ersten Drittel des 20. Jahrhunderts.* Wiesbaden: Springer VS

Ein geschichtswissenschaftlicher Blick in die Weimarer Republik macht deutlich, wie gesellschaftliche, politische und ökonomische Faktoren das Verständnis von Drogenkonsum beeinflussen, die bis heute nachwirken.

Hügel, H., Junge , W., Lander C. & Winkler, K.-R. (2020): *Deutsches Betäubungsmittelrecht – Kommentar. Recht des Verkehrs mit Suchtstoffen und psychotropen Stoffen.* Loseblattsammlung. Stuttgart: Wissenschaftliche Verlagsgesellschaft

Stellt die juristischen Dimensionen der deutschen Drogenpolitik und auch Drogenkriminalität dar.

Organisierte Kriminalität: Mythos, Erscheinungsformen und Gefährdungspotential

Dorothee Dienstbühl & Patrick Rohde

Mafia, Rocker, Clans – sie alle sind durch den Begriff Organisierte Kriminalität (OK) verbunden. Besonders genau ist dieser allerdings nicht. Was man sich unter einer „kriminellen Organisation" vorstellt, hängt stark von den Medien und deren Darstellung dieses Kriminalitätsbereichs ab. Dabei muss es sich nicht zwangsläufig um Presseberichte und Reportagen handeln. Gerade Filme und Serienformate prägen die persönliche Vorstellung, da sie Klischees bedienen und ein schwer greifbares Phänomen bildlich darstellen. Die Schwierigkeiten, reale Phänomene von OK treffsicher zu beschreiben und den damit verbundenen Raum für Interpretation, spiegeln sich auch in der Kriminalitätsbekämpfung durch die Polizei wider.

1. Ein schwieriger Begriff

Der Begriff der Organisierten Kriminalität wurde nach dem Vorbild des in den USA eingeführten Begriffs „*Organized Crime*" (OC) mit Beginn der 1970er Jahre offiziell in der Bundesrepublik Deutschland eingeführt. Die Geburtsstunde der Organized Crime in Amerika und gleichzeitig der Aufstieg des bekannten Kriminellen *Al Capone*, der wegen seines vernarbten Gesichts auch *Scarface* genannt wurde, wird auf den 16. Januar 1920 datiert. An diesem Tag trat der 18. Zusatz zur amerikanischen Verfassung in Kraft: die Prohibition, mit dem Verbot von Herstellung, Verkauf, Transport, Import und Export alkoholischer Getränke. Durch diese Verbote waren Konsumenten auf die illegale, also kriminelle Versorgung durch organisierte Verbrecherbanden angewiesen. Diese bauten ihr Geschäftsfeld weiter um Glücksspiel und Prostitution aus, die ebenfalls florierten.[1] Die Definition des OK-Begriffes ist in den USA auch an das Phänomen der Gruppenkriminalität/ Personenmehrheit geknüpft, wie die Definition des FBI zeigt:

> *„Any group having some manner of formalized structure and whose primary objective is to obtain money through illegal activities. Such groups maintain their position through the use of actual or threatened violence, corrupt public officials, graft, or extortion, and generally have a significant impact on the people in their locales, region, or the country as whole".*[2]

Allerdings stellte sich die Übernahme des amerikanischen Begriffs als nicht unproblematisch heraus, da Unterschiede im Wesen des Organisierten Verbrechens in Deutschland und des OC in den USA bestehen. Zum Begriff der Organisierten Kriminalität in Deutschland existieren mehrere Definitionsansätze, denen alle Vor- und Nachteile attestiert werden können. Die offiziell verwendete Definition stammt von der gemeinsamen Arbeitsgruppe Justiz/Polizei aus dem Jahr 1986:

> *„Organisierte Kriminalität ist die von Gewinn- oder Machtstreben bestimmte, planmäßige Begehung von Straftaten, die einzeln oder in ihrer Gesamtheit von erheblicher Bedeutung sind, wenn mehr als zwei Beteiligte auf längere oder unbestimmte Dauer arbeitsteilig*
> *a) unter Verwendung gewerblicher oder geschäftsähnlicher Strukturen,*
> *b) unter Anwendung von Gewalt oder anderer zur Einschüchterung geeigneter Mittel, oder*
> *c) unter Anwendung von Einflussnahme auf Politik, Medien, öffentliche Verwaltung, Justiz oder Wirtschaft zusammenwirken."*[3]

Noch heute gilt diese Definition als sehr allgemein und wird nicht einheitlich verwendet. Aber nach Einigung auf diese Definition erhielt sie erstmals den Status einer Verwaltungsrichtlinie. Nur die Bildung einer kriminellen Vereinigung gemäß § 129 Strafgesetzbuch (StGB) ist gesetzlich normiert und unter Strafe gestellt. Dieser Paragraf unterscheidet sich aber in seinen Voraussetzungen von der obigen Definition. Somit stellt auch dieser Ansatz strenggenommen keine Legaldefinition dar, das heißt, die Kriminalität der OK steht nicht als einzelne Norm im StGB.[4] Das hat wiederum zur Folge, dass das Phänomen als solches nicht in der Polizeilichen Kriminalstatistik (PKS) ausgewiesen werden kann. Weil dem so ist, erstellt die Polizei stattdessen Lagebilder, die später etwas genauer erläutert werden. Es bleiben somit Unwägbarkeiten in der Zählbarkeit und Erfassung von organisierter Kriminalität, eine subjektive Komponente in der Eingrenzung.

Der Begriff des Organisierens leitet sich aus dem griechischen Wort *organ* ab. *Organon* bezeichnet ein Gerät oder Werkzeug, aber auch Kriegsmaschine. Demnach bedeutet „organisiert" bezogen auf die Kriminalität, dass ein Täter Mittel und Werkzeuge benutzt, die ihm im Vergleich zu Konkurrenten, die solche nicht besitzen, einen Vorteil verschaffen. Im deutschen Sprachgebrauch ist der Begriff „organisiert" zumeist positiv besetzt, was das Kriminalitätsniveau als gehoben erscheinen lässt.

Kriminalwissenschaftlich wird OK als ein Phänomen beschrieben, das die Verbindung von unterschiedlicher Verbrechensformen und Begehungsformen unter einer Art Oberbegriff zusammenfasst. Die kriminalwissenschaftliche Perspektive hält sich dabei aber nicht strikt an die engen Grenzen der obigen Definition, die eher von Praktikern zur polizeilichen und justiziellen Handhabbarmachung aufgestellt wurde. Man spricht daher auch von einem *Sammeldelikt*, da von organisiert kriminellen Akteuren mehrere Delikte verwirklicht werden und von Polizei und Justiz daher auch im Gesamtkontext betrachtet werden müssen. Ab wann eine Begehungsweise der OK zuzuordnen ist, kann nicht eindeutig durch den Gesetzesgeber geregelt werden, da die *„Konturen der Organisierten Kriminalität für ein Tatbestandsmerkmal eines Strafgesetzes nicht ausreichend gefestigt sind“*, wie es in der Begründung zum Gesetz zur Bekämpfung des illegalen Rauschgifthandels und anderer Erscheinungsformen der Organisierten Kriminalität (OrgKG) heißt.[5] Die Abgrenzung ist in der Praxis schwer zu treffen. Zudem stellt sich die Frage, ob eine kriminelle Bande einer Organisation gleichgesetzt werden darf und was überhaupt zu einer kriminellen Organisation gezählt werden muss. Also wann ist eine Bande eine Organisation?

Das Problem der Findung einer allgemeingültigen Definition von Organisierter Kriminalität resultiert vor allem aus der Vielseitigkeit der jeweiligen Kriminalitätsbereiche. Folglich werden Definitionen zur OK durch zusätzliche Merkmale beschrieben. Solche sind beispielsweise ein hohes Maß an Flexibilität, Internationalität und Mobilität. Ein weiteres wesentliches Merkmal der OK ist das hohe Maß an Anpassungsfähigkeit an die gegebenen Verhältnisse in Politik, Gesellschaft und Wirtschaft. Dieses Adaptionsvermögen eröffnet zwei weitere Eigenheiten: Organisierte Kriminalität ist, wie Terrorismus auch, in seiner Form und Ausprägung immer ein zeitliches und gesellschaftliches Phänomen. Betrachtet man also Definitionen von Terrorismus bzw. Organisierter Kriminalität, müssen diese stets in ihrem historischen Kontext gesehen und bewertet werden. Daraus ergibt sich folgendes: Ist die Definition eine relativ genaue Erfassung einer Ausformung von OK, dann ist ihre Halbwertzeit begrenzt und die Definition trifft irgendwann nicht mehr zu. Oder die Definition umfasst, wie die vorliegende Verwaltungsrichtlinie, eher grob das Wesen von OK, dann bleibt sie folglich ungenau, dadurch aber auch flexibel.

Es gibt also nicht „die“ OK als eine große, mit der Mafia gleichzusetzende, kriminelle Vereinigung, die in ganz Deutschland Einfluss nimmt. Der Begriff der Organisierten Kriminalität ist viel weiter gefasst. Die Erkenntnis, dass OK viele unterschiedliche Organisationsformen besitzt, erleichtert allerdings nicht das Verständnis, das im Kontext zur Geschichte betrachtet werden muss.

2. Geschichte der Organisierten Kriminalität in Deutschland

Das Phänomen OK ist wesentlich älter als seine Begriffsfindung und Definition. Mit dem Prinzip des organisierten Verbrechens setzte sich schon die kriminalwissenschaftliche Literatur des 19. Jahrhundert auseinander. Stadtchroniken Ende des 18. und zu Beginn des 19. Jahrhunderts weisen bereits auf organisierte Tätergruppen, meist Wildschützen, Räuber und Banditen, hin. Dabei unterhielten raubende Gruppierungen zu Beginn des 19. Jahrhunderts bereits komplexe Strukturen, unterzogen ihre Unternehmungen einer sorgfältigen Planung und wiesen konspiratives Täterverhalten mit festem Kodex auf.[6]

In den 1920er Jahren gab es organisierte Tätergemeinschaften in Deutschland in Form von sog. Spar- und Ringvereinen.[7] Diese wiesen bereits einen recht stabilen organisatorischen Charakter auf. Sie verfügten in diesem Komplex über etablierte Mitgliedschaften und verordneten sich strenge Regeln. Dabei unterhielten die Vereine neben legalen Strukturen auch Arten von geheimen Zirkeln, die sich dem damals illegalen Glücksspiel und Wetten widmeten. Solche Strukturen wiesen durchaus Ähnlichkeiten zu denen in den USA der 1920er Jahre auf, waren jedoch nicht derart bestimmend, dass sie ganze Städte nahezu beherrschten. Zudem bestanden Verbindungen zum Kokain- und Morphiumhandel, zu Bordellen und zum Frauenhandel. Auch Korruption, Erpressung und damit verbundene Politskandale waren in den 1920er Jahren in Deutschland schon eine gesellschaftliche Erscheinungsform. Das Repertoire an Verbrechensoptionen wies durchaus Gemeinsamkeiten mit heutigen Formen organisierten Verbrechens auf. Es ist davon auszugehen, dass diese Verbrechensformen schon bald für stärkeres politisches Interesse und für den Bedarf zur Intervention gesorgt hätten, hätte sich die wirtschaftliche und politische Situation nicht mit der Machtübernahme der Nationalsozialisten verändert.

Während und nach dem Zweiten Weltkrieg stellte Organisierte Kriminalität kein Gegenstand des öffentlichen Interesses dar. Es ist auch nicht bekannt, ob und inwiefern es zu dieser Zeit in Deutschland benennbare kriminelle Organisationen gab. Natürlich gab es vor allem unmittelbar nach dem Krieg einen weit verbreiteten Schwarzmarkt, der mit der Lebens- und Genussmittelknappheit als Folge des Krieges zusammenhing. Doch wurde dies in der Nachkriegszeit nicht kriminalanalytisch behandelt; dazu waren die Deutschen zu sehr mit dem Wiederaufbau und später mit der Entnazifizierung beschäftigt.

In den 1960er und 1970er Jahren wurden OK-Bestrebungen festgestellt, die erstmals auch als solche bezeichnet wurden. Vergleicht man diese jedoch mit heutigen Ausformungen, stößt man auf ganz unterschiedliche Schwerpunkte und auch auf eine andere territoriale Situation. Die Deliktfelder der Organisierten Kriminalität waren nicht so vielfältig wie heute. Viele Deliktbereiche, wie beispielsweise in weiten Teilen der Wirtschaftskriminalität, waren noch nicht als Straftatbestände normiert. Andere Bereiche, wie etwa die Internetkriminalität, gab es noch nicht. Doch der entscheidende

Unterschied war der geografische: Damals war Deutschland noch in BRD und DDR geteilt. Damit waren illegale Operationen über Westdeutschland nach Polen oder die damalige Tschechoslowakei schwieriger zu unternehmen, als das heute der Fall ist. Zudem hatte die DDR ein eigenes Staats- und Rechtssystem, in der kriminelle Vereinigungen weniger Raum zu staatsunabhängigen Operationen hatten, da die Überwachung ausgeprägter und das Rechtsverständnis betreffend persönliche Freiheit deutlich eingeschränkter war. Unter dem SED-Regime, in dem jeder Bürger überwacht wurde, und auch nie wissen konnte, ob sein Nachbar vielleicht der Staatssicherheit (Stasi) angehörte, waren nicht nur die persönlichen Rechte, sondern damit auch gleichzeitig die Möglichkeiten für kriminelles Handeln innerhalb der DDR, vor allem in Gruppenstrukturen, auf ein Minimum reduziert.

Großflächige Operationen waren durch die Eingrenzung der Mauer nicht möglich, da man nur auf Antrag reisen konnte, und auch hier strikte Überwachungsmaßnahmen griffen. In diesem Zusammenhang wird noch heute darüber diskutiert, inwiefern die DDR eine Art „Präventionskunstwerk“ war. Umfragen belegen, dass die Kriminalitätsfurcht wesentlich geringer war, vor allem in Bezug auf Vermögens- und Gewaltdelikte.[8] Im Westen Deutschlands gab es in Sicherheitskreisen zwar eine erste Diskussionsrunde bezüglich Organisierter Kriminalität, die eine vom BKA ausgerichtete Arbeitstagung bereits 1974 beschäftigte.[9] Ausschlaggebend für das Interesse der Polizeibehörden war vor allem der erhöhte Drogenhandel und -konsum in Westdeutschland, der nur von kriminellen Tätergemeinschaften mit einem gewissen Organisationsgrad praktiziert werden konnte.

3. Aktuelle Phänomene und Akteure

Da auf Basis der Polizeilichen Kriminalstatistik (PKS) der Komplex Organisierte Kriminalität nicht abgebildet und auch keine Zusammenhänge zwischen Taten, Personen und Gruppen dargestellt werden kann, bedarf es spezieller Berichte, so genannte Lagebilder. Das Bundeskriminalamt weist in seinem jährlich erscheinenden Lagebild zum Thema „Organisierte Kriminalität“ Verfahren aus, die unter Organisierte Kriminalität verstanden und von den Polizeibehörden als solche behandelt werden. Polizeiliche Lagebilder sollen einen umfassenden Überblick über komplexere Kriminalitätsphänomene geben und damit einen kriminalpolitischen Konsens über die Gefahren dieser schaffen. Registrierte Straftaten und laufende Verfahren werden analysiert und unter der Fragestellung ausgewertet, was sich im Berichtszeitraum verändert hat. Neue Kriminalitätsphänomene, wie bestimmte Betrugsmaschen (z.B. „falsche Polizeibeamte“) können erläutert werden.[10]

Der Vorteil krimineller Zusammenschlüsse im Sinne von Organisierter Kriminalität liegt in der Professionalisierung, dem Expansionsgedanken und damit verbunden der Bandbreite von Straftaten im globalen Rahmen, die alleine oder lediglich mit einem kleinen Zusammenschluss von Personen gar nicht möglich wäre. Darüber hinaus schützt die Organisation den einzelnen Täter, es herrscht eine gegenseitige Fürsorglichkeit.[11]

Für das Berichtsjahr 2019 zählt das Lagebild 579 Verfahren (2018: 535). Von diesen sind 313 Erstmeldungen (2018: 244) und 251 abgeschlossene Verfahren (2018: 246).[12] Die Kriminalitätsbereiche erstrecken sich von Rauschgifthandel/-schmuggel, Kriminalität i.Z.m. dem Wirtschaftsleben, Eigentumskriminalität, Gewaltkriminalität über Kriminalität i.Z.m. dem Nachtleben (z.B. Prostitution), Waffenhandel/-schmuggel bis hin zu Umwelt- und Internetkriminalität. Die überwiegende Mehrheit der aufgeführten Kriminalität zeichnet sich durch eine internationale Tatbegehung aus.[13] Die Anzahl der ermittelten Tatverdächtigen beläuft sich auf 6.848 (2018: 6.483), wobei mit 3.268 knapp die Hälfte neu ermittelte Tatverdächtige sind.[14]

In der Schwerpunktbetrachtung können einige OK-Gruppierungen genauer herausgestellt werden.

3.1 Rockergruppen

In Deutschland existieren etwa 700 Ortsclubs (diese werden je nach Gruppe als Chapter oder Charter bezeichnet) mit ungefähr 10.000 Anhängern. Internationale Outlaw Motorcycle Clubs (OMCs), sind auch in Deutschland verbreitet, beispielsweise Hells Angels (HAMC), Bandidos und deren Supporterclubs, also Gruppen mit eigenem Namen, die jedoch mit den großen Clubs zusammen- und für sie arbeiten, wie beispielsweise der Red Devils MC für den HAMC. Daneben gibt es Rockergruppen, die eher regional mit Kriminalität auffallen. 2019 wurden 15 OK-Verfahren gegen Mitglieder solcher Rockergruppen geführt:[15]

- sieben OK-Verfahren richteten sich gegen 94 Angehörige des HAMC
- fünf OK-Verfahren richteten sich gegen 62 Angehörige des Bandidos MC
- drei OK-Verfahren richteten sich gegen insgesamt 55 Personen weiterer MCs

Die Kriminalität umfasste Gewaltdelinquenz (Tötungs-, Erpressungs- und Körperverletzungsdelikte) und Rauschgiftkriminalität. Darüber hinaus wurden in weiteren 32 OK-Verfahren Verbindungen zu Angehörigen von Rockergruppen festgestellt.[16] Rockergruppierungen ist ihre Affinität zu Motorrädern, meist der Marke Harley-Davidson, gemein. Die Lederkutten, die von Mitgliedern mit entsprechenden Aufnähern, den Patches, vor den diversen Vereinsverboten von Rockervereinen getragen wurden, galten als Erkennungszeichen, wurden aber auch bei entsprechendem Auftreten als Einschüchterungssymbolik verstanden. Rockergruppen weisen einen strukturierten Organisationsgrad auf und sind in verschiedene Funktionen gegliedert. So gibt es in jedem Ortsclub eine Hierarchie von einem President, Vice-Precident über den Sergeant at Arms bis hin zu Supportern (die strenggenommen keine Mitglieder sind).

3.2 Rockerähnliche Gruppierungen

Ab den 2000er Jahren etablierten sich in Deutschland mehr und mehr rockerähnliche Gruppierungen. In solchen gibt es keine „Motorradpflicht". Einige etablierte Gruppen gründeten „Streetgangs". Nach Vorbild der Rockerclubs entstanden im Laufe der Zeit neue Gruppen, z.B. sog. Box-Clubs wie die *United Tribuns* und die mittlerweile verbotenen *Osmanen Germania.* 2019 wurden insgesamt sechs OK-Verfahren gegen rockerähnliche Gruppierungen und insgesamt 93 Tatverdächtige geführt. 2018 waren es neun Verfahren. Auch hier geht es um Gewalt- und Drogenkriminalität.[17]

3.3 Italienische Organisierte Kriminalität

Die italienische organisierte Kriminalität wird oftmals mit dem geläufigeren Begriff (italienische) Mafia bezeichnet. Dieser galt ursprünglich der sizilianischen *Cosa Nostra* (italienisch für „unsere Sache"), wird heute aber auch für weitere italienische kriminelle Vereinigungen gebraucht. Andere bekannte und international tätige Mafiaorganisationen italienischen Ursprungs sind die neapolitanische *Camorra* und die kalabresische *N´drangheta.*

Ein wesentliches Merkmal in Abgrenzung zu bisher vorgestellten kriminellen Vereinigungen ist der Zusammenschluss als Familie. Dabei ist für eine Mitgliedschaft in der Familie aber eine Blutsverwandtschaft nicht Voraussetzung. Familie beschreibt bei einer Mafia vielmehr den streng hierarchisch patriarchalischen Aufbau, der vor allem von Männern dominiert ist. Familienbünde können dabei eine Anzahl von bis zu 200 Personen umfassen. Insbesondere im italienischen Raum ist die Einflussnahme auf die Politik und ihre Akteure immer wieder wahrnehmbar. Dieser Aspekt der oben vorgestellten Definition trifft auf die Mafia deutlich zu. Die italienische organisierte Kriminalität ist über die Grenzen Italiens hinaus tätig und auch in Deutschland aktiv.

Spätestens mit den sogenannten *Mafiamorden* in Duisburg im Jahr 2007, bei dem sechs Personen vor einem italienischen Restaurant erschossen wurden, trat diese Organisationsform in die öffentliche Wahrnehmung der Bundesrepublik. Diese Tatbegehung war außergewöhnlich und zog so enorme mediale Aufmerksamkeit auf die italienische Mafia. Im Lagebild des BKA wurden registrierte Straftaten u.a. im Bereich Geldwäsche, Eigentumsdelikte und Rauschgiftdelinquenz festgestellt. Gegen italienische Mafia-Gruppen wurden 2019 in Deutschland 15 OK-Verfahren gegen insgesamt 269 Tatverdächtige geführt (2018: 13):[18]

- 10 OK Verfahren richteten sich gegen 179 Anhänger der kalabresischen N´drangheta
- 2 OK-Verfahren richteten sich gegen 44 Angehörige der sizilianischen Cosa Nostra
- 1 OK-Verfahren richtete sich gegen 16 Angehörige der neapolitanischen Camorra.

Neben diesen OK-Verfahren, die auf eine Aktivität der italienischen organisierten Kriminalität in Deutschland hindeuten, wird die Bundesrepublik Deutschland auch als Rückzugsort genutzt. Das heißt gesuchte Straftäter tauchen bei Landsleuten in Deutschland unter.

3.4 Russisch-Eurasische Organisierte Kriminalität (REOK)

In die Betrachtung REOK werden kriminelle Strukturen einbezogen, die in oder außerhalb eines postsowjetischen Staates[19] entstanden und deren Geschichte, Traditionen und Ideale verpflichtet sind und darüber hinaus die russische Sprache sprechen. Dies umfasst u.a. Menschen, die als Spätaussiedler bezeichnet werden. 2019 wurden insgesamt 27 OK-Verfahren gegen Gruppierungen geführt, die unter REOK zusammengefasst werden (2018: 26). Die Delikte lagen im Bereich von Rauschgift- und Gewaltkriminalität (u.a. Erpressung, sowie versuchte und vollendete Tötungsdelikte), Eigentumskriminalität und Kriminalität im Zusammenhang mit dem Wirtschaftsleben.[20]

3.5 Organisierte Kriminalität durch ethnisch abgeschottete Subkulturen (Clankriminalität)

Ein aktuelles Phänomen bezeichnet die so genannte Clankriminalität, die sich in der bisherigen Lagebildbetrachtung des BKA und weiten Teilen der wissenschaftlichen Auseinandersetzung auf arabische Familienclans beschränkt. Eine solche kann aus mehreren Kernfamilien bestehen, die in ihrem Zusammenschluss schließlich eine Großfamilie bilden und mehrere hundert Mitglieder umfassen können.[21] Zugehörigkeit beruht auf Verwandtschaft, ohne die eine Aufnahme in einen Clan nicht möglich ist.

Im Zusammenhang mit arabischen Clans ist z.B. die Gruppe der *Mhallamiye-Kurden* zu nennen, die strenggenommen keine Kurden sind, sondern lediglich in deren Siedlungsgebiet ihren geografischen Ursprung haben. Die aus der Südosttürkei über den Libanon migrierte Bevölkerungsgruppe stellt einen Großteil der arabischen Großfamilien dar, die im Kontext der Clankriminalität Aufmerksamkeit erlangt. Diese Migration nach Deutschland fand im späten 20. Jahrhundert statt. Die fehlende Heimat, Traumatisierungen durch Kriegs- und Lagererfahrungen und die fehlenden staatlichen Integrationsbemühung in Deutschland förderten die Kriminalitätsentwicklung.

Die Aktualität des Phänomens ergibt sich aus der Beschäftigung der Sicherheitsbehörden mit Clankriminalität. So hat dieses Phänomen zwar bereits Anfang der 2000er Aufmerksamkeit in der Fachliteratur erhalten,[22] wurde aber politisch nicht behandelt. Dies änderte sich ab 2017/18. Für Nordrhein-Westfalen und weiteren Bundesländern, in denen vermehrt Clanfamilien wohnhaft sind, wurde die Bekämpfung der Clankriminalität mit speziell auf dieses Phänomen abgestimmten Konzepten verstärkt.

In den neueren BKA-Lagebildern erhielt die Clankriminalität ebenfalls ein eigenes Unterkapitel unter dem Thema „Aktuelle Erscheinungsformen".

Die 45 OK-Verfahren richteten sich gegen 836 Tatverdächtige (2018: 654).[23]

- 20 OK-Gruppierungen der Mhallamiye
- 14 OK-Gruppierungen arabischstämmiger Herkunft
- 4 OK-Gruppierungen „türkeistämmiger" Herkunft
- 2 OK-Gruppierungen mit Herkunft aus Westbalkan-Staaten
- 1 OK-Gruppierung mit Herkunft aus Maghreb-Staaten
- 4 OK-Gruppierungen anderer Herkunft.

Es erfolgten über zwei Drittel der OK-Ermittlungen im Zusammenhang mit Clankriminalität in Nordrhein-Westfalen (19 OK-Verfahren), Berlin (7 OK-Verfahren), Niedersachsen (5 OK-Verfahren) und Bremen (1 OK-Verfahren).[24] Dabei stellen die OK-Verfahren nur eine geringe Teilmenge der registrierten Kriminalität dar, in der die stark familiengeprägten Strukturen auffällig werden.[25]

4. Image und Klischees

Kriminelle Organisationen, seien es Rockergruppen, italienische, chinesische oder osteuropäische Mafia-Strukturen oder auch die in Deutschland gegenwärtig im Fokus stehenden Familienverbünde – sie alle pflegen ein spezifisches Image und sie alle prägen Vorstellungen, die zu allgemeinen Klischees werden. In allen hier betrachteten Gruppierungen wird beispielsweise sehr stark auf bestimmte Werte gepocht. Allen voran steht dabei das hohe Gut der Ehre. Mitglieder seien stets „Ehrenmänner".[26] Nach dem Verständnis legen sie Wert auf die Einhaltung ihrer eigenen Regeln und halten sich an Versprechen, die sie geben und genau das kommunizieren sie auch nach außen. Das Ehrgefühl rechtfertigt auch Verbrechen und macht die Angehörigen in der eigenen Community unantastbar. Es kann ebenso der Grund für gewalttätige Auseinandersetzungen sein, die bis zu Tötung von Menschen gehen können. Der Anlass der Streitigkeiten kann dabei – aus der Sicht von Außenstehenden – ganz banal sein, wird aber dadurch bedeutsam, dass er als Gefährdung der Ehre interpretiert wird. Die Ehrbarkeit als Gruppenmerkmal kann durchaus als Image-Strategie verstanden werden.

Die Außendarstellung, der Ruf und die Art, wie man wahrgenommen werden möchte, sind zudem wesentlich für das kriminelle Geschäftsfeld, in dem man sich bewegt. Entsprechend ist der Ruf der „Bad Boys" durchaus als ein Kalkül zu verstehen, um unter Konkurrenten, aber beispielsweise auch bei Opfern von Schutzgelderpressung ernst genommen zu werden.

Einigen, insbesondere den mafiösen OK-Gruppierungen ist es wichtig, wie sie in der Bevölkerung wahrgenommen werden. Warum? Einerseits sehen sie sich als Personen und Gruppen, für die andere Gesetze gelten als die eines Landes. Damit brechen sie mit der Gesellschaft. Dies versuchen sie dann andererseits demonstrativ und medienwirksam auszugleichen, indem sie sich für das Gemeinwohl (nach ihrem Sinn und entsprechend der angestrebten öffentlichen Wirkung) engagieren, sei es durch Spenden an medizinische Versorgungsstätten von Kindern, aktiven Tierschutz oder auch tatkräftige Hilfe bei Flutkatastrophen. Solche einzelnen Aktionen vermarkten sie gezielt und mit Kalkül als Imagekampagne.[27] Zudem betonen sie Werte, die gesellschaftlich besonders anerkannt sind, wie Solidarität und Fürsorge. Sie gehen dabei noch einen Schritt weiter und zeigen sehr deutlich, was sie beispielsweise von Kinderschändern und dem aus ihrer Sicht zu „laschen" Umgang der Justiz mit diesen halten.[28] Auf diese Art und Weise sichern sich einige kriminelle Organisationen, zumindest Mafia oder Rockergruppen, eine gewisse gesellschaftliche Anerkennung und Akzeptanz. Mit ihrem somit bewusst widersprüchlichen Image wollen kriminelle Organisationen somit durchaus als bedrohlich, nicht aber per se als böse wahrgenommen werden. Damit können sie regelrecht zum Kult werden.

Dem Kultcharakter tragen auch filmische Darstellung Rechnung. Die Medienwissenschaftlerin *Tanja Weber* stellt heraus, dass Organisiertes Verbrechen nicht nur auf die Filmindustrie einwirkt, sondern auch umgekehrt:

„Die Faszination für das organisierte Verbrechen verläuft aber nicht als Einbahnstraße, sondern muss vielmehr als reziproker Prozess angesehen werden. Denn auch die Unterhaltungsindustrie liefert mit ihren Darstellungen vom organisierten Verbrechen wiederum Vorbilder und Techniken, die von Delinquenten in die reale Welt übernommen werden.“[29]

So habe ein Ermittler der italienischen Polizei konstatiert, dass Filme von Quentin Tarantino die Art des Schusswaffengebrauches bei Tötungsdelikten verändert habe. Anstatt die Waffe gerade zu führen, würden die Waffen nun flach und schräg bei Schussabgabe gehalten.[30]

5. Wie groß ist die Gefahr?

Die Gefährdung durch Organisierte Kriminalität liegt in der Bandbreite der Verbrechen, die von Vermögensstraftaten bis hin zu Tötungsdelikten reichen. Zudem sind kriminelle Märkte stets umkämpft: Konkurrierende Gruppen und Akteure versuchen jeweils, Märkte und auch Örtlichkeiten (Reviere) zu beherrschen. Dies führt zur Gewalt zwischen den Rivalen, die im äußersten Fall zu Tötungsdelikten führt. Auch das Phänomen Schutzgelderpressung beweist, dass nicht nur Personen von Kriminalität und Gewalt betroffen sind, die selbst kriminell aktiv sind: Kriminelle Wirtschaftszweige schaden der regulären Wirtschaft ungemein, da sie die Gewerbestrukturen verzerren. Zudem betreffen illegale Geschäftsfelder u.a. großflächige Produkt- und Markenpiraterie, sowie Umweltkriminalität, wie beispielsweise durch Handel und Entsorgung hochgiftiger Stoffe im In- und Ausland.[31]

Die Bekämpfung der organisierten Kriminalität ist daher erforderlich, da diese Kriminalitätsform (mindestens mittelbar) Auswirkungen auf das Sicherheitsempfinden aller gesellschaftlichen Schichten hat. Die Kriminalitätsbekämpfung in diesem Bereich wird durch unterschiedliche Strategien deutlich. So ist der Ansatz der „1000 Nadelstiche“ eine Strategie der Sicherheitsbehörden bei der durch massive Kontrollen die illegalen Geschäfte erschwert und unmöglich gemacht werden sollen. Die Vermögensabschöpfung, also die Entziehung illegaler Gewinne, unterlag in jüngster Vergangenheit einer gesetzlichen Reformierung, sodass heute durch Kriminalität erlangtes Vermögen leichter beschlagnahmt werden kann. In der Vergangenheit musste eine konkrete Straftat nachgewiesen werden, aus der das illegale Vermögen stammte. Diese Schwierigkeit für die Sicherheitsbehörden ist teilweise umgekehrt worden, sodass die Beschuldigten den legalen Ursprung des Vermögens glaubhaft nachweisen müssen, wenn der Verdacht besteht, dass der Besitz nicht legal sein kann.[32] Um die Kriminalität wirksam zu bekämpfen, müssen die Sicherheitsbehörden zudem an die Hintermänner herankommen, wie der Präsident des BKA, *Holger Münch*, darstellt.

> *„Das ist ein altbewährtes Vorgehen bei der Bekämpfung der Organisierten Kriminalität: Sie müssen wie beim Bowling den KingPin treffen, um möglichst viele Kegel fallen zu lassen. Das allein reicht aber nicht."*[33]

Denn abgesehen davon, dass gerade die Hintermänner gut durch ihre Organisation geschützt sind, hinterlassen sie in der Regel kein Machtvakuum. Sicherheitsbehörden vergleichen den Kampf gegen OK nicht selten mit dem Kampf des Herkules gegen die übergroße, neunköpfige Schlange aus der griechischen Mythologie: Schlug man der Schlange einen Kopf mit dem Schwert ab, wuchs ein weiterer nach. Dieser Vergleich entstammt den Beobachtungen von Ermittlern, dass die Nachfolge schon in den Startlöchern steht, sobald eine Führungsperson zu einer Freiheitsstrafe verurteilt wird.[34]

In Deutschland gehen Justiz und Strafverfolgung insbesondere gegen Rockergruppen nun einen anderen Weg, in dem sie mit ausgesprochenen Vereinsverboten der Kennzeichnung in der Öffentlichkeit unterbindet.[35] Inwiefern dies der verübten Kriminalität wirklich entgegenwirkt, muss sich zeigen. Es bietet jedoch eine neue Handhabe für die Strafverfolgungsbehörden. Dies funktioniert allerdings bei OK-Strukturen, die keine entsprechenden Symboliken präsentieren, nicht. Daher müssen auch hier neue Ansätze gefunden werden. Denn die einen Gruppen zeigen sich für die Öffentlichkeit in Deutschland kaum sichtbar, wie die italienische Mafia, andere zeigen sich besonders personen- und lautstark im öffentlichen Raum, wie Clanmitglieder. Sie sorgen nicht nur für Aufmerksamkeit, sondern auch für Unbehagen.

Der Journalist *Olaf Sundermeyer* sieht daher in den Herausforderungen mit Organisierter Kriminalität eine Art gesellschaftliche Vertrauensfrage, die politisch gerne umgangen werden würde:

> *„Vermeidungsstrategien aus einem Gefühl der Unsicherheit sind ein relativ neues Phänomen in Deutschland, an das sich die Menschen erst noch gewöhnen müssen, und mit ihnen die Politiker, denen auch deshalb immer weniger Vertrauen entgegengebracht wird, weil der Staat hier seiner ureigensten Aufgabe nicht mehr vollumfänglich gerecht wird: für Sicherheit zu sorgen."*[36]

6. Fazit: Mehr Forschung wagen

Das Phänomen Organisierte Kriminalität, die Strukturen und Akteure lassen sich nur schwer untersuchen. Der Grundsatz des Schweigens gegenüber Außenstehenden stellt nicht nur ein Hindernis für Polizei und Justiz dar.

Insgesamt ist das Wissen ausbaufähig und würde den Raum für zum Teil fehlerhafte Klischees nehmen. Ein Appell aus den Wissenschaften ist daher stets die Ausweitung der Forschung im schwierigen Feld der OK. Der wissenschaftliche Ansatz zur Gewinnung von Erkenntnissen würde dabei den der Polizei sinnvoll ergänzen. Während Polizeibeamtinnen und Polizeibeamte Sachverhalte und Strukturen ermitteln, untersuchen Wissenschaftlerinnen und Wissenschaftler die Gegebenheiten in den Milieus und damit einhergehend die Bedingungen für Kriminalität. Damit wird eine andere Perspektive ermöglicht, aus denen sich Gedanken zur Kriminalitätskontrolle und damit verbunden zu Präventionsmaßnahmen ableiten lassen können. Zudem unterliegen Wissenschaftler nicht dem Strafverfolgungszwang. So kann beispielsweise das Phänomen Schutzgelderpressung im Rahmen von Dunkelfeldbefragungen erforscht werden. Untersuchungen des Dunkelfeldes befassen sich mit der Kriminalität, die der Polizei nicht bekannt wird. Die daraus gewonnenen Erkenntnisse könnten den Strafverfolgungsbehörden wiederum möglicherweise für ihre Ermittlungsarbeit weiterhelfen.

Zum Nach- und Weiterdenken

- Warum legen kriminelle Gruppen so viel Wert auf ihr Image? Wäre es aus Perspektive der OK-Gruppen nicht sinnvoller, so wenig wie möglich öffentlich in Erscheinung zu treten?
- Ist es umgekehrt nicht auch für den Staat sinnvoller, diese Gruppierungen so wenig wie möglich zu thematisieren, um ihren Kultstatus nicht weiter auszubauen?
- Wie sinnvoll oder notwendig ist es, die unterschiedlichen kriminellen Organisationen im Kontext ihrer jeweiligen ethnischen Herkünfte zu betrachten? Kann darauf und in Konzentration auf kriminelle Handlungen nicht verzichtet werden?

Zum Weiterlesen

Bundeszentrale für politische Bildung (Hrsg.) (2013): Organisierte Kriminalität. *Aus Politik und Zeitgeschichte* (APuZ)", Heft 38–39/2013, Download über https://www.bpb.de/apuz/168906/organisierte-kriminalitaet

Das Themenheft gibt nach der Frage, was OK denn sei einen gut Einblick besondere Formen der OK wie z.B. Finanzkriminalität oder Cybercrime, über Bekämpfungsstrategien und auch die Darstellung in Film und Serien.

Sundermeyer, Olaf (2017): *Bandenland. Deutschland im Visier von organisierten Kriminellen.* München: C.H. Beck.

Ein gut recherchierter und gut zu lesender Report zu OK-Strukturen in Deutschland und deren Geschäftsfeldern sowie die Wirkungen auf Staat und Gesellschaft.

Cyberkriminalität: Straftaten im Internet

Gina Rosa Wollinger & Arne Dreißigacker

Unter dem Begriff Cyberkriminalität werden verschiedene Angriffsarten und Delikte gefasst, die größtenteils mittels des Internets ausgeführt werden. Der vorliegende Beitrag erläutert, was *Cyber* eigentlich bedeutet und in welche Angriffsformen sich Cyberkriminalität unterteilt. Anschließend wird in einem Überblick das Ausmaß von Cyberkriminalität anhand von verschiedenen Studien skizziert.

1. Einleitung

Digitale Anwendungen sind schon lang fester Bestandteil unserer Alltags- und Arbeitswelt, ihr Vorhandensein nehmen wir inzwischen als Selbstverständlichkeit wahr. Der Cyberraum stellt für uns eine Möglichkeit dar, themenbezogene Informationen zu recherchieren, eine Petition zu unterstützen, einem weitentfernten Verwandten über das Internet nah zu sein oder Bilder unseres Mittagessens zu posten. Risiken und Gefahren werden dabei selten wahrgenommen, obwohl sich im Zuge zunehmender Digitalisierung vielfältige Möglichkeiten und Gelegenheiten zur Begehung von Straftaten im Cyberraum ergeben.

Cyberkriminalität umfasst ein breites Spektrum von Straftaten wie Erpressung im Internet, Herstellen und Verbreiten von Schadsoftware oder Cyberstalking. Der vorliegende Beitrag zielt darauf ab, grundlegende Begriffe im Zusammenhang mit Cyber und Cyberkriminalität zu erklären. Daneben wird der Frage nach der gesellschaftlichen Relevanz von Cyberkriminalität und den zu erwartenden Entwicklungen nachgegangen.

2. Der Cyberraum

Das Präfix „Cyber“ ist mit scheinbar „unverwüstlicher Attraktivität“[1] in der medialen Berichterstattung sowie in der Alltagssprache präsent, wie beispielsweise im Zusammenhang von Cyberkrieg, Cybermobbing und Cybersex. Doch was bedeutet eigentlich Cyber? Abgeleitet ist der Begriff aus dem englischen Wort *cybernetics* (dt. Kybernetik), welches wiederum Bezug nimmt zum griechischen Wort *kyvernó,* was „steuern, lotsen oder herrschen“[2] bedeutet. Die Idee der Kybernetik fußt auf Theorien von Steuerung und Rückkopplung bzw. von *denkenden Maschinen.*

Die Mathematikerin Alice Mary Hilton sah in der Kybernetik die zweite entscheidende revolutionäre Entwicklung für die Menschheit.[3] Während die ersten Geräte und Werkzeuge innerhalb der Landwirtschaft körperliche Fähigkeiten der Menschen nachahmten bzw. perfektionierten, liegt die revolutionäre Energie der Kybernetik in der Nachbildung und Perfektionierung der geistigen Fähigkeiten. Maschinen sollten z.B. besser und schneller rechnen können als es Menschen je vermögen und dabei frei sein von Flüchtigkeitsfehlern, Krankheiten oder Vergesslichkeit. Die Kybernetik begann diese Ideen umzusetzen und entwickelte Automaten und erste Computer, war aber auch immer Anknüpfungspunkt für zahlreiche Mythen sowie utopische und dystopische Erzählungen. Science-Fiction-Filme wie *RoboCop* oder *Ghost in the Shell* entwarfen z.B. Zukunftsvisionen zur Verschmelzungen von Mensch und Maschine, den sogenannten *Cyborgs*.

Oftmals wird mit der Verwendung von „Cyber" ein Bezug zum Internet gesetzt wie bei dem Begriff Cybermobbing. Allerdings verweist „Cyber" auf informationstechnische Systeme allgemein. Dass häufig jedoch das Internet gemeint ist, wenn von Cyber gesprochen wird, liegt sicherlich an der allgegenwärtigen und weiter zunehmenden digitalen Vernetzung solcher Systeme. In den 1980er Jahren entwickelt, war das Internet noch ein Raum, der von einer kleinen Anzahl von Spezialisten/innen genutzt wurde.[4] Erst zehn Jahre später, in den 1990er Jahren, wurde es durch eine gesteigerte Benutzerfreundlichkeit für ein Massenpublikum erreichbar.

Dabei werden drei Ebenen des Internets voneinander unterschieden: Clearnet, Deepweb und Darknet. Clearnet meint den Bereich des Internets, der für jede/n Nutzer/in über normale Internetbrowser erreicht und über gängige Internetsuchmaschinen gefunden werden kann. Das Deepweb bezeichnet hingegen Internetwebseiten, die nur für bestimmte Nutzer/innen über normale Internetbrowser erreichbar sind und nicht von Suchmaschinen gefunden werden können. Beispiele dafür sind bestimmte webbasierte Fachdatenbanken oder Bankennetzwerke. Das Darknet umfasst demgegenüber Webseiten, die weder über normale Internetbrowser erreicht noch von Internetsuchmaschinen gefunden werden können. Um ins Darkent zu gelangen, wird ein spezieller Browser (z.B. Tor Browser oder Onion Browser) benötigt. Dieser kann allerdings im Clearnet heruntergeladen werden. Das besondere an diesen Browsern ist, dass damit die Verbindungen nicht direkt zwischen Anbieter/in und Nutzer/in aufgebaut werden, sondern verschlüsselt über mehrere zufällige Knotenpunkte im Tor-Netzwerk (das Akronym TOR steht für „The Onion Router"), die in kurzen zeitlichen Abständen immer wieder gewechselt werden. Dadurch werden die IP-Adresse und damit die Identität der Nutzer/innen so verwischt, dass diese sich im Darknet aber auch im Clearnet weitgehend anonym bewegen können.

Diese weitgehende Anonymität bietet zahlreiche Vorteile, insbesondere für Menschen, die in Ländern mit zensiertem Internet und ohne Meinungs-

und Pressefreiheit leben. Andererseits verringert sie auch die Entdeckungswahrscheinlichkeit im Zusammenhang mit zahlreichen Cyberkriminalitätsdelikten, wie z.B. dem Handel mit Waffen und Drogen im Darknet. Bezahlt werden solche illegalen Transaktionen typischerweise durch Nutzung einer digitalen Währung wie Bitcoin, da die Identität der Zahlenden und Zahlungsempfangenden innerhalb solcher digitaler Währungssysteme vergleichsweise gut geschützt ist.

Digitale Währungen, auch Kryptowährung genannt, basieren auf der sogenannten Blockchain-Technologie.[5] Das Besondere daran ist, dass es keiner zentralen Datenbank bedarf, sondern alle Teilnehmer/innen gemeinsam die Währung verwalten. Dabei sind alle getätigten Transaktionen wie an einer Kette gereiht und für alle nachvollziehbar gespeichert. Dadurch ist die Währung fälschungssicher. Das Generieren von neuer Kryptowährung wird Mining genannt und ist mit viel Rechenleistung verbunden. Deshalb werden hierzu auch illegal erzeugte Botnetze genutzt (siehe Abschnitt 4.5).

3. Arten von Cyberkriminalität

Straftaten im Bereich Cyberkriminalität werden allgemein unterschieden zwischen solchen im weiteren und solchen im engeren Sinn.[6] ‚Cybercrime im weiteren Sinn' meint Straftaten, bei denen das Internet oder ein sonstiges informationstechnisches System wie ein Computer nur als Tatmittel genutzt wird, wie beispielsweise das Verbreiten von Kinderpornografie oder verfassungsfeindlicher Inhalte oder Cybermobbing und Cyberstalking. Anders verhält es sich bei Delikten aus dem Bereich von ‚Cybercrime im engeren Sinn'. Hiermit sind Straftaten gemeint, die sich gezielt gegen IT-Systeme richten. Diese Straftaten wurden erst im Zuge der Digitalisierung möglich, z.B. dass mit Schadsoftware (Viren, Würmer, Trojaner u.ä.) digitale Daten verschlüsselt, gelöscht oder ausgespäht werden. Mittlerweile hat sich jedoch eine Vielzahl verschiedener Angriffsarten entwickelt, die zudem miteinander kombiniert werden können, sodass die Differenzierung nicht bei jedem Phänomen eindeutig erfolgen kann. Einige ausgewählte Angriffsarten werden im Folgenden erläutert.

3.1 Cybermobbing und -stalking

Cybermobbing stellt eine spezielle Form des Mobbings dar. Der Begriff Mobbing beschreibt aggressive Verhaltensweisen, die absichtlich und wiederholt gegenüber einer Person ausgeübt werden.[7] Mobbing kann von Einzelnen oder einer Gruppe ausgehen. Das Spezifikum von Mobbing ist, dass die Taten wiederholt stattfinden und sich das Opfer den Situationen nur schwer entziehen bzw. sich nur unzureichend verteidigen kann.[8] Im Gegensatz zum konventionellen Mobbing findet Cybermobbing hierbei nicht in der unmittelbaren persönlichen Interaktion statt, sondern wird über elektronische Kommunikationsmedien (z. B. Smartphones, E-Mails, soziale Netzwerke, Chatrooms) ausgeübt. Es kann dabei verschiedene Formen wie beispielsweise Beleidigung und Verunglimpfungen, Belästigung, das Verbreiten von Gerüchten oder privaten Fotos oder das Ausschließen aus Chatgruppen oder anderen Foren, annehmen.[9]

Das Phänomen Cyberstalking meint das wiederholte Nachstellen einer Person mittels digitalen Kommunikationsmöglichkeiten wie E-Mail oder innerhalb von sozialen Netzwerken.[10] Dabei können zum Beispiel das Schicken unerwünschter Nachrichten per E-Mail, Textnachricht, das Aneignen fremder Profile in sozialen Netzwerken oder das Verfolgen von jemandem online als Cyberstalking eingestuft werden.[11]

3.2 Schadsoftware: Viren, Würmer, Trojaner und Co.

Mit Schadsoftware (engl. *malware*) werden Programme bezeichnet, die Teile von Computersystemen schädigen, manipulieren oder für Unbefugte zugänglich machen.[12] In der Folge funktionieren Anwendungen nicht mehr wie gewohnt, beispielsweise lassen sich Dateien nicht mehr öffnen, oder werden nicht mehr vor unerlaubtem Zugriff geschützt. Insofern bemerkt der/die rechtmäßige Nutzer/in nicht immer, dass Schadcode/Schadsoftware eingeschleust wurde und aktiv ist. Schadsoftware-Angriffe gehören zu Cyberkriminalität im engeren Sinn, denn sie zielen explizit auf die Schädigung von bzw. das Einwirken auf IT-Systeme ab und verändern diese. Die Arten und Unterarten von Schadprogrammen sind jedoch sehr vielfältig, werden miteinander kombiniert und fortlaufend weiterentwickelt. Geläufig sind in diesem Zusammenhang die Begriffe Viren, Würmer und Trojaner, die mittlerweile nur noch bedingt zur Abgrenzung und Unterscheidung dienen können.

Doch wie gelangt eine Schadsoftware auf einen Computer? Die grobe Einteilung in Viren, Würmer und Trojaner weist auf unterschiedliche Wege und Verbreitungsmechanismen hin. Mit Virus wird ein Programmcode bezeichnet, der selbstständig bestimmte reguläre Dateien infiziert und sich z.B. durch die Weitergabe infizierter Dateien verbreitet. Ein Computerwurm ist ein eigenständiges Schadprogramm, dass sich selbständig vervielfältigen und z.B. über Netzwerke oder USB-Sticks verbreiten kann, ohne dabei andere Dateien zu infizieren. Ein Trojaner (Trojanisches Pferd) ist ebenfalls ein eigenständiges Programm, das sich aber im Unterschied zu Viren und Würmern nicht selbst verbreitet. Vielmehr tarnt es sich z.B. als nützliches Computerprogramm und führt bei dessen Anwendung im Hintergrund unbemerkt unterschiedliche schädigende Funktionen aus oder dient zur Einschleusung von Viren und Würmern, die sich dann wiederum selbst verbreiten können. Schadsoftware kann durch eine E-Mail (Öffnen eines Anhangs oder Anklicken eines Links), durch externe Datenträger (z.B. USB-Stick) oder durch das Aufrufen bestimmter Internetseiten auf einen Computer gelangen.

Ebenso wie die Verbreitungsweisen sind die schädigenden Funktionen bzw. die Intentionen hinter dieser Schadsoftware vielfältig. Sie dienen nicht nur der bloßen direkten Beschädigung oder Zerstörung von digitalen Daten und Systemen im Sinn einer Sachbeschädigung oder Sabotage. Vielmehr ist Schadsoftware eine Art Werkzeug zur Erreichung sehr unterschiedlicher Ziele. Sie dienen z.B. zur unerkannten Erlangung von sensiblen Daten mittels sogenannter Spyware im Zusammenhang mit Stalking, zum Handel mit illegal erlangten Daten, zur Wirtschaftsspionage oder im Zusammenhang mit der Erpressung von Nutzer/innen, dem sogenannten Ransomware-Angriff.

3.3 Ransomware

Wie bereits angedeutet besteht ein Ransomware-Angriff aus zwei Angriffsschritten. Zunächst wird mittels Schadsoftware auf das Computersystem eingewirkt, indem das System blockiert oder alle Daten verschlüsselt und für den/die Anwender/in unbrauchbar gemacht werden. Fährt diese/r beispielsweise morgens seinen/ihren Computer hoch, kann keine Datei mehr geöffnet werden. In einem zweiten Schritt wird der/die Anwender/in erpresst, d.h. er/sie wird aufgefordert, ein Lösegeld (engl. *ransom*) zu zahlen, um die Daten wieder entschlüsseln zu können. Auf dem Bildschirm ist nicht die übliche Benutzeroberfläche zu sehen, sondern eine Information über den Angriff und eine Zahlungsaufforderung. Insofern berühren Ransomware-Angriffe beide Bereiche von Cyberkriminalität, da hierbei einerseits ein IT-System direkt angegriffen wird (als Cybercrime im engeren Sinn) und andererseits eine Erpressung über das Internet (Cybercrime im weiteren Sinn) stattfindet.

Abbildung 1 zeigt einen bekannten Fall von Ransomware, den Wurm „Wanna Cry“. Wanna Cry ist ein Schadprogramm, welches im Jahr 2017 für einen sehr weitreichenden Cyberangriff genutzt wurde. Zu den Opfern gehörten dabei auch große Unternehmen wie die Deutsche Bahn und verschiedene Krankenhäuser in England. Die Abbildung zeigt, dass der/die Nutzer/in über den Angriff sowie die Höhe des Lösegelds informiert wird. Links am Bildschirm wird angezeigt, wie viel Zeit zum Zahlen noch verbleibt, ansonsten drohe eine Erhöhung des Lösegelds. Ferner finden sich noch weiterführende Informationslinks über Bitcoins, die digitale Währung, in der das Lösegeld zu zahlen ist. Auffällig dabei ist, dass die gesamte Bildschirmanzeige eine Aufmachung aufweist, die eher an ein Online-Dienstleistungsangebot

Abb. 1: Bildschirmdarstellung des Ransomware-Angriffs WannaCry. Quelle: https://techsupportexpert.com/wannacry-ransomware-spreads-aggressively-across-networks-holds-files-ransom/ransom-demand-screen-displayed-by-wannacry-trojan/.

erinnert. Die thematische Einteilung, die Bereitstellung weiterer Informationen und Kontaktmöglichkeiten sowie die Klickfelder zum Bezahlen und Entschlüsseln der Daten geben eher einen serviceorientierten Anschein, als dass sie Assoziationen mit Kriminalität wecken. Dies ist typisch für Ransomware-Angriffe, ebenso wie die Aufforderung, in einer digitalen Währung zu zahlen. Dabei wird häufig eine eher geringe Höhe des Lösegelds gewählt, um die Wahrscheinlichkeit zu erhöhen, dass möglichst viele Betroffene in der finanziellen Lage sind, die Zahlung zu leisten. Für den/die Täter/in erfolgssteigernd ist des Weiteren der psychische Druck, der durch die Drohung aufgebaut wird, die Lösegeldsumme zu erhöhen, falls nicht innerhalb der ersten kurzen Frist gezahlt wird.

3.4 Social Engineering

Mit dem Begriff Social Engineering werden Angriffsarten bezeichnet, bei denen manipulativ auf einen Menschen eingewirkt wird. Vergleichbar ist dies mit Betrugsdelikten, bei denen unter der Vorspiegelung falscher Tatsachen das Opfer dazu veranlasst wird, bestimmte Handlungen durchzuführen, welche dem/der Täter/in zugutekommt. Ein Beispiel für solche kriminellen Be-

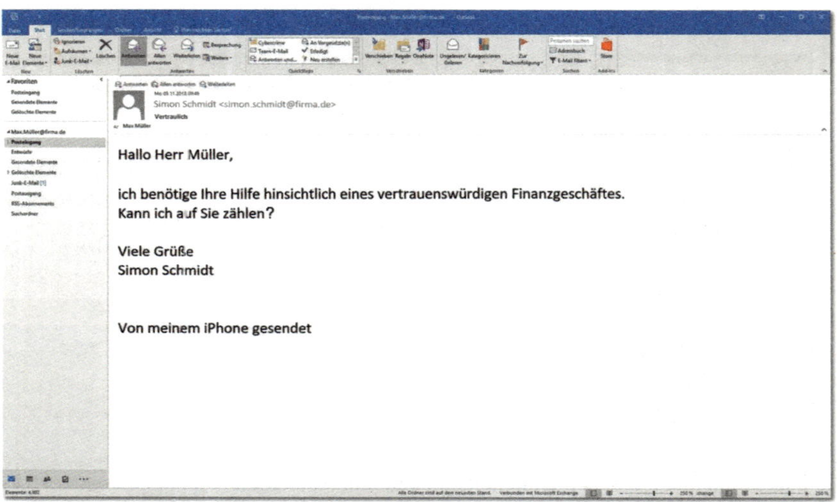

Abb. 2: Fiktives Beispiel einer Kontaktaufnahme im Kontext eines Chefbetrugs. Eigene Darstellung.

einflussungen in der analogen Welt ist der Enkeltrickbetrug. Online durchgeführt nutzt der/die Täter/in den Vorteil, nicht persönlich in Erscheinung treten zu müssen, sondern ausschließlich über E-Mail oder andere digitale Wege zu kommunizieren, ohne das Verdacht geschöpft wird. Da hierbei IT-Systeme nicht das Ziel sondern das Mittel zur Tatbegehung sind, handelt es sich um Cyberkriminalität im weiteren Sinn.

Eine populäre Form von Social Engineering im Internet, die auf Unternehmen abzielt, stellt der sogenannte Chefbetrug (engl. *CEO-Fraud*) dar. Hierbei wenden sich die Täter/innen typischerweise per E-Mail an Personen, die für finanzielle Transaktionen ihrer Unternehmen zuständig sind, z.B. die Buchhaltung, und geben sich als deren Vorgesetzte aus. Damit dies glaubhaft ist, nutzen die Täter/innen häufig Informationen über die Unternehmensstrukturen sowie über aktuelle Projekte, Geschäftsreisen etc. Solche Informationen können teilweise online recherchiert werden über Organigramme und Presseberichte. Andererseits kann hierzu im Vorfeld auch Schadsoftware eingesetzt werden, um Unternehmensdaten auszuspionieren.

In Abbildung 2 wird ein fiktives Beispiel eines solchen Chefbetrugs dargestellt. Kennzeichnend hierbei ist, dass auch ein gewisses psychologisches Geschick von Seiten des/der Täters/in genutzt wird. In der initialen E-Mail wird zunächst Vertraulichkeit und Wichtigkeit suggeriert. Dass die eigene Unterstützung für ein scheinbar relevantes Projekt des Unternehmens gebraucht wird, kann als wertschätzend der eigenen Arbeitsleistung gegenüber empfunden werden. Ferner handelt es sich um eine Autoritätsperson, was gerade in eher hierarchisch aufgebaut und arbeitenden Organisationen zusätzlichen Druck aufbauen könnte. Die E-Mail-Adresse wird in Anlehnung an die Unternehmensadressen gewählt, so dass ein flüchtiger Blick den fremden Absender nicht enttarnt. Im weiteren Verlauf würde nun Herr Müller aufgefordert werden, eine bestimmte Geldsumme auf ein Konto zu überweisen und den Vorgang diskret zu behandeln.

Social Engineering, also das manipulative Einwirken auf ein potentielles Opfer, findet sich jedoch nicht nur im Unternehmensbereich. Vielmehr existieren noch zahlreiche weitere Formen von Betrugsarten, die auch private Nutzer/innen treffen können. So wird Social Engineering beispielsweise auch bei sogenannten Phishing-Angriffen genutzt. Das Wort Phishing ist zusammengesetzt aus „P" wie Passwort und „fishing" im Sinne von Fischen bzw. Abschöpfen. Bei Phishing-Angriffen werden häufig Zugangsdaten und Passwörter abgefangen, um Zugriff auf Onlinebankkonten, Online-Bezahlsysteme oder dergleichen zu erlangen. Diese wertvollen Informationen werden jedoch nicht durch das unbemerkte Ausspionieren durch entsprechende Funktionen von Schadsoftware (Spyware) erlangt, sondern wiederum durch das Zutun des Betroffenen, weshalb Phishing als eine Form des Social Engineerings gilt.

Social Engineering ist nicht auf den Chef-Betrug und Phishingdelikte begrenzt. Die Formen von Social Engineering entwickeln sich vielmehr immer weiter. So nutzten Täter/innen beispielsweise auch die Corona-Pandemie, um Menschen durch falsche Nachrichten, Fake-Shops und entsprechenden Links in E-Mails dazu zu bringen, vertrauliche Informationen preiszugeben oder fingierte bzw. gefälschte Waren zu bestellen.[13]

3.5 Weitere Formen von Cyberkriminalität

Neben den genannten Angriffsarten im Bereich Cyberkriminalität existieren noch weitere Formen, wobei diese allein schon durch technische Weiterentwicklung sicher nicht abschließend dargestellt werden können. An dieser Stelle seien noch drei weitere relevante Phänomene genannt: (D)DoS-Angriffe, illegale Botnetze und manuelles Hacking.

Mit Denial of Service-Angriff (dt: verteilte Blockade von Diensten; kurz: DoS-Attacke) werden gezielte massenhafte Anfragen auf eine Webpräsenz oder der massenhafte E-Mail-Versand an einen E-Mail-Server bezeichnet, die zu einer Serverüberlastung führen sollen.[14] Mit dem Begriff Distributed Denial of Service-Angriffe (kurz (D)Dos) ist eine Spezifikation gemeint, bei der der Angriff mit der gebündelten Rechenleistung vieler vernetzter IT-Systeme, einem sogenannten Botnetz (siehe unten) erfolgt. Ziel eines (D)Dos-Angriffs ist es, die Funktion von Web- oder E-Mail-Servern zu stören bzw. diese zeitweise lahm zu legen. Dies kann mit einer Erpressung, einem Sabotageakt oder der

Ablenkung von einem anderen Cyberangriff verbunden sein. Die Anfragen oder E-Mails, die an den Server gesendet werden, nutzen die dafür vorgesehenen Wege, wie beispielsweise Online-Kontaktformulare und E-Mailadressen. Erst durch das massenhafte gleichzeitige Anfragen kommt es zu einer Überlastung. Solche (kurzzeitigen) Überlastungsphänomene gibt es hin und wieder auch ohne kriminelle Absichten, beispielsweise, wenn sich viele Studierende zeitgleich in einen bestimmten Kurs einschreiben wollen. Im Unterschied dazu legen es die Täter/innen mit (D)DoS-Angriffen gerade darauf an, einen ausgewählten Server so zu überlasten, dass er solange ausfällt, bis ihr Ziel erreicht ist.

Bots, angelehnt an das englische Wort robot (dt.: Roboter), bezeichnen Computerprogramme, die weitestgehend eigenständig arbeiten. Neben legalen Formen, beispielsweise automatisierte Chatfunktionen bei Kundenservice-Portalen, werden damit Schadprogramme bezeichnet, die meist über Trojaner unbemerkt auf IT-Systeme gelangen und ohne Einverständnis der Eigentümer/innen ferngesteuert und in einem Botnetz zusammengeschlossen werden. Die Betroffenen merken selbst meist nicht, dass ihr Computer oder andere IT-Systeme Teil eines Botnetzes sind, denn sie sind wie gewohnt nutzbar, nur die Rechenprozesse könnten etwas verlangsamt und der Stromverbrauch erhöht sein. Die gebündelte Rechenleistung illegaler Botnetze wird z.B. zum Mining, d.h. zur Erzeugung von digitalem Geld (siehe Abschnitt 3), oder für gezielte (D)DoS-Angriffe auf E-Mail- und Webserver genutzt.

Zur Cyberkriminalität gehören nicht nur Straftaten, die über das Internet erfolgen oder spezielle Schadsoftware einsetzen. Das manuelle Hacking beschreibt eine Cyberangriffsart, bei dem der/die Täter/in berechtigt oder unberechtigt Zugang zu IT-Systemen hat und quasi vor Ort auf diese in einer schädigenden Weise einwirkt, indem z.B. Daten oder Einstellungen unerlaubt manuell manipuliert oder gelöscht werden. Bei den Tätern/innen kann es sich beispielsweise um (ehemalige) Mitarbeiter/innen von Unternehmen handeln, die diesen aus unterschiedlichen Motiven schaden wollen. Das Internet ist demzufolge nicht zwingend im Tatgeschehen von Cyberkriminalität involviert.

4. Ausmaß von Cyberkriminalität

In der Polizeilichen Kriminalstatistik (PKS) für das Jahr 2018 wurden 87.106 Fälle von Cyberkriminalität im engeren Sinn verzeichnet.[15] Bei den meisten Fällen (66.284) handelte sich dabei um verschiedene Formen des Computerbetrugs. Dazu gehören z.B. Online-Käufe, die mit rechtswidrig erlangten Kreditkartendaten zum finanziellen Nachteil der Opfer getätigt werden. Laut der PKS macht ‚Cybercrime im engeren Sinn' 1,6 % gemessen an der Gesamtkriminalität im Jahr 2018 aus.

Allerdings ist die Erfassung von Cyberkriminalität durch die PKS mit einigen Schwierigkeiten verbunden. Phänomene, die in den Bereich ‚Cybercrime im weiteren Sinn' fallen, können als solche nicht aus der PKS herausgefiltert werden. Ein Beispiel dafür ist der oben beschriebene Ransomware-Angriff. Obwohl hier Schadsoftware zum Einsatz kommt, werden diese Taten unter dem Spezialtatbestand der Erpressung erfasst und es lässt sich daher nicht erkennen, wie viele Erpressungen online und wie viele offline stattgefunden haben. Eine weitere Schwierigkeit der Erfassung liegt in der Tatsache, dass die PKS nur das sogenannte Hellfeld abbildet, d.h. nur Straftaten, die der Polizei bekannt werden (siehe dazu den Beitrag von Kai Seidensticker in diesem Band). Von den meisten Delikten bekommt die Polizei dadurch Kenntnis, dass sie von Bürgern/innen angezeigt werden. Die Anzeigebereitschaft ist jedoch bei Cyberkriminalität sehr gering, da viele Straftaten nicht bemerkt werden oder der/die Nutzer/in kein Interesse an einer Anzeige hat (z.B. wegen fehlender Aussicht auf Erfolg oder Schamgefühlen). Aus kriminologischer Perspektive wird im Bereich Cyberkriminalität demnach ein sehr großes Dunkelfeld angenommen.

Dunkelfeldforschungen basieren hauptsächlich auf repräsentativen Bevölkerungsbefragungen (siehe dazu den Beitrag von Kai Seidensticker in diesem Band). Die Betroffenheit von Cybermobbing und -stalking ist in Deutschland vor allem in Rahmen von Schülerbefragungen, d.h. in Bezug auf Jugendliche als Opfer, untersucht worden. Bei einer Untersuchung von Neuntklässlern in Niedersachsen gaben 43,2 % an, innerhalb von 12 Monaten zwischen ein bis sechsmal Cybermobbing erlebt zu haben, wobei 4,6 % dies mehrmals im Monat erlebten.[16] Die Studie des Bündnisses gegen Cybermobbing ist eine der wenigen, in der bundesweit 6.296 über-18-Jährige untersucht wurden und in der eine Opferrate von 8 % ermittelt werden konnte.[17]

Im Vergleich zu Cybermobbing, gibt es erheblich weniger Forschung zu Cyberstalking. In Deutschland gaben in einer Untersuchung mit 6.379 Befragten über 40 % an, bereits mindestens einmal in ihrem Leben via Internet belästigt worden zu sein.[18] Bezogen auf die Kriterien, dass der vom Opfer ungewollte Kontakt über einen Zeitraum von mindestens zwei Wochen hergestellt wurde und beim Opfer das Gefühl von Angst hervorgerufen hat, berichten die Autoren/innen von einer Betroffenheitsquote von 6,3 %.

In Bezug auf Cyberkriminalität im engeren Sinn gegenüber Privatnutzern/innen liegen derzeit nur Ergebnisse aus Untersuchungen vor, bei denen Fragen nach Cyberkriminalität nur einen kleinen Teil ausmachten.[19] Diese Untersuchungen miteinander zu vergleichen ist mit der Schwierigkeit verbunden, dass es an einer einheitlichen Erfassung und Definition von Cyberkriminalitätsdelikten mangelt. In einer repräsentativen Befragung in den Bundesländern Niedersachsen[20] und Schleswig-Holstein[21] zeigte sich, dass

13,7 % (Niedersachsen) bzw. 16,4 % (Schleswig-Holstein) im Jahr 2016 computerbezogene Kriminalität erlebt haben, wobei es sich bei den meisten Delikten dabei um Datenverlust durch Viren und dergleichen sowie den Missbrauch persönlicher Daten handelte.

Bezogen auf Unternehmen als Opfer von Cyberkriminalität ergab eine deutschlandweite repräsentative Befragung im Jahr 2018/19, dass 41,1 % innerhalb der letzten 12 Monate mindestens einen Cyberangriff erlebten, wobei insbesondere häufig über Phishing (22,0 %), Schadsoftware (21,3 %) und Ransomware (12,5 %) berichtet wurden.[22] Allerdings zeigen sich je nach Unternehmensgröße auch Unterschiede in dieser Verteilung.

Zusammenfassend ist zu betonen, dass die Erfassung von Cyberkriminalität mit vielen Schwierigkeiten verbunden und durch zahlreiche Forschungslücken geprägt ist. Mittlerweile ist jedoch ein Anstieg an kriminologischen Forschungsprojekten in diesem Bereich zu verzeichnen, sodass davon ausgegangen werden kann, dass es in den kommenden Jahren mehr empirische Erkenntnisse zu diesem Phänomen geben wird.

5. Ausblick

Der vorliegende Beitrag zeigt auf, dass Cyberkriminalität diverse Angriffsformen umfasst. Dabei sei betont, dass das Risiko, Opfer von Cyberkriminalität zu werden, nicht nur bei denen gegeben ist, die über besonders wertvolle Informationen oder sehr viel Geld verfügen. Letztendlich ist die Voraussetzung dafür, potentiell von Cyberkriminalität betroffen zu sein, nur eins: das Besitzen von informationstechnischen Systemen. Dazu gehören Computer, Smartphones aber auch immer häufiger andere smarte Geräte, die mit dem Internet verbunden sind (z.B. Fernseher, Kühlschränke, Autos etc.).

Kriminalität findet immer in einem gesellschaftlichen Kontext statt und wird durch diesen beeinflusst. Dies zeigte sich jüngst während der Corona-Pandemie und insbesondere während des sogenannten Lockdowns.[23] Fehlendes Nacht- und Clubleben und damit verbunden weniger Konsum von Alkohol in der Öffentlichkeit auf der einen Seite und hohe Anwesenheitsdauer in der eigenen Wohnung auf der anderen Seite beeinflussten das Kriminalitätsgeschehen: Die nächtlichen Einsätze der Polizei nahmen stark ab, ebenso wie Wohnungseinbruchdiebstähle. Zunahmen wurden hingegen hinsichtlich Betrugsdelikte mittels Fake Shops zum Verkauf von Mundschutzmasken sowie Phishing-Mails mit vermeintlichen Links zu Corona-Schutzmaßnahmen und dergleichen festgestellt.

Aber auch unabhängig von solchen Ausnahmesituationen ist davon auszugehen, dass die Fallzahlen im Bereich Cyberkriminalität weiter ansteigen werden. Hierfür spricht zum einen, dass viele damit verbundene Delikte lukrativ sind, in dem Sinn, dass mit ihnen Geld zu erzielen ist. Bei Erpressungsversuchen ist dies relativ offensichtlich, schließlich stellt der/die Täterin eine Lösegeldforderung. Aber auch bei Straftaten, die zunächst auf das Auspionieren und Abgreifen von Daten abzielen, kann es um Geld gehen, denn Daten sind wertvoll und lassen sich somit zu Geld machen. So wird im Internet beispielsweise mit ganzen Listen von gecrackten Passwörtern von E-Mail-Accounts gehandelt.

Gut zu wissen: Ob die eigene E-Mail-Adresse auch auf einer solchen Liste mit gecrackten Passwörtern auftaucht, lässt sich leicht prüfen:

https://haveibeenpwned.com/

Einfach die eigene E-Mail-Adresse auf der Seite eingeben. Erscheint die Ampel rot, bedeutet dies, dass die E-Mail-Adresse auf einer Liste mit geknackten Passwörtern im Internet auftaucht und das Passwort geändert werden sollte. Doch ob das Ergebnis nun rot oder grün ist, ein sicheres Passwort ist in jedem Fall ein wichtiger Schutz vor Cyberkriminalität.
Tipps zum Erstellen von sicheren Passwörtern finden sich hier:
https://www.bsi-fuer-buerger.de/BSIFB/DE/Empfehlungen/Passwoerter/passwoerter_node.html

Zum anderen ist auch aufgrund vielfältiger Motive der Täter/innen davon auszugehen, dass Straftaten im Bereich Cyberkriminalität zunehmen werden. Denn letztendlich stehen hinter den meisten Cyberkriminalitätsdelikten ähnliche Motive wie bei Diebstahl, Erpressung, Vandalismus, übler Nachrede oder Spionage in der analogen Welt. Vor dem Hintergrund einer relativ geringen Entdeckungswahrscheinlichkeit infolge einer weitgehenden Anonymität im Internet ist die Annahme sehr plausibel, dass sich solche Delikte mehr und mehr vom analogen in den digitalen Raum verschieben. Dieses Phänomen lässt sich beispielsweise mittlerweile schon deutlich im Zusammenhang mit dem Drogenhandel feststellen, der häufig übers Internet und mittels Postversand erfolgt und weniger auf öffentlichen Plätzen stattfindet, die leichter überwacht werden können.[24]

Für eine mögliche Deliktsverschiebung in den digitalen Raum spricht ferner, dass keine IT-Expertise notwendig ist, um Cyberkriminalität zu begehen. Bei bestimmten Straftaten, z.B. Cybermobbing, sind nur Kenntnisse im Umgang mit sozialen Netzwerken und dergleichen notwendig. Doch auch bei komplexeren Taten wie beispielsweise einem Ransomware-Angriff, bei welchem die Verschlüsselung von Daten erfolgt, braucht der/die Täter/in nicht selbst über Programmierungskenntnisse zu verfügen. Straftaten können im Darknet einer Dienstleistung gleich gekauft werden, was auch *crime-as-a-service* genannt wird.

Cyberkriminalität liegt in unterschiedlichen Formen vor und die Gruppe von (potentiellen) Opfern und Tätern/innen ist groß. Welche Entwicklungsdynamiken dieses Feld in Zukunft weiter prägen werden, bleibt abzuwarten. Vor dem Hintergrund einer zunehmenden Digitalisierung ist es in jedem Fall für jede/n Nutzer/in von IT-Systemen, von Computern über Smartphones bis hin zum smarten Fernseher, ratsam, sich mit den Risiken von Cyberkriminalität und mit den Möglichkeiten der Prävention auseinanderzusetzen.

Zum Nach- und Weiterdenken

Schauen Sie sich die verschiedenen Arten von Cyberkriminalität an und überlegen Sie: Inwiefern handelt es sich um neue oder alte Formen von Kriminalität?
Über die Täter/innen von Cyberkriminalität weiß man wenig. Was meinen Sie, wer könnte als Täter/in infrage kommen und welche Beziehung haben diese zu den Opfern?
Was könnten geeignete Präventionsmaßnahmen sein, um sich vor Cyberkriminalität zu schützen?

Zum Weiterlesen

Bundeskriminalamt (2019): *Cybercrime. Bundeslagebild 2018.* Wiesbaden.

Das Bundeslagebild stellt die Daten der Polizeilichen Kriminalstatistik dar und zeigt somit, welche Taten der Polizei bekannt werden.

Huber, Edith (2019): *Cybercrime. Eine Einführung.* Wiesbaden: Springer VS.

Das Buch gibt näheren Einblick in Angriffsformen und enthält Informationen darüber, wer die Täter von Cyberkriminalität sind.

McEwan, Ian (2019): *Maschinen wie ich.* Zürich: Diogenes.

In dem kontrafaktischen Roman geht es um ein Paar, das mit einem Androiden zusammenwohnt, und die Frage, ob Maschinen denken und lieben können.

Rüdiger, Thomas-Gabriel und Petra Saskia Bayerl (Hrsg.) (2020): *Cyberkriminologie. Kriminologie für das digitale Zeitalter.* Wiesbaden: Springer VS.

Der Sammelband gibt einen Überblick über den aktuellen Stand der theoretischen Grundlagen, der empirischen Datenbasis, den Möglichkeiten und Problemen der Strafverfolgung sowie über die Bandbreite der Phänomene im Bereich der Cyberkriminalität.

Umweltkriminalität: Straftaten wider die Natur

Alexander Werner

Unter dem Begriff Umweltkriminalität werden Verstöße verschiedener Art und unterschiedlichen Ausmaßes gefasst, wie z. B. die illegale Müllentsorgung oder Tierquälerei. Der folgende Beitrag erläutert, was unter Umweltkriminalität verstanden wird und welche Schäden sie verursacht. Dabei werden die ausgewählten Umweltstraftaten Gewässer- und Bodenverunreinigung sowie Tierschutzverstöße unter die Lupe genommen. Anschließend wird beleuchtet, welche Menschen warum eigentlich Umweltverstöße begehen und wer die wichtigsten Akteure der Bekämpfung von Umweltkriminalität sind.

1. Einleitung

„Erst wenn der letzte Baum gerodet, der letzte Fluss vergiftet,
der letzte Fisch gefangen ist, werdet ihr merken,
dass man Geld nicht essen kann.“[1]

Unser Ökosystem ist ein komplexer Kreislauf, dessen Schädigung Pflanzen, Tiere und Menschen gleichermaßen betreffen kann. Akte der Umweltverschmutzung an einem Ort können zeitverzögerte, unvorhersehbare Schäden an anderen Orten verursachen. So gelangen z. B. giftige Chemikalien in das Erdreich, sickern ins Grundwasser und von dort durch unterirdische Wasserläufe in Bäche, Flüsse und Meere, gelangen so in Pflanzen, ins Trinkwasser und in die Nahrung, lagern sich im Gewebe von Tieren, Menschen und ungeborenen Kindern ein, schädigen Organe und können Genmutationen verursachen. Die Einlagerung von Giften im Gewebe von Pflanzen und Tieren kann auch für den Menschen verheerende Wirkungen entfalten. Frisst z. B. ein Rind schadstoffbelastete Gräser und landet nach seiner Schlachtung auf der Speisekarte des Menschen, besteht die Gefahr einer „Vergiftung aus zweiter Hand“.[2] Typische, durch Umweltschäden hervorgerufene Erkrankungen sind Allergien, Seh- und Hörverlust, Lähmungen, Hepatitis sowie Leber- und Hauterkrankungen.[3] Eine Untersuchung der US-amerikanischen Umweltbehörde EPA ergab, dass Umweltverschmutzungen für etwa zwei Prozent der Todesfälle durch Krebs ursächlich sind.[4]

Durch die steigende Industrialisierung im zwanzigsten Jahrhundert wuchs das Problem der Umweltverschmutzung, das jedoch erst durch die Medienberichterstattung über Giftmüllskandale und Öko-Unfälle in den 1970er Jahren in den Fokus der Öffentlichkeit geriet. Beispiele hierfür sind das in den 1960er Jahren durch den Einsatz giftiger Pflanzenschutzmittel verursachte Tiersterben in den USA oder das Kernreaktorunglück 1986 in Tschernobyl, das über 10.000 Menschen das Leben kostete.

Umweltstraftaten unterscheiden sich in mehrfacher Hinsicht von der übrigen Kriminalität. So richten sie sich nicht gegen Individualpersonen, Firmen oder staatliche Einrichtungen, sondern sie treffen die Rechtsordnung im Ganzen und richten jährlich weltweit finanzielle Schäden in Milliardenhöhe, z. B. durch kostenaufwändige medizinische Behandlungen oder teure fachgerechte Müllentsorgung, an.[5] Auf globaler Ebene tragen Umweltverstöße zum Klimawandel bei, zur Zerstörung der Ozonschicht, zur Abholzung von Regenwäldern und zur Verschmutzung der Weltmeere. National und regional führen sie zu Artensterben bei Tieren und Pflanzen, zur Vergiftung von Böden und zu Bodenerosion, Süßwasserverschmutzung, steigendem Schadstoffgehalt der Luft und gesundheitsgefährdender Nahrung. Dennoch werden Umweltdelikte von der Bevölkerung kaum wahrgenommen und beeinträchtigen ihr Sicherheitsgefühl nur in geringem Maße.[6]

2. Arten von Umweltkriminalität

„Wie das stetige Tropfen des Wassers selbst den härtesten Stein aushöhlt, so könnte es sich am Ende verhängnisvoll erweisen, wenn wir von der Geburt bis zum Tode der Einwirkung gefährlicher Chemikalien unterworfen werden.“[7]

Unter Umweltkriminalität verstehen wir alle gesetzlich unter Strafe gestellten Verhaltensweisen, die eine Schädigung sogenannter Umweltschutzgüter, wie Böden, Gewässer oder Luft betreffen. Teilweise stehen diese Straftaten im Strafgesetzbuch. Hinzu kommen viele weitere Gesetze des sogenannten Nebenstrafrechts, wie z. B. das Tier-, und Naturschutzgesetz. Von Bedeutung sind außerdem Ordnungswidrigkeiten, die sich ebenfalls in diesen und weiteren Gesetzen, wie dem Kreislaufwirtschaftsgesetz, befinden. So kann für die unerlaubte Entsorgung von Elektrogeräten beispielsweise ein Bußgeld von bis zu 8.000 Euro fällig werden.

Die folgenden Abschnitte greifen lediglich eine kleine Auswahl einzelner Phänomene heraus, um das Spektrum der prominentesten Umweltdelikte abzubilden. Zuvor gilt es zu verstehen, dass es sich bei der Umweltkriminalität nicht ausschließlich um per se verbotenes Verhalten handelt. Daneben existieren viele Verhaltensweisen, die unter bestimmten Bedingungen erlaubt sind. Diese Regularien dienen in der Regel dazu, ein Gleichgewicht zwischen wirtschaftlichen und Umweltschutzinteressen zu wahren. Erst wenn diese nicht eingehalten werden, werden Straftaten oder Ordnungswidrigkeiten erfüllt. Diese Abhängigkeit des Strafrechts vom Verwaltungsrecht wird Verwaltungsakzessorietät genannt. Insgesamt können der Umweltkriminalität gut dreißig verschiedene Delikte des Straf- und Nebenstrafrechts sowie ein gutes Dutzend Ordnungswidrigkeiten zugeordnet werden, die ein weites Gesamtspektrum ergeben, vom Hundehaufen auf Spielplätzen, über illegal abgelagerte Autowracks bis hin zur Freisetzung radioaktiver Strahlen.

3.1 Gewässerverunreinigung

Klassische Begehungsweisen der Gewässerverunreinigung sind beispielsweise die Einleitung von häuslichen und chemischen Gewerbeabwässern in Bäche und Flüsse, oder, in größerem Maßstab, die Verklappung hochgiftiger Schweröl-Rückstände aus Maschinenräumen großer Schiffe. Dabei wird Öl, z. B. zur Reinigung von Tanks, auf hoher See abgepumpt, um Liege- oder Entsorgungsgebühren in den Häfen zu sparen.

In Gewässern finden ständige, unvorhersehbare Vermischungen und Wechselwirkungen verschiedener Stoffe statt. Auch das Grundwasser ist stets in Bewegung. Somit ist eine Gewässerverunreinigung an einem Ort im weitesten Sinne gleichbedeutend mit einer Verunreinigung aller Gewässer. Verschmutzungen oder Umweltschäden wie Fischsterben werden häufig viele Kilometer vom Ort der auslösenden Verunreinigung entfernt festgestellt und erschweren so die Lokalisierung des Tatortes, der genauen Ursache und somit auch die Ermittlung der Täter/innen.

3.2 Bodenverunreinigung

Bodenverunreinigungen sind das Einbringen von Stoffen in den Boden, die gesundheitsschädlich oder verunreinigend sind. Sie bedrohen vor allem die Gesundheit von Mensch und Tier, indem sie Pflanzen und natürliche Nahrungsmittel vergiften und sich auf die gesamte Nahrungskette auswirken können. Beispiele für Bodenverunreinigungen sind die Verwendung hochgiftiger Pestizide oder die Ausbringung phosphathaltiger Düngemittel in der Landwirtschaft und vor allem das weite Feld der umweltgefährdenden Abfallbeseitigung.

Illegaler Umgang mit Abfällen

Alle Arten von Abfall, selbst die weniger giftigen, wirken negativ auf die Umwelt, egal ob es sich dabei um industriellen- oder Hausmüll, feste oder flüssige Stoffe handelt. Der illegale Umgang mit Abfällen umfasst praktisch den gesamten denkbaren Umgang mit Müll und führt häufig zu unmittelbaren Schädigungen des Bodens. Aber auch Grundwasser und die Luft können in Mitleidenschaft gezogen werden, wenn z. B. Schadstoffe in den Boden einsickern oder bei einer Verbrennung freigesetzt werden. Die Palette der Verstöße reicht von Ordnungswidrigkeiten achtlos weggeworfener Taschentücher oder Zigarettenkippen, über die Verbrennung oder Entsorgung von Haus- oder Sondermüll in Wäldern, bis hin zum Vergraben asbestbehafteten Bauschutts. Die Entsorgung herrenlosen Abfalls obliegt dann zumeist kommunalen Entsorgungsunternehmen. Die Kosten tragen die Steuerzahlerinnen und Steuerzahler.

Ein inzwischen profitabler Markt ist der grenzüberschreitende illegale Abfallhandel, der es Unternehmen ermöglicht, erhebliche Kosten zu umgehen, indem sie auf die fachgerechte Entsorgung ihrer Abfälle verzichten. Sie beauftragen stattdessen Entsorger, die zwar rechtswidrig und umweltbelastender handeln, aber billiger sind. Begünstigt wird dieser Handel dadurch, dass Müllentsorgungskosten in Deutschland deutlich höher liegen als in vielen anderen Staaten. Zudem unterscheiden sich auch die gesetzlichen Regelungen der Abfallentsorgung sowie deren staatliche Überwachung, sodass der Anreiz einer Müllentsorgung im Ausland besonders groß ist. Die UN geht unter anderem davon aus, dass höchstens ein Fünftel des weltweiten Elektroschrotts legal entsorgt wird.[8] Insbesondere die 'Ndrangheta, eine italienische Mafiaorganisation, macht Geschäfte mit giftigem Abfall, vor allem Atommüll, in großem Stil.[9]

Illegale Verschiebungen von Sonderabfällen können auf verschiedene Arten begangen werden, z. B. durch das Umdeklarieren gefährlicher Abfälle und deren Begleitpapiere als weniger gefährliche Abfälle oder als frei handelbares Wirtschaftsgut oder durch die Untermischung von gefährlichen Abfällen zwischen weniger gefährliche. Schließlich werden die Sonderabfälle damit umweltgefährdend in Anlagen entsorgt, die für diese Art von Abfällen nicht ausgerichtet sind.[10]

Dumping

Einen Spezialfall des illegalen Umgangs mit Abfällen stellt das sogenannte Dumping dar. Unter Dumping verstehen wir die Entsorgung von Abfall, der bei der Produktion illegaler synthetischer Drogen anfällt. Bei der Herstellung von einem Kilo Amphetamin fallen z. B. zwanzig bis dreißig Kilo giftiger Rückstände in flüssiger oder fester Form an. Eine legale Entsorgung des chemischen Abfalls ist, wegen des Verbots der Herstellung von Rauschgift, unmöglich. Die Reste werden daher entweder über Toiletten oder Brunnen in die Kanalisation geleitet, unbemerkt auf Wiesen oder in Wäldern abgeladen, in eigens gebohrten Löchern versenkt, in Containern oder Transporter verbracht und angezündet oder bei der Aufgabe eines Drogenlabors zurückgelassen und irgendwann aufgefunden. Allein in Nordrhein-Westfalen wurden im Jahr 2019 über 20.000 Liter Dumpingabfall sichergestellt. Die fachgerechte Entsorgung ist teuer und muss vom Staat bzw. dem Steuerzahler getragen werden.

3.3 Tierschutz

Im Jahr 2002 wurde der Tierschutz als staatliches (und gesellschaftliches) Ziel mit in das Grundgesetz aufgenommen. Einen Straftatbestand stellt hier z. B. das Töten von Wirbeltieren dar, wobei dies nur strafbar ist, wenn das Tier ohne einen vernünftigen Grund getötet wird. Als vernünftige Gründe zählen in Deutschland die Produktion von Fleisch als Nahrungsmittel für den Menschen sowie die Verwertung des Tieres als Futtermittel für andere Tiere. Ferner wird jedoch auch ein vernünftiger Grund zum Töten von Wirbeltieren bejaht, wenn ein Fehlen der wirtschaftlichen Verwendbarkeit vorliegt. Hierdurch werden die Tötungen männlicher Küken in der Geflügelzucht zur Eierproduktion gerechtfertigt, da hierfür nur weibliche Küken gebraucht werden.

Weiterhin ist z. B. strafbar, wenn ein Tier misshandelt oder nicht ordnungsgemäß gehalten wird sowie der illegale Handel mit Wildtieren, toten Tieren oder Trophäen wie Geweihen oder Elfenbein. Bei der Einfuhr von nicht einheimischen Tieren bestehen Gefahren für die Artenvielfalt sowie der Verbreitung übertragbarer Krankheiten von einer Weltregion in eine andere. Europol zufolge werden durch den illegalen Handel mit exotischen oder vom Aussterben bedrohter Tiere oder deren Trophäen international Gewinne in Milliardenhöhe erwirtschaftet.[11]

Aufgrund der hohen Nachfrage hat sich in jüngerer Zeit ein eigener Geschäftszweig organisierter Bandenkriminalität zu Lasten des Tierwohls entwickelt: der illegale Handel mit Hundewelpen. Dabei werden Welpen, die ohne Impfung, ohne Erziehung und ohne Elterntiere unter nicht tiergerechten Bedingungen in Kellerräumen gehalten wurden, zum Verkauf angeboten. Nach dem Verkauf über Kleinanzeigen gegen Bargeld und ohne Kaufvertrag, Zuchtbuchkopie oder Impfbescheinigung, entstehen den Käufern zumeist hohe Folgekosten durch nachträgliche Impfungen oder medizinische Behandlungen der Tiere. In einigen Fällen sterben die Hunde an Krankheiten, denen sie unter legalen Bedingungen nicht ausgesetzt wären. Täglich werden neue Anzeigen im vierstelligen Bereich geschaltet und jährlich rund eine Milliarde Euro Verkaufswert erwirtschaftet.[12]

3.4 Weitere Phänomene

Ebenfalls zu den klassischen Umweltstraftaten gehört die Luftverunreinigung durch Freisetzung gasförmiger Schadstoffe, die häufig im Unternehmenskontext, beim Betrieb von Anlagen oder Maschinen steht. Ein weiteres Problem stellt die illegale Waldrodung dar, die sich negativ auf lokale Ökosysteme auswirken und Bodenerosionen sowie Erdrutsche hervorrufen kann. Im globalen Maßstab beschleunigt sie sogar den Klimawandel.[13]

Ferner sind mit Umweltkriminalität auch weitere Straftaten verbunden, z. B. der Bereich der Korruption. Dabei gilt die private deutsche Entsorgungsbranche mit ihrem jährlichen Marktvolumen von ca. 38 Milliarden Euro[14] als besonders anfällig. Hier bestehen Überschneidungen zu bekannten Problematiken der Korruption in der Baubranche. Denn zum oben genannten Marktvolumen kommen noch beträchtliche Investitionssummen für die Errichtung und Modernisierung von Entsorgungsanlagen hinzu, bei denen es sich im Einzelfall um dreistellige Millionenbeträge handeln kann. Dass damit erhebliche Anreize für die Zahlung oder Annahme von Bestechungsgeldern einhergehen, beweisen mehrere Korruptionsskandale, bei denen z. B. für die Genehmigung von Müllverbrennungsanlagen Schmiergelder in Millionenhöhe an Träger öffentlicher Ämter gezahlt wurden.[15]

3. Ausmaß von Umweltkriminalität

„Wir sind gewöhnt, nach der massiven und unmittelbaren Wirkung zu suchen und alles andere nicht zu beachten.“[16]

Um das Ausmaß von Umweltkriminalität zu erfassen, kann zunächst die Polizeiliche Kriminalstatistik (PKS) herangezogen werden. Hierbei handelt es sich nur um Straftaten, die der Polizei bekannt geworden sind (siehe dazu den Beitrag von Kai Seidensticker in diesem Band). Die PKS gibt u. a. an, wie viele Fälle einer Straftat die Polizei in einem Jahr abschließend bearbeitet hat. Dabei wird jedoch nicht die Schwere der Tat dokumentiert. So wird beispielsweise die illegale Verklappung tausender Tonnen Öl in die Nordsee genauso als ein Fall gezählt wie ein abgestelltes Auto im Wald.

Einen Großteil der Fälle der Umweltkriminalität machen die umweltgefährdende Abfallbeseitigung und Verstöße gegen das Tierschutzgesetz, dicht gefolgt von der Gewässerverunreinigung, aus. Auffällig ist, dass Straftaten gegen die Umwelt häufiger in ländlichen Gebieten registriert werden als in Städten, was sie von den meisten anderen Kriminalitätsformen unterscheidet.[17] Die Entwicklung der Fallzahlen ist bis 1998 durch einen Anstieg geprägt, seitdem sinkt die Anzahl an registrierten Straftaten im Bereich der Umweltkriminalität (siehe Abbildung 1).

In den meisten Fällen handelt es sich um Kontrolldelikte, also Straftaten, die weniger durch die Anzeige von Bürgerinnen und Bürgern, sondern durch das Kontrollverhalten der Polizei und anderer Behörden kenntlich werden (siehe dazu den Beitrag von Kai Seidensticker in diesem Band).

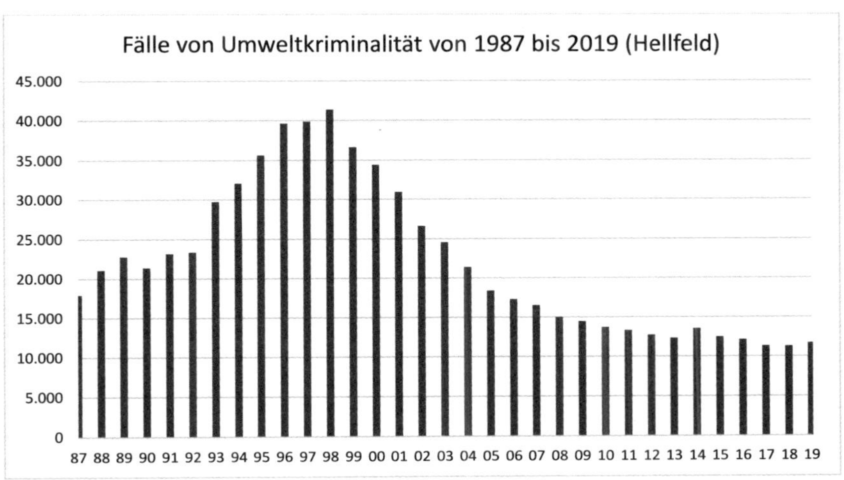

Abb. 1: Polizeiliches Hellfeld der Umweltkriminalität in Deutschland. Quelle: Bundeskriminalamt 2020.[18]

Der Grund dafür ist, dass es sich bei Umweltverstößen hauptsächlich um sogenannte „opferlose" Delikte handelt, das heißt, dass selten Personen unmittelbar betroffen sind, da in der Regel weder das Eigentum noch die Freiheit oder Gesundheit des Einzelnen (erkennbar) geschädigt werden. Aus diesem Grund werden Umweltstraftaten selten von der Bevölkerung entdeckt und wahrscheinlich noch seltener angezeigt. Das in den 1980er Jahren gestiegene gesellschaftliche Umweltbewusstsein könnte zu einer erhöhten Anzeigebereitschaft, z. B. durch nichtstaatliche Umweltschutzorganisationen, und vor allem zu einer verstärkten Kontrolltätigkeit der Strafverfolgungsbehörden geführt haben. Hierdurch könnten mehr Straftaten entdeckt und vom Dunkel- ins Hellfeld geholt worden sein.[19] Insofern könnte eine gesteigerte gesellschaftliche Sensibilität den Anstieg der Fallzahlen in der PKS bis 1998 erklären.

Da die Zahl der registrierten Umweltdelikte zu einem erheblichen Teil von staatlicher Kontrolltätigkeit abhängig ist, ist anzunehmen, dass darin auch ihre statistische Abnahme seit 1998 begründet liegt. Dies würde dafür sprechen, dass kein tatsächlicher Rückgang, sondern eine Verschiebung der begangenen Delikte vom Hell- ins Dunkelfeld stattgefunden haben könnte. Bevölkerungsumfragen ergaben, dass die Umweltthematik zum Ende des 20. Jahrhunderts in der Öffentlichkeit an Bedeutung verloren hat.[20] Das sinkende Umweltbewusstsein resultierte möglicherweise in einer abnehmenden Anzeige- und vor allem Kontrollbereitschaft der Behörden. Zudem wurden in vielen Bundesländern spezialisierte Umweltermittlungsdienststellen oder ihre personelle und technische Ausstattung aus finanziellen Gründen stark reduziert. Dies führte zu einer Abnahme ihrer Kontroll- und Ermittlungskapazitäten und wahrscheinlich dazu, dass genau in diesen Bundesländern die Fallzahlen im Bereich der Umweltkriminalität sanken.[21] Insofern ist davon auszugehen, dass das genaue Ausmaß der Umweltkriminalität wahrscheinlich zum größten Teil im sogenannten Dunkelfeld liegt.

4. Täter/innen und Ursachen im Bereich der Umweltkriminalität

„Das größte Hindernis für das Überleben der Menschheit ist die Menschheit selbst."[22]

In Bezug auf die Frage, wer eigentlich Umweltkriminalität begeht, spielen neben Privatpersonen vor allem auch Unternehmen und kriminelle Organisationen eine Rolle. Statistisch gesehen sind Täter/innen von Umweltverstößen im Durchschnitt 47 Jahre alt, männlich, deutsch, selten vorbestraft, haben 2,2 Kinder und ein geregeltes Einkommen. Außerdem ist in der Hälfte der aufgeklärten Verstöße ein Zusammenhang zwischen der verübten Tat und dem ausgeübten Beruf festzustellen. Insofern zeigt sich, dass es sich bei Täter/innen von Umweltverstößen vor allem um erwachsene Personen aus sozial angepassten Verhältnissen handelt, was sie stark von dem/der durchschnittlichen Täter/in anderer Straftaten unterscheidet.[23]

4.1 Privatpersonen

Bei Umweltvergehen von Privatpersonen handelt es sich vor allem um Bagatellfälle, z. B. der Ablagerung gefährlichen Abfalls und Autowracks sowie der illegalen Müllverbrennung oder um Ordnungswidrigkeiten, ohne erkennbaren Bezug zu ihrem Beruf, die überdurchschnittlich häufig fahrlässig begangen werden.[24] Nicht selten werden diese Verstöße aus Bequemlichkeit, Gewohnheit, Nachlässigkeit oder aus Unwissen über das Verbot des eigenen Handelns begangen. Hinzu kommt, dass die Folgen von Umweltverstößen durch den/die Täter/in oft als gering eingeschätzt werden oder zu abstrakt sind, um das eigene Verhalten als unmittelbar schädigend einzustufen. Unterm Strich handelt es sich häufig um Menschen, die den Weg zur eigenen Mülltonne scheuen oder es nicht innerhalb der Öffnungszeiten zum nächsten Wertstoffhof schaffen.

Es ist ein allgemeiner Befund der Kriminologie, dass ein geringes Risiko, bei einer Straftat entdeckt zu werden, wenig abschreckend wirkt. Dies gilt für Privatpersonen als Umwelttäter/innen weniger, denn Verstöße gegen das Umweltrecht werden selten entdeckt und somit selten bestraft. Des Weiteren fallen die Strafen in diesem Bereich vergleichsweise milde aus. Ferner müssen Privatpersonen als Täter/innen auch weniger Stigmatisierungseffekte, d. h.,

Ablehnungen oder Ausgrenzungen aus ihrem beruflichen oder sozialen Umfeld, befürchten. Dies ist sicherlich dadurch begünstigt, dass die Täter/innen ohnehin zumeist gesellschaftlich gefestigt sind und die Taten von vielen als nicht so schlimm empfunden werden. Insofern agieren – zumindest bewusst handelnde – Täter/innen rational und wägen zwischen ihrem Vorteil durch die Tat (z. B. Ersparnis von Geld oder Zeit) und den möglichen negativen Folgen (dem verursachten Schaden oder der Bestrafung) ab.

4.2 Unternehmen

Straftaten im Unternehmenskontext unterscheiden sich deliktisch kaum von Verstößen durch Privatpersonen. Aber sie zeichnen sich vor allem durch ihre bewusste und vorsätzliche Begehung, ihre Häufigkeit und Schwere sowie die besonderen Schwierigkeiten bei ihrer Ermittlung und Sanktionierung durch die Strafverfolgungsbehörden aus. Das liegt unter anderem daran, dass diese Taten häufig überlegter und geplanter begangen und vertuscht werden. Zudem sind die Strafverfahren oftmals langwierig und komplex, da es innerhalb von Unternehmensstrukturen schwierig ist, die tatsächlichen Verantwortlichen zu ermitteln. Letzteres ist erforderlich, da das deutsche Strafrecht, anders als beim Ordnungswidrigkeitenrecht, keine Bestrafung von Institutionen (sogenanntes Verbandsstrafrecht) zulässt. Zudem verfügen die Täter/innen in vielen Fällen über hochqualifizierte Rechtsanwälte.[25] Ein sehr prominenter Fall von Umweltverstößen durch Industrieunternehmen ist z. B. die Luftverunreinigung durch Abgase am Beispiel der Abgasaffäre durch illegale Abschalteinrichtungen in der Automobilindustrie im Jahr 2015.

Ein Hauptmotiv für Umweltverstöße durch Unternehmen ist sicherlich die finanzielle Gewinnmaximierung, das durch ein auf Wachstum ausgerichtetes Wirtschaftssystem und bestehenden Konkurrenzdruck verstärkt wird. Die weltweiten Gewinne durch Umweltkriminalität werden auf 110 bis 281 Milliarden US-Dollar jährlich geschätzt.[26] Im Gegensatz zu Straftaten der Eigentums- oder Vermögenskriminalität, wird durch Umweltdelikte kein unmittelbarer Gewinn, z. B. in Form von Tatbeute, erwirtschaftet. Dafür werden zum Teil erhebliche Kosten eingespart, die ein legales Handeln, z. B. durch Ausgaben für die fachgerechte Entsorgung von Abfall, verursacht hätte. Getreu der Maxime „Ökonomie vor Ökologie" werden die Wahrscheinlichkeit der Entdeckung und die mögliche Schwere der Strafe, z. B. in Form eines Bußgeldes oder einer Geldstrafe, gegen den zu erwartenden wirtschaftlichen Vorteil abgewogen (Theorie des rationalen Wahlhandelns, siehe dazu den Beitrag von Maike Meyer in diesem Band).

Dennoch zeigen Fallstudien und Täterinterviews[27], dass ihr Handeln häufig auch nicht rational überlegt, sondern intuitiv oder gewohnheitsmäßig und von profitunabhängigen Motiven, wie dem Wohle ihres Unternehmens oder der Erhaltung des eigenen Arbeitsplatzes getrieben ist (Theorie der Neutralisationstechniken, siehe dazu den Beitrag von Maike Meyer in diesem Band). Diese Motive hängen von dem Zugehörigkeitsgefühl und der Loyalität des Mitarbeiters zum Arbeitgeber ab. Je stärker diese ausgeprägt sind, desto größer wird der sogenannte normative soziale Einfluss, der den Mitarbeiter, ohne eigenen finanziellen Vorteil, ohne die Anweisung eines Vorgesetzten und unter hohem persönlichen Risiko, dazu treibt, Umweltverstöße zu begehen, zu veranlassen oder zuzulassen, sofern er glaubt, z. B. durch Kosteneinsparungen, zum Vorteil seines Unternehmens und/oder zur Zufriedenheit seines Vorgesetzten zu handeln.[28] Verstärkt wird ein solcher Effekt, wenn verhängte Geldstrafen gegen einen verurteilten Unternehmensangehörigen durch die Firma beglichen werden.[29]

Eine deliktsspezifische Ursache zeigt sich an der Zunahme des illegalen Abfallhandels. Dieser fällt mit dem um die Jahrtausendwende eingesetzten Privatisierungstrend öffentlicher Einrichtungen zusammen, der neben vielen Bereichen auch die Abfallwirtschaft umfasste. Zu den staatlichen Abfallbetrieben kamen dadurch private Unternehmen hinzu, die in erster Linie wirtschaftliche Interessen verfolgen. Daraus resultierte, dass der Staat heute weniger Kontrolle über die Prozesse und Kapazitäten der Abfallbranche ausüben kann. Hinzu kommen unterschiedliche Entsorgungsstandards in Europa, die den Handel mit Abfällen und deren unerlaubte Entsorgung bei preiswerteren, illegalen Geschäftspartnern attraktiv machen.[30]

4.3 Organisierte Kriminalität

Der illegale Umgang mit Abfällen und insbesondere der grenzüberschreitende illegale Abfallhandel bietet einen attraktiven Markt für Organisierte Kriminalität (siehe dazu den Beitrag von Dorothee Dienstbühl in diesem Band). Zum einen sind die wenigen legalen Entsorgungsmöglichkeiten gleichzeitig mit enormen Kosten verbunden, zum anderen streben kriminelle Organisationen stets danach, sich in lukrativen neuen und insbesondere ungleichmäßig regulierten Märkten zu etablieren.[31] Dabei lassen sie ein besonderes Geschick erkennen, flexibel auf Veränderungen des Marktes oder der Strafverfolgung zu reagieren, indem sie darauf abzielen vor jeder staatlichen, privaten oder kriminellen Konkurrenz in ein neues Geschäftsfeld einzusteigen oder ihre Tätigkeiten schnell von einem Land in ein anderes zu verlegen.

Die typischen Deliktsbereiche der Umweltkriminalität, in denen sich organisierte Gruppen international bewegen, sind das Dumping, die illegale Abholzung und der illegale Handel mit Plastik- und Elektromüll, mit exotischen und bedrohten Tieren sowie deren Trophäen, mit gefälschten Pestiziden und Heizölen[32] sowie die illegale Herstellung und der Vertrieb von Lebens- und Arzneimitteln. In der Regel werden diese Geschäfte unter dem Deckmantel eigens gegründeter, legaler Unternehmen abgewickelt.[33] Daraus resultieren zwangsläufig weitere Straftaten der Organisierten Kriminalität, wie Geldwäsche oder Korruption.

5. Die Bekämpfung der Umweltkriminalität und ihre Akteure

„Der Staat schützt auch in Verantwortung für die künftigen Generationen die natürlichen Lebensgrundlagen und die Tiere im Rahmen der verfassungsmäßigen Ordnung durch die Gesetzgebung und nach Maßgabe von Gesetz und Recht durch die vollziehende Gewalt und die Rechtsprechung." (Grundgesetz für die Bundesrepublik Deutschland, Artikel 20a)

Bei der Bekämpfung der Umweltkriminalität sind viele Akteure und deren Zusammenarbeit gefragt. Eine zentrale Rolle kommt dabei den Umweltverwaltungen zu. Ihnen stehen Kontroll- und Überwachungsinstrumente, wie Genehmigungen oder Inspektionen zur Verfügung. Daneben obliegt ihnen die Verfolgung und Ahndung von Umweltordnungswidrigkeiten, z. B. durch Bußgelder oder durch die Schließung von Anlagen.

Der Polizei und den Staatsanwaltschaften obliegt, neben der Unterstützung der Umweltbehörden, vor allem die Strafverfolgung. Welche Dienststelle für die Erkennung und Ermittlung von Umweltdelikten zuständig ist, hängt vom spezifischen Delikt und der Organisationsstruktur der jeweiligen Landespolizei ab. Für die Ermittlung von Gewässerverunreinigungen ist in der Regel die Wasserschutzpolizei zuständig. Da in der Polizeiausbildung zumeist keine Lehrinhalte in Sachen Umweltkriminalität vermittelt werden, spezialisierte Dienststellen inzwischen selten und Personal wenig vorhanden ist, fehlt es der Polizei weitgehend an der erforderlichen Fachkenntnis und den technischen Analysemöglichkeiten, sodass sie in besonderem Maße auf die Expertise von Umweltschutzbehörden angewiesen ist.[34] Ähnliche Schwierigkeiten betreffen auch die Zollfahndungsämter und Umweltverwaltungsbehörden, die aufgrund personeller Unterbesetzung teilweise dazu gezwungen sind, Überprüfungen, z. B. von Abfallbegleitpapieren, vom Schreibtisch aus vorzunehmen und darauf zu beschränken.

Darüber hinaus sind, insbesondere für die Bekämpfung des grenzüberschreitenden illegalen Abfallhandels auch das Bundesamt für Güterverkehr, das Zollkriminalamt und der Zollfahndungsdienst mit Spezialdienststellen zuständig und z. B. dazu befugt, Straßenverkehrskontrollen durchzuführen. Hinzu kommt die Küstenwache, in deren Zuständigkeit der maritime Umweltschutz, vor allem die Feststellung von Gewässerverschmutzungen, fällt.

Nicht zu vernachlässigen ist zu guter Letzt das Engagement von zivilgesellschaftlich-naturschutzbezogenen Nichtregierungsorganisationen (NGOs), deren Aktivitäten auf das Vermeiden, Erkennen und Verfolgen von Umweltkriminalität ausgerichtet sind, ohne die die zuständigen Behörden von vielen Umweltverstößen keine Kenntnis hätten.

Für eine erfolgreiche Bekämpfung der Umweltkriminalität ist eine funktionierende Zusammenarbeit der genannten Akteure entscheidend. Oftmals stehen dem allerdings Hürden des Datenschutzes, der Bürokratie oder der jeweiligen Prioritäten entgegen.[35] Probleme ergeben sich weiterhin dadurch, dass die verschiedenen Behörden mit unterschiedlichen Befugnissen ausgestattet sind. So ist die Polizei NRW beispielsweise nicht befugt, anlassunabhängige Abfalltransportkontrollen durchzuführen, die zuständige Umweltbehörde dagegen schon. Nur verfügt letztere nicht über das Recht, Transporter aus dem fließenden Straßenverkehr anzuhalten, sodass illegale Abfalltransporte ein nahezu nullprozentiges Risiko haben, unterwegs entdeckt zu werden.

6. Ausblick

„Wir hören jetzt das dumpfe Grollen,
das später zum Donner einer mächtigen Lawine werden könnte."[36]

Der vorliegende Beitrag zeigt auf, dass Umweltkriminalität viele unterschiedliche Arten von Umweltverschmutzungen zu Lasten der Allgemeinheit beinhaltet. Einzelne Personen oder Unternehmen brechen das Recht, aber der Schaden, der vielleicht erst Jahre oder Jahrzehnte später eintritt, betrifft alle. Doch Umweltschutz und -kriminalität besitzen nicht mehr den Stellenwert, den sie in früheren Jahren hatten.

In der nahen Zukunft ist mit einer tatsächlichen Zunahme der Umweltkriminalität zu rechnen. Beobachtungen von Interpol weisen auf neue illegale Entsorgungsmärkte für Plastik- und Elektromüll sowie für Solaranlagen und Altbatterien in Afrika und Lateinamerika hin.[37] Prognosen zufolge wird das Marktvolumen des deutschen Entsorgungsmarktes bis 2024 um ca. acht Milliarden Euro anwachsen und damit auch lukrative Gewinnpotentiale für die illegale Abfallbeseitigung bieten.[38]

Zudem wirkt die Corona-Pandemie möglicherweise verstärkend auf die Entwicklung der Umweltkriminalität. Da viele legale Entsorgungsbetriebe und Recyclinghöfe zwischenzeitlich geschlossen wurden, registrierte der Naturschutzbund Deutschland in dieser Zeit eine Zunahme illegaler Müllentsorgung.[39] Die langfristigen Auswirkungen sind jedoch noch nicht festzustellen. Darüber hinaus zeigen Satellitendaten, dass die illegale Abholzung in Afrika, Asien und Südamerika während der Pandemie deutlich zugenommen hat. Ein Grund dafür ist, dass die Kontrolle durch Polizei, Ranger und Naturschützer aufgrund von Quarantäne, angeordnetem Homeoffice und Reisebeschränkungen vielerorts beinahe zum Erliegen gekommen ist.[40]

Doch eine andere Entwicklung könnte Mut machen: Möglicherweise wird aufmerksamen Beobachter/innen in Kapitel 4 der leichte Anstieg von Umweltstraftaten im Hellfeld des Jahres 2019 aufgefallen sein. Ein Jahr zuvor verzeichnete das Bundesumweltamt ein leichtes Wiedererstarken des gesellschaftlichen Umweltbewusstseins, insbesondere bei jungen Menschen.[41] Ob hier vielleicht ein Zusammenhang zu Umweltinitiativen, wie der Klimastreikbewegung Fridays for Future, besteht und dies zu einer erhöhten Anzeige- und Verfolgungsbereitschaft führen kann, bleibt abzuwarten.

Zum Nach- und Weiterdenken

1. Überlegen Sie: Wodurch unterscheiden sich Delikte der Umweltkriminalität von anderen Straftaten?
2. Welche Probleme bestehen bei der Verfolgung von Umweltdelikten?
3. Was könnten geeignete Präventionsmaßnahmen sein, um Umweltkriminalität vorzubeugen?
4. Diskutieren Sie: Inwiefern wurden die Ziele aus Artikel 20a des Grundgesetzes verwirklicht? (siehe Kapitel 6)

Zum Weiterlesen

Klüpfel, C. C. (2016): *Die Vollzugspraxis des Umweltstraf- und Umweltordnungswidrigkeitenrechts.* Berlin: Duncker & Umblot.

In ihrer Dissertation analysierte Klüpfel staatsanwaltliche Ermittlungsakten von Umweltverfahren und befragte Experten. Das Buch liefert ein breites Spektrum an Erkenntnissen über Begehungsweisen, Täter/innen und Ermittlungen von Verstößen gegen das Umweltrecht.

Mattioli, S. & Palladino, A. (2011): *Die Müllmafia. Das kriminelle Netzwerk in Europa.* München: HERBiG.

Die Autoren nehmen den internationalen und sehr lukrativen illegalen Giftmüllhandel der Organisierten Kriminalität unter die Lupe, der sowohl die Natur und Rechtsstaatlichkeit schädigt als auch Menschenleben fordert.

Carson, R. (1962): *Der stumme Frühling.* München: Biderstein.

Carsons Werk ist eines der einflussreichsten Sachbücher aller Zeiten. Es zeigt die verheerenden ökologischen Folgen des Einsatzes von Pestiziden und gilt bis heute als die Initialzündung der weltweiten Umweltbewegung.

Sexuelle Gewalt und deren gesellschaftliche Wahrnehmung

Daniela Pollich

Sexualdelikte, sei es in Bildungs- und Freizeitinstitutionen, in der Filmindustrie oder im öffentlichen Raum sorgen regelmäßig für mediale Schlagzeilen und erhitzte gesellschaftliche Diskussionen. Die Emotionalität, mit der solche Debatten meist geführt werden, deutet bereits an, dass sich Sexualdelikte in der gesellschaftlichen Wahrnehmung von anderen Delikten abheben. Die angeführten Beispiele zeigen zugleich, dass das Phänomen der Sexualdelikte keineswegs homogen ist und dass sich dahinter eine Vielzahl unterschiedlicher Handlungsweisen und Tatbestände verbergen.

1. Sexualdelikte – ein vielfältiger Deliktsbereich

Zunächst gilt es zu klären, welche Handlungen und Delikte der Begriff „Sexualdelikte" umfasst. Ob eine bestimmte sexuelle Handlung unerwünscht ist, entscheidet zunächst immer die Person, die diese Handlung erlebt. Ob eine derartige unerwünschte Handlung *strafbar* ist, ob es sich dabei also um Kriminalität handelt, regelt das Strafgesetzbuch. Die dort getroffenen gesetzlichen Regelungen schützen in Deutschland das Recht eines jeden Menschen auf *sexuelle Selbstbestimmung*. Im Folgenden werden einige Sexualdelikte, die in der gesellschaftlichen Diskussion regelmäßig vorkommen, genauer vorgestellt und weitere aufgezeigt.

Zunächst ist die *sexuelle Belästigung* eine weithin bekannte Form unerwünschter sexualitätsbezogener Handlungen. Sie kann im Alltag viele Formen annehmen, beispielsweise verbal, in Form anzüglicher Bemerkungen oder „Witze" geschehen oder durch Anstarren, Nachpfeifen usw. Strafbar als sexuelle Belästigung sind dabei nur Handlungen, die mit körperlicher Berührung einhergehen. Hierunter fallen zum Beispiel vom Opfer unerwünschte, flüchtige Berührungen an Brust oder Po sowie aufgedrängte Küsse. Einen eigenen Straftatbestand der sexuellen Belästigung (§ 184i StGB) gibt es allerdings erst seit Ende 2016, vorher konnten derartige Handlungen allenfalls als so genannte *Beleidigung auf sexueller Basis* (§ 185 StGB) bestraft werden; genau wie heute noch die verbalen sexuellen Belästigungen.

Sodann stellt das Strafgesetzbuch den *sexuellen Übergriff, die sexuelle Nötigung und die Vergewaltigung* ohne bzw. mit Todesfolge (§§ 177, 178 StGB) unter Strafe. Ein *sexueller Übergriff* liegt dann vor, wenn eine Person gegen ihren erkennbaren Willen dazu gebracht wird, sexuelle Handlungen an sich vornehmen zu lassen oder am Täter oder einem Dritten vorzunehmen. Geschieht der sexuelle Übergriff unter Anwendung oder Androhung von *Gewalt*, so spricht man von einer *sexuellen Nötigung*. Eine *Vergewaltigung* zeichnet sich dadurch aus, dass es beim Übergriff zum Geschlechtsverkehr kommt. Das Strafrecht sowie auch das 2017 von Deutschland ratifizierte Übereinkommen des Europarats zur Verhütung und Bekämpfung von Gewalt gegen Frauen und häuslicher Gewalt (die so genannte *Istanbul-Konvention*)[1] fassen auch Handlungen als Vergewaltigung auf, bei denen mit einem beliebigen Körperteil oder Gegenstand in eine Körperöffnung des Opfers eingedrungen wird.

Auch einzelne Aspekte der *Pornografie* werden den Delikten gegen die sexuelle Selbstbestimmung zugerechnet (§§ 184 – 184e StGB). Nicht jede Handlung im Kontext von Pornografie ist jedoch strafbar. Unter Strafe stehen unter anderem die Verbreitung, der Erwerb und der Besitz gewalt-, tier-, kinder- und jugendpornografischer „Schriften" (damit sind auch Fotos, Filme, Comics etc. gemeint), sowie das Vorführen pornografischer Inhalte gegenüber Kindern und Jugendlichen. Anhand aktueller, medial breit diskutierter Fälle der Verbreitung von kinder- bzw. jugendpornografischen Inhalten wird auch die überaus große Bedeutung des *Internet* für diesen Phänomenbereich klar. Dieses bietet eine anonyme Vernetzungsmöglichkeit für Gleichgesinnte und ermöglicht eine einfache und schnelle Verbreitung des Materials über die gesamte Welt.[2]

Kinder und Jugendliche werden im Kontext der Sexualdelikte als besonders schutzwürdige Opfergruppen im Gesetz hervorgehoben. So wird sexuelle Gewalt gegen Kinder und Jugendliche, aber auch gegen Schutzbefohlene, schutzbedürftige Personen in Einrichtungen, widerstandsunfähige Personen oder Personen in Abhängigkeitsverhältnissen besonders bestraft (§§ 174, 174a, 174b, 174c, 176, 176a, 176b, 182).

Daneben regelt das Strafrecht – unter den Straftaten gegen die sexuelle Selbstbestimmung und darüber hinaus – beispielsweise die Strafbarkeit der Erregung öffentlichen Ärgernisses oder exhibitionistischer Handlungen von Männern (!) (§§ 183, 183a StGB). Bestraft werden in Deutschland zudem einzelne Delikte, die im Zusammenhang mit *Prostitution* stehen (§§ 180a, 181a, 184f, 184g StGB), wobei die freiwillige Prostitution durch volljährige Personen sowie die Inanspruchnahme dieser Dienstleistung nicht grundsätzlich verboten sind. Auch für *gemeinschaftlich* begangene sexuelle Belästigungen oder Übergriffe sieht der Gesetzgeber seit Ende 2016 eine eigene Regelung vor (§ 184j StGB). Weitere Straftatbestände, die sich durch sexuelle Handlungen oder zumindest einen Zusammenhang mit sexuellen Motiven auszeichnen, sind beispielsweise der Beischlaf zwischen Verwandten (§ 173 StGB), der Menschenhandel und die Zwangsprostitution (§§ 232 und 232a StGB) oder aber sexuell motivierte Morde (§211 StGB) sowie Verleumdung oder üble Nachrede auf sexueller Basis (§§ 186 und 187 StGB).

Aufgrund dieser Vielgestaltigkeit des Phänomenbereichs muss für diesen Beitrag eine Eingrenzung vorgenommen werden. Schwerpunktmäßig werden im Folgenden Delikte der *sexuellen Gewalt* betrachtet, worunter hier in erster Linie der sexuelle Übergriff, die sexuelle Nötigung und die Vergewaltigung verstanden werden. Sexuelle Gewalt gegen Kinder wird im vorliegenden Beitrag allenfalls am Rande behandelt. Dies liegt keinesfalls an deren mangelnder Bedeutsamkeit, sondern im Gegenteil an der besonderen Charakteristik und Tragweite, denen im Rahmen des geplanten Umfangs nicht ausreichend entsprochen werden kann.

2. Definition sexueller Gewalt im gesellschaftlichen Wandel

Welche Handlungen als Sexualdelikte und sexuelle Gewalt verstanden werden, ist nicht zuletzt Sache gesellschaftlicher Definition. Auch das Strafrecht ist an jeweils geltenden gesellschaftlichen Werten und Moralvorstellungen orientiert und unterliegt damit, genau wie die gesellschaftlichen Sichtweisen, einem zeitlichen Wandel.

So konnte beispielsweise bis vor nicht allzu langer Zeit aus gesellschaftlicher und auch rechtlicher Sicht nicht jede Frau gleichermaßen Opfer einer Vergewaltigung werden: Das Delikt wurde lange als „Entehrung" einer Frau verstanden und konnte im Umkehrschluss nur Frauen treffen, die nach damaliger gesellschaftlicher Wahrnehmung eine solche „Ehre" besaßen. So war es bis weit das in das 18. Jahrhundert hinein per Definition nicht möglich, dass Frauen, die unverheiratet oder neben der Ehe freiwillige sexuelle Beziehungen zu Männern pflegten oder der Prostitution nachgingen, Opfer einer Vergewaltigung wurden. Ein derartiges Verständnis von „Ehre" und auch deren existenzielle gesellschaftliche Bedeutung schwächte sich zwar über die Jahrhunderte ab. Jedoch musste eine vergewaltigte Frau bis in die 1970er Jahre hinein vor Gericht glaubhaft machen, dass sie sich zur Verteidigung der eigenen „Ehre" intensiv und ausdauernd gegen den Angreifer gewehrt hatte. Nur dann war in der gesellschaftlichen und rechtlichen Wahrnehmung eine „echte" Vergewaltigung gegeben. Auch konnten Frauen, die verheiratet waren, nicht Opfer einer Vergewaltigung seitens ihres Ehemannes werden. Erst seit 1997 ist die Vergewaltigung im Rahmen einer Ehe in Deutschland als Verbrechen unter Strafe gestellt. Mit diesem Schritt wurde eine rechtliche Unterscheidung zwischen „echten" und „nicht-echten" Opfern von Vergewaltigungen – infolge einer langsamen gesellschaftlichen Wahrnehmungsänderung – endgültig aufgegeben.[3]

Auch die jüngste Verschärfung des Sexualstrafrechts, die Ende 2016 in Kraft trat, geht auf geänderte gesellschaftliche Wahrnehmungen zurück. In diesem Zusammenhang wurde breit diskutiert, ob ein Sexualstrafrecht noch zeitgemäß ist, in dem mindestens eine Androhung von *Gewalt* gegeben sein muss, um das unfreiwillige Herbeiführen sexueller Handlungen rechtlich bestrafen zu können. Eine sexuelle Handlung allein *gegen den erkennbaren Willen* des Opfers war hierfür bis zur Gesetzesänderung nicht ausreichend. Gesellschaftlich, aber auch von Politikerinnen und Politikern sowie Prominenten wurde unter dem Schlagwort „Nein heißt Nein" gefordert, dass eine verbale Ablehnung oder eine sonstige ablehnende Geste oder Äußerung des Opfers, über die sich der Täter oder die Täterin hinwegsetzt, ausreichen muss, damit eine Strafbarkeit gegeben ist. Aus dieser Diskussion und der etwa zeitgleich einsetzenden, internationalen #MeToo-Debatte, die auf machtbedingte sexuelle Übergriffe in der US-amerikanischen Filmindustrie zurückging, resultierte die Erweiterung der sexuellen Gewaltdelikte um den *sexuellen Übergriff* (§ 177 StGB) und die Neuschaffung eines Straftatbestandes der *sexuellen Belästigung* (§ 184i StGB). Auch die Diskussion um die Kölner Silvesternacht 2015/16 trug zu dieser Gesetzesänderung bei und brachte den Straftatbestand der (sexuellen) *Straftaten aus Gruppen* (§ 184j StGB) hervor.[4]

Im umgekehrten Fällen kam es vereinzelt auch dazu, dass die Strafbarkeit bestimmter sexueller Handlungen nach einer Änderung der gesellschaftlichen Moralvorstellungen *weggefallen* ist. Ein prominentes Beispiel ist die Abschaffung der Strafbarkeit von homosexuellen Handlungen zwischen Männern nach dem ehemaligen § 175 StGB. Dieser Wegfall geschah erst 1994, nach einem langen Kampf um die gesellschaftliche und rechtliche Akzeptanz dieser Form der Sexualität.[5]

Der Einfluss gesellschaftlicher Wahrnehmungen und medialer Diskussionen auf das Sexualstrafrecht bleibt auch weiterhin bestehen: So sind, im Zuge der prominenten Fälle von Kindesmissbrauch und der Verbreitung von Kinderpornografie im Internet, die in den letzten Jahren aufgedeckt wurden, aktuell Strafverschärfungen im Kontext der sexuellen Gewalt gegen Kinder und Jugendliche geplant.

3. Häufigkeit sexueller Gewalt

Die Frage, wie viele Sexualdelikte in Deutschland verübt werden bzw. wie viele Täter oder Opfer es gibt, ist nicht einfach zu beantworten. Zunächst kann man derartige Informationen aus der so genannten Polizeilichen Kriminalstatistik (PKS) ablesen, die jährlich veröffentlicht wird. Beispielhaft ist in Abbildung 1 die Entwicklung von Sexualdelikten in den vergangenen 20

Jahren in Deutschland dargestellt. Dabei handelt es sich (1) um *alle* Delikte gegen die sexuelle Selbstbestimmung, die der Polizei zur Kenntnis gelangt sind und (2) um schwere sexuelle Gewalt, d.h. Vergewaltigungen, sexuelle Nötigungen und sexuelle Übergriffe im besonders schweren Fall, einschließlich Tötungen, von denen die Polizei Kenntnis hat.[6]

Es zeigt sich, dass die Anzahl *aller* jährlich in Deutschland verzeichneten Delikte gegen die sexuelle Selbstbestimmung zwischen 1999 und 2019 zwischen 45.824 (2012) und 69.881 (2019) Delikten liegt, die Anzahl der schweren sexuellen Gewaltdelikte zwischen 7.022 (2015) und 11.282 (2017) Delikten. Insgesamt wird deutlich, dass in den betrachteten Jahren die polizeilich registrierten Zahlen in beiden Bereichen zunächst recht konstant geblieben sind. Allerdings ist ein Bruch zwischen den Jahren 2016 und 2017 zu erkennen: Die Zahlen sind ab dem Jahr 2017 erkennbar gestiegen, jedoch mit den Jahren davor nur noch eingeschränkt vergleichbar. Grund hierfür sind die damaligen Neuerungen im Sexualstrafrecht: Mehr sexuelle Handlungen als vorher wurden als strafbar deklariert (unter anderem z.B. durch die „Nein heißt Nein"-Regelung und den neuen Tatbestand der sexuellen Belästigung), dementsprechend steigen die Fallzahlen an. Der Anstieg der Zahlen der schweren sexuellen Gewaltdelikte im Jahr 2017 ist *neben* der Gesetzesänderung auf eine Änderung in der Erfassungsweise bzw. der Zusammenfassung von Delikten (in den so genannten Straftatenschlüsseln) zurückzuführen. Eine nochmalige Änderung dieser Deliktzusammenfassung im Jahr 2018 hat zur Folge, dass auch das Absinken der Zahlen zwischen diesen beiden Jahren nicht verlässlich interpretiert werden kann. Ob die zwischen 2018 und 2019 zu beobachtende Stabilisierung der Fallzahlen schwerer sexueller Gewalt weiter anhält, kann erst die PKS der kommenden Jahre zeigen. Die registrierte Häufigkeit der gesamten Delikte gegen die sexuelle Selbstbestimmung nimmt seit 2017 stetig zu, ohne dass hier die Erfassungsweise geändert wurde. Diese Hintergrundinformationen zu den offiziellen Zahlen machen deutlich, dass diese mit einer gewissen Vorsicht und stets unter Berücksichtigung von möglichen Strafrechts- oder Erfassungsänderungen zu interpretieren sind. Andernfalls droht das Risiko von Fehlinterpretationen.

Darüber hinaus können in der PKS grundsätzlich nur diejenigen Delikte verzeichnet sein, von denen die Polizei weiß. Diese werden als das *Hellfeld* der Kriminalität bezeichnet. Bei Sexualdelikten gibt es jedoch ein großes *Dunkelfeld*, d.h. ein wesentlicher Teil der tatsächlich geschehenen Delikte bleibt der Polizei unbekannt. Sexualdelikte werden überwiegend dadurch polizeibekannt, dass die Opfer eine Anzeige erstatten. Die so genannte Anzeigequote, also der Anteil derjenigen an allen betroffenen Personen, die das Erlebte bei der Polizei angezeigt haben, liegt jedoch nur bei etwa 5 bis 25 %.[7]

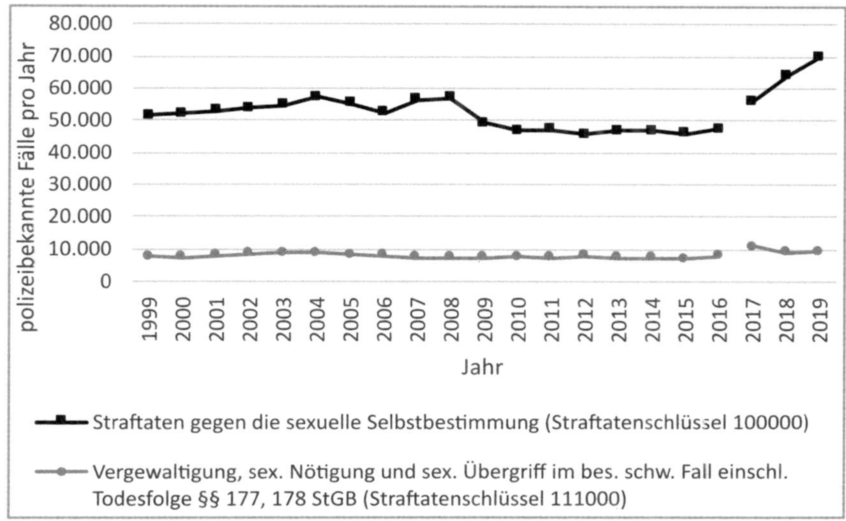

Abb. 1: Entwicklung der polizeilich registrierten Fallzahlen aller Delikte gegen die sexuelle Selbstbestimmung und schwerer sexueller Gewaltdelikte in Deutschland von 1999 bis 2019
Quelle: Bundeskriminalamt (2020): Polizeiliche Kriminalstatistik 2019, Zeitreihen 2019; Grafik eigene Erstellung

Zwar schwanken die diesbezügliche Ergebnisse zwischen verschiedenen Forschungsarbeiten etwas, jedoch kommen alle gleichermaßen zu dem Schluss, dass lediglich ein geringer Anteil der betroffenen Opfer eine Anzeige bei der Polizei erstattet.

Die Gründe hierfür sind vielfältig. Einige Opfer empfinden Scham aufgrund des Erlebten bzw. möchten das Geschehene schnellstmöglich vergessen und schweigen sich darüber aus. Wieder andere wissen gegebenenfalls nicht, dass es sich bei der Tat um eine strafbare Handlung handelt oder sie halten die Tat nicht für schwerwiegend genug, um Anzeige zu erstatten. Ein weiterer Grund für den Verzicht auf eine Anzeige kann ein fehlendes Vertrauen in die Polizei sein. Einige Opfer befürchten womöglich, die Polizei würde ihnen keinen Glauben schenken.[8] Neben kindlichen Opfern ist auch bei männlichen Opfern sexueller Gewalt ein besonders großes Dunkelfeld zu vermuten. Das Schamgefühl in Bezug auf die Opferwerdung und die damit einhergehende Tabuisierung ist bei Männern sicherlich noch höher ausgeprägt ist als bei Frauen. Insgesamt ist jedoch von einer steigenden Anzeigebereitschaft, auch als Folge gesellschaftlicher Debatten wie #MeToo oder der Diskussion um die Kölner Silvesternacht, auszugehen. Der in Abbildung 1 ersichtliche Anstieg der Fallzahlen aller Straftaten gegen die sexuelle Selbstbestimmung nach 2017 kann hierfür als Indiz gesehen werden.

Wie groß das Dunkelfeld ist, kann man nur durch Forschungsarbeiten näherungsweise bestimmen. Meist werden hierfür Befragungen von Personen zu erlebten sexuellen Übergriffen durchgeführt. In Deutschland existieren nur wenige solcher Studien, die verallgemeinerbare Daten für das ganze Land liefern. Sexualität, insbesondere erzwungene Sexualität, ist ein heikles Thema, zu welchem sicherlich die wenigsten Bürgerinnen und Bürger gerne Fragen beantworten. Aus diesem Grund ist ein wohlüberlegtes Vorgehen seitens der Forscherinnen und Forscher nötig, um verlässliche Antworten zu erhalten. Meist anhand von Fragebögen werden dann beispielsweise Fragen zum Erleben verschiedener Arten von Sexualdelikten bzw. sexueller Gewalt, ggf. auch zur Häufigkeit, zum Täter oder der Täterin, zur Erstattung einer Anzeige und vielem mehr gestellt.

Die momentan bedeutsamste veröffentlichte, aber nun auch schon relativ alte Studie aus 2004 zu sexueller Gewalt gegen Frauen, die für ganz Deutschland Aussagen treffen kann, zeigt, dass rund 14 % der befragten Frauen seit dem Alter von 16 Jahren ungewollte sexuelle Handlungen erlebt haben, zu denen sie gedrängt oder psychisch bzw. moralisch unter Druck gesetzt wurden.[9] Gegen ihren Willen mit körperlichem Zwang oder Drohungen durchgesetzte sexuelle Handlungen haben knapp 9 % der befragten Frauen seit ihrem 16. Lebensjahr mindestens einmal erlebt; knapp 6 % der befragten Frauen berichten von einer erlebten Vergewaltigung.[10] Andere jüngere Studien liefern, bei teilweise eingeschränkter Vergleichbarkeit, weitgehend ähnliche Ergebnisse.[11]

Verallgemeinerbare Zahlen zu sexueller Gewalt gegen Männer in Deutschland sind bislang kaum verfügbar. Jedoch sind in durchaus nennenswertem Ausmaß Fälle bis hin zu Vergewaltigungen sowohl in der PKS als auch in Forschungsarbeiten dokumentiert.[12]

4. Opferwerdung durch sexuelle Gewalt und gesellschaftliche Sicht auf die Opfer

Viele Datenquellen zeigen einhellig, dass die weitaus häufigste Geschlechterzusammensetzung bei sexueller Gewalt unter Erwachsenen in einem weiblichen Opfer und einem männlichen Täter besteht.[13] Dabei darf keinesfalls übersehen werden, dass auch regelmäßig sexuelle Gewalt von erwachsenen Frauen gegenüber Männern verübt wird und dass sich sexuelle Gewalt auch in Konstellationen mit queeren Täter*innen und/oder Opfern ereignen kann.[14]

Entgegen der der Angst vieler Menschen, insbesondere Frauen, spielen sich sexuelle Gewaltdelikte nicht in erster Linie im öffentlichen Raum, durch fremde Täter oder überfallartig ab. Im Gegenteil: Besonders die schweren

Delikte sexueller Gewalt zeichnen sich dadurch aus, dass Täter und Opfer sich oft mindestens flüchtig kennen, nicht selten sogar (ehemalige) Beziehungspartnerinnen bzw. -partner sind.[15] Demnach ereignen sich die meisten Sexualdelikte im häuslichen bzw. privaten Umfeld.[16]

Über die Gründe für eine Opferwerdung und auch die konkrete Opferauswahl der Täter ist – außer einer möglicherweise bestehenden persönlichen Beziehung – in der Forschung wenig bekannt. Zwar weiß man, dass, sofern keine Vorbeziehungen zwischen Tätern und Opfern bestehen, eher jüngere erwachsene Frauen bis ca. 35 Jahre zum Opfer werden als ältere. Dies scheint eher am unterschiedlichen Freizeitverhalten der jeweiligen Altersgruppen zu liegen, da die soziale Stellung oder die optische Erscheinung kaum eine Rolle für das Risiko einer Opferwerdung spielen.[17]

Auch wenn der „Ehrverlust" als Folge eines erlebten Sexualdeliktes aus der gesellschaftlichen Wahrnehmung weitgehend verschwunden ist (siehe Abschnitt 2); geblieben ist eine *Scham*, die Vergewaltigungsopfer häufig aufgrund der Erlebnisse empfinden. Diese ist keineswegs als selbstverständlich gegeben anzusehen, sondern sie wird gesellschaftlich erlernt.[18] Neben den Belastungen durch die Taten selbst, die oftmals gravierende psychische Folgen haben,[19] wird durch die empfundene Scham die Bewältigung erlebter sexueller Gewalt zusätzlich erschwert. Das *vermeintliche* gesellschaftliche Wissen über Vergewaltigungen, das eine solche Scham verursacht und begünstigt, wird in der Wissenschaft als *Vergewaltigungsmythen* bezeichnet. Diese Mythen gehen beispielsweise davon aus, dass nur bestimmte Frauen Opfer derartiger Taten werden, nämlich jene, die sich durch eigene riskante Verhaltensweisen einem erhöhten Risiko aussetzen. Hierunter kann man beispielsweise das Tragen „aufreizender" Kleidung oder das Flirten mit unbekannten Männern fassen. Zu den Vergewaltigungsmythen zählt beispielweise auch die Auffassung „Frauen wollten insgeheim zum Sex gezwungen werden". Den Opfern wird damit eine Mitschuld am Erlebten unterstellt. Derartige Ansichten wurden in den 1970er Jahren durch die feministische Bewegung erstmals als problematisch angemahnt und als Folge aus der gesellschaftlich gelebten Ungleichwertigkeit von Mann und Frau gesehen. Die Unterdrückung von Frauen bis hin zu sexueller Gewalt wird auf dieser Grundlage normalisiert und verharmlost. Aber auch für die Frauen selbst erfüllen die Vergewaltigungsmythen einen Zweck: Wenn sie davon ausgehen, dass nur bestimmte Frauen Opfer von Vergewaltigungen werden könnten, etwa durch ihre Kleidung oder ihren Lebensstil, wiegen sich die Frauen in der (falschen) Sicherheit, dass ein Vermeiden derartiger Verhaltensweisen sie vor dem Erleben von sexueller Gewalt schützen könne.[20]

Der feministischen Sichtweise wird dabei gelegentlich vorgeworfen, durch die starke Anprangerung dieser gesellschaftlichen Vergewaltigungsmythen die propagierte „Wahrheit" ins völlige Gegenteil zu verkehren: So hätte sich in der Gesellschaft das Bild eines stets schwachen und hilflosen weiblichen Opfers verfestigt, das dadurch in gewisser Weise entmündigt würde. [21] Gleichzeitig werden die Opfer nach Ansicht einiger Autoren dadurch gesellschaftlich und auch im Strafprozess (zu) stark in den Mittelpunkt gerückt und die Diskussionen um sexuelle Gewalt dadurch stark emotionalisiert.[22] Auch wenn die oben beschriebenen gesellschaftlichen Vorstellungen und Mythen über Vergewaltigungen nicht zutreffend sind, ist eine sachliche Diskussion über Opferwerdung sowie deren Hintergründe und Folgen auch auf dieser Basis schwer möglich.

5. Täterschaft von sexueller Gewalt und gesellschaftliche Sicht auf die Täter

Insgesamt ist es keineswegs so, dass es „*den* typischen" Sexualstraftäter gibt. Nur sehr wenige Täter sind ausschließlich auf Sexualdelikte spezialisiert. Im Gegenteil begehen Täter von Sexualdelikten oft eine Vielzahl verschiedenartiger Delikte, wie beispielsweise Körperverletzungen, Diebstahls- oder Drogendelikte.[23] Zwar weisen Sexualstraftäter in erhöhtem Maße psychische Beeinträchtigungen auf, allerdings zeichnen sie sich nicht regelmäßig durch eine Störung der Sexualpräferenz – eine so genannte Paraphilie – aus.[24] Oft haben Sexualstraftäter zudem soziale Schwierigkeiten wie zerrüttete Familien oder finanzielle Probleme.[25] Jedoch treffen derartige Merkmale auch auf eine Vielzahl anderer Personen zu, sie sind nicht spezifisch für sexuelle Gewalttäter.

Die wissenschaftliche Suche nach den Gründen und Motivationen der Ausübung von sexueller Gewalt verfolgt vielfältige Ansätze; diese können hier nur verkürzt wiedergegeben werden. Neben biologischen Ansätzen, die beispielsweise den Einfluss von Hormonen auf die Begehung von Sexualdelikten untersuchen, gibt es zahlreiche psychiatrische und psychologische Erklärungsansätze. Diese beschäftigen sich beispielsweise mit Persönlichkeitseigenschaften, Störungen der Regulation von Emotionen oder der Informationsverarbeitung von Sexualstraftätern.[26] Daneben gelten so genannte Lerntheorien als gängige Erklärungsansätze für die Begehung von Sexualdelikten:[27] Durch bestimmte soziale Kontakte, die beispielsweise männliche Dominanz oder gar sexuelle Gewalt vorleben, wird derartiges Verhalten durch Lernprozesse aus dem gesellschaftlichen Umfeld übernommen. Feministisch orientierte Erklärungsansätze, die ebenfalls regelmäßig zur Erklärung sexueller Gewalt verwendet werden, zeichnen das Bild einer gesellschaftlichen (Mit-)Verursachung von sexueller Gewalt durch die Akzeptanz von ungleichen Geschlechterrollenbildern. Dies kann letztlich in einer so genannten *rape culture* (Vergewaltigungskultur)[28] gipfeln, in der sich Täter von sexueller Gewalt sicher bzw. bestätigt fühlen. Da in den meisten Fällen keiner dieser Ansätze alleine geeignet ist, sexuelle Gewalt zu erklären, werden in jüngster Zeit vermehrt Ansätze kombiniert und die Wirkfaktoren *Biologie*, also körperliche Einflussfaktoren, *Psychologie*, d.h. Wahrnehmungs- und Denkmuster sowie Lernprozesse und *Soziologie*, also die Einflüsse der gesellschaftlichen Umgebung, kombiniert betrachtet.[29]

Insgesamt unterscheiden sich Sexualstraftäter anhand dieser drei Wirkfaktoren zwar in gewissem Maße, aber oft nicht *grundlegend* oder offensichtlich erkennbar von „normalen" Männern in der Gesamtgesellschaft. Jedoch spiegelt sich dies kaum in der gesellschaftlichen Wahrnehmung wider: Diese bewegt sich einerseits zwischen dem Bild eines tendenziell fälschlicher oder überempfindlicher Weise bezichtigten Mannes, der womöglich Signale des späteren Opfers falsch gedeutet hat oder dessen (vermeintlichen) sexuellen Provokationen „erlegen" ist. Andererseits werden Sexualstraftäter oft auch als psychisch abnorm dargestellt und nahezu entmenschlicht. Sie werden dann nicht als Person aus der gesellschaftlichen Mitte definiert – sie sind keiner „von uns". So umgeht die Gesellschaft auch eine Diskussion darüber, inwiefern Sexualdelikte womöglich ihre Wurzeln in ihr selbst haben.[30] Studien zeigen, dass die Täter von Sexualdelikten von der Gesellschaft anders wahrgenommen werden als die Täter anderweitiger Delikte: Für erstere werden im Vergleich regelmäßig härtere Strafen gefordert und ihre Wiedereingliederung in die Gesellschaft wird als unwahrscheinlicher beurteilt.[31] Insgesamt lässt sich eine sachliche Auseinandersetzung mit der Täterschaft von sexueller Gewalt in der gesellschaftlichen und medialen Diskussion damit weitestgehend vergeblich suchen.

Vielmehr kommt es immer wieder zu gesellschaftlichen und sodann politischen Rufen nach härteren Strafen für Sexualstraftäter, oft ohne fundierte fachliche und/oder wissenschaftliche Begründungen.[32] Hierdurch zeigt sich auch, wie stark der gesellschaftliche Wunsch nach einer strikten Abgrenzung von den Tätern ist. Womöglich ist dies der Grund, dass sexuelle Gewalt, vor allem im Zusammenhang mit kindlichen Opfern, als Thema oftmals durch rechtspopulistische bis rechtsextreme Gruppen instrumentalisiert wird. Diesen geht es allerdings kaum darum, echten Opferschutz bzw. die Rechte von Kindern, Frauen oder der sexuellen Selbstbestimmung im Allgemeinen zu stärken. Vielmehr scheint es das Ziel zu sein, ab- und auszugrenzen, komplexe gesellschaftliche Probleme einem Schwarz-Weiß-Denken zu unterwerfen und durch die emotionale Aufladung andere Menschen für weitere eigene Themen zu gewinnen.[33]

6. Opfer im Ermittlungs- und Strafverfahren

Hat sich ein Opfer einer Sexualstraftat zu einer Anzeige entschieden, folgt ein meist belastender Weg der polizeilichen Ermittlungen und des Gerichtsverfahrens. Im Rahmen der polizeilichen Bearbeitung von Sexualdelikten muss vom Opfer verlangt werden, die erlebten Handlungen möglichst im Detail zu schildern, um die Tat strafrechtlich genau einordnen zu können. Es gehört außerdem zur rechtsstaatlichen Aufgabe der Polizei, sowohl den Täter be- als auch entlastende Tatsachen herauszuarbeiten. Vor allem, wenn sich in den Aussagen der Opfer Widersprüchlichkeiten auftun, muss die Polizei versuchen, diese aufzuklären. Ursache hierfür kann sowohl eine getrübte Erinnerung beispielsweise aufgrund traumatischer Erlebnisse als auch eine gänzlich oder teilweise durch das Opfer vorgetäuschte Tathandlung sein.[34] Wie häufig letzteres vorkommt, wird von der Fachwelt nicht ganz einheitlich beurteilt, jedoch liegen Vortäuschungen verschiedenen Forschungsarbeiten zufolge eher selten vor.[35] Zur Sicherung von Beweisen wird in den meisten Fällen eine ärztliche bzw. gynäkologische Untersuchung des Opfers durchgeführt, bei der Verletzungen dokumentiert und Spuren gesichert werden. Auch die Kleidung oder sonstige persönliche Gegenstände des Opfers können zur Dokumentation von Spuren sichergestellt werden.[36] Kann sich eine Frau nicht sofort nach der Tat entscheiden, Anzeige bei der Polizei zu erstatten, existiert seit einigen Jahren die Möglichkeit, die schnell vergänglichen Spuren zunächst anonym durch ausgewählte Ärzte sichern zu lassen (so genannte Anonyme Spurensicherung [ASS]). Im Falle einer späteren Anzeige können diese verwendet werden und gehen als Beweismaterial nicht verloren.[37]

Polizeibeamtinnen und –beamte, die Sexualdelikte bearbeiten, sind für den Umgang mit den Opfern speziell geschult. Zudem unterliegen die polizeilichen Abläufe strengen Vorgaben bezüglich des Opferschutzes. Auf Verlangen werden beispielsweise Opfer von gleichgeschlechtlichen Beamtinnen bzw. Beamten vernommen, es gibt die Möglichkeit, eine private Vertrauensperson zur Vernehmung hinzuzuziehen und neuerdings besteht die Möglichkeit einer so genannten audiovisuellen Vernehmung. Hierbei wird die Vernehmung des Opfers auf Video aufgezeichnet, damit das Erlebte nach Möglichkeit nicht mehrfach geschildert werden muss. Zudem kann der oder die polizeiliche Opferschutzbeauftragte an geeignete Hilfseinrichtungen vermitteln. Sowohl Frauennotrufe und -beratungsstellen als auch der Weiße Ring und zahlreiche weitere Einrichtungen, beispielsweise speziell für männliche und kindlicher Opfer, leisten nach erlebten Sexualdelikten Unterstützung. Auch die 2016 neu eingerichtete *psychosoziale Prozessbegleitung* kann den Opfern Beistand im Ermittlungs- und Strafverfahren leisten. [38]

Ein Spezifikum von vielen Sexualstraftaten ist, dass diese lediglich in Anwesenheit des mutmaßlichen Täters und Opfers stattfinden und weitere Zeugen oft nicht existieren. Dies erschwert die Wahrheitsfindung bei der Polizei und bei Gericht: Oftmals steht die Aussage des mutmaßlichen Opfers gegen die des mutmaßlichen Täters. Daher sind viele Gerichtsverfahren mit großen Belastungen für die Opfer verbunden. Insgesamt resultiert aus diesen Konstellationen ein deutliches Ungleichgewicht angezeigter Vergewaltigungen und letztendlich verurteilter Täter. Auch unter Berücksichtigung der zahlreichen statistischen Probleme eines derartigen Vergleiches bleibt die Erkenntnis, dass nur recht wenige Tatverdächtige von Sexualstraftaten letztendlich verurteilt werden. Dieser Befund resultiert aus einem mehrfachen Filterungsprozess: Zunächst kann es vorkommen, dass eine Tat polizeilich nicht geklärt werden kann, das heißt, dass kein Tatverdächtiger gefunden wird. Dies kann insbesondere dann passieren, wenn das Opfer den Täter vor der Tat nicht kannte und keine Hinweise auf dessen Identität geben kann. Wird seitens der Polizei ein Tatverdächtiger identifiziert, muss Anklage durch die Staatsanwaltschaft erhoben werden, was beispielsweise aufgrund eines nicht hinreichenden Tatverdachts nicht immer geschieht. Nur nach einer staatsanwaltschaftlichen Anklage wird der Fall vor Gericht verhandelt. Jedoch besteht dabei immer noch die rechtsstaatlich verankerte Möglichkeit eines Freispruchs für den Angeklagten, falls Zweifel an seiner Schuld bestehen.[39] Insgesamt werden damit verschiedenen Studien zufolge höchstens etwa ein Viertel der polizeilich ermittelten Tatverdächtigen von sexueller Nötigung bzw. Vergewaltigung mit und ohne Todesfolge verurteilt.[40]

7. Fazit

Die Ausführungen zeigen, dass sich Sexualdelikte und sexuelle Gewalt in der gesellschaftlichen Wahrnehmung von anderen Delikten unterscheiden. Stärker als bei anderen Delikten geht damit eine moralische Bewertung einher, die einst die „Sittlichkeit“ und „Ehre“ betraf, heute in Form von Vergewaltigungsmythen und einer empfundenen Scham die Opfer zusätzlich belastet. Die Wahrnehmung sowohl der Opfer als auch der Täter ist besonders: Opfer werden entweder als „Mitverursacher“ des Erlebten stigmatisiert oder als hilflose Objekte bemitleidet. Vor allem männliche Täter und ihre Taten hingegen werden entweder verharmlost und bagatellisiert oder aber als nicht zur Gesellschaft gehörig dämonisiert und entmenschlicht. Diese irreführenden und übermäßig vereinfachenden Gegensätzlichkeiten laden nicht zuletzt rechte Gruppierungen ein, das Thema zu besetzen. Was im Umgang mit Sexualdelikten oftmals fehlt, ist ein sachlicher Blick auf Täter, Opfer und Tatkonsequenzen sowie eine besonnene Diskussion ohne Skandalisierungen.

Fragen zum Nach- und Weiterdenken

Sexuelle Gewalt wird durch die Gesellschaft in vielerlei Hinsicht als besonders bedrohlich wahrgenommen. Sollte deshalb auch der gesellschaftliche und rechtliche Umgang mit den Tätern und Täterinnen rigider sein als bei anderen Straftaten? Wie ist Ihre „private" Sicht der Dinge und wie sollte Ihrer Meinung nach ein Rechtsstaat reagieren?

Die Opferwerdung durch sexuelle Gewalt ist zweifelsohne eine belastende und einschneidende Erfahrung. Warum könnte eine übermäßige Ausrichtung der gesellschaftlichen Diskussionen und insbesondere des Strafverfahrens am Opfer dennoch problematisch sein?

Zum Weiterlesen

Sanyal, Mithu M. (2017): *Vergewaltigung. Aspekte eines Verbrechens*. Bonn: Bundeszentrale für politische Bildung.

Ein gut lesbares und sehr anschauliches Buch, das die komplexen historischen, rechtlichen und gesellschaftlichen Entwicklungen um das Delikt der Vergewaltigung verdeutlicht.

Pollich, Daniela, Stewen, Marcus, Erdmann, Julia, Meyer, Maike & Mahle, Corinna (2019): *Sexuelle Gewalt gegen Frauen*. Hilden: Verlag deutsche Polizeiliteratur

Das Buch fasst die wesentlichen Erkenntnisse aus dem deutschsprachigen Raum zu sexueller Gewalt von Männern gegenüber Frauen zusammen und behandelt auch die polizeiliche Ermittlungsarbeit sowie den Opferschutz und Präventionsmöglichkeiten

Politisch motivierte Kriminalität und politisch motivierte Gewalt

Christoph Kopke

1. Einleitung

Zu den gesellschaftlich besonders kontrovers diskutierten Formen von Kriminalität gehört das, was gemeinhin unter politisch motivierter Kriminalität oder politisch motivierter Gewalt bezeichnet wird. Es sind ganz unterschiedliche Vorkommnisse und Phänomene, die hier in den Blick fallen: Rechtsradikale Ausschreitungen vor Flüchtlingsunterkünften, gewaltsame Übergriffe auf Obdachlose, Schmierereien an Synagogen oder das Zeigen des Hitlergrußes. Terroristische Anschläge wie die der „Rote Armee Fraktion" (RAF), die in der Bundesrepublik von 1970 an über zwei Jahrzehnte agierte, oder die Mord- und Raubserie des „Nationalsozialistischen Untergrundes" (NSU) in den 2000er Jahren. Tödliche Attentate islamistischer Täter, wie 2016 am Berliner Breitscheidplatz sind ebenso zu nennen, wie politisch rechts motivierte Morde in jüngerer Vergangenheit, etwa am hessischen CDU-Politiker Walter Lübcke 2019, oder die Anschläge in Halle 2019 und Hanau 2020.

Ferner waren gesellschaftliche Auseinandersetzungen über bestimmte Technologien, etwa Atomenergie und Gentechnik, in den letzten Jahrzehnten regelmäßig von gewalttätigen Protesten und militanten Aktionen begleitet. Auch in jüngster Zeit endeten zum Beispiel Räumungen von besetzten Baustellen und Waldstücken, die für Großprojekte gerodet werden sollten, etwa der Hambacher Forst in Nordrhein-Westfalen (NRW) oder der hessische Dannenröder Forst, bisweilen im gewalttätigen Vorgehen militanter Umweltschützer gegen polizeiliche Einsatzkräfte beziehungsweise in gewalttätigen Auseinandersetzungen mit der Polizei.

So unterschiedlich die hier erwähnten Beispiele sind, so unterschiedlich fällt auch ihre juristische, politische und bisweilen moralische Bewertung aus. Fragen von Ursache und Wirkung, Eskalation und Deeskalation, Legalität und Legitimität werden wohl auf keinem anderen Gebiet so unterschiedlich und kontrovers diskutiert: Politisch motivierte Kriminalität ist eben auch immer ein Politikum. Zumindest so viel kann gesagt werden: Gründe, Ursachen und Motive, sich nicht an Regeln und Gesetze halten zu wollen oder sich „kriminell" zu verhalten, können auch in politischen Absichten, Ansichten und Abneigungen, Zielen und Positionen liegen. Die Auseinandersetzung über den Begriff und die Phänomene, die unter „politischer Kriminalität" oder zugespitzt „politischer Gewalt" subsumiert werden, wird in der internationalen sozialwissenschaftlichen Diskussion schon lange geführt und ist somit komplexer, als dass sie nur aus polizeilicher oder juristischer Perspektive hinreichend geklärt werden könnte. Die Politikwissenschaftlerin Birgit Enzmann schlägt für politische Gewalt folgende Minimaldefinition vor:

> *„Politische Gewalt sei [...] verstanden als (1) die direkte physische Schädigung von Menschen durch Menschen, die (2) zu politischen Zwecken stattfindet, d. h. darauf abzielt, von oder für die Gesellschaft getroffene Entscheidungen zu verhindern oder zu erzwingen oder die auf die Regeln des gesellschaftlichen Zusammenlebens zielt und versucht bestehende Leitideen zu verteidigen oder durch neue zu ersetzen, die außerdem (3) im öffentlichen Raum, vor den Augen der Öffentlichkeit und an die Öffentlichkeit als Unterstützer, Publikum oder Schiedsrichter appellierend stattfindet."*[1]

Gewalt kann in verschiedenen politischen Kontexten entstehen. Doch es gibt Unterschiede: So erscheint „Gewaltakzeptanz" geradezu als „Grundelement" des Rechtsextremismus.[2] Ein striktes Freund-Feind-Denken und klare Feindbilder sind integraler Bestandteil rechtsextremer Einstellungen oder Weltanschauungen. Zwar bedienen sich auch andere politische Bewegungen der Gewalt als Mittel der Politik, auch sind Feindbilder an sich nicht spezifisch rechtsextrem, aber rechtsextreme Ideologie lebt davon, Feindgruppen zu benennen und ihnen den Kampf anzusagen.[3] Zu beobachten ist in der extremen Rechten mitunter ein taktischer oder strategischer Verzicht auf die Anwendung von Gewalt. Eine dezidierte Ablehnung oder theoretische Auseinandersetzung mit Gewalt, wie sie in der (historischen) politischen Linken immer auch geführt wurde,[4] sucht man bei der radikalen Rechten vergeblich. Auch Teile des islamistischen Spektrums verfügen, gestützt auf den totalen Wahrheitsanspruch der eigenen Ideologie, über eine hohe eliminatorische Gewaltbereitschaft und -praxis.

2. Die amtliche Bezeichnung PMK

Unter der etwas sperrigen Bezeichnung „Politisch motivierte Kriminalität" (PMK), werden von den Sicherheitsbehörden jene Straftaten zusammengefasst, die als sogenannte „Staatsschutzdelikte" gelten sowie allgemeine Straftaten, bei denen politische Motive in der Tatbegehung oder dem Tatentschluss eine Rolle spielen. Allgemein kann „von politisch motivierter Kriminalität [...] dann gesprochen" werden, „wenn Straftaten begangen werden, die von den Beteiligten politisch gemeint oder von den Kontrollorganen als politisch definiert werden. Von politisch motivierter Kriminalität soll auch dann gesprochen werden, wenn Straftaten aus einer vom Täter politisch begründeten und/oder menschenverachtenden Motivation heraus begangen, auch wenn sie nicht ausschließlich von politischen Ideologien getragen werden."[5] Das wirft die Fragen auf, wie dies festgestellt werden kann und wer die Deutungshoheit hat. Politisch motivierte Straftaten werden von der Polizei in einer eigenen Statistik, der PMK-Statistik, aufgeführt. Im Unterschied zur allgemeinen Polizeilichen Kriminalitätsstatistik (PKS) ist die PMK-Statistik eine sogenannte Eingangsstatistik, das heißt, dass Straftaten, wenn sie erfasst werden, daraufhin überprüft werden, ob es sich bei ihnen um ein sogenanntes PMK-Delikt handeln könnte. Anschließend werden sie von der Polizei entsprechend eingestuft, und zwar unabhängig davon, ob sich die Gerichte später der Einschätzung anschließen oder nicht. Das klingt einfacher, als es ist, denn was ist eine „politische Motivation" und woran lässt sich diese erkennen? Was ist eigentlich ein „Motiv" und wie ist etwas einzustufen, wenn gleichzeitig mehrere Motive vorliegen bzw. vermuten werden? Welches ist dann ausschlaggebend?

Gleichzeitig bewegen wir uns hier auch in einem umstrittenen, medial besonders beachteten und politisch heiklen Feld. Offizielle Zahlendiagramme und behördliche Statistiken suggerieren Genauigkeit, Übersichtlichkeit und Objektivität. Doch wie objektiv kann eine (polizeiliche) Statistik überhaupt sein? Von welchen Straftaten erlangt die Polizei überhaupt Kenntnis? Wie groß ist das sogenannte Dunkelfeld? Was gilt als politisch und was nicht? Woran wird ein politisches Motiv erkennbar? Beeinflussen die eigene Perspektive und Haltung die Einstufung einer Tat als „politisch motiviert"? Werden gar politisch legitime Positionen und daraus resultierende Handlungen kriminalisiert? Und schließlich: Wer hat eigentlich recht – die Polizei, oder die nachfolgenden Urteile der Justiz, die vielfach zu anderen Einschätzungen gelangen kann?

2.1 PMK und Staatsschutzdelikte

Traditionell wurde politische Kriminalität oder politisch motivierte Gewalt wesentlich als gegen den Staat und gegen das politische System gerichtet aufgefasst. Mit umständlichen Formulierungen wie „private Gewalt im politischen Meinungskampf" – so ein Buchtitel aus den frühen 1990er Jahren[6] – wurde zunächst versucht, dieses Dilemma zu lösen. Doch zeigte die Empirie schon seit langem, dass es auch unterhalb der „Systemfeindlichkeit" kriminelle Phänomene gab, die nur durch politische Motivlagen erklärbar waren. Das polizeiliche System zur Erfassung politischer Straftaten in der Bundesrepublik hat sich über Jahrzehnte mehrfach gewandelt. Seit 1959 wurden sogenannte echte Staatsschutzdelikte als eigene Rubrik in der allgemeinen „Polizeilichen Kriminalstatistik" (PKS) als „Polizeiliche Kriminalstatistik – Staatsschutz“ (PKS-S) ausgewiesen. Seit 1961 wurden die Staatsschutzdelikte dann eigens durch den „Kriminalpolizeilichen Meldedienst in Sachen Staatsschutz“ (KPMD-S) statistisch erfasst. Unter der Bezeichnung Staatsschutzdelikte sind im engeren Sinne die Straftatbestände zu verstehen, die sich gegen die verfassungsmäßige Ordnung und den Bestand der Bundesrepublik Deutschland richten und „kraft ihrer tatbestandlichen Struktur generell einen staatsgefährdenden Charakter aufweisen“[7]. Was unter Beeinträchtigung des Bestandes der Bundesrepublik Deutschland, ihrer Sicherheit und ihrer verfassungsmäßigen Ordnung zu verstehen ist, ist unter anderem in Paragraph 92 (Begriffsbestimmungen) des Strafgesetzbuches (StGB) geregelt.

Exkurs: Die Gewaltwelle von rechts Anfang der 1990er Jahre und Probleme ihrer Erfassung

Für die Einführung des Erfassungssystems PMK spielten die gesellschaftliche Entwicklungen in den Jahren nach der deutschen Wiedervereinigung eine zentrale Rolle. Besonders im Kontext des Anstieges rechtsextremer Gewalt nach 1990 erwies sich die bisherige Erhebung politisch motivierter Straftaten zunehmend als unzulänglich. Oder anders formuliert: Die grundlegende Überarbeitung und Neuausrichtung des Erfassungssystems politisch motivierter Straftaten ist vor dem Hintergrund der Dynamik vorrangig rechtsextremer und rassistischer Gewalt der frühen 1990er Jahre zu sehen. Während und nach der „Wende“ in der Deutschen Demokratischen Republik (DDR) 1989/90 war es unter Teilen der ostdeutschen Jugend zu einer beachtlichen nationalistischen und fremdenfeindlichen Mobilisierung gekommen. Rassistisch motivierte Gewalttaten und auch vereinzelt Morde, etwa an afrikanischen und vietnamesischen Vertragsarbeitern, sowie einen weit verbreiteten Alltagsrassismus hatte es in der DDR schon länger gegeben. Auch hatte sich bereits seit Mitte der 1980er Jahre eine extrem rechte Jugendszene republikweit entwickelt.[8] Im Machtvakuum zwischen sich auflösender DDR und neuer Bundesrepublik, im Windschatten sozialer Umbrüche und Verunsicherung bei gleichzeitiger allgemeiner, teils nationalistischer Einheitseuphorie wuchs diese rechte Jugendszene in Ostdeutschland rasant. Es kam zu Wellen schwerster Übergriffe, zu Morden, Brandanschlägen und pogromartigen Krawallen, vor allem, in den ostdeutschen Bundesländern. Die Angriffe richteten sich gegen tatsächliche und vermeintliche Migranten und deren Unterkünfte, gegen Angehörige der noch stationierten sowjetischen Streitkräfte, gegen Angehörige und Orte der Punk- und Gothic-Szene sowie linksalternative Jugendliche, gegen Homosexuelle und weitere soziale Gruppen. Rückblickend beschreibt der Kriminalist Bernd Wagner, bezogen auf die fast flächendeckend zu verzeichnenden Verhältnisse und Vorkommnisse der frühen 1990er Jahre:

> *„Überwiegend richteten sich nach einer Phase von Überfällen auf vermeintliche und tatsächliche Linke und deren Gebäude (1990) die Angriffe bis 1994 vorrangig auf Wohnunterkünfte von Ausländern/Asylbewerbern. Zum Einsatz gelangten, wie schon 1992, selbstgefertigte Brandsätze/-flaschen, Baseballschläger und andere Schlaginstrumente, Steine, Feuerwerksraketen, Gasdruckpistolen und Reizgas. Die Angriffe erfolgten entweder verdeckt in kleinen (darunter schnell an den Tatort anreisenden motorisierten) Gruppen oder in größeren Gruppen Jugendlicher (Deckung in der Menge). Daneben wurden Ausländer auf der Straße überfallen, geschlagen, provoziert und herabgewürdigt. Die Handlungen waren häufig von großer Brutalität gekennzeichnet und zeigten ein situations- und körperbewußttrainiertes Vorgehen“.*[9]

Dokumentiert wurden diese Angriffe und Gewalttaten zunächst vor allem von antifaschistischen und antirassistischen Gruppen. Vielerorts sahen sich deren Akteure mit der Ignoranz der Behörden und dem schlichten Leugnen der Existenz entsprechender Vorkommnisse durch kommunale Entscheidungsträger konfrontiert. Örtliche Initiativen, die auf entsprechende Ereignisse hinwiesen, galten oftmals als ‚Nestbeschmutzer'. Staatliche Strukturen taten sich aus vielerlei Gründen und verschiedenen Motiven zunächst schwer, entsprechende Straftaten als politisch zu bewerten oder den oftmals dumpf wirkenden Tätern politische Motive zuzubilligen.[10] Dem kam entgegen, dass in der polizeilichen Kriminalitätsstatistik als politisch motivierte Kriminalität eben bis dato per definitionem nur Staatsschutzverbrechen geführt wurden. Oftmals wurden Taten und Ereignisse, die in der Öffentlichkeit als politisch motiviert wahrgenommen wurden, von den Ermittlern nicht als solche eingestuft, da vor der Einführung des neuen PMK-Systems politische Straftaten ohne erkennbare „Systemüberwindungsabsicht“ oder „extremistischer Motivation“, als solche regelmäßig nicht erkannt wurden. Die Absicht der Systemüberwindung war bei vielen der rassistischen oder allgemein vorurteilsgeleiteten Straftaten, die sich gegen Personen aus bestimmten gesellschaftlichen Gruppen richteten, wurde oftmals nur dann gesehen, wenn der Täter im Tatkontext eindeutige Parolen oder Symbole verwandte. Wenn also ein Täter ausdrücklich seine rechtsextreme Gesinnung zeigte, etwa durch ein Hakenkreuz oder den Hitlergruß und damit zugleich ein Staatsschutzdelikt beging oder durch das Skandieren eindeutig rechtsextremer Parolen sich als „Extremist“ präsentierte, wurde die Tat („unechtes“ Staatsschutzdelikt, s.o.) als politisch und rechtsextrem bewertet. Doch die massive Anzahl klar fremdenfeindlich oder rassistisch motivierter Straf- und Gewalttaten, die diese Anforderung nicht erfüllte, und die immer offensichtlicher werdende Lücke im Erfassungssystem erzwang eine Änderung in den polizeilichen Erfassungskriterien.

2.2 Von den „Sondermeldediensten" zum neuen PMK-System

Der am wissenschaftlich umstrittenen Extremismusbegriff ausgerichtete Meldedienst konnte mit den bis dahin vorherrschenden Kriterien das Ausmaß rassistischer und antisemitischer Gewalt nicht adäquat abbilden: „Aufgrund phänomenologischer Entwicklungsprozesse war eine realitätskonforme Abbildung des Straftatenaufkommens auf der Basis der am Extremismusbegriff orientierten Erfassung nicht mehr gewährleistet."[11] Um diesem Problem abzuhelfen, das zunehmend auch in den Sicherheitsbehörden erkannt wurde, wurden zunächst zusätzliche Sondermeldedienste geschaffen. Anfang 1992 wurde der Sondermeldedienst für fremdenfeindliche und 1993 für antisemitische Straftaten eingeführt.[12] Mit diesen Anpassungen wurde auf gesellschaftliche Entwicklungen und Debatten reagiert, die man nicht mehr ignorieren konnte. Dies war auch eine Reaktion auf die Vorwürfe, die Sicherheitsbehörden würden – absichtlich aus politischem Kalkül oder unbewusst systembedingt – das wahre Ausmaß rechtsmotivierter Gewalt verschleiern.

Trotz dieser Neuerungen hielt die Kritik an. So heißt es zum Beispiel in einer Studie aus dem Jahre 1994: „Die Kriterien, nach denen konkrete Straf- und Gewalttaten durch die Polizei als fremdenfeindlich eingestuft werden, sind keineswegs eindeutig festgelegt, so dass von den einzelnen Polizeidienststellen auch sehr Unterschiedliches als fremdenfeindlich definiert und eingeordnet wird."[13] Auch gebe es zwischen den Bundesländern teilweise große Unterschiede in der Ermittlungsarbeit und in der statistischen Erfassung. „Dies beeinträchtigt die Zuverlässigkeit und Aussagekraft der polizeilichen Statistik zu fremdenfeindlichen Straftaten erheblich."[14]Auch innerhalb der Sicherheitsbehörden wurde das Erfassungssystem zunehmend kritisch gesehen. So räumte der damalige Vizepräsident des Bundeskriminalamtes (BKA), Bernhard Falk, ein, das bisherige polizeiliche Meldesystem bilde eine „überkommene" und „verzerrte" Darstellung des polizeilichen Lagebildes ab und sei somit „ungeeignet".[15] Im Jahre 2000 befasste sich die Arbeitsgemeinschaft (AG) „Kripo", die aus Mitgliedern des BKA und der Landeskriminalämter bestand, mit dem Erfassungssystem und legte einen Arbeitsgruppenbeschluss zur 167. Konferenz der Innenminister bzw. Innensenatoren des Bundes und der Länder (IMK) vor. Dort wurde am 10. März 2001 ein einheitliches Definitionssystem „Politisch motivierter Kriminalität

(PMK)" verabschiedet, das rückwirkend zum 1. Januar 2001 bis heute seine Anwendung findet und die Meldesysteme KPMD-S und PMK-S ablöste.

Bei dem neuen Definitionssystem ist nicht die Absicht der Systemüberwindung, sondern die „tatauslösende politische Motivation"[16] zentrales Bestimmungsmerkmal politisch motivierter Kriminalität. Demnach handelt es sich um politisch motivierte Kriminalität, wenn

> „in Würdigung der Umstände der Tat und/oder der Einstellung des Täters Anhaltspunkte dafür vorliegen, dass sie den demokratischen Willensbildungsprozess beeinflussen sollen, der Erreichung oder Verhinderung politischer Ziele dienen oder sich gegen die Realisierung politischer Entscheidungen richten, sich gegen die freiheitlich demokratische Grundordnung bzw. eines ihrer Wesensmerkmale, den Bestand und die Sicherheit des Bundes oder eines Landes richten, oder eine ungesetzliche Beeinträchtigung der Amtsführung von Mitgliedern der Verfassungsorgane des Bundes oder eines Landes zum Ziel haben,
>
> - durch Anwendung von Gewalt oder darauf gerichtete Vorbereitungshandlungen auswärtige Belange der Bundesrepublik Deutschland gefährden oder
> - gegen eine Person gerichtet sind, wegen ihrer politischen Einstellung, Nationalität, Volkszugehörigkeit, Rasse, Hautfarbe, Religion, Weltanschauung, Herkunft oder aufgrund ihres äußeren Erscheinungsbildes, ihrer Behinderung, ihrer sexuellen Orientierung oder ihres gesellschaftlichen Status und die Tathandlung damit im Kausalzusammenhang steht bzw. sich in diesem Zusammenhang gegen eine Institution/Sache oder ein Objekt richtet (Hasskriminalität).
>
> Oder
>
> - Tatbestände der echten Staatsschutzdelikte erfüllt sind; sie sind immer als PMK zu erfassen, selbst wenn im Einzelfall eine politische Motivation nicht festgestellt werden kann" [17].

2.3 Echte und unechte Staatsschutzdelikte

Als „echte Staatsschutzdelikte" gelten Verstöße gegen bestimmte Strafgesetze (StGB, zum Teil in Verbindung mit Bestimmungen aus dem Völkerstrafrecht (VStGB)) „selbst wenn im Einzelfall eine politische Motivation nicht festgestellt werden kann". [18] Dies sind die Strafgesetzbuchparagraphen, die ganz unterschiedlich gelagerte Vergehen und Delikte unter Strafe stellen. Da sind etwa die Bestimmungen der §§ 80–83 zu nennen, mit denen u.a. der sogenannte Hochverrat geahndet wird, oder die §§ 84–86a, die Verstöße gegen ausgesprochene Vereins- und Parteiverbote regeln und beispielsweise das „Verbreiten von Propagandamitteln" beziehungsweise das „Verwenden von Kennzeichen verfassungswidriger Organisationen" (§§ 86 und 86a) unter

Strafe stellen. Die Strafrechtsnormen §§ 87–91 sanktionieren Sabotagetätigkeiten und bestimmte Handlungen, die terroristische Aktivitäten vorbereiten oder unterstützen (§§ 89–89b) bzw. stellen die Verunglimpfung des Bundespräsidenten, des bundesdeutschen Staates und weiterer Institutionen bzw. deren Symbole unter Strafe. In § 91 wird die „Anleitung zur Begehung einer schweren staatsgefährdenden Gewalttat" unter Strafe gestellt. Zu den „echten Staatsschutzdelikten" zählen weiter Verstöße gegen §§ 94–100a (verschiedene Formen von Spionagetätigkeiten und Geheimnisverrat), gegen § 102 (Angriff gegen Organe und Vertreter ausländischer Staaten) oder § 104 (Verletzung von Flaggen und Hoheitszeichen ausländischer Staaten). Bestimmte Handlungen gegen Verfassungsorgane und demokratische Abläufe, etwa Wahlfälschung, werden mit den §§ 105–108e geahndet. In §109–109h finden sich Bestimmungen, die unter anderem bestimmte Delikte, die gegen die Funktionsfähigkeit von Wehrpflicht und Bundeswehr gerichtet sind, unter Strafe stellen. Innerhalb der Terrorismusbekämpfung sind die §§ 129a und 129b von zentraler Bedeutung (§ 129a Bildung terroristischer Vereinigungen; § 129b Kriminelle und terroristische Vereinigungen im Ausland). Zu den „echten Staatsschutzdelikten" gehören weiter die §§ 234a (Verschleppung) und 241a (politische Verdächtigung).Bereits diese bloße Auflistung der Strafrechtsnormen zeigt, wie unterschiedlich die Delikte ausfallen, die unter der Klammer der „echten Staatsschutzdelikte" zusammengefasst werden. Auch ihre Häufigkeit ist unterschiedlich. Am häufigsten werden Verstöße nach §§ 86 und 86a (sogenannte Propagandadelikte) festzustellen sein, wogegen etwa nach der Aussetzung der Wehrpflicht 2011 kaum mehr Verfahren wegen §§ 109 oder 109a vorkommen dürften. Andere Delikte werden nur auf Wunsch der Geschädigten verfolgt, dies gilt etwa bei der „Verunglimpfung des Bundespräsidenten" (§ 190).

Auch auf dem Feld der Staatsschutzdelikte ist die Strafrechtsentwicklung dynamisch. Gerade in der Auseinandersetzung mit dem Terrorismus sind in den letzten Jahren und Jahrzehnten viele Bestimmungen neu ins Strafgesetzbuch aufgenommen worden. So wurden 2009 die Tatbestände der Vorbereitung einer schweren staatsgefährdenden Gewalttat als § 89a StGB beziehungsweise § 89b Aufnahme von Beziehungen zur Begehung einer schweren staatsgefährdenden Gewalttat, sprich die Kontaktaufnahme zu terroristischen Organisationen, in das Strafrecht aufgenommen. Hierunter fällt etwa auch die Ausbildung in ausländischen Terrorcamps.

In den späten 1950er Jahren, zu Beginn der eigenständigen Erfassung, zählten nur die §§ 80–91 (Friedensverrat, Hochverrat und Gefährdung den demokratischen Rechtsstaates) zu den Staatsschutzdelikten. Mit der Einführung des Kriminalpolizeilichen Meldedienstes – Staatsschutz (KPMD-S) wurden unter dem Begriff der „unechten" Staatsschutzdelikte darüber hinaus Straftaten erfasst, die aus Sicht der Ermittlungsbehörden dem „Extremismus“ oder dem „Terrorismus“ zuzuordnen sind. Mit Hilfe der Konstruktion können fast alle Straftaten erfasst werden, bei denen eine solche Motivation zu erkennen ist. Das umfasst auch rassistische und weitere menschenfeindliche Motive, die auch unter den Begriffen „Hass“- und „Vorurteilskriminalität“ subsumiert werden.[19]

2.4 Terrorismus

Terroristische Straftaten stellen ohne Zweifel die extremste Form politisch motivierter Gewaltkriminalität dar. Die Auseinandersetzung mit terroristischer Gewalt begleitet die Geschichte der Bundesrepublik seit Jahrzehnten. Im Zuge der zerfallenden außerparlamentarischen Opposition (APO) bildeten sich Ende der 1960er Jahre verschiedene linksradikale Gruppen, die ihre politischen Ziele durch den „bewaffneten Kampf“ durchsetzen wollten. Hier sind zuvorderst Gruppen wie die „Bewegung 2. Juni“ und die „Rote Armee Fraktion“ (RAF) zu nennen.[20] Besonders die RAF sorgte durch Sprengstoffattentate, Banküberfälle, Entführungen und tödliche Attentate auf führende Repräsentanten von Staat und Wirtschaft für großes Aufsehen. Insgesamt werden der RAF 34 Mordopfer zugeschrieben, darunter auch Leibwächter, Polizeibeamte, Zollbeamte, einfache amerikanische Soldaten und unbeteiligte Personen. Gleichzeitig stellte die Konfrontation mit der RAF die bislang größte Belastung für den bundesdeutschen Rechtsstaat dar. Gerade in der Auseinandersetzung mit dem RAF-Terror kam es zur Verschärfung und Neufassung zahlreicher Strafrechtsnormen und zur Einschränkung bislang geltender Freiheitsrechte. Als weitere linksterroristische Gruppe sind die „Revolutionären Zellen“ (RZ) anzuführen, die ein anderes politisches Konzept als die RAF vertraten und überwiegend mit Brand- und Sprengstoffanschlägen operierten, in Einzelfällen aber auch nicht vor schweren gezielten Körperverletzungsdelikten und Tötungen zurückscheuten.

Mindestens im Grenzbereich zum Terrorismus bewegten sich weitere militante zum Teil im Geheimen operierende Gruppen, die im Umfeld oder als Teil von „neuen sozialen Bewegungen“ durch Sprengstoffanschläge, Brandstiftungen oder Sachbeschädigungen politische Ziele umzusetzen versuchten. Auch der Rechtsterrorismus bildete sich Ende der 1960er heraus. Im Gegensatz zum Terror der RAF sind die rechtsterroristischen Taten jedoch weit weniger im kollektiven Gedächtnis der Bundesrepublik verankert. Zu den bedeutendsten Anschlägen zählen das Attentat auf das Münchener Oktoberfest im Jahr 1980, der mit dreizehn Todesopfern und weiteren 221 verletzten Personen den bislang schwersten Terrorakt in der Geschichte der Bundesrepublik darstellte, sowie die Anschläge der sogenannten Hepp-

Kexel-Gruppe, die sich überwiegend gegen Einrichtungen und Angehörige der in Westdeutschland stationierten US-amerikanischen Streitkräfte richteten. Zu den bedeutendsten rechtsterroristischen Aktivitäten in jüngster Zeit zählen die Sprengstoffattentate und Morde des „Nationalsozialistischen Untergrundes“ (NSU), denen zwischen den Jahren 2000 bis 2007 zehn Menschen zum Opfer fielen. Hinzu kommen durch rechtsmotivierte Einzeltäter begangenen Verbrechen, zu denen etwa die Massaker am Münchener Olympia Einkaufszentrum 2016 und in Hanau 2020, die Morde und der gescheiterte Angriff auf die Synagoge in Halle 2019 sowie die gezielte Tötung des hessischen CDU-Politikers Walter Lübcke im Jahr 2019 zählen.[21] Innerhalb der extrem rechten Szene ist seit Jahren eine hohe Gewaltbereitschaft auszumachen, so dass von einer weiteren Radikalisierung von Einzelpersonen und Gruppen auszugehen ist und entsprechende terroristische Aktivitäten auch in Zukunft zu erwarten sind.

Mit dem weltweiten Aufstieg des islamistisch motivierten und international vernetzten Terrors (Dschihadismus) in den letzten zwei Jahrzehnten und der Entstehung der Miliz „Islamischer Staat“ (IS) rückte die Bundesrepublik in den vergangenen Jahren auch vermehrt in den Fokus gewaltbereiter Islamistinnen und Islamisten. Mehrere hundert deutsche Staatsbürger nahmen als Kämpfer an Aktivitäten dschihadistischer Terrorgruppen im Ausland teil.[22] Der hierzulande bislang folgenschwerste islamistisch motivierte Angriff geschah im Dezember 2016 auf dem Berliner Breitscheitplatz. Ein Täter tunesischer Herkunft ermordete einen polnischen Lastwagenfahrer und fuhr mit dessen LKW in den Weihnachtsmarkt am Breitscheitplatz. Damit tötete er elf Personen und verletzte zahlreiche weitere Menschen.

In der internationalen sozialwissenschaftlichen und kriminologischen Terrorismusdiskussion existieren zahlreiche Definitionsansätze zum Terrorismus. Umstritten ist einerseits die Abgrenzung zu anderen Formen politisch motivierter Gewaltkriminalität, vor allem ab welcher Intensität die Gewalt als terroristisch einzustufen ist, andererseits auch zu anderen bewaffneten Gruppen. Einigkeit besteht lediglich darin, dass Terrorismus immer eine Art von „Kommunikationsstrategie“ verfolgt. Das US-Außenministerium definiert Terrorismus recht allgemein: „Terrorismus ist vorsätzliche, politisch motivierte Gewalt, verübt gegen zivile Ziele durch substaatliche Gruppen oder im Verborgenen arbeitende Täter, gewöhnlich mit der Absicht ein Publikum zu beeinflussen.“[23] Die Vereinten Nationen definieren Terrorismus im Kern als „Straftaten, namentlich auch gegen Zivilpersonen, die mit der Absicht begangen werden, den Tod oder schwere Körperverletzungen zu verursachen, oder Geiselnahmen, die mit dem Ziel begangen werden, die ganze Bevölkerung, eine Gruppe von Personen oder einzelne Personen in Angst und Schrecken zu versetzen, eine Bevölkerung einzuschüchtern oder eine Regierung oder eine internationale Organisation zu einem Tun oder Unterlassen zu nötigen."[24] In der Bundesrepublik ist „der Begriff des Terrorismus [...] über die terroristische Vereinigung (§§ 129a, 129b StGB) gesetzlich definiert. Jedes Delikt, das in Verfolgung der Ziele einer terroristischen Vereinigung oder zu deren Aufrechterhaltung begangen wird, ist eine (eigene) terroristische Straftat." Des Weiteren werden als terroristische Taten „schwerwiegende politisch motivierte Gewaltdelikte (Katalogtaten des § 129a StGB) angesehen, die im Rahmen eines nachhaltig geführten Kampfes planmäßig begangen werden, in der Regel durch arbeitsteilig organisierte und verdeckt operierende Gruppen. Weiterhin werden – wie bereits erwähnt – die §§ 89a, 89b, 89c und 91 StGB dem Terrorismus zugeordnet. Terroristische Straftaten können, soweit sie Katalogstraftraten des § 129a StGB sind, auch durch Einzeltäter begangen werden, wenn deren Ziele bei der Tatbegehung darauf gerichtet sind,

- die Bevölkerung auf schwerwiegende Weise einzuschüchtern oder
- öffentliche Stellen oder internationale Organisationen rechtswidrig zu einem Tun oder Unterlassen zu zwingen oder
- die politischen, verfassungsrechtlichen, wirtschaftlichen oder sozialen Grundstrukturen des Bundes, eines Landes oder einer internationalen Organisation ernsthaft zu destabilisieren oder zu zerstören.

Terroristische Straftaten durch ausländische Gruppierungen, die über keine eigenständige Teilorganisation in der Bundesrepublik Deutschland verfügen, werden von § 129b StGB erfasst."[25]

3. Phänomenbereiche, Themenfelder und Deliktbereiche der PMK

Innerhalb der PMK-Statistik werden die erfassten Straftaten verschiedenen „Phänomenbereichen" zugeordnet. Aktuell sind dies die politisch motivierter Kriminalität „links" (PMK-links), „rechts" (PMK-rechts), „ausländische Ideologie" (PMK — ausländische Ideologie), „religiöse Ideologie" (PMK — religiöse Ideologie) und „sonstige bzw. nicht zuzuordnen" (PMK-sonstige). Mit den Kategorien „ausländische Ideologie" und „religiöse Ideologien", die hauptsächlich auf den Islamismus abzielt, wurde 2017 die bisherige Einstufung PMK „Ausländer" abgelöst. Die einzelnen Phänomenbereiche werden in der Statistik weiterhin nach einzelnen Deliktsbereichen, zum Beispiel politisch motivierte Gewaltkriminalität, und Themenfeldern, wie Hasskriminalität und Hatepostings aufgeschlüsselt. Hierbei kommt es auch zu Erfassungsproblemen, etwa wenn antisemitische Straftaten nicht zweifelsfrei einem Täterspektrum zugerechnet werden können.

PMK-links

Die deutschen Sicherheitsbehörden definieren diesen Bereich folgendermaßen: „Der PMK-links werden Straftaten zugeordnet, wenn in Würdigung der Umstände der Tat und/oder der Einstellung des Täters Anhaltspunkte dafür vorliegen, dass sie nach verständiger Betrachtung einer ‚linken' Orientierung zuzurechnen sind, ohne dass die Tat bereits die Außerkraftsetzung oder Abschaffung eines Elementes der freiheitlichen demokratischen Grundordnung (Extremismus) zum Ziel haben muss."[26] Diese Definition ist gegenüber früheren Sichtweisen insofern bemerkenswert, dass bestimmte Straftatkontexte – man denke etwa an Blockaden von Atommülltransporten – nicht mehr als „extremistisch" gelten. Als „in der Regel linksextremistisch zu qualifizieren" gelten Taten, wenn nach Einschätzung der Sicherheitsbehörden „Bezüge zu Anarchismus oder Kommunismus (einschließlich revolutionären Marxismus) ganz oder teilweise ursächlich für die Tatbegehung waren."[27] Beispiele für erfasste linksmotivierte Straftaten sind Sachbeschädigungen und Körperverletzungsdelikte zum Nachteil politischer Gegner, staatlicher Institutionen und anderer Einrichtungen oder jene, die sich gegen polizeiliche Einsatzkräfte während Demonstrationslagen richten. Die Zahlen unterliegen Schwankungen und sind von politischen Kampagnen und unterschiedlichen Anlässen abhängig. Die Erfassung und Zuordnung in den einzelnen Bundesländern scheinen unterschiedlich auszufallen. Umstritten sind auch im Kontext von Demonstrationen vorgenommene polizeiliche Einstufungen von Verhaltensweisen, sogenannte Widerstandshandlungen oder sich als symbolisch verstehende Aktionen des „zivilen Ungehorsams" als strafbare Nötigung – als Formen politisch motivierter Gewaltausübung.[28]

PMK rechts

„Der PMK-rechts werden Straftaten zugeordnet, wenn in Würdigung der Umstände der Tat und/oder der Einstellung des Täters Anhaltspunkte dafür vorliegen, dass sie nach verständiger Betrachtung einer ‚rechten' Orientierung zuzurechnen sind, ohne dass die Tat bereits die Außerkraftsetzung oder Abschaffung eines Elementes der freiheitlichen demokratischen Grundordnung (Extremismus) zum Ziel haben muss. Das wesentliche Merkmal einer ‚rechten' Ideologie ist die Annahme einer Ungleichheit beziehungsweise Ungleichwertigkeit der Menschen. Straftaten, bei denen Bezüge zum völkischen Nationalismus, zu Rassismus, Sozialdarwinismus oder Nationalsozialismus ganz oder teilweise ursächlich für die Tatbegehung waren, sind dabei in der Regel als rechtsextremistisch zu qualifizieren."[29] Die Fallzahlen im Bereich der PMK-rechts sind seit Jahren anhaltend hoch. Ein großer Teil der erfassten Straftaten stellen die bereits erwähnten Straftaten nach den §§ 86 und

86a. Aber auch Tötungs- und Körperverletzungsdelikte machen einen großen Anteil aus.

PMK ausländische Ideologien

Hierbei handelt es sich um Straftaten, für die ausländische Ideologien motivbildend sind, beziehungsweise für die Konflikte, die im Ausland entstanden sind, als ausschlaggebend betrachtet werden, auch wenn die Delikte hierzulande begangen werden. Den Hauptteil machen Delikte aus, die im Kontext der Kurdenpolitik der Türkei zu verstehen sind oder Handlungen, die sich gegen das in Deutschland geltende Betätigungsverbot der „Arbeiterpartei Kurdistans“ (PKK) richten. Dies ist auch in den Fällen so, wenn deutsche Staatsbürger als Tatverdächtige ermittelt werden.

PMK religiöse Ideologie

Mit dieser Kategorie werden überwiegend Straftaten erfasst, deren Hintergrund in einer islamisch-fundamentalistischen/islamistischen Tatmotivation auszumachen ist. Dies umfasst sowohl die oben erwähnten terroristischen Straftaten als auch Verstöße gegen in Deutschland erlassene Betätigungsverbote bestimmter international operierender islamistischer Organisationen, wie die 2020 verbotene schiitische Hizb Allah (auch: Hisbollah). Islamismus ist jedoch kein „importiertes“ Problem, sondern verweist auch auf Defizite der Integration von Einwanderern sowie auf Probleme sozialer Desintegration bestimmter Gruppen unserer Einwanderungsgesellschaft.[30] Die Auseinandersetzung mit den Ansichten des radikalen Islamismus wird auch in muslimischen Gemeinden und post-migrantischen Communities geführt.[31]

4. Fazit und Ausblick

Politische Gewalt und politisch motivierte Kriminalität stellen einen wichtigen Teil der Gesamtkriminalität dar. Zwar ist ihr Anteil am Gesamtaufkommen aller Straftaten vergleichsweise gering, aber ihre Auswirkung auf die öffentliche Sicherheit, das subjektive Sicherheitsgefühl und das friedliche Zusammenleben aller Menschen in einer vielfältigen Gesellschaft sind vergleichsweise groß. Die erfassten Fallzahlen politisch motivierter Kriminalität verbleiben auf hohem Niveau, ein großes Dunkelfeld nicht erfasster Taten muss vermutet werden. Angesichts der zunehmender Probleme wie dem globalen Klimawandel, militärischen Konflikten, weltweiten Migrationsbewegungen, ökonomischen Wandlungsprozessen und sozialer Desintegrationsprozessen steht unsere Gesellschaft vor großen Herausforderungen. Damit einhergehend wird politisch motivierte Kriminalität aller Voraussicht nach auch in Zukunft die Bundesrepublik weiterhin vor große Schwierigkeiten stellen, denen nicht allein durch Polizei und Justiz zu begegnen sein wird. Neben Repression braucht es insbesondere Prävention und Intervention. Dazu gehört neben politischer Bildung eine Politik der Förderung ökonomischer, sozialer und demokratischer Teilhabe zur Wahrung und Stärkung des gesellschaftlichen Zusammenhaltes.

Zum Nach- und Weiterdenken

Versuchen Sie die Ursachen, Ziele und Motive der PMK von denen anderer, in diesem Buch diskutierter Kriminalitätsbereiche wie der Wirtschaftskriminalität oder Umweltkriminalität zu unterscheiden.
Warum meinen Wissenschaftler, dass der PMK verstärkt mit Prävention begegnet werden müsste? Und wird in diesem Bereich seitens des Staates und der Zivilgesellschaft genug getan?
Welche der vorgestellten PMK-Bereiche (links, rechts, ausländische Ideologien, religiöse Ideologien) bereiten Ihnen persönlich mehr Sorge oder Angst? Warum?

Zum Weiterlesen

Enzmann, B. (Hrsg.) (2013): *Handbuch Politische Gewalt. Formen – Ursachen – Legitimation – Begrenzung*. Wiesbaden: Springer VS.

Ein reichhaltiger Sammelband mit sehr unterschiedlichen Perspektiven auf den Themenkomplex.

Dietze, C. (2016): *Die Erfindung des Terrorismus in Europa, Russland und den USA 1858–1866*. Hamburg: Hamburger Edition.

Eine historische Perspektive hilft oft, die Gegenwart besser zu verstehen. Terrorismus ist zwar eine Phänomen der Neuzeit, aber nicht nur der der Gegenwart. Carola Dietze führt kenntnisreich in die Ursprünge des Terrorismus im 19. Jahrhundert ein.

Heitmeyer, W., Freiheit, M. & Sitzer, P. (Hrsg.) (2020): *Rechte Bedrohungsallianzen*. Frankfurt/Main: Suhrkamp.

Wie hängen gesellschaftliche Diskurse und Gewalttaten zusammen? Wer „befeuert" die rechten Einzeltäter, die zur Waffe greifen und zur Tat schreiten? Der Band liefert hochaktuelle Einblicke und Analysen zum Zusammenspiel von rechtspopulistischen Politikern, rechtsradikalen Netzwerken und mörderischer Gewalt

https://www.bka.de/DE/UnsereAufgaben/Deliktsbereiche/PMK/pmk_node.html

https://www.verfassungsschutz.de/de/oeffentlichkeitsarbeit/publikationen/verfassungsschutzberichte

Auf den Websites des Bundeskriminalamtes und des Bundesamt für Verfassungsschutz finden sich ausführliche Informationen zur Sicht der Behörden, sowie amtliche Einschätzungen und Definitionen rund um den Komplex „PMK".

Kriminalitätskontrolle als Aufgabe der Polizei und Staatsanwaltschaft

Torsten Madlung

Dieses Kapitel erklärt, wie kriminalpolizeiliche Ermittlungen grundlegend ablaufen und wie die Kriminalpolizei praktisch mit der Erscheinung „Kriminalität" umgeht. Das wird sich wahrscheinlich wesentlich von den in der breiten Bevölkerung bestehenden Vorstellungen aus Filmen und anderen Medien unterscheiden und wirkt in vielen Fällen eher bürokratisch bzw. formal und nicht so spannend und „cool" wie in den Fiktionen. Die kriminalpolizeiliche Arbeit ist sehr streng an gesetzliche Regularien gebunden, welche in der Strafprozessordnung (StPO) beschrieben sind. Das sind die sogenannten „Spielregeln" für das Ermittlungsverfahren, an die sich die Kriminalpolizei und die Kriminalisten zwingend halten müssen und welche ein einheitliches und in dem Rahmen auch rechtsstaatliches Verfahren ermöglichen. Darüber hinaus wird auch ein Teil der Rahmenbedingungen und Einflüsse, welche auf die Kriminalitätskontrolle und somit die Arbeit der Kriminalisten einwirken, aufgezeigt. Anhand dessen wird geschildert, wie unter diesen Bedingungen ein „kriminalistisch relevantes Ereignis" in einem Ermittlungsverfahren bearbeitet wird.

Unter Kriminalitätskontrolle wird die Beeinflussung der Kriminalität als eine Massenerscheinung bzw. ein soziales Phänomen innerhalb einer Gesellschaft verstanden. Diese Beeinflussung in Form einer aktiven Einflussnahme durch die Polizei mit dem Ziel der Zurückdrängung von Kriminalität erfolgt einerseits durch Kriminalprävention (Vorbeugung, Verhütung bzw. Verhinderung von Kriminalität im Vorfeld) und andererseits durch Strafverfolgung oder Repression (Aufdeckung von Kriminalität im Sinne einer sogenannten „Hellfeldüberführung", Tataufklärung, Täterermittlung und Sanktionierung von Kriminalität). Hierunter sind alle staatlichen, aber auch gesellschaftlichen Maßnahmen und Aktivitäten zu verstehen, welche darauf Einfluss nehmen, die Kriminalität auf einem für die Gesellschaft erträglichen Niveau zu halten bzw. sie dorthin zurückzudrängen. In diesen Prozess sind alle gesellschaftlichen Bereiche einschließlich der Wirtschaft, aber auch die Institutionen der informellen und formellen Sozialkontrolle, involviert. Sozialkontrolle stellt dabei den Versuch dar, gesellschaftlich erwünschte Verhaltensweisen zu erreichen.

Zu den Institutionen der informellen Sozialkontrolle gehören dabei u. a. die Schulen, die Sportvereine, aber auch die Familien als sehr wichtige und prägende primäre Sozialisationsinstanzen. Die Institutionen der formellen

Sozialkontrolle werden u. a. durch die Polizei, die Staatsanwaltschaft, die Gerichte, aber auch die Jugendämter in den jeweiligen Landkreisen bzw. Städten verkörpert. Dabei kommt der Polizei, neben der Justiz (Staatsanwaltschaft und Gerichte), eine sehr zentrale Rolle zu.

Als Synonym zum Begriff der Kriminalitätskontrolle finden auch nach wie vor die Begriffe Verbrechensbekämpfung bzw. Kriminalitätsbekämpfung Anwendung, auch wenn diese gegenüber der etwas „milderen" bzw. auch realeren Bezeichnung der „Kontrolle" eher den kaum zu gewinnenden „Kampf gegen das Verbrechen bzw. die Kriminalität" verbalisieren und somit auch etwas antiquiert und aus der Zeit gefallen erscheinen.

1. Die Aufgabe der Polizei im Ermittlungsverfahren

Die Aufgabe der Polizei im Ermittlungsverfahren besteht darin, kriminalistisch relevante Ereignisse (der überwiegende Teil davon ist Kriminalität) aufzudecken, aufzuklären und den oder die Täter beweiskräftig zu ermitteln, um sie dann wiederum einem geordneten gerichtlichen Verfahren zuzuführen. Um dieses Ziel zu erreichen, hat der Staat die Institution bzw. Organisation „Polizei" geschaffen, welche sich genau um diesen Aufgabenbereich kümmert. Sobald der Polizei Kriminalität bekannt wird, beginnt sie, nach einem relativ kurzen Prüfungsstadium, ob es sich auch wirklich um Kriminalität bzw. eine verfolgbare Straftat handelt, mit den kriminalpolizeilichen Ermittlungen.

Nach deutschem Recht ist es die Aufgabe der Gerichte, darüber zu entscheiden, ob eine Straftat als bewiesen gilt und der Tatverdächtige auch wirklich der schuldige Täter ist. Grundlage für diese Entscheidung sind strafprozessuale Beweismittel, welche als Spuren bzw. auch als kriminalistischer „Speichervorrat" bezeichnet werden. Diese Spuren können einerseits als Sachspuren (Sachbeweise; z. B. Fingerabdrücke, Tatwerkzeuge, Sekret- oder Blutspuren) oder andererseits auch als Personenspuren (Personalbeweise; z. B. Aussagen von Zeugen, Sachverständigen, Verdächtigen bzw. Beschuldigten) vorliegen. Sie entstehen jeweils durch konkrete Handlungen (Tun oder Unterlassen) bzw. Wahrnehmungen am oder um den Ereignisort herum. Hierbei ist es wiederum die Aufgabe der Kriminalpolizei, diese Spuren zu finden, sie zu sichern und entsprechend auszuwerten.

Die Strafprozessordnung (StPO) gibt für das kriminalpolizeiliche Ermittlungsverfahren den rechtlichen Rahmen vor, d. h. welche Beweise erhoben werden dürfen und welche nicht. Diese werden als Beweiserhebungs- bzw. Beweisverwertungsgrundsätze bezeichnet. Diese sind im deutschen Strafprozess einheitlich geregelt und schaffen somit die Voraussetzungen dafür, dass das spätere Verfahren und die abschließende Entscheidung des Gerichts auf rechtsstaatlicher Grundlage erfolgen. Aufgabe der Polizei und der Staatsanwaltschaft ist es nun, in einem auf dieser Grundlage beruhenden geordneten Ermittlungsverfahren einen möglichen staatlichen Strafanspruch festzustellen und diesen durch Ermittlung, Aufklärung und einem maximalen Erkenntnisgewinn für die Gerichte zur abschließenden Entscheidung vorzubereiten.

Die Leitprinzipien dieses Verfahrensrechts, zu dem auch das Ermittlungsverfahren gehört, sind dabei Wahrheit und Gerechtigkeit. Wahrheit ist hierbei nicht die materielle (wirkliche) Wahrheit. Es geht vielmehr um die prozessuale Wahrheit, d. h. nur um eine solche Wahrheit, die prozessordnungsgemäß zustande gekommen ist. Nicht verwertet werden dürfen z. B. Aussagen, welche durch verbotene Vernehmungsmethoden (u. a. durch Misshandlung, Täuschung oder Drohung) erlangt wurden. Im Idealfall wäre dies eine optimale Annäherung an die wirkliche Wahrheit. Gerechtigkeit ist die Anwendung von Recht und Gesetz. Grundlage dafür sind die strafprozessualen Grundsätze, die zulässigen Beweismittel und die bereits genannten rechtlich vorgegebenen Beweiserhebungsgrundsätze.

Eine der wichtigsten Aufgabe der Kriminalisten bei der Aufdeckung und Verfolgung von Straftaten ist das Finden von Beweisen. Dabei müssen neben dem detektivischen Geschick die bereits genannten rechtlichen Verfahrensvorschriften beachtet werden, da ansonsten die Beweisverbote greifen. Darauf wird später noch etwas näher eingegangen.

2. Das Ermittlungsverfahren

In den meisten Bundesländern ist die Bearbeitung von Ermittlungsverfahren so organisiert, dass die schwere Kriminalität durch die zentral in den Polizeidirektionen organsierte Kriminalpolizei (meist als Kriminalpolizeiinspektionen bezeichnet) bearbeitet wird – wobei die organisationsbezogenen Begrifflichkeiten in den Ländern häufig etwas unterschiedlich sind. Die mittlere bis leichte Kriminalität liegt in der Zuständigkeit der Ermittlungs- bzw. Kriminaldienste (meist in den Polizeirevieren vor Ort angesiedelt und von Beamten der Schutz- und Kriminalpolizei besetzt). Die wesentlichen Abgrenzungskriterien zwischen den einzelnen Kriminalitätsformen sind der nachfolgenden Übersicht zu entnehmen. Auf dieser Grundlage erfolgt dann auch die konkrete Aufgabenzuweisung.

Bevor es aber überhaupt zu kriminalpolizeilichen Ermittlungen kommt, muss ein kriminalistisch relevantes Ereignis, d. h. eine konkrete Abweichung von einer Norm, stattgefunden haben. In dem Fall muss es sich aber um eine Rechtsnorm handeln, welche in einem Strafgesetz (z. B im Strafgesetzbuch – StGB) fixiert wurde. So ist es z. B. strafbar, einem anderen etwas wegzuneh-

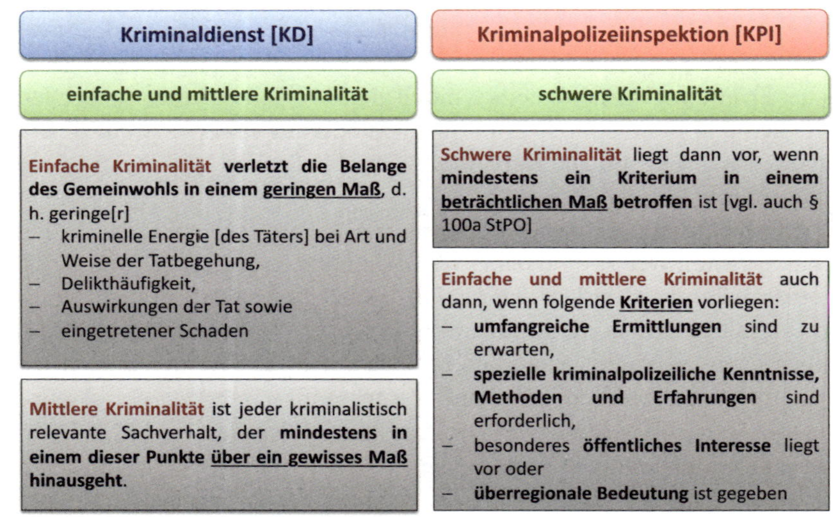

Abb. 1: Abgrenzungskriterien zwischen der einfachen, mittleren und schweren Kriminalität

men (Diebstahl), eine fremde Sache zu beschädigen (Sachbeschädigung) oder einen anderen an der Gesundheit zu schädigen (Körperverletzung). All dies sind Verstöße, welche durch den Staat geahndet werden. Die Polizei ermittelt in einem solchen Fall in einem Ermittlungsverfahren. Dieses Verfahren kann gegen einen bekannten Tatverdächtigen oder auch gegen einen (noch) unbekannten Tatverdächtigen geführt werden. Voraussetzung dafür ist, dass die Polizei überhaupt davon Kenntnis erlangt. Dies nennt man Hellfeldüberführung. Solange die Polizei keine Kenntnis von einer Straftat hat, befindet sich diese im sogenannten „Dunkelfeld". Die Staatsanwaltschaft als „Herrin des Verfahrens" überwacht die Ermittlungen und klagt das Verfahren dann bei Gericht an. Das Gericht wiederum urteilt dann in einem überwiegend öffentlich geführten Verfahren über die Ergebnisse, welche durch die Polizei bzw. die Staatsanwaltschaft vorbereitet und an das Gericht übermittelt wurden.

3. Der kriminalistische Verdacht

Der Beginn der polizeilichen bzw. kriminalpolizeilichen Aktivitäten ist meist mit einer Verdachtsprüfung verbunden. Kriminalisten müssen also zu Beginn der Ermittlungen in jedem Fall einen strafprozessrechtlichen Verdacht begründen.

Dieser ist einerseits subjektiv geprägt. Das Bundesverfassungsgericht (BVerfG) hat 1984 dazu festgestellt, dass der Verdachtsgrad dabei von der kriminalistischen Erfahrung des Beurteilenden abhängt, d. h. von seiner Persönlichkeit, seiner Bildung, seiner sozialen Herkunft, seinen geografischen und kulturellen Hintergründen, aber insbesondere seinen beruflichen Erfahrungen als Kriminalist. Das Ergebnis dieser Prüfung liegt dabei im Ermessen des Kriminalisten bzw. Polizisten selbst. Der Verdacht begründet sich also auf der subjektiven Seite durch eine individuelle, berufsbestimmte Erwartungshaltung bezüglich der Normalität eines Sachverhaltes. Wenn also Anzeichen vorliegen, dass Umstände oder Handlungsabläufe aus der Sicht des Betrachters von der Normalität abweichen, werden diese im Sinne eines kriminalistischen Verdachts interpretiert. Dabei spielen die Intuition (Eingebung) als ahnendes Erfassen von Situationen ohne den bewussten Gebrauch des Verstandes bzw. auch das Gefühl *„da stimmt etwas nicht"* eine Rolle. Darüber hinaus aber auch die rationale Analyse und objektive Beurteilung von subjektiv wahrgenommenen Sachverhalten (Verdachtsindikatoren und Verdachtsgewinnungsstrategien).

Auf der objektiven Seite kann sich andererseits ein Verdacht durch einen oder mehrere direkte bzw. indirekte Personal- oder Sachbeweise zeigen, z. B. durch das Erstatten einer Anzeige, eine Zeugenaussage, die Übereinstimmung eines Fingerabdruckes oder einer genetischen Spur mit einem Tatverdächtigen, die Ähnlichkeit mit der Personenbeschreibung eines Tatverdächtigen bzw. Täters, das abweichende Verhalten bei Kontrollen bzw. Fahndungsmaßnahmen oder auch durch die zeitliche und örtliche Nähe zur Tathandlung selbst.

Indikatoren für einen kriminalistischen Verdacht sind dabei Abweichungen von der „Normalität" z. B. von Abläufen bzw. auch des Tagesgeschehens. Der Grad der Abweichung bestimmt die „Tiefe" des Verdachtes. Dies kann sich u. a. in einem plötzlichen Reichtum, in häufigem Reisen, in ungeregelter Lebensführung, ungeregelter Arbeit, in einem besonderen Interesse an der Straftat, in Vorstrafen, in unmotiviertem Verschwinden einer Person bzw. ungewöhnlichen „Freundschaften" oder Personenbeziehungen, aber auch in anderen spontanen und situationsbedingten Wahrnehmungen zeigen.

Der kriminalistische Verdacht zeigt sich zumeist nicht als ein fertiges Ergebnis, sondern entwickelt sich stufenweise, wie die Übersicht auf der nächsten Seite zeigt.

Zusammenfassend kann also gesagt werden, dass sich der kriminalistische Verdacht durch die subjektive Überzeugung des Kriminalisten zeigt, der diese Überzeugung allerdings mit objektiven Tatsachen belegen muss. Bereits hier können erste Ermittlungshandlungen notwendig sein, um einen Verdacht entweder zu bestätigen (zu verifizieren) oder ihn zu verneinen (zu falsifizieren). Wird ein Verdacht bejaht, beginnen die Ermittlungen und ein Ermittlungsverfahren wird formal eröffnet.

Misstrauen	der bloße Gedanke, dass „etwas nicht stimmt", z. B. Zweifel an Äußerungen einer Person	keine strafprozessuale Relevanz
Vermutung	eine auf Lebens- und Berufserfahrung gestützte Annahme, es könne strafbares Handeln vorliegen, ohne dass dies durch konkrete Hinweise zu begründen ist	keine strafprozessuale Relevanz
vager Verdacht	durch konkrete Wahrnehmungen erhärtete Vermutung (Lebens- und Berufserfahrungen spielen eine Rolle – aus Sicht des Laien ist noch kein Verdacht erkennbar, wohl aber aus Sicht des Kriminalisten)	keine strafprozessuale Relevanz
begründeter Verdacht	Vorliegen „zureichender tatsächlicher Anhaltspunkte" auf „verfolgbare Straftaten", die einen Verfolgungszwang auslösen (konkrete Anzeichen, die rational und faktisch begründbar sind und auch von anderen erkannt werden könnten, d. h. die Wahrscheinlichkeit, dass strafbares Verhalten einer Person gegeben ist) ▪ sachbezogener Anfangsverdacht (Straftatverdacht, ohne konkreten Tatverdacht gegen eine Person) ▪ personenbezogener Anfangsverdacht (Verdacht der Täterschaft, ein oder mehrerer Tatverdächtiger)	strafprozessuale Relevanz = sogenannter „einfacher Anfangsverdacht" gem. § 152 Abs. 2 bzw. auch § 160 Abs. 1 StPO d. h. "... nach den kriminalistischen Erfahrungen muss es als möglich erscheinen, dass eine (verfolgbare) Straftat vorliegt." - entfernte Indizien reichen aus - bloße Vermutungen reichen nicht

Abb. 2: Stufen des kriminalistischen Verdachts bis zum Beginn der strafprozessualen Relevanz

4. Die polizeiliche Anzeige

Die Polizei kann die Ermittlungen erst dann aufnehmen, wenn sie eine Normabweichung bzw. Straftat entweder selbst wahrgenommen hat oder dies durch die Anzeige eines Bürgers erfolgt. Der letztere Fall ist im kriminalpolizeilichen Alltag der häufigere. In Deutschland werden pro Jahr rund 6 Millionen Strafanzeigen erstattet. Zirka 95 % aller Straftaten werden dabei durch die Bevölkerung an die Polizei herangetragen. Jedermann ist berechtigt, dies zu tun.

Das Wort Anzeige entstammt dem Mittelhochdeutschen und bedeutet so viel wie „auf einen Schuldigen hinweisen". Es ist formal die Mitteilung eines Sachverhaltes, der nach Meinung des Anzeigenden Anlass für eine kriminalistische Verfolgung bietet und somit eine bloße Anregung, es möge durch die Polizei geprüft werden, ob dies der Fall ist. Die Strafanzeige selbst ist nicht an eine bestimmte Form gebunden (die Verwendung von Formblättern dient dabei lediglich der Verwaltungsvereinfachung), d. h. sie kann sowohl mündlich, fernmündlich, schriftlich, fernschriftlich, zu Protokoll, als auch in anderer geeigneter Form, z. B. „online" erstattet werden. Darüber hinaus können Anzeigen auch bei der Staatsanwaltschaft oder einem Gericht zur Kenntnis gegeben werden.

Für die Polizei ist es dabei sehr wichtig, den angezeigten Sachverhalt möglichst umfassend und vollständig zu dokumentieren, sodass Rückfragen nicht erforderlich sind. Das ist auch deshalb so wichtig, da sich aus der Anzeige heraus meist die ersten Ermittlungsansätze ergeben, denen wiederum sehr zeitnah nachgegangen werden muss. Die inhaltliche Strukturierung einer Strafanzeige orientiert sich an den sogenannten „*W-Fragen*" (mitunter auch als „Sieben goldene W" bezeichnet), d. h.:

- „*Wer*?" („Wer zeigt an?" bzw. „Wer ist der Tat verdächtig?"),
- „*Wann*?" („Wann wurde die Tat begangen oder entdeckt?"),
- „*Wo*?" („Wo ist die Tat geschehen?"),
- „*Was*?" („Was ist geschehen?"),
- „*Wie*?" („Wie wurde die Tat begangen?"),
- „*Womit*?" („Womit wurde die Tat begangen?") und
- „*Warum*?" („Warum wurde die Tat begangen?").

Ergänzt werden diese Fragen noch durch die folgenden Fragestellungen:

- „*Wem*?" („Wem ist ein Schaden entstanden?" bzw. „Wem nutzt die Tat?") und
- „*Was* wurde veranlasst?" („Welche Maßnahmen hat die Polizei bereits eingeleitet?").

Die Anzeigenaufnahme erfolgt in den meisten Fällen bei den Anzeigendiensten in den Polizeirevieren. Dort wird dem Anzeigenerstatter, nach der Aufnahme der Personalien und der Belehrung als Zeuge, zunächst die Möglichkeit eingeräumt, frei und zusammenhängend den relevanten Sachverhalt zu schildern. Im Anschluss daran werden durch die aufnehmenden Beamten noch ergänzende Fragen zu Inhalten gestellt, welche durch den Anzeigenerstatter noch nicht angesprochen wurden und die für die Bearbeitung des Sachverhaltes von Bedeutung sein können. In diesem Prozess sollten alle oben beschriebenen „W-Fragen" abgearbeitet und beantwortet werden. Der Anzeigenerstatter kann sich anschließend das gefertigte Protokoll durchlesen oder, wenn erfolgt, auch den Tonbandmitschnitt anhören. Nach erfolgter Anzeigenentgegennahme kann jetzt mit der Prüfung der Anzeige durch die Polizei begonnen werden.

Im Zuge der Digitalisierung der Verwaltung haben die meisten Bundesländer die Möglichkeit geschaffen, bei der Polizei eine Anzeige auch über das Internet, d. h. „online" zu erstatten. Das kann Zeit sparen, wenn es nicht zusätzlich dazu führt, dass der Anzeigenerstatter aufgrund fehlender Angaben noch einmal ergänzend befragt werden muss. Deswegen erfolgt die Anzeigenerstattung auch dort nach den strukturierten Grundsätzen der „W-Fragen". Findet die Anzeigenerstattung auf diesem Wege statt, wird die Anzeige im weiteren Verlauf an die regional zuständige Dienststelle der Polizei zur Anzeigenprüfung weitergeleitet.

Die folgende Abbildung zeigt die Fragestellungen an den „Online-Anzeigenerstatter" am Beispiel der Sächsischen Polizei. Die Beantwortung dieser Fragen ermöglicht es, den Sachverhalt auch auf diesem Wege strukturiert zu erfassen und die ersten notwendigen Maßnahmen (Erstmaßnahmen) daraus abzuleiten:

Was ist passiert? * (Eingabe ist notwendig!)

Schildern Sie bitte, was vorgefallen ist.

Wo ist es passiert?

Machen Sie bitte genaue Angaben zum Ort des Geschehens. Sollten Sie dabei die Anschrift nicht genau kennen, versuchen Sie, den Ort so genau wie möglich zu beschreiben.

Wann ist es passiert?

Geben Sie bitte den Zeitpunkt oder Zeitraum des Geschehens so genau wie möglich an.

Wer hat die Rechtsverletzung begangen?

Benennen oder beschreiben Sie bitte die Person oder Personen, die Ihrer Feststellung nach die Rechtsverletzung begangen haben.

Warum ist es passiert?

Welche Ursachen haben zu dem geschilderten Geschehen geführt? Welche vorhergehenden Ereignisse könnten dabei von Bedeutung sein?

Wem ist es passiert?

Wer war oder ist am Geschehen beteiligt und in welcher Form?

Wer hat etwas gesehen?

Wer könnte das Geschehen beobachtet haben? Geben Sie bitte soweit möglich, auch die Namen und Erreichbarkeiten der Zeugen an.

Ergänzungen

Hier haben Sie die Möglichkeit, weitere ergänzende Hinweise zum Geschehen, wie z.B. Art und Umfang des eingetretenen Schadens (inclusive der Schadenshöhe), Beschreibung eines entwendeten Gegenstandes (Art, Farbe und Besonderheiten), einzugeben.

Abb. 3: „Online Anzeige" auf der Internetseite der Sächsischen Polizei; Quelle https://www.polizei.sachsen.de/onlinewache/strafanzeigeFormular.aspx#; Zugriff am 13.11.2020 um 22:00 Uhr.

5. Der „Erste Angriff"

In den meisten Fällen folgt der Anzeigenerstattung nun der sogenannte „Erste Angriff". Auch wenn dieser Begriff bzgl. des Wortes „Angriff" etwas militärisch anmutet, ist er seit vielen Jahren fest im kriminalwissenschaftlichen Sprachgebrauch verankert und von seiner Sinnausrichtung eher auf Schnelligkeit und Zielgerichtetheit des Handelns ausgerichtet. Im Rahmen der Polizeiarbeit sind es regelmäßig die Beamten des Streifendienstes der Schutzpolizei, die zuerst am Ereignisort eintreffen. Das liegt insbesondere darin begründet, dass die Anforderung der Polizei meist über den Notruf eingeht und die Erstüberprüfung vor Ort dem Streifendienst übertragen wird. Deshalb müssen sie oft bei der Aufklärung von Straftaten die ersten Maßnahmen am Tatort sachgerecht koordinieren und inhaltlich die richtigen Entscheidungen treffen.

Der Tatort hat für die Tataufklärung, die weiteren Ermittlungen und die spätere Beweisführung eine herausragende Bedeutung. Er beinhaltet die meisten Informationen und materiellen Spuren über den Ablauf der Tat und ihre Täter. Da ohne diese Informationen die Aufklärung der Tat erheblich erschwert wird bzw. sogar verhindert werden kann, müssen die Spuren und der Tatort sehr zeitnah vor Zerstörung und Veränderung geschützt werden. Neben dem Schutz und der Sicherung des Tatortes sind auch noch weitere polizeiliche Maßnahmen vor Ort notwendig. Dazu gehören insbesondere:

- die Abwehr von Gefahren, welche vom Täter, seinen Handlungen oder dem Zustand des Tatortes ausgehen;
- Erste Fahndungs- und Ermittlungshandlungen, welche zum Aufgreifen des Täters führen können;
- die Absperrung bzw. Räumung des möglichen Tatortbereiches, um diesen vor Veränderungen zu schützen;
- die Feststellung und Dokumentation anwesender Personen, um ggf. später auf Zeugen oder auch potentiell Tatverdächtige zurückgreifen zu können;
- die Durchführung von Zugriffsmaßnahmen bei vor Ort befindlichen Tätern, um diese „auf frischer Tat" zu stellen und
- die Dokumentation der kompletten Vorfindesituation und der im Rahmen der Gefahrenabwehr und auch der Tatortarbeit stattgefundenen Veränderungen.

Durch die am Tatort vorhandenen materiellen Veränderungen (diese werden als Spuren oder auch als Speichervorrat bezeichnet) lassen sich Rückschlüsse auf den oder die Täter, die Tathandlung selbst, aber auch auf die benutzten Tatwerkzeuge und das oder die Opfer ziehen. Der „Erste Angriff" beinhaltet deshalb die Gesamtheit aller, nach Bekanntwerden eines kriminalistisch relevanten Ereignisses im Anfangsstadium, durchzuführenden Maßnahmen und Untersuchungshandlungen. Er umfasst in einer zeitlich begrenzten Phase alle Aktivitäten zur schnellen Suche, Sicherung und Auswertung aller vorhandenen Beweismittel und Spuren zum Zwecke der schnellen Tätermittlung und Schaffung der Voraussetzungen einer umfassenden Sachverhaltserforschung. Der „Erste Angriff" ist regelmäßig und unmittelbar nach Bekanntwerden des Verdachts einer Straftat oder eines kriminalistisch relevanten Ereignisses durchzuführen. Wie bereits beschrieben, ist seine Grundlage häufig die Anzeige einer Straftat.

Der „Erste Angriff" hat zwei Aufgaben: Er umfasst die Maßnahmen der Gefahrenabwehr (z. B. Erste Hilfe, Löschung eines Brandes, Schutz der Spuren vor Vernichtung) und der Strafverfolgung (z. B. Tätermittlung, Beweismittelsicherung und -auswertung). Er wirkt mit seinen Erkenntnissen auch ermittlungsinitiierend, d. h. aus ihm heraus ergeben sich eine Vielzahl weiterer notwendiger Ermittlungshandlungen. Der „Erste Angriff" wird strukturell in ein „Zwei-Phasen-Modell" unterteilt. Dabei wird zwischen dem Sicherungsangriff und dem Auswertungsangriff als verschiedene Phasen unterschieden.

Der Sicherungsangriff umfasst alle Sofortmaßnahmen am Ereignisort und ist primär auf den Schutz und die Sicherung des Tat- bzw. Ereignisortes ausgerichtet. Dabei geht es sowohl um die Sicherung des objektiven Tatbefundes (z. B. Finger- bzw. Schuhabdruckspuren, Blut- oder Sekretspuren, Spuren im Schnee oder ein verregneter Ereignisort im Freien) als auch um den subjektiven Tatbefund (z. B. Feststellung von Zeugen, möglichen Tatverdächtigen oder anderen Personen, welche für die weiteren Ermittlungen von Bedeutung sind).

Schwerpunkt des Auswertungsangriffs ist die Tatortarbeit selbst. Dabei geht es inhaltlich insbesondere um die:

- Aufnahme des objektiven und subjektiven Tatbefundes,
- Sicherung von Beweisen für das spätere Strafverfahren,
- Feststellung und Rekonstruktion des Tatgeschehens,
- Feststellung von Tatsachen und Anhaltspunkten zur Ermittlung der Täter und
- Dokumentation und Sicherung von Spuren, Tatsachen und Wahrnehmungen des Tatortbefundes zum Beweis von Tat und Täterschaft.

Das Ende des „Ersten Angriffs" lässt sich nicht so zielgenau wie sein Beginn definieren. In der Regel ist es ein fließender Übergang in die nächste Phase der weiteren planmäßigen und systematischen Untersuchungen und Ermittlungen. Indikatoren für den Abschluss des „Ersten Angriffs" sind der Abschluss der Tat- und Tatortbefundaufnahme, das Verlassen des Ereignisortes durch die Polizeikräfte und die Festlegung der nachfolgenden Ermittlungshandlungen durch den oder die Ermittlungsführer.

6. Die polizeiliche Vernehmung

Die Vernehmungslehre ist ein Teilgebiet der Kriminalistik, welche eine besondere Form der Kommunikation zwischen einem Vernehmungsbeamten und einer zu vernehmenden Person zum Gegenstand hat und auf den drei Säulen der forensischen Psychologie, der Rechtswissenschaften und der Vernehmungstaktik beruht.

Die Vernehmung ist eine der häufigsten polizeitaktischen Maßnahmen im Ermittlungsalltag eines Polizisten. Sie kann u. a. im Rahmen einer Anzeigenerstattung, der Vernehmung eines Zeugen oder auch eines Beschuldigten durchgeführt werden. Der Erfolg einer Vernehmung ist sehr stark von der beruflichen Erfahrung des Vernehmungsbeamten und der Kooperationsbereitschaft des zu Vernehmenden abhängig. An dieser Stelle kann es durchaus zu „Vernehmungswiderständen" kommen, welche durch den Vernehmer aufgrund seiner Vernehmungskompetenz kompensiert werden sollten.

Eine Vernehmung ist eine besondere Form der „Zwangskommunikation". Man kann sie auch als einen Versuch bezeichnen, das Wissen eines anderen mit einer planvoll vorbereiteten Anhörung und Befragung zu erlangen. Dabei sind rechtliche Regeln und Rahmenbedingungen zu beachten, die durch die Strafprozessordnung vorgegeben sind. Die Vernehmung wird zu einem bestimmten kriminalistisch relevanten Sachverhalt möglichst objektiv und umfassend durchgeführt. Sie ist in einem Protokoll oder einer Tonband- bzw. Videoaufzeichnung so zu sichern, dass andere Verfahrensbeteiligte Kenntnis davon nehmen und die Ergebnisse in einem rechtlich geordneten Verfahren verwerten können.

Es gibt eine Vielzahl von klassischen Vernehmungsmethoden und es gibt eine Orientierung für den Ablauf einer Vernehmung. An diese Methoden und Orientierungen sollte sich der Vernehmer auch grundsätzlich halten. Das schafft Handlungssicherheit und gibt auch Raum für die Konzentration und Reaktionsmöglichkeiten auf den zu Vernehmenden. Trotzdem entwickelt jeder Vernehmer im Laufe seines Lebens einen eigenen Vernehmungsstil. Dieser ist einerseits von seiner eigenen Persönlichkeit geprägt, entwickelt andererseits seine volle Entfaltung durch die Besonderheiten der Person des Vernommenen und auch durch die Situation in der Vernehmung selbst. Das wertvollste Kapital dabei ist die Berufserfahrung des Vernehmers.

Wo ein polizeilicher Vernehmer zunächst Handlungssicherheit benötigt, ist im Ablauf einer Vernehmung. Dieser Ablauf kann folgendermaßen beschrieben werden.

Eine Vernehmung beginnt immer mit einem Kontaktgespräch. Das Kontaktgespräch dient dazu, mögliche Spannungen und Hemmungen abzubauen, da der Polizei oft Menschen gegenübersitzen, für die eine solche Situation sehr ungewohnt ist. Bereits hier sollte im Rahmen des Möglichen ein Vertrauensverhältnis aufgebaut und somit eine Basis für eine optimierte Erinnerungsleistung geschaffen werden.

Das Vorgespräch hat den Zweck, dem zu Vernehmenden den genauen Ablauf der Vernehmung (konkrete Ablaufschritte, zeitliche Verhältnisse, Inhalte und weiteres Vorgehen nach der Vernehmung) zu erläutern, damit er sich auf diese besondere Situation einlassen kann.

Als nächster Schritt folgt die Personalienfeststellung. Dabei sind die Personalien des zu Vernehmenden zu erfassen, welche durch Vorlage eines (gültigen) Ausweisdokumentes (z. B. Personalausweis) zu bestätigen sind. Die Auskunftsperson (sowohl ein Zeuge als auch ein Beschuldigter) ist nach § 111 OWiG (Ordnungswidrigkeitengesetz) zur Angabe ihrer Personalien (Vor- und Familiennamen sowie den ggf. vorhandenen Geburtsnamen, den Tag und Ort der Geburt, den Familienstand, den Beruf, die Wohnanschrift sowie die Staatsangehörigkeit) verpflichtet.

Spätestens an dieser Stelle (die Belehrung wird auch oft gleich an den Anfang einer Vernehmung gestellt) sollte nun die Belehrung des zu Vernehmenden über seine Rechte und Pflichten erfolgen. Diese müssen durch den Vernehmer verständlich erläutert werden. Neben einer Reihe weiterer Rechte und Pflichten sind das Recht des Zeugen, sich nicht selbst belasten zu müssen, aber die Pflicht zu wahrheitsgemäßen Angaben und das Recht des Beschuldigten, grundsätzlich Schweigen zu dürfen, zu nennen.

Insbesondere bei Beschuldigten wird zusätzlich noch eine Vernehmung zur Person durchgeführt. Sie soll einen näheren Einblick in die persönlichen Verhältnisse des Beschuldigten ermöglichen. Dazu gehören Angaben zum persönlichen Werdegang, zur beruflichen Ausbildung und Tätigkeit, zu den familiären und wirtschaftlichen Verhältnissen sowie zu sonstigen persönlichen Umständen, die für die Beurteilung der Tat und für die Rechtsfolgefrage von Bedeutung sein können.

Im Anschluss daran erfolgt die Vernehmung zur Sache, dem Kernbereich der Vernehmung. An dieser Stelle erhält der zu Vernehmende zunächst die Möglichkeit, sich zusammenhängend und frei zur Sache zu äußern. Darauf aufbauend werden ihm ergänzende Fragen zu noch offenen Inhalten bzw. auch Widersprüchen gestellt. Innerhalb dieses Teils der Vernehmung erfolgt dann auch ein Abgleich mit den anderen Personal- und Sachbeweisen des

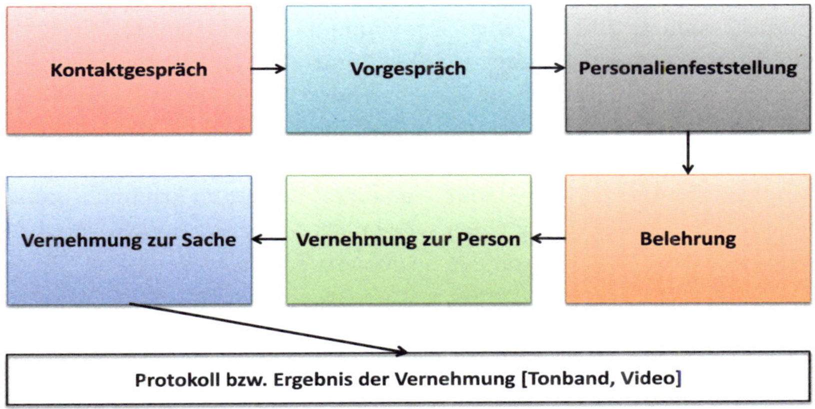

Abb. 4: Der Ablauf einer Vernehmung

Verfahrens, um Übereinstimmungen bzw. auch Widersprüche herauszuarbeiten. Diese können auch durch Vorhalte in die Vernehmung eingebracht werden.

Der Abschluss der Vernehmung erfolgt dadurch, dass dem zu Vernehmenden entweder die Möglichkeit gegeben wird, sich das Protokoll der Vernehmung noch einmal durchzulesen bzw. es sich vorlesen zu lassen. Auch Änderungen in den Formulierungen können dabei vorgenommen werden. Eine Tonbandvernehmung kann sich der zu Vernehmende im Anschluss an die Aufnahme anhören. In jedem Fall kann der zu Vernehmende seine Zustimmung zu den gemachten Angaben durch seine Unterschrift im Protokoll bestätigen.

Jeder Vernehmer sollte darüber hinaus die Bestimmungen zu den verbotenen Vernehmungsmethoden gemäß § 136 a Strafprozessordnung kennen. Verboten sind Vernehmungsmethoden, wenn sie die Freiheit der Willensentschließung und Willensbetätigung, das Erinnerungsvermögen (die Fähigkeit, vergangene Tatsachen mittels Denkarbeit zu vergegenwärtigen) und die Einsichtsfähigkeit bzw. das Einsichtsvermögen (die Fähigkeit, die inhaltliche und wertmäßige Bedeutung der Aussage zu erkennen) des zu Vernehmenden beeinträchtigen. Verboten sind Misshandlung, Ermüdung, körperliche Eingriffe und Verabreichung von Mitteln, Quälerei, Täuschung, Hypnose, Zwang, Drohung und das Versprechen von Vorteilen.

Die o. g. Vernehmungsmethoden unterliegen einem absoluten Verwertungsverbot, d. h sie sind auch dann nicht erlaubt, wenn der Beschuldigte in derartige Maßnahmen einwilligt. Im Gesetzestext des § 136 a. StPO ist dazu weiterhin festgelegt, dass Aussagen, die unter Verletzung dieses Verbots zustande gekommen sind, auch dann nicht verwertet werden dürfen, wenn der Beschuldigte der Verwertung zustimmt.

Auch wenn es sich bei einer Vernehmung um einen subjektiven Beweis (Personalbeweis) handelt, welcher immer von sehr komplexen individuellen Bedingungen der zu vernehmenden Person abhängig ist (z. B. Wahrnehmungspotentiale, Verarbeitungskapazitäten, Merkfähigkeiten, Reproduktionsfähigkeiten, Sprach- und Ausdrucksfähigkeiten, Kommunikationspotentiale, Aussagewiderstände), hat dieser Beweis im kriminalistischen und auch juristischen Alltag einen sehr hohen Stellenwert. Viele Verfahren werden auf der Grundlage von Personalbeweisen entschieden.

7. Die Beweislehre

Beweisen heißt, dem beurteilenden Gericht einen kriminalistisch relevanten Sachverhalt durch jedermann überzeugende und beliebig oft reproduzierbare Fakten so darzustellen, dass ein vernünftiger Zweifel an dem von den Strafverfolgungsorganen (StA, Polizei) bei vorläufiger Tatbewertung angenommenen Tatgeschehen nicht möglich ist. Aufgabe der Polizei und der Staatsanwaltschaft ist es wiederum, diese Entscheidung durch Ermittlung, Aufklärung und einen maximalen Erkenntnisgewinn vorzubereiten. Dies erfolgt auf der Grundlage der strafprozessualen Grundsätze bzw. Regeln des Verfahrens, der zulässigen Beweismittel und der rechtlichen Beweiserhebungsgrundsätze.

Beweise sind Speichervorräte, die sich im Wesentlichen aus Personal- und Sachbeweisen zusammensetzen. Beweismittel des Personalbeweises ist der Mensch, d. h. es handelt sich um einen subjektiven Beweis. Beweismittel des Sachbeweises sind die materiellen Spuren bzw. auf Gegenstände gestützte Beweisführung, d. h. es handelt sich um einen objektiven Beweis.

Die Formen des Beweises werden unterschieden nach direktem und indirektem Beweis. Der direkte Beweis ergibt sich unmittelbar aus der beweiserheblichen Tatsache, d. h. ein Zeuge beobachtet, wie ein Täter auf das Opfer einschlägt. Bei einem indirekte Beweis wird erst von einer mittelbaren Tatsache (einem Indiz) auf eine unmittelbar entscheidungserhebliche Tatsache geschlossen, z. B. eine Fingerabdruckspur am Tatort. Auch wenn hier ein lokaler Beweis dafür besteht, dass diese Person an diesem Ort gewesen ist, muss der temporale Beweis (d. h. wann dies gewesen ist) noch erbracht werden. Erst dann ist der personelle Tatbezug hergestellt. Diese Form des Beweises wird auch Indizienbeweis bzw. Anzeichenbeweis genannt. Der direkte Beweis stellt in den Ermittlungsverfahren und der forensischen Praxis eher die Ausnahme dar – indirekte Beweise, d. h. Indizienbeweise, sind die Regel.

Der indirekte Beweis wird über Indizien geführt. Indizien sind Merkmale bzw. auch Beweisanzeichen, die mehr oder weniger deutlich auf den Täter, die Tat, auf einzelne Tathandlungen, das Tatmotiv, Absichten, Tatwirkungen oder andere für das Verfahren beweiserhebliche Sachverhalte hinweisen. Das Wesen des Indizienbeweises liegt darin, dass die festgestellte mittelbare Tatsache unter Anwendung von Denkgesetzen und Erfahrungssätzen zu der unmittelbar entscheidungserheblichen Tatsache in einen schlussfolgernden Zusammenhang gebracht wird.

- *Wenn z. B. die beweiserhebliche Tatsache darin besteht, nachzuweisen, ob sich ein Tatverdächtiger in der Nähe des Ereignisortes aufgehalten hat und durch einen Zeugen das Auto des Tatverdächtigen dort gesehen wurde, muss der Zusammenhang zwischen dem Auto des Tatverdächtigen und der konkreten Nutzung am Tag der Tat durch den Tatverdächtigen erst noch nachgewiesen werden. Insoweit ist die Tatsache, dass das Auto am Ereignisort gesehen wurde lediglich ein indirekter Beweis, d. h. ein Indiz. Dieser muss bzgl. der konkreten Nutzung des Autos am Tattag noch in einen schlussfolgernden Zusammenhang mit dem Tatverdächtigen gebracht werden, indem ermittelt werden muss, ob das Fahrzeug noch durch andere Personen als den Tatverdächtigen genutzt wurde.*

8. Der Abschluss des Ermittlungsverfahrens

Die Aufgabe der Polizei im Ermittlungsverfahren besteht darin, alle Beweise sowohl in be- als auch entlastender Hinsicht zu ergründen und sie umfassend und vollständig in das Verfahren einzubringen. Das ist die Grundlage für ein faires und rechtstaatliches Verfahren.

Eine Tat gilt im polizeilichen Ermittlungsverfahren dann als aufgeklärt und für die Polizei als bewiesen, wenn aufgrund der Beweiserhebung ein hinreichender Tatverdacht begründet werden kann, d. h. wenn die Wahrscheinlichkeit einer späteren Verurteilung des Beschuldigten (zu über 50 %) besteht. Der hinreichende Tatverdacht ist gemäß § 170 Absatz 1 Strafprozessordnung auch Voraussetzung für die Erhebung der öffentlichen Klage.

Wenn die Polizei dieser Überzeugung ist, endet das Ermittlungsverfahren für sie und es erfolgt die Abgabe des Verfahrens an die Staatsanwaltschaft. Diese entscheidet dann, ob das Verfahren an das Gericht weitergeleitet wird, d. h. ob es zu einer Erhebung der öffentlichen Anklage kommt. Die Staatsanwaltschaft hat darüber hinaus die Möglichkeit, das Verfahren noch einmal zur Nachermittlung an die Polizei zurückzugeben, einen Strafbefehl zu verhängen bzw. es auch selbst einzustellen, wenn sie die o. g. Überzeugung der Polizei nicht teilt.

Wird die öffentliche Anklage durch die Staatsanwaltschaft erhoben, kann auch das Gericht das Verfahren zur Nachermittlung noch einmal an die Staatsanwaltschaft zurückgeben bzw. es auch einstellen. In einem Zwischenverfahren prüft das Gericht die Voraussetzungen für die Eröffnung des Hauptverfahrens, welches dann in Form einer Hauptverhandlung durchgeführt wird. Dort besteht abermals die Möglichkeit der Einstellung des Verfahrens. Wenn das Gericht im Rahmen der freien Beweiswürdigung aus einer dem Inbegriff der Verhandlung geschöpften Überzeugung von der Schuld des Angeklagten überzeugt ist und davon, dass eine Tat so und nicht anders geschehen ist, ohne dass vernünftige Zweifel vorhanden sind, gilt die Tat und die Täterschaft als bewiesen. Soweit allerdings Zweifel vorhanden sind, gilt der Grundsatz „in dubio pro reo" (im Zweifel für den Angeklagten). Kriterium für den erbrachten Beweis ist ausschließlich die subjektive Gewissheit, d. h. die Überzeugung des Gerichts. Die Überzeugungsbildung selbst muss dabei lückenlos und nachvollziehbar geführt worden sein und den Prinzipien der Denkgesetze und Logik entsprechen. Die zur richterlichen Überzeugung erforderliche persönliche Gewissheit des Richters setzt objektive Grundlagen voraus. Diese müssen aus rationalen Gründen den Schluss erlauben, dass das festgestellte Geschehen mit hoher Wahrscheinlichkeit mit der Wirklichkeit übereinstimmt.

Zum Nach- und Weiterdenken

Wie stehen Sie zu den juristischen Vorstellungen von Wahrheit und Gerechtigkeit?
Vergleichen Sie einmal die hier beschrieben Anforderungen an die Vernehmung mit im Fernsehen gezeigten Vernehmungen. Was unterschlagen die Fernsehkommissare?
Haben Sie schon mal einen kriminalistischen Verdacht gespürt?
Haben Sie damit gerechnet, dass ein direkter Beweis in der kriminalistischen Beweisführung die Ausnahme darstellt?

Zum Weiterlesen

Rolf Ackermann, Horst Clages und Holger Roll (2019) *Handbuch der Kriminalistik*. Stuttgart: Richard Boorberg Verlag

Das Buch vermittelt grundlegende, theoretisch begründete, durch die Praxis geprüfte und systematisch geordnete Erkenntnisse. Die Autoren beschreiben den gegenwärtigen Stand der Entwicklung der Kriminalistik als Wissenschaft und ordnen deren Erkenntnisse systematisch sowie entsprechend den Bedürfnissen der polizeilichen Straftatenbekämpfung. Die Verfasser erläutern praxisorientiert alle bedeutsamen kriminalistischen Arbeitsweisen, Mittel und Verfahren. Die Lehrinhalte können wirklichkeitsnah, fall- und situationsbezogen angewandt werden. Checklisten und Übersichten erschließen schnell und einprägsam die gewünschte Information.

Josef Wilfing (2019): *Geheimnisse der Vernehmungskunst – Die Strategien des legendären Mordermittlers.* München: Heyne Verlag

Sein ganzes Wissen als Verhörspezialist ist in dieses Handbuch eingeflossen. Josef Wilfling, legendärer Ermittler und langjähriger Leiter der Münchner Mordkommission, hat es in der Ausbildung von Polizeibeamten eingesetzt. Psychologisch fundiert und juristisch versiert führt er in die Geheimnisse der Vernehmungskunst ein, das Herzstück der polizeilichen Ermittlungsarbeit. Vieles lässt sich in unserem Alltag anwenden, sei es bei Verhandlungen oder um dem Wahrheitsgehalt einer Darstellung auf den Grund zu gehen. Ein einzigartiges Dokument, ein Blick hinter die Kulissen der Polizeiarbeit, wie er spannender nicht sein könnte.

Vom Verdacht zum Vollzug. Der Ablauf eines Strafverfahrens im Überblick

Andreas Ruch

Das Schaubild auf der nachfolgenden Seite zeigt, wie die Justizbehörden den Verdacht eines strafbaren Verhaltens aufklären und welche Entscheidungen sie hierbei treffen. In der linken Spalte werden die verschiedenen Abschnitte des Strafverfahrens benannt. Rechts daneben wird beschrieben, welche Entscheidungen in dem jeweiligen Abschnitt getroffen werden. Im Begleittext werden die einzelnen Verfahrensabschnitte näher erläutert.

Tatverdacht

Polizei und Staatsanwaltschaft erfahren durch eine Strafanzeige oder auf anderem Wege (z.B. bei einer Personenkontrolle oder zufällig durch andere Ermittlungen) vom Verdacht einer Straftat. Sofern sich der Verdacht nicht nur auf bloße Vermutungen, sondern auf konkrete Tatsachen stützt und damit plausibel ist, sind Polizei und Staatsanwaltschaft verpflichtet, ein Ermittlungsverfahren einzuleiten.

Ermittlungsverfahren

Im Ermittlungsverfahren wird der Tatverdacht näher überprüft, indem die Polizei Beweismittel sichert, Zeugen vernimmt und dem Beschuldigten die Gelegenheit gibt, zu den Vorwürfen Stellung zu nehmen. Im Anschluss übersendet die Polizei ihre Ermittlungsergebnisse an die Staatsanwaltschaft, die über die weitere Behandlung des Falls entscheidet. Sofern die Staatsanwaltschaft eine Verurteilung durch das Gericht als wahrscheinlich ansieht, ist sie grundsätzlich verpflichtet, Anklage zu erheben. Von diesem Grundsatz gibt es zwei wichtige Ausnahmen, die bei leichteren Delikten zur Anwendung kommen können: Wenn die Schuld gering ist und kein öffentliches Interesse an der Strafverfolgung besteht (z.B. bei Ladendiebstahl oder „Schwarzfahren"), kann das Verfahren eingestellt werden. Ebenfalls eingestellt werden kann das Verfahren, wenn die Schuld nicht schwer wiegt und der Beschuldigte das öffentliche Interesse an der Strafverfolgung beseitigt, indem er eine Auflage (z.B. Geldzahlung) oder Weisung (z.B. Sozialstunden) erfüllt.

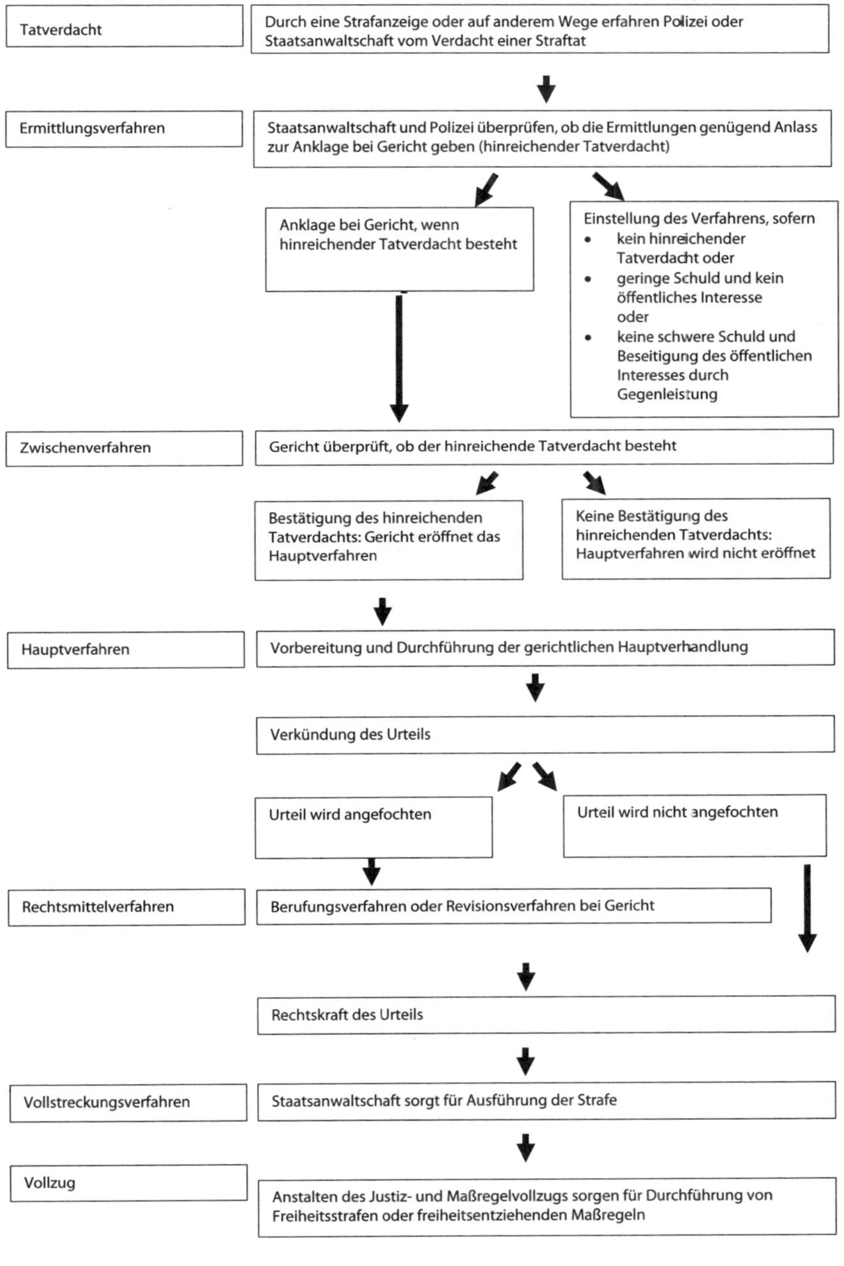
Tatverdacht
Durch eine Strafanzeige oder auf anderem Wege erfahren Polizei oder Staatsanwaltschaft vom Verdacht einer Straftat
Ermittlungsverfahren
Staatsanwaltschaft und Polizei überprüfen, ob die Ermittlungen genügend Anlass zur Anklage bei Gericht geben (hinreichender Tatverdacht)
Anklage bei Gericht, wenn hinreichender Tatverdacht besteht
Einstellung des Verfahrens, sofern
• kein hinreichender Tatverdacht oder
• geringe Schuld und kein öffentliches Interesse oder
• keine schwere Schuld und Beseitigung des öffentlichen Interesses durch Gegenleistung
Zwischenverfahren
Gericht überprüft, ob der hinreichende Tatverdacht besteht
Bestätigung des hinreichenden Tatverdachts: Gericht eröffnet das Hauptverfahren
Keine Bestätigung des hinreichenden Tatverdachts: Hauptverfahren wird nicht eröffnet
Hauptverfahren
Vorbereitung und Durchführung der gerichtlichen Hauptverhandlung
Verkündung des Urteils
Urteil wird angefochten
Urteil wird nicht angefochten
Rechtsmittelverfahren
Berufungsverfahren oder Revisionsverfahren bei Gericht
Rechtskraft des Urteils
Vollstreckungsverfahren
Staatsanwaltschaft sorgt für Ausführung der Strafe
Vollzug
Anstalten des Justiz- und Maßregelvollzugs sorgen für Durchführung von Freiheitsstrafen oder freiheitsentziehenden Maßregeln

Zwischenverfahren

Hier prüft das Gericht, ob die Staatsanwaltschaft genügend Beweismittel für die angeklagte Tat aufgeführt hat. In der Regel ist dies der Fall und das Gericht beschließt die Eröffnung des Hauptverfahrens.

Hauptverfahren

Fälle der leichten Kriminalität werden oft schon durch die Staatsanwaltschaft im Ermittlungsverfahren eingestellt. Für Fälle der mittleren oder schweren Kriminalität hingegen bildet das Hauptverfahren und hier die gerichtliche Hauptverhandlung den Kern des Strafverfahrens. In der Hauptverhandlung wird die Anklage verlesen, der Angeklagte kann zur Sache aussagen, Zeugen schildern ihre Wahrnehmung und Schriftstücke werden verlesen. Nach Abschluss der Beweisaufnahme verkündet das Gericht sein Urteil.

Das Urteil kann vom Angeklagten, seinem Verteidiger, der Staatsanwaltschaft oder dem Nebenkläger angefochten werden. Sofern niemand von diesem Recht Gebrauch macht, wird das Urteil rechtskräftig. Im Falle einer Anfechtung mittels Berufung oder Revision befasst sich eine weitere Instanz im Rechtsmittelverfahren mit der Sache.

Rechtsmittelverfahren

Die wichtigsten Rechtsmittel im Strafprozess bilden Berufung und Revision. Urteile der Amtsgerichte können mit der Berufung oder der Revision angefochten werden. Im Falle der Berufung findet eine weitere Hauptverhandlung vor dem Landgericht statt, bei der in der Regel die Beweisaufnahme wiederholt und auf dieser Grundlage ein neues Urteil gesprochen wird. Gegen Urteile der Landgerichte ist nur die Revision zulässig, die vor dem Oberlandesgericht oder dem Bundesgerichtshof verhandelt wird. Bei der Revision findet in der Regel keine mündliche Verhandlung statt; stattdessen wird in einem schriftlichen Verfahren geprüft, ob das zuvor mit dem Fall befasste Gericht ein Gesetz unrichtig angewendet hat und das Urteil daher rechtsfehlerhaft ist.

Nach Ausschöpfung der Rechtsmittel ist das Urteil rechtskräftig. Die Rechtskraft kann nur in Ausnahmefällen (z.B. bei neuen Beweismitteln) durch ein Wiederaufnahmeverfahren durchbrochen werden. Ausnahmsweise kann auch im Rahmen einer Beschwerde beim Verfassungsgericht oder beim Europäischen Gerichtshof für Menschenrechte die Verletzung von Grund- und Menschenrechten beanstandet werden.

Vollstreckungsverfahren

Die Staatsanwaltschaft sorgt dafür, dass Strafurteile ausgeführt werden. Sie lädt Verurteilte zum Strafantritt oder veranlasst deren Verhaftung. Ferner setzt sie die Zahlung von Geldstrafen durch.

Vollzug

Freiheitsstrafen werden in Justizvollzugsanstalten vollzogen. In bestimmten Fällen hat das Gericht neben oder anstelle der Freiheitsstrafe eine freiheitsentziehende Maßregel angeordent. Diese werden in psychiatrischen Krankenhäusern, Entziehungsanstalten oder in Anstalten der Sicherungsverwahrung vollzogen.

Strafvollzug: Belegung, Ziele und Wirkungen

Stefan Suhling und Wolfgang Wirth

Dieser Artikel beschreibt zentrale Rechtsgrundlagen des Strafvollzuges, insbesondere das Vollzugsziel und wichtige Gestaltungsgrundsätze der Haft. Vorab werden ausgewählte Merkmale der Inhaftierten dargestellt. Der Beitrag endet mit einer Diskussion der Wirkungen des Strafvollzuges. Dabei geht es vor allem um die angestrebte Legalbewährung der Gefangenen, aber auch um potentiell schädliche Haftfolgen.

1. Strafvollzugsbelegung

Nach der amtlichen Strafvollzugsstatistik[1] waren in den deutschen Gefängnissen am Stichtag des 31. März 2019 insgesamt 50.038 Strafgefangene[2], davon 3.679 nach dem Jugendstrafrecht Verurteilte, untergebracht. Dies ist die niedrigste Anzahl (Jugend-)Strafgefangener seit der Jahrtausendwende, als die amtliche Strafvollzugstatistik über 60.000 Strafgefangene, mit einem Höchststand von 61.387 Inhaftierten im Jahr 2009, auswies. Die Gefangenen waren in bundesweit 179 Justizvollzugsanstalten inhaftiert.[3]

In Tabelle 1 wird die zahlenmäßige Entwicklung der weit überwiegend männlichen Gesamtbelegung des Strafvollzuges – der Frauenanteil liegt knapp unter 6 % – nach der Vollzugsart aufgegliedert.

Tabelle 1: Entwicklung der Strafvollzugsbelegung seit dem Jahr 2000 nach Vollzugsart

Jeweils am Stichtag	2000		2010		2015		2019	
31.3.	N	%	N	%	N	%	N	%
Freiheitsstrafe	53.183	87,8	53.973	89,7	47.486	91,5	46.359	92,6
Jugendstrafe	7.396	12,2	6.184	10,3	4.397	8,5	3.679	7,4

Quelle: Statistisches Bundesamt 2020 mit eigenen Berechnungen, vgl. Endnote 1

Ein tieferer Blick in die Strafvollzugsstatistik zeigt allerdings, dass unter denjenigen, die eine Jugendstrafe verbüßten, nur 11,5 % im klassischen Sinn „jugendlich", also 14 bis unter 18 Jahre alt sind. Man müsste hier wohl eher von einem „Heranwachsendenvollzug" sprechen, da die Gruppe der 18 bis unter 21-jährigen fast die Hälfte der Jugendstrafgefangenen ausmacht. Knapp über

40 % sind sogar schon in einem Alter zwischen 21 und 25 Jahre. Das Gros der Inhaftierten im „Erwachsenenvollzug“ ist in der Altersgruppe der 30 bis unter 40-jährigen zu finden.

Und es gibt weitere demographische Unterschiede. Beispielsweise im Hinblick auf Familienstand, Wohnsitz und Staatsangehörigkeit der Inhaftierten. Im Vergleich zur normalen Wohnbevölkerung sind Gefangene deutlich häufiger alleinstehend. Bei fast 14 % der Inhaftierten war kein fester Wohnsitz aktenkundig. Und ausländische Gefangene sind deutlich überrepräsentiert. Während im Jahr 2019 für die Gesamtbevölkerung ein Ausländeranteil von 12,5 % statistisch erfasst ist, betrug die Vergleichsquote im Strafvollzug ein Drittel der dort Einsitzenden.

Zusätzlich zu den personenbezogenen Merkmalen, die die amtliche Strafvollzugsstatistik ausweist, zeigt die kriminologische Fachliteratur, dass Strafgefangene vergleichsweise häufiger

- aus zerrütteten Familien stammen und in ihrer Kindheit oder Jugend in Heimen untergebracht waren,
- keine oder allenfalls niedrigere schulische und berufliche Qualifikationen erwerben konnten,
- von Arbeitslosigkeit, Schulden und Suchtmittelabhängigkeiten betroffen sind
- und/oder aufgrund von psychischen Störungen als behandlungsbedürftig gelten,

um nur einige individuelle oder soziale Problemlagen zu benennen, die Straffälligkeit im Sinne „kriminogener Faktoren“ begünstigen oder gar verursachen können.

In der Folge ist bei Strafgefangenen eine hohe strafrechtliche Vorbelastung zu erkennen. Mehr als zwei Drittel der Strafgefangenen waren vorbestraft, davon etwa die Hälfte bereits mindestens fünf Mal. Außerdem hatten fast vier von zehn schon Hafterfahrung, davon war etwa ein Viertel bereits im ersten Jahr nach einer früheren Entlassung wieder eingewiesen worden. All dies unterstreicht den Charakter des Strafvollzuges als *„ultima ratio“*, als letzte Stufe strafrechtlicher Sanktionen, die erst dann greifen soll, wenn weniger eingriffsintensive Maßnahmen nicht (mehr) in Frage kommen.

Dies spiegelt sich in der Struktur der Straftaten, die den Zwangsaufenthalt in einer Strafvollzugsanstalt begründen. Allerdings weist die Strafvollzugsstatistik nicht die Art und Anzahl sämtlicher Delikte aus, sondern nur die jeweils schwersten, die wiederum nach vorgegebenen Deliktgruppen geordnet werden. Diese werden aus Gründen der besseren Übersichtlichkeit in Abbildung 1 noch weiter zusammengefasst.

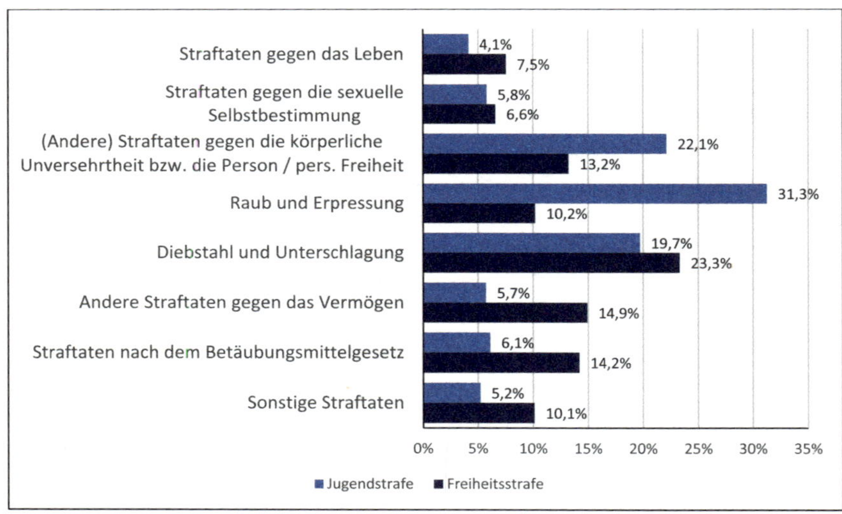

Abb. 1: Strafvollzugsbelegung nach Vollzugsart und (schwerstem) Delikt. Quelle: Statistisches Bundesamt 2020 mit eigenen Berechnungen, vgl. Endnote 1

Es zeigt sich, dass Inhaftierte, die Diebstahlsdelikte und andere Straftaten gegen das Vermögen begangen haben, etwa ein Viertel aller Jugendstrafgefangenen und gut 38 % der im Erwachsenenstrafvollzug Untergebrachten ausmachen. Gewaltstraftaten, zu denen auch Straftaten gegen die sexuelle Selbstbestimmung sowie Raub und Erpressung gezählt werden können, sind im umgekehrten Verhältnis verteilt. Im Vollzug der Freiheitsstrafe betrifft dies ein gutes Drittel (37,5 %) und im Jugendstrafvollzug sogar fast zwei Drittel (63,3 %) der Gefangenen.

Die Schwere der begangenen Straftaten ist vor Gericht ein zentrales Kriterium zur Bestimmung des Strafmaßes, das wiederum den zeitlichen Rahmen für die (voraussichtliche) Aufenthaltsdauer im Strafvollzug setzt. Während der „Erwachsenenvollzug" neben zeitigen Freiheitsstrafen bis zu 15 Jahren auch die lebenslange Freiheitsstrafe kennt, werden im Jugendstrafvollzug in der Regel Jugendstrafen ab 6 Monaten bis zu 10 Jahren, in Ausnahmefällen bis 15 Jahren vollstreckt. Die entsprechende Verteilung ist in Abbildung 2 grafisch dargestellt.

Die faktische Dauer des Strafvollzuges ist allerdings nicht nur von dem ursprünglichen Strafmaß, sondern auch davon abhängig, ob und in welchem Umfang eine ggf. zuvor erlittene Untersuchungshaft auf die Strafhaft angerechnet wird. Selbstverständlich spielt außerdem der Verlauf der Strafverbüßung eine bedeutende Rolle. Dieser ist zwar formal durch die Strafvollzugsgesetze geregelt, innerhalb dieses rechtlichen Rahmens aber vor allem von dem Verhalten der Inhaftierten sowie von Art und Ergebnis der Vollzugsmaßnahmen abhängig, die zur Erreichung des gesetzlich normierten

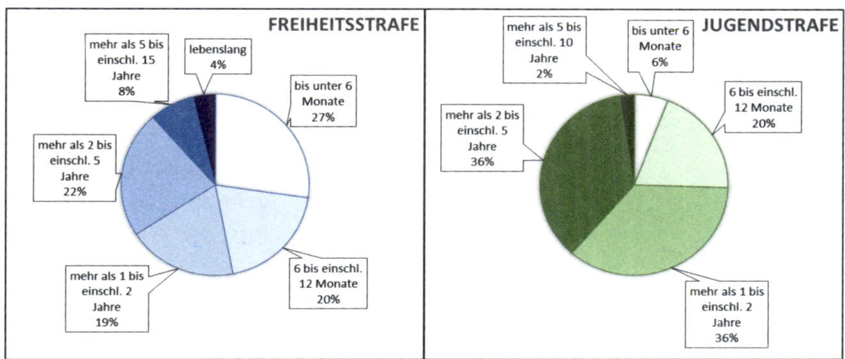

Abb. 2: Strafvollzugsbelegung nach Vollzugsart und voraussichtlicher Dauer. Quelle: Statistisches Bundesamt 2020 mit eigenen Berechnungen, vgl. Endnote 1

Vollzugszieles durchgeführt werden: Wenn die Entwicklung der Gefangenen im Strafvollzug sowie die erwartete Lebenssituation nach der Haft die Annahme rechtfertigt, dass sie keine weiteren Straftaten begehen werden, kann der Strafrest nach zwei Dritteln der verhängten Strafe (in seltenen Ausnahmefällen nach der Hälfte) zur Bewährung ausgesetzt werden.

2. Strafvollzugsziel

Seit der Föderalismusreform im Jahr 2006 haben die Bundesländer die Gesetzgebungskompetenz für den Strafvollzug inne. Für den Vollzug der Freiheitsstrafe im „Erwachsenenvollzug" beinhalten die entsprechenden Landesjustizvollzugsgesetze zahlreiche Regelungsgebiete zur Gestaltung der Justizvollzugspraxis. Beispielhaft zu nennen sind hier die Organisation der Anstalten und besonderer Vollzugsformen, die Aufnahme und Unterbringung sowie die rechtliche Stellung der Gefangenen, die Erstellung und Fortschreibung individueller Vollzugspläne, die Grundversorgung, Gesundheitsfürsorge, Arbeits-, Bildungs- und Freizeitgestaltung hinter Gittern, die Möglichkeiten zur Religionsausübung und zur Aufnahme von Kontakten mit der Außenwelt, etwa der Familie, das Angebot von Behandlungs- und Eingliederungsmaßnahmen, die Verfahren zur Aufrechterhaltung von Sicherheit und Ordnung in der Anstalt, die Art und Anwendung disziplinarischer Maßnahmen, aber auch etwaiger Rechtsbehelfe, die Gewährung vollzugsöffnender Maßnahmen bis hin zur Entlassung, die Maßnahmen zu ihrer Vorbereitung und nachgehender Betreuung etc.

Diese gesetzlichen Regelungen sind nicht frei von länderspezifischen Unterschieden. Das *Vollzugsziel* (s. Kasten) und die wesentlichen Prinzipien zur Vollzugsgestaltung folgen aber im Kern dem Resozialisierungsgebot, das aus dem verfassungsrechtlichen Sozialstaatsprinzip abgeleitet wird und zuvor

Wiedereingliederungschancen erhöhen und Rückfallrisiken senken!

Dem Vollzugsziel folgend sollen Straftäter im Gefängnis (be)fähig(t) werden, künftig ein sozial verantwortliches Leben ohne neue Straftaten zu führen.

seit 1977 in einem bundeseinheitlich geltenden Strafvollzugsgesetz normiert war. Nach der damaligen Gesetzesbegründung hat der Staat – in der Wahrnehmung seiner Aufgabe, die Allgemeinheit vor weiteren Straftaten zu schützen – die Strafgefangenen zur Vermeidung eines Rückfalles wirkungsvoll zu behandeln und ihnen bei der Wiedereingliederung in das normale Leben zu helfen. In den Landesgesetzen sind die damit verbundenen Ziel- und Aufgabenbestimmungen zwar weder überall wortgleich formuliert noch im Hinblick auf die Sicherungsaufgabe des Strafvollzuges einheitlich gewichtet, doch ändert dies nichts an der Gültigkeit der zentralen *Gestaltungsgrundsätze* des Strafvollzuges, der gerne auch als „moderner Behandlungsvollzug" begriffen wird.[4]

In einem solchen, auf die soziale (Wieder-)Eingliederung ausgerichteten Strafvollzug sollen die Gefangenen eine Behandlung erfahren, die sie befähigt, künftig in sozialer Verantwortung ein Leben ohne Straftaten zu führen. Bei der Verfolgung dieses Vollzugszieles sind neben der übergeordneten Pflicht der Vollzugsbehörden zur Achtung der *Menschenwürde* der Inhaftierten und dem ebenfalls übergeordneten Grundsatz der *Verhältnismäßigkeit* staatlichen Strafens weitere Gestaltungsgrundsätze zu beachten.

Der *Angleichungsgrundsatz* verpflichtet die zuständigen Justizvollzugsbehörden, das Leben hinter Gittern den allgemeinen Lebensbedingungen außerhalb der Gefängnismauern soweit wie möglich anzugleichen. Nun ist es schwierig zu bestimmen, was damit konkret gemeint ist. Der Strafvollzug ist schließlich „von Natur aus" anders als die Welt um ihn herum, da der Entzug der Freiheit zwangsläufig eine Einschränkung wesentlicher Rechte beinhaltet. Als Mindestforderung ist insofern neben der nach allgemein anerkannten Maßstäben menschenwürdigen Unterbringung der Gefangenen gemeint, dass die Unterschiede zwischen „drinnen und draußen" soweit reduziert werden müssen, wie es der Schutz der Allgemeinheit und die Gewährleistung von Sicherheit und Ordnung in der Anstalt erlauben.

Im Hinblick auf die Erreichung des Vollzugszieles soll mit dem Angleichungsgrundsatz im Kern vermieden werden, dass die Gefangenen unter den besonderen Bedingungen des Eingesperrtseins ihre Lebenstüchtigkeit verlieren. Er überschneidet sich hier teilweise mit dem *Gegensteuerungsgrundsatz*. Dieser verpflichtet die Justizvollzugsbehörden Maßnahmen zu ergreifen, um schädlichen Wirkungen der Inhaftierung, die im folgenden Kapitel näher beschrieben werden, aktiv entgegenzuwirken – zur Verbesserung der Reintegrationschancen, aber auch unabhängig davon zum Schutz der Gefangenen.

Der *Integrationsgrundsatz*, gelegentlich auch als Öffnungsgrundsatz bezeichnet, verbindet die vorgenannten Prinzipien insoweit mit dem Vollzugsziel als er vorgibt, den Strafvollzug von Beginn an auf die spätere Reintegration der Gefangenen in die Gesellschaft auszurichten. Am klarsten kommt dies in den Europäischen Strafvollzugsgrundsätzen zum Ausdruck. Diese verlangen, dass jede Art der Freiheitsentziehung – also nicht nur der Strafvollzug – so durchzuführen ist, dass sie den betroffenen Personen die Wiedereingliederung in die Gesellschaft erleichtert.[5] Dies soll insbesondere durch Hilfen im Rahmen der Entlassungsvorbereitung, aber auch durch vollzugsöffnende Maßnahmen während der Strafverbüßung geschehen, zum Beispiel durch die umgangssprachlich gerne als „Hafturlaub" bezeichneten Vollzugslockerungen, aber auch durch die Unterbringung der Gefangenen in offenen Vollzugsformen. Auch dies soll die Gefangenen „befähigen", den Kontakt zum gesellschaftlichen Leben zu halten. Zudem soll die Einbindung vollzugsexterner Personen und Einrichtungen an der Erreichung des Vollzugszieles erleichtert werden. Gefordert wird ein *systematisches Übergangsmanagement*, dass die Wiedereingliederung der Gefangenen nicht nur als Aufgabe des Staates betrachtet, sondern die Mitwirkung der gesamten Gesellschaft einfordert.[6]

Nun gibt es kein „Behandlungs- und Eingliederungsprogramm", das sämtliche Gefangenen in gleicher Weise durchlaufen müssten oder könnten. Dafür sind die Inhaftierten und ihre jeweiligen Lebens- und Problemlagen schlicht zu unterschiedlich. Erforderlich sind jeweils „passende" Maßnahmen, die auf die individuellen Rückfallrisiken, Behandlungserfordernisse und Integrationshemmnisse abgestimmt sind. Dem trägt schließlich der *Differenzierungsgrundsatz* Rechnung. Gemäß der bundeseinheitlichen Vorschriften verlangt dieser die Schaffung von Haftplätzen in verschiedenen Anstalten oder Abteilungen, *„in denen eine auf die unterschiedlichen Bedürfnisse der Gefangenen abgestimmte Behandlung gewährleistet ist"*. Mit dem hier verwendeten Bedürfnisbegriff sind freilich weniger subjektive Wünsche der Gefangenen als vielmehr spezielle psychische oder soziale Bedarfe angesprochen, die im Rahmen einer vollzugszielgerechten Behandlung bearbeitet werden müssen, damit das Rückfallrisiko der Gefangenen sinkt. Sie werden von den zuständigen Fachdiensten der Anstalten diagnostiziert und die Maßnahmen in individuellen Vollzugsplänen fest- und fortgeschrieben.

Zur weiteren Konkretisierung des Differenzierungsgrundsatzes wird die Unterbringung der Gefangenen in Anstalten oder Abteilungen des *„offenen Vollzuges"* hervorgehoben. Anders als im *„geschlossenen Vollzug"*, der eine sichere Unterbringung mit ständiger und unmittelbarer Beaufsichtigung der

Gefangenen vorsieht, gibt es hier keine oder nur verminderte Vorkehrungen gegen Entweichungen. In Theorie und Praxis des Strafvollzuges ist allerdings strittig, welche Vollzugsform denn nun besser geeignet sei, das Vollzugsziel zu erreichen. Das faktische zahlenmäßige Verhältnis der beiden Unterbringungsformen ist aber eindeutig: Im Erwachsenenvollzug befanden sich am statistisch relevanten Stichtag des Jahres 2019 bundesweit lediglich 15 % und im Jugendstrafvollzug sogar nur etwas über 8 % in offenen Vollzugseinrichtungen – wobei es erhebliche Unterschiede zwischen den Bundesländern gibt.

Solche Unterschiede sind auch bei dem Angebot an spezifischen Maßnahmen feststellbar, das in den einzelnen Vollzugsanstalten vorgehalten wird, um die mehr oder weniger intensiv und oftmals multipel ausgeprägten individuellen Problemlagen oder sozialen Defizite der Strafgefangenen im Interesse der angestrebten Legalbewährung zu behandeln. Bei diesem Angebot handelt es sich vor allem um

- Maßnahmen zum Erwerb sozialer Kompetenzen, beispielsweise soziale Trainingskurse,
- deliktorientierte Maßnahmen, etwa Behandlungsprogramme für inhaftierte Gewalt- oder Sexualstraftäter,
- therapeutische Angebote, insbesondere die Behandlung in sozialtherapeutischen Anstalten und Abteilungen, aber auch Psychotherapie,
- schulische Fördermaßnahmen, angefangen bei Elementar- und Alphabetisierungskursen bis hin zu schulabschlussbezogenen Maßnahmen,
- Maßnahmen zur Vermittlung beruflicher Fähigkeiten und Qualifikationen, die das ganze Spektrum von Orientierungskursen bis zu vollqualifizierenden Berufsausbildungen beinhalten,
- Angebote für Suchtkranke, die Beratung und Therapie(-vorbereitung) ebenso einschließen können wie die psychosoziale Betreuung Substituierter,
- Maßnahmen des Übergangsmanagements, vor allem zur Vermittlung in Arbeit und Ausbildung im Übergang aus der Haft in die Freiheit.

Ähnlich wie die vorgenannten allgemeinen Gestaltungsgrundsätze, handelt es sich auch bei dieser Liste spezieller Behandlungs- und Eingliederungsmaßnahmen nicht um eine abschließende Aufzählung. Die Angebote variieren von Anstalt zu Anstalt in ihrer Qualität und Quantität sowie im Hinblick auf die ihnen jeweils beigemessene Bedeutung. Angesichts der im Laufe der Zeit beobachtbaren Veränderungen der Strafvollzugsbelegung und der fortlaufenden Entwicklung neuer oder verbesserter Behandlungsmethoden hat der Gesetzgeber bewusst auf eine konkretere Festlegung spezifischer „Behandlungsprogramme" verzichtet. Vielmehr hat er die Vollzugsbehörden verpflichtet, ihre gesamte Tätigkeit auf eine wirkungsvolle, dem Vollzugsziel dienende Behandlung auszurichten.

3. Strafvollzugswirkungen

Nun misst man beispielsweise Erfolg oder Scheitern einer Schulausbildung daran, ob die Schülerinnen und Schüler einen Hauptschulabschluss, die mittlere Reife oder das Abitur erworben haben. Ähnlich könnte man die Effektivität des Strafvollzuges daran messen, ob die im vorangegangenen Abschnitt genannten „Befähigungsmaßnahmen" während der Strafverbüßung erfolgreich abgeschlossen wurden oder nicht. Öffentlichkeit, Politik und auch die Wissenschaft verlangen aber mehr. Für sie reicht es nicht zu wissen, ob die Gefangenen aufgrund der ggf. neu erworbenen Befähigungen theoretisch fähig sind, künftig straffrei zu leben. Zusätzlich wird gefragt, ob die Behandlung im Vollzug die angestrebte Legalbewährung tatsächlich bewirkt hat oder nicht.

Das wohl wichtigste Kriterium zur Bestimmung solcher Wirkungen ist die Rückfallquote. Daten dazu sind zuletzt im Jahr 2016 veröffentlicht worden.[7] Sie zeigen für einen Kontrollzeitraum von drei Jahren nach der Entlassung die höchsten Rückfallquoten (64,5 %) bei Straftätern, die zu einer Jugendstrafe ohne Bewährung verurteilt worden waren. Zum Vergleich: Die Quote für erwachsene Strafgefangene beträgt 44,9 %. Es werden aber nur drei von zehn der nach Jugendstrafvollzug Entlassenen bzw. ein gutes Fünftel der aus einer Freiheitsstrafe entlassenen Gefangenen so schwer rückfällig, dass sie aufgrund einer neuen Verurteilung in den (Jugend-)Strafvollzug zurückkehren müssen (vgl. Abbildung 3).

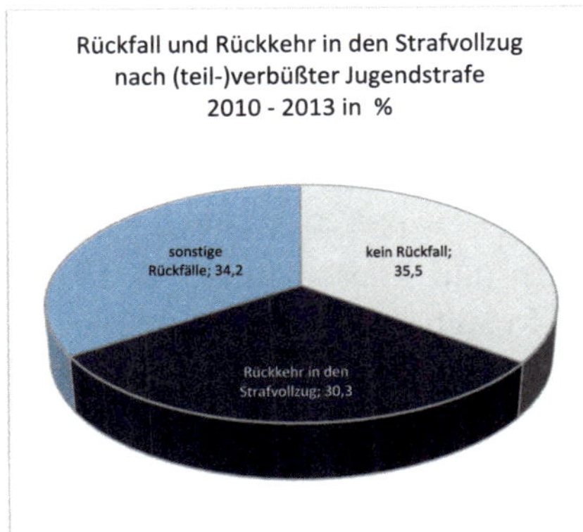

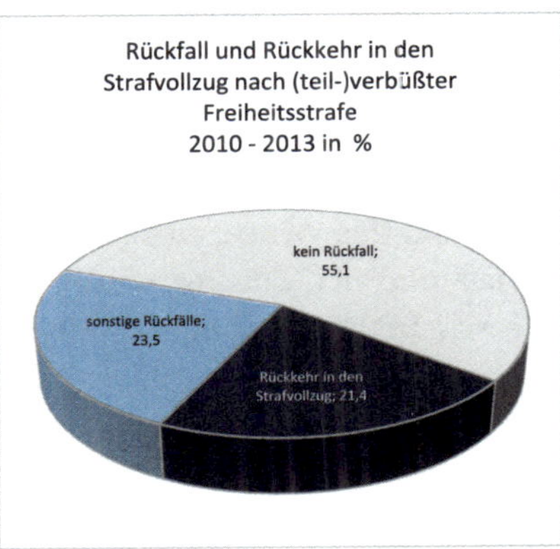

Abb. 3: Rückfall nach (Jugend-)Strafvollzug[8]

Verlängert man den Beobachtungszeitraum auf neun Jahre, stellt man fest, dass ungefähr jeder zweite zu unbedingter Jugendstrafe verurteilte und jeder dritte zu unbedingter Freiheitsstrafe verurteilte Straftäter erneut zum Freiheitsentzug in einer Justizvollzugsanstalt verurteilt wird. Was heißt das nun? Einige werden beispielsweise mit Blick auf die Jugendstrafgefangenen sagen, dass der Vollzug bei der Hälfte der Gefangenen gescheitert ist. Andere, dass die Wiedereingliederung der zweiten Hälfte offensichtlich (besser) gelungen ist. Das erinnert an Antworten auf die Frage, ob ein halb gefülltes Wasserglas halb voll oder halb leer sei. Tatsächlich belegen die Daten weder Erfolg noch Scheitern des Strafvollzuges. Sie beschreiben nur amtlich registrierte Rückfall- und Rückkehrerquoten *nach* Strafvollzug. Ob die mehr oder weniger gelungene Legalbewährung der Haftentlassenen ursächlich *durch* den Vollzug der Jugend- oder Freiheitsstrafe bewirkt worden ist, verraten sie uns nicht.

Dafür müsste die Rückfälligkeit der Entlassenen mit der von nicht inhaftierten Straftätern verglichen werden – zum Beispiel Personen, die zu einer Bewährungsstrafe verurteilt wurden. Unter ihnen eine Vergleichsgruppe zu finden, die den Entlassenen z.B. in der Schwere des Delikts, in der Zahl der Vorstrafen und in anderen rückfallrelevanten Merkmalen ähnelt, ist aber sehr schwer, denn die Gerichte entscheiden ja gerade nach diesen Merkmalen, wer inhaftiert werden muss und wessen Freiheitsstrafe noch zur Bewährung ausgesetzt werden kann. Die (wenigen) Studien, die vergleichbare Bewährungs- und Strafvollzugsprobanden gefunden haben, legen indes nahe, dass die Rückfallraten nach Strafvollzug oft in einem ähnlichen Bereich, meist aber etwas höher liegen als nach Bewährungsstrafen.[9]

3.1 „Pains of Imprisonment"

Insofern ist der Strafvollzug nicht immer die erste und beste Wahl, um Menschen „von der schiefen Bahn" abzubringen; womöglich schadet er sogar. Gefangene verlieren möglicherweise die Unterkunft, in der sie zuvor gelebt haben und den Arbeitsplatz, den sie vielleicht hatten. Ihr Bewegungsraum in Haft und der Zugang zu Besitztümern und Konsumgütern sind stark eingeschränkt, ihr Alltag ist weitgehend fremdbestimmt und die Kommunikationsmöglichkeiten mit Angehörigen und Freunden sind beschränkt. Sie leben auf engem Raum mit anderen straffällig gewordenen Personen, die mitunter dazu neigen, ihre Interessen mit Gewalt oder deren Androhung durchzusetzen – all dies sind Effekte, die schon in den späten 1950ern als *„pains of imprisonment"* bezeichnet wurden.[10]

Eine Vielzahl von Studien hat sich seitdem mit den möglichen negativen Wirkungen des Strafvollzugs befasst.[11] Unmittelbar nach der Inhaftierung wurden Einbrüche im Selbstwertempfinden, Trauer, Einsamkeitsgefühle, Stressempfinden, Angst (u.a. vor Mitinhaftierten) und Hoffnungslosigkeit festgestellt. Die Selbstmordraten sind unter Gefangenen im Vergleich zur Normalbevölkerung deutlich erhöht, gerade zu Beginn der Haft. Allerdings zeigen verschiedene Untersuchungen, dass sich solche negativen Gefühlszustände im Verlauf der Inhaftierung verbessern. Selbst psychische Störungen, die unter Inhaftierten gehäuft vorkommen, scheinen sich im Haftverlauf abzumildern.

Ein großes Problem kann die Gewalt unter Inhaftierten darstellen. Hier zeigen auch deutsche Studien, dass sie weitverbreitet ist, vor allem im Jugendstrafvollzug. Man muss annehmen, dass diejenigen, die sich große Sorgen um ihre Sicherheit im Vollzug machen, nur eingeschränkt in der Lage sind, sich um ihre (möglichst straftatfreie) Zukunft zu kümmern, Behandlungsangebote wahrzunehmen usw. Die Gefängnis-Subkultur, die z.B. durch illegalen Handel (mit Drogen, Handys), negative Einstellungen gegenüber dem Personal, der Justiz und der Idee der Resozialisierung sowie dem Zusammenschluss zu Gangs und Machtkämpfen zwischen Gruppen und Personen gekennzeichnet ist, steht der prosozialen Entwicklung vieler Inhaftierter ebenfalls entgegen. Unter solchen Bedingungen, lässt sich argumentieren, kann Resozialisierung nicht funktionieren – eine Schlussfolgerung, die bei einigen die Forderung zur Abschaffung des Gefängnisses als Institution nach sich zieht.[12]

Allerdings wäre es unfair, diese negativen Phänomene allesamt dem Strafvollzug anzulasten und sie allein als Folge der Entbehrungen zu betrachten („Deprivations-Erklärung“), mit denen Gefangene konfrontiert sind. Man darf nicht vergessen, dass es sich bei Inhaftierten um eine in mehrfacher Hinsicht benachteiligte, gefährdete und in Teilen auch gefährliche Gruppe handelt, die ihre Erfahrungen, Einstellungen und Verhaltensweisen auch mit in den Strafvollzug hineinbringt („Importations-Erklärung“). So hatten viele auch schon vor der Inhaftierung Kontakte ins „Milieu“, waren Teil einer Gruppe krimineller Freunde oder Bekannter, waren gewalttätig, konsumierten Drogen und wiesen kriminalitätsfördernde Einstellungen auf. Möglicherweise, so könnte man argumentieren, sind die negativen Folgen der Inhaftierung nur Fortsetzungen der Erlebens- und Verhaltensweisen außerhalb der Haft. Studien zeigen z.B., dass Gewalt in Haft mit höherer Wahrscheinlichkeit von Personen ausgeübt wird, die auch vor der Haft schon gewalttätig waren, und dass Inhaftierte mit Drogenproblemen vor der Inhaftierung auch eher in Haft konsumieren als Inhaftierte, die kein Drogenproblem vor der Haft hatten.

Tatsächlich dürfte individuelles und Gruppenverhalten und -erleben in Haft sowohl von den mitgebrachten Merkmalen der Gefangenen (Importation) als auch den Bedingungen in der Haft (Deprivation) sowie den Wechselwirkungen zwischen diesen Faktoren abhängen.

Ähnliches ist auch für den Einfluss der Haft auf die Legalbewährung nach der Entlassung zu vermuten. Angesichts des Vollzugszieles ist deshalb primär die Frage zu stellen, ob es Gestaltungsmerkmale des Strafvollzugs gibt, die einen positiven Einfluss auf die Legalbewährung der Straftäter besitzen.

3.2 Chancen durch Inhaftierung?

Wir betrachten deshalb abschließend die Frage, ob es Gestaltungsmerkmale des Strafvollzugs gibt, die einen positiven Einfluss auf die Legalbewährung der Straftäter haben. Wir widmen uns zunächst dem sozialen Klima in der Anstalt: Je besser die sozialen Beziehungen in der Anstalt von den Inhaftierten im Hinblick auf Faktoren wie Macht, Sicherheit, Ordnung, Unterstützung, Respekt, Menschlichkeit, Vertrauen und Anstand bewertet werden, desto mehr Fortschritte machen die Teilnehmer in Behandlungsmaßnahmen. Anstalten mit besserem Klima hatten in einer kürzlich erschienenen Studie geringere Rückfallraten als Anstalten mit ungünstigen Klima-Werten.[13] „Harsche" Bedingungen im Strafvollzug (im Sinne der Deprivation) und ein starker Rückgriff auf Disziplinierung und Sanktionierung scheinen hingegen das Verhalten von Inhaftierten weniger positiv zu beeinflussen[14].

Einiges spricht dafür, dass auch Maßnahmen der Vollzugsöffnung hilfreich sind. Studien deuten darauf hin, dass Besuche in der Haft positive Wirkungen auf die spätere Wiedereingliederung und die Straffreiheit haben, womöglich vor allem dann, wenn es Besuche des aktuellen Partners sind und wenn diese nicht nur selten stattfinden.[15] In einer kanadischen Untersuchung wurden auch diejenigen seltener rückfällig, die Vollzugslockerungen (z.B. Ausgänge) erhalten hatten.[16]

Die Rolle von Behandlungsmaßnahmen für die Legalbewährung ist intensiv untersucht worden. Die vornehmlich angelsächsischen Studien zeigen, dass sie positive Wirkungen auf das Legalverhalten haben können. Dabei sollten stärker rückfallgefährdete Inhaftierte auch intensivere Maßnahmen durchlaufen, und Maßnahmen sollten sich auf die Veränderung von Risikofaktoren für Straffälligkeit konzentrieren, also Erlebens- und Verhaltensweisen, die in Studien mit der Begehung erneuter Straftaten assoziiert waren (z.B. geringe Fähigkeit, Impulse zu kontrollieren, kriminelle Einstellungen, Suchtprobleme, Probleme in sozialen Beziehungen, Leistungsprobleme und geringes Qualifikationsniveau). Behandlungsmaßnahmen sollten kriminalitätsnahe Denkmuster bearbeiten und soziale Kompetenzen der Teilnehmer verbessern und gleichzeitig die Besonderheiten der Person (z.B. im Hinblick auf die Intelligenz, Motivation) berücksichtigen. Auch schulische und vor allem berufliche Qualifizierungsmaßnahmen können positive Wirkungen entfalten[17].

Dabei kann angenommen werden, dass diese umso größer ausfallen, je besser der Übergang von der Haft in die Freiheit gestaltet wird, z.B. indem eine Arbeitsstelle vermittelt wird, die zur (ggf. gerade erworbenen) beruflichen Qualifikation passt. Hier sind wir (wieder) beim so genannten Übergangsmanagement angelangt. Studien zeigen positive Effekte, wenn nicht nur in der Anstalt die Entlassung gemeinsam mit dem Inhaftierten vorbereitet wird, indem z.B. eine passende Unterkunft und Arbeitsstelle gesucht werden, sondern die Betreuung auch während und nach der Entlassung gewährleistet ist. Die Arbeit der Bewährungshilfe, der Arbeitsagenturen bzw. Jobcenter, der Sozialpsychiatrischen Dienste und anderer Organisationen dürfte hier zentral sein.

4. Der Strafvollzug: Große Erwartungen, begrenzter Einfluss

Fassen wir zusammen: Bei der strafrechtlichen Sanktionierung von Straftaten spielt der Strafvollzug im Vergleich zur Geldstrafe, zur Bewährungsstrafe und zu anderen (jugendstrafrechtlichen) Sanktionen zunächst eine untergeordnete Rolle: Er wird in der Regel für Täter vorgesehen, die besonders schwere Taten begangen haben oder wiederholt eine Vielzahl weniger gravierender Straftaten, deren Sanktionierung ohne Wirkung geblieben zu sein scheint. Dieser Auswahlprozess führt dazu, dass im Strafvollzug Personen landen, bei denen sich der Resozialisierungs- und Reintegrationsprozess in der Regel besonders schwierig gestaltet. Gleichwohl ruht auf dem Strafvollzug als „*ultima ratio*", als letzte strafrechtliche Eingriffsoption, die Erwartung, dass die Inhaftierten danach keine Straftaten mehr begehen und der Strafvollzug die Gesellschaft auch während der Inhaftierung vor den Tätern schützt.

Während der Strafvollzug die zuletzt genannte Aufgabe mittlerweile nahezu optimal erfüllt, da es kaum Entweichungen gibt, gestaltet sich die Resozialisierungsarbeit schwieriger: Die Folgen der Inhaftierung hängen sowohl mit Blick auf das Erleben und Verhalten in der Haft als auch mit Blick auf das Legalverhalten nach der Haft von einer Vielzahl von institutionellen, gesellschaftlichen und auf die Merkmale der Inhaftierten bezogenen Faktoren ab. Die schon vor der Inhaftierung vorhandenen Merkmale der Personen spielen eine mindestens ebenso wichtige Rolle wie die Bedingungen und Maßnahmen im Strafvollzug. Das Zusammenwirken dieser Faktoren ist Gegenstand der kriminologischen Strafvollzugs- und Rückfallforschung, wobei die meisten Studien und Befunde aus dem angelsächsischen Raum stammen und für Deutschland ein deutlicher Nachholbedarf besteht.[18]

Es ist allerdings ein Fakt, dass nicht wenige Gefangene nach der Haft rückfällig werden. Die berichteten Forschungsergebnisse zeigen einerseits, dass individuelle Hafterfahrungen und der soziale Makel einer Inhaftierung die Legalbewährung erschweren können. Deshalb sollten ambulante Sanktionen einer Haftstrafe vorgezogen werden, solange dies normativ gerechtfertigt und möglich ist. Im Strafvollzug befinden sich tatsächlich zu viele Gefangene, die dort nicht wirksam resozialisiert werden können (z.B. Personen, die Geldstrafen nicht bezahlt haben oder aus anderen Gründen kurze Freiheitsstrafen verbüßen).[19]

Zum anderen kann aber auch festgehalten werden, dass im Strafvollzug vielerorts noch „Luft nach oben" besteht, was die Umsetzung von Befunden zum wirksamen Umgang mit Gefangenen anbelangt: In den Bereichen Vollzugsklima, Vollzugsgestaltung, Maßnahmenplanung und -umsetzung sind Verbesserungen möglich, die zu geringeren Rückfallquoten führen können. Und auch was das gesellschaftliche und kriminalpolitische „Klima" anbelangt, können wir uns Haltungen und Maßnahmen vorstellen, die es Straftätern leichter machen dürften, sich nach der Entlassung aus dem Strafvollzug wieder sozial zu integrieren. Wie gut der Strafvollzug und die anderen Organisationen, die an der Resozialisierung mitwirken, finanziell und personell ausgestattet sind, wie sich die Lage auf dem Wohnungs- und Arbeitsmarkt gestaltet und wie bereit die Gesellschaft ist, entlassene Straftäter wieder als Mitglieder der Gesellschaft zu akzeptieren, dürfte das Ergebnis der Resozialisierungsarbeit ebenso beeinflussen wie die Bereitschaft (und Fähigkeit) der Betroffenen, ein Leben ohne Straftaten zu führen.

Zum Nach- und Weiterdenken

Die so genannte Etikettierungs- oder Labeling-Theorie behauptet, Kriminalität *entstehe* durch die strafrechtliche Sanktionierung oder werde durch diese begünstigt, indem den Bestraften sozusagen das negative Etikett des Straftäters angehängt werde. Dagegen versuchen sog. ätiologische Ansätze, Straftaten mit physischen, psychischen oder sozialen Merkmalen der Täter zu begründen. Finden Sie Argumente für und gegen die beiden Perspektiven.

Zum Weiterlesen

Laubenthal, K. (2019): *Strafvollzug* (8. Aufl.). Berlin: Springer.

Schwind, H.D., Böhm, A., Jehle, J.-M. & Laubenthal, K. (Hrsg.) (2019): *Strafvollzugsgesetze – Bund und Länder* (16. Aufl.). Berlin: DeGruyter.

Für eine vertiefte Befassung mit den rechtlichen Grundlagen des Strafvollzuges werden das Lehrbuch von Laubenthal und der Kommentar von Schwind und Kollegen empfohlen.

Maelicke, B. & Suhling, S. (Hrsg.) (2018). *Das Gefängnis auf dem Prüfstand. Zustand und Zukunft des Strafvollzugs.* Wiesbaden: Springer.

Der Sammelband gibt einen breit gefächerten Überblick über die allgemeine Entwicklung sowie spezifische Arbeits- und Problemfelder des Strafvollzuges.

Drenkhahn, K., Geng, B., Grzywa-Holten, J, Harrendorf, S., Morgenstern, C. & Pruin, I. (Hrsg.). *Kriminologie und Kriminalpolitik im Dienste der Menschenwürde. Festschrift für Frieder Dünkel zum 70. Geburtstag*. Mönchengladbach: Forum Verlag Godesberg.

Schließlich wird die Lektüre dieser Festschrift empfohlen, die Kriminologie und Kriminalpolitik im Kontext der Menschenwürde diskutiert und dem Strafvollzug einen eigenständigen Bereich mit diversen Beiträgen widmet.

Zudem bieten die jährlichen Veröffentlichungen des Statistischen Bundesamtes zu ausgewählten Merkmalen der Strafvollzugsstatistik einen sehr guten Überblick über die Vollzugsbelegung. https://www.statistischebibliothek.de/mir/receive/DESerie_mods_00000108

Am besten passiert erst gar nichts… Was ist und wie geht eigentlich Kriminalprävention?

Diana Schubert & Stephan Christoph

Das vorliegende Kapitel befasst sich mit der Frage, was man genau unter dem Begriff der „Kriminalprävention" versteht, wie sie wirkt und welche Akteure an ihr beteiligt sind. Es geht dem Beitrag dabei nicht darum, sämtliche Aspekte der Verbrechensverhütung umfassend und abschließend zu beleuchten. Es geht vielmehr darum aufzuzeigen, dass die Verhinderung von Straftaten eine gesamtgesellschaftliche Aufgabe darstellt, die sich auch und vor allem jenseits des Polizei- und Justizapparats abspielt.

1. Einleitung

Franz von Liszt (1851–1919) war ein bedeutender Rechtswissenschaftler, dessen Lehren das deutsche Strafrecht bis heute prägen und dabei nicht selten eine ungebrochene Aktualität aufweisen. Er war unter anderem einer der ersten juristischen Denker, die im Vollzug von Strafen nicht bloß einen Akt der Vergeltung begangenen Unrechts sahen, sondern die der Sanktionierung eines Verhaltens auch einen Zweck zusprachen, der bei *von Liszt* namentlich in der Sicherung, Besserung (Resozialisierung) und auch Abschreckung von Straftätern bestand. Er hatte dabei ein sehr modern anmutendes Verständnis von der Entstehung von Kriminalität, das er in seinem Vortrag „Das Verbrechen als sozial-pathologische Erscheinung" aus dem Jahre 1898 näher ausbreitete.[1] Seiner Ansicht nach war „[j]edes Verbrechen […] das Produkt aus der Eigenart des Verbrechers einerseits und den den Verbrecher im Augenblick der Tat umgebenden gesellschaftlichen Verhältnissen andererseits, also das Produkt des einen individuellen Faktors und der ungezählten gesellschaftlichen Faktoren"[2]. Er schrieb dabei sozialen Einflüssen eine besondere Bedeutung für die Verbrechensentstehung zu. Hieraus zog er den Schluss, dass sich eine Kriminalpolitik, die wirksam die Wurzeln der Kriminalität bekämpfen möchte, zuallererst der Änderung gesellschaftlicher Rahmenbedingungen zuwenden müsse. Faktoren, welche die Kriminalitätsprognose besonders ungünstig beeinflussen, waren nach *v. Liszt* vor allem Arbeitslosigkeit und -unfähigkeit, zu niedrige Löhne, gesundheitsschädliche Wohnverhältnisse oder auch ein Auseinanderbrechen der hergebrachten familiären Strukturen. Anhand seiner Überlegungen kam er zu dem Schluss, „daß [sic!] eine auf Hebung der gesamten Lage der arbeitenden Klasse ruhig, aber sicher abzielende Sozialpolitik zugleich auch die beste und wirksamste Kriminalpolitik darstellt."[3] Zusammenfassen lässt sich dies in der berühmt gewordenen Kurzformel: Sozialpolitik ist die beste Kriminalpolitik. Verbrechensbekämpfung erschöpft sich damit nicht in einer Schaffung immer neuer Straftatbestände mit immer härteren Strafandrohungen. Um wirklich nachhaltig und effektiv Kriminalprävention zu betreiben, muss der Staat (auch) die Lebensbedingungen der Menschen verbessern und damit auf individueller sowie gesamtgesellschaftlicher Ebene aktiv werden, um bestehenden Kriminalitätsneigungen den Nährboden zu entziehen.[4]

Versteht man Verbrechensbekämpfung dermaßen weit, so wird schnell klar, dass es sich bei der Kriminalprävention um eine Aufgabe handelt, die praktisch jeden Bereich des sozialen Zusammenlebens und die unterschiedlichsten Akteure berühren kann. *Von Liszt* formulierte seine Überlegungen bereits gegen Ende des 19. Jahrhunderts. Gleichwohl dauerte es fast weitere 100 Jahre bis sich die Erkenntnis, dass nachhaltige Prävention über bloßes Bestrafen hinausgeht, auch in der Kriminalpolitik flächendeckend durchsetzte. Erst in den 1990er Jahren wurde mehr und mehr begonnen, über Möglichkeiten der Verbrechensverhütung auch außerhalb des Strafrechts nachzudenken und diese zu diskutieren.[5] Grund hierfür waren unter anderem ernüchternde Ergebnisse aus der Sanktionsforschung, welche die Effektivität der Strafe als Mittel zur Verhinderung weiterer Verbrechen grundlegend in Frage stellten und dadurch die Suche nach alternativen Präventionsmöglichkeiten befeuerten. Zudem kam es in der Kriminalpolitik zu einer immer stärkeren Hinwendung zum (potenziellen) Verbrechensopfer. Der dahinterstehende Perspektivwechsel führte dazu, dass man sich zwangsläufig mit der Frage auseinandersetzen musste, wie eine Opferwerdung verhindert werden kann, bevor eine strafbare Handlung überhaupt ausgeführt wird. Dies zwang praktisch zu einem „vorstrafrechtlichen" Denken.

Aus den bisherigen Darstellungen ergibt sich bereits, dass Verbrechensverhütung eine äußerst vielschichtige und komplexe Aufgabe sein muss. Um die bislang sehr abstrakt gebliebenen Schilderungen greifbarer zu machen und mit Leben zu füllen, soll nachfolgend der Begriff „Kriminalprävention" näher erläutert werden, bevor unterschiedliche Bereiche der Präventionsarbeit beleuchtet und mit Beispielen unterfüttert werden sollen.

2. Was ist Kriminalprävention?

Wir wissen also bereits, dass Kriminalprävention irgendetwas mit der Verhinderung von Straftaten zu tun haben muss. Denkt man einen Augenblick darüber nach, so wird auch schnell klar, dass es besser ist, möglichst frühzeitig die Wurzeln krimineller Verhaltensweisen zu bekämpfen, als erst im Nachhinein auf strafbare Handlungen zu reagieren. Ein Kind, das schon gar nicht eine heiße Herdplatte anfasst, ist schließlich besser, als ein Kind, das sich die Finger ordentlich verbrannt hat und danach noch eine Standpauke der Eltern über sich ergehen lassen muss. Durch eine frühzeitige Intervention verhindert man einerseits, dass Menschen zu Schaden kommen, andererseits bewahrt man den potenziellen Täter davor, sich durch sein Tun seinerseits in strafrechtliche Probleme zu bringen. Möglicherweise vermeidet man sogar, dass sich aus einzelnen Taten eine „kriminelle Karriere" entwickelt.

Klar ist also: Vorsorge ist besser als Nachsorge. Was im Gesundheitsbereich als selbstverständlich gilt, lässt sich auch auf den Bereich Sicherheit übertragen. Kriminalität ist, wie gesehen, ein gesellschaftliches Problem, das alle sozialen Schichten in verschiedener Weise berührt. Die vielschichtigen Entstehungsbedingungen von Kriminalität, die häufig nur zum Teil hinreichend erforscht sind, sind die Wurzeln devianten (also von der Norm abweichenden) Verhaltens, die es gilt nachhaltig so zu verändern, dass Kriminalität erst gar nicht entsteht.[6]

Als Kriminalprävention wird dabei – einfach ausgedrückt – die Gesamtheit aller vorbeugenden Maßnahmen bezeichnet, welche die Begehung zukünftiger Straftaten verhindern sollen. Der Europarat definiert Kriminalprävention in seinem Beschluss von 2001 zur Einrichtung des Europäischen Netzes für Kriminalprävention etwas ausführlicher als „alle Maßnahmen, die darauf abzielen, die Kriminalität und das Unsicherheitsgefühl der Bürger entweder durch direkte Abschreckung vor kriminellen Aktivitäten oder durch Strategien und Maßnahmen zur Verringerung des kriminellen Potenzials und der Ursachen der Kriminalität quantitativ und qualitativ zu minimieren. Im Rahmen der Kriminalprävention werden die Regierungen, zuständige Behörden, Strafrechtsorgane, örtliche Behörden und die von ihnen in Europa geschaffenen spezialisierten Vereinigungen, private und freiwillige Akteure, Forscher und die Öffentlichkeit, unterstützt durch die Medien, tätig."[7] Auch in diesem Beschluss auf europäischer Ebene wird deutlich, dass Kriminalprävention eine gesamtgesellschaftliche Aufgabe ist, d. h., hier sind nicht nur Polizei und Justizbehörden gefragt, sondern auch Verwaltungsbehörden auf Bundes-, Landes- und auf kommunaler Ebene ebenso wie nichtstaatliche Stellen, wie beispielsweise freie Träger (zu denen bspw. Institutionen der Kinder- und Jugendhilfe oder gemeinnützige soziale Vereine gehören, die nicht an die örtliche Verwaltung angebunden sind). Wie weit die Verästelungen bei der Verhinderung von Straftaten reichen können, verdeutlicht der Erste Periodische Sicherheitsbericht der Bundesregierung aus dem Jahr 2001. Dieser fordert, dass die Kriminalprävention in eine offensive Lebenslagenpolitik eingebettet sein muss.[8] Dies erfordert unter anderem entsprechende Maßnahmen im Bereich der Sozial- und Arbeitsmarktpolitik, aber auch und gerade in der Kinder-, Jugend- und Familienpolitik sowie in der Bildungs-, Gesundheits- und Medienpolitik – und das nicht nur auf

Bundes-, sondern vor allem auf Landes- und Kommunalebene. Kriminalprävention in diesem Sinne setzt schließlich auch auf die verantwortliche Beteiligung der Privatwirtschaft und des bürgerlichen Engagements. Damit kann sogar die einzelne Bürgerin und der einzelne Bürger (etwa durch ein besonderes soziales Engagement) einen wirksamen Beitrag zur Verhinderung krimineller Verhaltensweisen leisten. Es kann also zusammenfassend gesagt werden, dass Kriminalprävention sämtliche staatliche und private Bemühungen zur Verbrechensvorbeugung umfasst.[9]

> Merke:
> „Kriminalprävention" bezeichnet die Gesamtheit aller Maßnahmen, die darauf gerichtet sind, die Begehung zukünftiger Straftaten zu verhindern.

Wer aber jetzt schon annimmt, hiermit wären bereits alle denkbaren Betätigungsfelder erfasst, der täuscht sich. Die Präventionsarbeit konzentriert sich nicht allein auf die Verhinderung von Straftaten, sondern zielt auch auf eine Reduzierung der Kriminalitätsfurcht innerhalb der Bevölkerung ab.[10] Der Indikator „Kriminalitätsfurcht" misst das subjektive Sicherheitsgefühl der Menschen im Allgemeinen und hinsichtlich bestimmter Delikte. Ermittelt wird die Kriminalitätsfurcht z.B. im Rahmen von repräsentativen Bevölkerungsumfragen wie dem Deutschen Viktimisierungssurvey 2017, der vom Bundeskriminalamt gemeinsam mit dem Max-Planck-Institut konzipiert wurde. Auch auf kommunaler Ebene sollte das subjektive Sicherheitsgefühl der Bevölkerung in die Gesamtstrategie der Kriminalprävention einfließen und bei der Planung von Maßnahmen mitbedacht werden. In Augsburg wird

1.9 Wie sicher oder unsicher fühlen Sie sich ganz allgemein tagsüber ...? [5.125]

	sehr sicher	eher sicher	eher unsicher	sehr unsicher
in der Augsburger Innenstadt [5.096]	58,0	37,0	4,4	0,6
an Haltestellen von Bus & Straßenbahn [5.071]	44,2	45,2	9,3	1,3
an Bahnhöfen [5.052]	31,1	47,1	18,8	3,1
in öffentlichen Verkehrsmitteln [5.068]	41,0	48,0	9,6	1,4
in Parks und Grünanlagen [5.052]	35,0	47,9	15,0	2,1
in Ihrem Wohnumfeld [5.092]	61,7	33,6	3,8	0,8
in Ihrer Wohnung [5.099]	79,1	19,9	0,8	0,2

1.10 Wie sicher oder unsicher fühlen Sie sich ganz allgemein nach Einbruch der Dunkelheit ...? [5.115]

	sehr sicher	eher sicher	eher unsicher	sehr unsicher
in der Augsburger Innenstadt [5.071]	24,0	48,8	21,9	5,3
an Haltestellen von Bus & Straßenbahn [5.065]	14,8	44,1	32,4	8,6
an Bahnhöfen [5.030]	10,6	36,4	38,2	14,8
in öffentlichen Verkehrsmitteln [5.036]	19,2	49,1	25,3	6,3
in Parks und Grünanlagen [5.037]	7,8	28,1	44,2	20,0
in Ihrem Wohnumfeld [5.077]	36,4	49,0	11,5	3,1
in Ihrer Wohnung [5.067]	69,5	27,8	2,0	0,7

Abb. 1: Ergebnisse zur Kriminalitätsfurcht aus der Bürgerumfrage der Stadt Augsburg 2019. Quelle: ePaper der Stadt Augsburg, Amt für Statistik und Stadtforschung vom 08.06.2020, Bürgerumfrage 2019 der Stadt Augsburg – Erste Ergebnisse

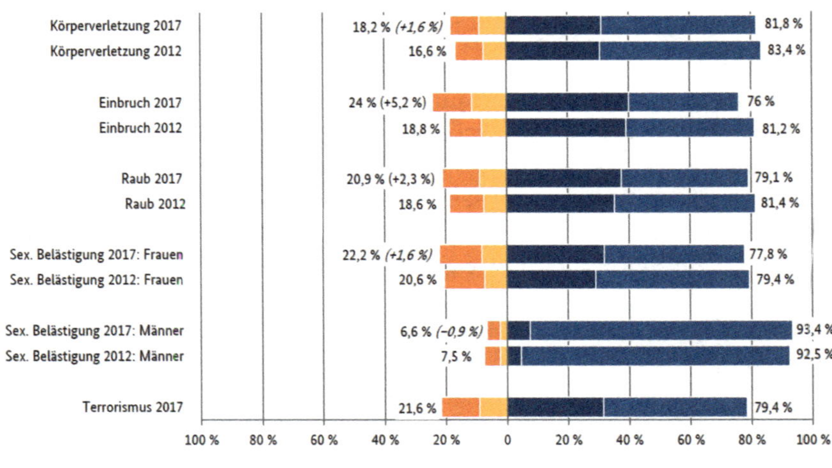

Abb. 2: Deliktsspezifische Kriminalitätsfurcht 2017 (in Klammern Prozentpunkte-Differenz gegenüber 2012). Quelle: BKA, Erste Ergebnisse des Deutschen Viktimisierungssurvey 2017, S. 47.

zu diesem Zweck z.B. in zweijährigem Turnus eine repräsentative Umfrage der Bürgerinnen und Bürger durchgeführt, die auch in einem Teil das subjektive Sicherheitsgefühl abfragt (vgl. Abbildung 1).

Mitunter wird zudem erhoben, für wie wahrscheinlich es die Befragten halten, selbst Opfer von Straftaten zu werden. Abbildung 2 veranschaulicht diesbezüglich einige Ergebnisse zur Kriminalitätsfurcht hinsichtlich verschiedener Delikte.

3. Wie geht Kriminalprävention?

In einem ersten Schritt haben wir uns erarbeitet, dass hinter Kriminalprävention wesentlich mehr steckt als die Sanktionierung normabweichender Verhaltensweisen. Vielmehr muss eine effektive Verbrechensverhütung breit ansetzen und auch Akteure außerhalb des „klassischen" Polizei- und Justizapparats einbinden. In einem zweiten Schritt wurde uns bewusst, wie vielschichtig die Präventionsarbeit sein kann, wie viele unterschiedliche Behörden, Vereine oder Personen hieran beteiligt sind und dass der Kampf gegen Kriminalität bzw. die Vermeidung einer möglichen Opferwerdung bereits am individuellen Unsicherheitsgefühl der Bevölkerung ansetzen kann. Es verwundert also nicht, dass zur Umsetzung einer effektiven Präventionspolitik ein bunter Strauß unterschiedlichster Maßnahmen zur Verfügung steht, der hier unter keinen Umständen abschließend dargestellt werden kann. Wir werden uns daher mit einigen wenigen Beispielen begnügen müssen.

4. Adressaten und Bezugspunkte kriminalpräventiver Maßnahmen

4.1 Täter- und opferbezogene Prävention

Konzepte zur Verhinderung von Straftaten oder zur Steigerung des allgemeinen Sicherheitsempfindens können sich dabei an unterschiedliche Personengruppen richten, namentlich an (potentielle) Täter einerseits oder an (potentielle) Opfer andererseits.

Bei täterbezogenen Maßnahmen spielen häufig entwicklungsbezogene Interventionen eine Rolle. Entsprechende Programme können bereits im Kindes- und Jugendalter ansetzen. Sie bezwecken, ein mögliches späteres Abrutschen in eine kriminelle Karriere frühzeitig zu unterbinden, also kriminelle Tendenzen in der Persönlichkeit eines Menschen quasi bereits „im Keim zu ersticken". Doch auch eine Beeinflussung bereits verurteilter Straftäter ist denkbar, die etwa über entsprechende Therapien oder über die Gestaltung des Vollzugs von Strafen in den Gefängnissen im Allgemeinen erreicht werden kann.[11] Nicht umsonst wird gerade auch eine mögliche Resozialisierung des Täters in vielen Vollzugsgesetzen der Länder als Vollzugsziel ausdrücklich aufgeführt. Für Bayern ergibt sich dies z.B. aus Artikel 2 Satz 2 sowie Artikel 5 Absatz 3 BayStVollzG. Zur täterbezogenen Kriminalprävention sind übrigens auch die Verhängung einer Strafe als solche sowie die Androhung von Sanktionen in unseren Strafgesetzen (vor allem im Strafgesetzbuch) zu zählen. Indem bestimmte unerwünschte Verhaltensweisen mit Geldbußen, Geldstrafen oder Freiheitsstrafen belegt werden, sollen die Bevölkerung insgesamt und tatgeneigte Personen unter anderem von der Begehung (weiterer) Gesetzesverletzungen abgeschreckt werden.[12] Betont werden soll an dieser Stelle allerdings, dass sich nach empirischen Studien weniger die Höhe der angedrohten Sanktion, sondern eher das Entdeckungs- und Sanktionierungsrisiko im Falle von Verstößen (das bspw. von der jeweiligen Kontrollintensität durch Polizei oder Ordnungsämter, aber auch von der Anzeigebereitschaft der Bevölkerung abhängt) auf das Verhalten einer Person auswirkt.[13]

> Merke:
> Täterbezogene Prävention zielt darauf ab, Personen vor einem Abrutschen in die Kriminalität zu bewahren oder, sollten sie bereits eine rechtswidrige Tat begangen haben, durch Resozialisierungsmaßnahmen in die Gesellschaft wiedereinzugliedern.

Opferbezogene Präventionsmaßnahmen sollen einerseits eine Opferwerdung überhaupt unterbinden. Darüber hinaus soll eine Verfestigung von Opfererfahrungen in der Persönlichkeitsstruktur des Geschädigten verhindert werden. Strategien, die in solche Richtungen zielen, können auf eine Entwicklung von Stressbewältigungsstrategien (Copingressourcen) zielen, die den Umgang mit (erlittener) Kriminalität oder besonderen Gefahrensituationen erleichtern oder die individuellen Handlungsmöglichkeiten in gefahrgeneigten Situationen erweitern. Hierdurch werden Personen nicht zuletzt auch in ihrem Selbstvertrauen gestärkt, was sich positiv auf ihre Kriminalitätsfurcht auswirken kann. Zu solchen Maßnahmen können Selbstschutzkurse zählen (wie sie immer häufiger gerade auch für Mädchen und Frauen angeboten werden), ebenso die Einrichtung besonderer Hilfsmaßnahmen, die den Zugang zu externer Unterstützung eröffnen. In einem holländischen Rotlichtviertel wurden an den Fenstern, in denen sich die Prostituierten möglichen Freiern präsentieren, Alarmknöpfe angebracht. Wird dieser Knopf gedrückt, etwa weil die Dame von einer anderen Person massiv bedrängt wird, so ertönt nach draußen eine Sirene, die andere Passanten alarmieren und zur Hilfe veranlassen soll. Um eine Verfestigung der Opfererfahrungen in der Persönlichkeit des Betroffenen zu vermeiden, können bspw. besondere therapeutische Hilfen zur Bewältigung des Erlebten angeboten werden. Vereine wie der WEISSE RING e.V. helfen Tatopfern ebenfalls im Umgang mit erlittenen kriminellen Taten. Darüber hinaus kann auch die Durchführung eines Täter-Opfer-Ausgleichs Geschädigte dabei unterstützen, sich mit den gemachten Erfahrungen auseinanderzusetzen und mit dem Erlebten innerlich abzuschließen.

> Merke:
> Opferbezogene Prävention soll eine Opferwerdung überhaupt unterbinden. Darüber hinaus soll eine Verfestigung von Opfererfahrungen in der Persönlichkeitsstruktur des Geschädigten verhindert werden.

4.2 Situationsbezogene Prävention

Kriminalprävention richtet sich aber nicht nur an Personen. Maßnahmen der sog. *situational crime prevention* können auch auf die Gestaltung gefährdeter Gebiete, die Beeinflussung besonderer Tatsituationen oder an dem Schutz möglicher Zielobjektive von kriminellem Verhalten ausgerichtet sein. Hier steht im Vordergrund Tatgelegenheiten zu minimieren oder den Zugang zu möglichen Tatobjekten zu erschweren. Man spricht neudeutsch insoweit auch vom sog. *target hardening*. Die Gestaltungsmöglichkeiten in diesem Bereich sind mindestens genauso vielfältig wie bei täter- und opferbezogenen Interventionen. Sie können bereits im Kleinen beginnen, mit der technischen Überwachung einzelner Objekte (z.B. durch Videokameras), über die Gestaltung bestimmter Plätze, bis hin zur städtebaulichen Konzeption ganzer Wohn- oder Stadtgebiete.[14] Bereits marginal wirkende Eingriffe, wie die Verbesserung der Straßenbeleuchtung, können sich positiv auf die Kriminalitätsentwicklung in einer Umgebung auswirken.[15] Ein etwas ungewöhnliches Beispiel hierzu wieder aus den Niederlanden: Die Stadt Den Haag hatte mit dem öffentlichen Urinieren, insbesondere am und um den Königspalast, zu kämpfen. Dies vor allem, weil die Sandsteinfassade allmählich zu leiden begann. Man installierte also Lampen mit Bewegungsmeldern, um Personen, die ihre Notdurft an der Gebäudemauer verrichten wollten, zu erschrecken und von ihrem Tun abzuhalten. Dies gelang auch, die Fälle des unerlaubten Urinierens nahmen in Folge der Lichtinstallation ab.

Situationsbezogene Kriminalprävention konzentriert sich aber nicht nur auf die bauliche Gestaltung eines Stadtviertels, sondern umfasst auch die Zusammensetzung und die Funktionstüchtigkeit der sozialen Strukturen einer bestimmten Umgebung.[16] Es genügt nicht, wenn man einen Ort nur schön gestaltet, wenn gleichzeitig die Personen, die dort leben, nicht zum Erhalt ihres Umfelds beitragen wollen oder können.[17] Wo sich viele tatgeneigte Personen sammeln, dort kann sich eine Vermischung der Bevölkerungsstrukturen als effektiv erweisen, indem beispielsweise ein gesunder Mix zwischen Ein-Personen-Haushalten und Familien oder eine Durchmengung unterschiedlicher Altersstrukturen angestrebt wird. Wichtig ist auch ein gesundes Nachbarschaftsgefüge, das den Bewohnern vermittelt, dass in Gefahrensituationen, wenn nötig, Hilfe schnell erreichbar ist. Das Aufeinander-Achtgeben und das Kümmern um das eigene Wohnviertel trägt zu einer funktionierenden sog. informellen Sozialkontrolle bei, mit der normabweichendes Verhalten nicht erst durch die Polizei, sondern schon durch das Miteinander der Bewohner vor Ort verhindert werden kann. Die Stärkung des „sozialen Kapitals“ eines Viertels, das neben der Fähigkeit zur Ausübung informeller Sozialkontrolle auch das Vorhandensein gegenseitigen Vertrauens sowie gemeinsamer Werte in einer Nachbarschaft umfasst[18], kann wiederum auf vielfältige Weise erfolgen. In Augsburg wurde dies unter anderem durch Stadtteilspaziergänge versucht, an denen Vertreter der Stadt und Anwohner teilnehmen konnten. Durch die Rundgänge lernten die Teilnehmenden nicht nur die jeweiligen Mitbewohner ihres Stadtbezirks kennen, sondern konnten sich auch ein genaueres Bild von ihrer Wohnumgebung machen. Gerade das Gefühl, sein Umfeld zu kennen und ggf. Unterstützung von Nachbarn oder Mitbewohnern erhalten zu können, kann zu einer Absenkung des individuellen Unsicherheitsgefühls beitragen.[19]

Merke:
Situationsbezogene Prävention zielt auf die Gestaltung der Umgebung ab und möchte potentielle Tatobjekte für Straftäter unattraktiv machen. Hierzu zählen aber auch Maßnahmen, die eine Veränderung sozialer Strukturen oder eine Stärkung der sog. informellen Sozialkontrolle im Wohnviertel bezwecken.

5. Ebenen der Kriminalprävention

Uns dürfte mittlerweile hinreichend klar geworden sein, dass sich Kriminalprävention auf ganz unterschiedlichen Ebenen abspielen kann. Dementsprechend variiert auch der jeweilige Wirkungsradius von Maßnahme zu Maßnahme beträchtlich. Diese können sich sowohl an Einzelpersonen oder größere Adressatengruppen als auch an die Gesellschaft insgesamt richten. Man kann drei Stufen der Kriminalprävention unterscheiden, die wir uns nachfolgend noch genauer ansehen werden: die universelle, die selektive und die indizierte Prävention. Da diese sich in ihrer Breitenwirkung erheblich voneinander unterscheiden, kann man sie zur Veranschaulichung auch in Form einer Präventionspyramide darstellen.

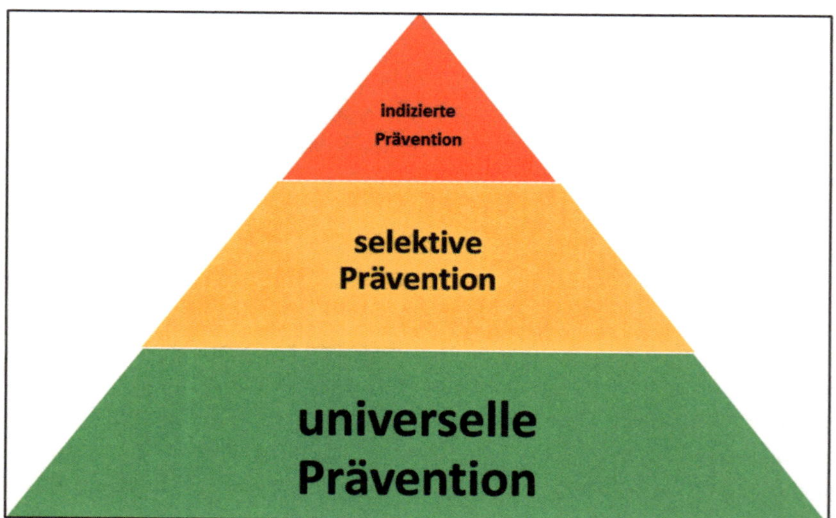

Abb. 3. Präventionspyramide

5.1 Universelle oder primäre Prävention

Die universelle oder auch primäre Prävention ist an die Allgemeinheit gerichtet und greift die Kriminalität an den Wurzeln an, bevor abweichende

Handlungen erkennbar sind. Die universellen Präventionsmaßnahmen dienen zur Verbesserung der Sozialisations- und Gesellschaftsbedingungen. Dabei werden Werte und Normen vermittelt sowie Erziehung und Ausbildung etc. beeinflusst.[20] Hierher gehört auch die Sozialisation durch Rechtsnormen, insbesondere auch und gerade durch das Strafrecht, das im Falle einer Normverletzung Sanktionen androht und somit potentielle Täter von einer rechtswidrigen Tat (durch Abschreckung) von vornherein abhalten möchte (sog. Androhungsgeneralprävention).[21] Auch der Akt des Bestrafens an sich kann hierunter gezählt werden. Durch die Sanktionierung von Rechtsbrüchen wird den normtreuen Bürgerinnen und Bürgern verdeutlicht, dass der Staat auf Gesetzesverletzungen ggf. reagiert. Die durch die rechtswidrige Tat erfolgte Erschütterung des Vertrauens der Bevölkerung in die Unverbrüchlichkeit der Rechtsordnung wird damit wiederhergestellt. Die Strafe erhält somit eine (auch präventiv wirkende) normstabilisierende und (rechts-)friedensstiftende Funktion.[22]

Ein Beispiel für (wiederum vielfältig mögliche) universelle Prävention außerhalb des Strafrechts ist das Programm „Papilio-3-6“ für Kindertagesstätten mit 3- bis 6-jährigen Kindern. Ziel des Programmes ist die Förderung emotionaler Kompetenzen und prosozialen Verhaltens der Kinder. Zielgruppe sind Erzieher und Erzieherinnen, über die die Kinder erreicht werden, sowie Eltern.

Für die Kinder umfasst Papilio drei spielerische Komponenten. Die erste Maßnahme ist die interaktive Geschichte „Paula und die Kistenkobolde“ mit Marionetten zur Förderung der Entwicklung grundlegender emotionaler Kompetenzen, d. h. der Fertigkeit, eigene Emotionen wahrzunehmen, zu regulieren und verbal und non-verbal auszudrücken, die Emotionen anderer wahrzunehmen, zu respektieren und angemessen mit ihnen umzugehen. Die Marionetten Heulibold, Zornibold, Bibberbold und Freudibold verkörpern die Basisemotionen Traurigkeit, Ärger, Angst und Freude und unterstützen die Vermittlung der o.g. Ziele. Weiterer Bestandteil ist das Meins-Deins-Unser-Spiel, das auf positive Verstärkung und Lernen am Modell zurückgreift, um prosoziales Verhalten zu fördern. Über die dritte Methode, den „Spielzeug-macht-Ferien-Tag“, sollen die Kinder lernen, kreative Spielideen zu entwickeln. Er dient überdies dazu, soziale Interaktionen und Fertigkeiten zu fördern, unterstützt Kinder beim Knüpfen neuer Kontakte und hilft, introvertierte Kinder zu integrieren.

Die Erzieherinnen und Erzieher werden in Fragen des entwicklungsfördernden Erziehungsverhaltens und der kindlichen Entwicklung im Vorschulalter fortgebildet, in der Anwendung lerntheoretisch begründeter Verfahren geschult und wirken im Kindergarten als Vorbild und Orientierung für die Kinder. Das Training umfasst die Vermittlung einer konsistenten, entwicklungsfördernden erzieherischen Grundhaltung und des entsprechenden Erziehungsverhaltens zum Aufbau von Selbstbewusstsein und angemessenem Regelverständnis und zur Förderung der Beziehung zwischen Kind und Erzieherin bzw. Erzieher.

Die Eltern werden auf Elternabenden über das Programm informiert und in Erziehungsfragen beraten. Sie können so die Entwicklungsziele des Kindergartens zuhause unterstützen und fördern. Teile des Programms können durch die Eltern auch zuhause durchgeführt werden, z.B. mithilfe eines Vorlesebilderbuchs, eines Hörspiels und einer DVD.

Merke:
Die universelle oder primäre Prävention ist an die Allgemeinheit gerichtet. Sie dient der Verbesserung der Sozialisations- und Gesellschaftsbedingungen.

5.2 Selektive oder sekundäre Prävention

Die selektive oder auch sekundäre Prävention knüpft an erkennbare Risikogruppen und Gefährdungslagen an. Dabei stehen potentielle Täter, gefährdete Opfer oder kriminalitätsgefährdete Orte im Fokus.

Zur Verdeutlichung ein Beispiel aus der Suchtprävention: Über drei Millionen Kinder und Jugendliche in Deutschland haben nach Aussage der Bundesdrogenbeauftragten der Bundesregierung mindestens einen suchtkranken Elternteil. Kinder suchtkranker Eltern werden durch ihre Lebenssituation in ihrer körperlichen und seelischen Entwicklung massiv beeinträchtigt und benachteiligt. Sie tragen ein sechsfach höheres Risiko, selbst suchtkrank zu werden.[23] Daher sollten sie unbedingt bei der Entwicklung einer Strategie zur Suchtprävention im Bereich der selektiven Prävention mitgedacht werden.

Für Augsburg entwickelte der Caritasverband der Diözese Augsburg das Programm „Kiasu – Kinder aus suchtbelasteten Familien“, um diese Risikogruppe wirksam zu unterstützen. Die Kinder und Jugendlichen treffen sich in altersmäßig getrennten Gruppen mindestens 1,5 Stunden pro Woche. Das Setting folgt festen Strukturen und Ritualen:

- Es wird eine vertrauensvolle Gruppenatmosphäre geschaffen,
- der Selbstwert gefördert,
- über Sucht in der Familie geredet,
- zum Thema Sucht altersgerecht informiert,
- der adäquate Umgang mit Emotionen gefördert,

- konkret an Problemlösungen gearbeitet und die Selbstwirksamkeit erhöht,
- das Erlernen von Verhaltensstrategien in der suchtbelasteten Familie gefördert,
- Hilfe und Unterstützung eingeholt,
- mit einem positiven Abschied jede Gruppenstunde abgeschlossen.

Merke:
Die selektive oder sekundäre Prävention knüpft an erkennbaren Risikogruppen und Gefährdungslagen an, wobei vor allem potentielle Täter, gefährdete Opfer oder kriminalitätsgefährdete Orte im Zentrum des Interesses stehen.

5.3 Indizierte oder tertiäre Prävention

Schließlich setzen Maßnahmen der indizierten (tertiären) Prävention nach einer bereits begangenen Straftat an. Hier hat sich das Risiko bereits verwirklicht und nun wird beispielsweise versucht, Wiederholungstaten zu vermeiden.[24]

Unter diese Kategorie fällt klassischerweise die Verhängung und Vollstreckung von Strafe.[25] Durch die staatliche Antwort auf ein sanktionswürdiges Verhalten und den zugefügten Strafschmerz soll der Täter vor weiteren Taten abgeschreckt werden. Zugleich zielt, wie oben bereits erwähnt, der Strafvollzug in den Gefängnissen durch entsprechende Therapieangebote darauf ab, die Täter für ein (straffreies) Leben in der Gesellschaft fit zu machen. Hier erhält also der Gedanke der Prävention durch Resozialisierung eine wichtige Bedeutung.

Beispielhaft aus den Maßnamevorschlägen des Augsburger Konzeptes zum Umgang mit jugendlichen Intensivtätern und für indizierte Prävention sei hier das Projekt „IBO – Intensive Betreuung vor Ort“ des Brücke e. V. Augsburg beschrieben.

Das Projekt IBO richtet sich an Jugendliche und Heranwachsende im Alter zwischen 14 und 21 Jahren, die mehrfach auffällig wurden und daher in der Regel unter besonderer Beobachtung der Polizei stehen. Die intensive Einzelbetreuung will durch rechtzeitige und angemessene Intervention dem Verfestigen des kriminellen Verhaltens entgegenwirken und zudem die Teilnehmerinnen und Teilnehmer bei der Bewältigung ihrer meist problembelasteten Lebenssituation unterstützen. Dabei wird der junge Mensch in dem ihm vertrauten Sozialraum aufgesucht und die Familie sowie das soziale Umfeld in die Arbeit mit einbezogen. Zudem werden Beratungsgespräche innerhalb der

Räumlichkeiten des Trägers durchgeführt. Die Zuweisung zu diesem Projekt erfolgt durch die Abt. Jugendhilfe im Strafverfahren des Jugendamtes Augsburg und kann mit einer Weisung des Jugendrichters bekräftigt werden. Die Projektteilnahme kann auch in Kombination mit einer Bewährungsstrafe erfolgen.

Aus der Graffitiprävention lässt sich ergänzend noch das Projekt „EinwandFrei" nennen, das in Augsburg ebenfalls vom „Brücke e.V." betreut wird.[26] Hier erhalten jugendliche Ersttäterinnen und Ersttäter die Möglichkeit, den Schaden, den sie durch ihre illegalen Graffiti verursacht haben, dadurch wiedergutzumachen, dass sie ihre Schmierereien eigenhändig von den betroffenen Wänden entfernen. Hierdurch sollen den Jugendlichen der angerichtete Schaden und der immense Aufwand, der für dessen Entfernung erforderlich ist, vor Augen geführt werden. Gleichzeitig soll eine Zusammenführung mit den Immobilieneigentümerinnen und -eigentümern dazu dienen, dass eine gewisse Identifikation mit den Opfern stattfindet. Hierdurch soll Empathie bei den Jugendlichen zu den Geschädigten entwickelt werden. Für die Täterinnen und Täter lohnt sich eine Teilnahme, denn sofern die Aktion erfolgreich durchgeführt wird, entgehen sie nicht nur einer teilweise horrenden Schadensersatzforderung der Opfer, sondern auch einer Sanktionierung durch das Strafgericht. Der Vorteil für die Geschädigten liegt, neben der Beseitigung der Verunreinigungen an den Hauswänden, darin, dass auch sie mit den begangenen Taten abschließen können. Die Maßnahme hat somit für alle Beteiligten eine friedensstiftende Wirkung.

> Merke:
> Maßnahmen der indizierten (tertiären) Prävention setzen erst nach einer bereits begangenen Straftat an. Hier wird versucht, Wiederholungstaten zu vermeiden oder eine erneute Opferwerdung zu verhindern.

6. Organisation der Kriminalprävention

Kriminalprävention ist Querschnittsaufgabe. Um Kriminalität wirksam vorbeugen zu können, müssen Akteurinnen und Akteure aus den unterschiedlichsten Ebenen und den verschiedensten Bereichen gut vernetzt zusammenarbeiten.

Die einzelnen Strategien der staatlichen Ebenen sollten aufeinander aufbauen.

Kriminalität in all ihren Ausprägungen ist ein vorrangig örtliches Phänomen. Dort, wo Kriminalität entsteht, begünstigt oder gefördert wird, müssen auch ihre Ursachen erkannt und beseitigt werden. Kriminalprävention auf

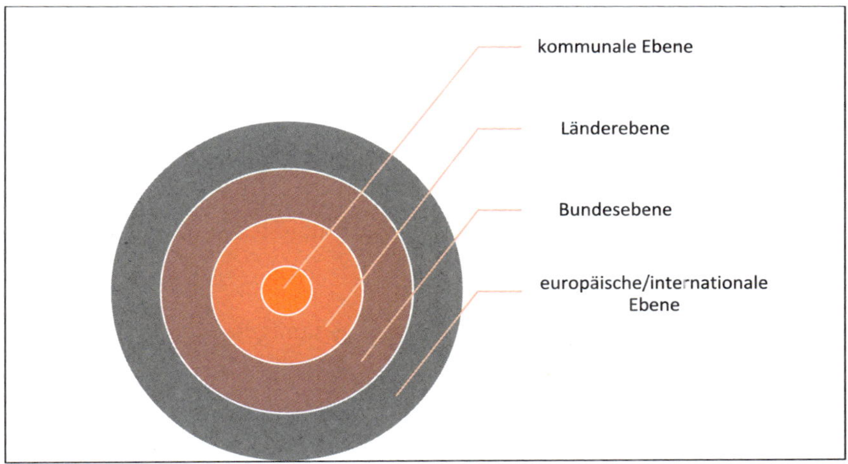

Abb. 4: Unterschiedliche organisatorische Ebenen der Kriminalprävention

kommunaler Ebene ist dann erfolgreich, wenn einige organisatorische Regeln beachtet werden:

- Kriminalprävention ist Chefsache
  Oberbürgermeister, Bürgermeister bzw. Landräte übernehmen die Steuerung der Kommunalen Kriminalprävention. In Augsburg haben sich Stadtrat und Stadtverwaltung verpflichtet, den Kommunalen Präventionsrat (KPR) um Expertise anzurufen, wenn grundsätzliche Entscheidungen kriminalpräventive Aspekte tangieren. Die Oberbürgermeisterin führt den Vorsitz im Lenkungsausschuss des KPR. Der KPR vernetzt auf städtischer Ebene Präventionspraktiker und erarbeitet gemeinsam mit ihnen Maßnahmen und Projekte zur Verbesserung der urbanen Sicherheit und für eine lebenswerte und friedliche Stadt.

- Mehrstufiger Aufbau des Expertengremiums
  In Augsburg folgt man einem dreistufigen Aufbau – Lenkungsausschuss, themenbezogene Arbeitskreise und Geschäftsstelle. Der Lenkungsausschuss ist durch berufsmäßige Stadträte aus den Bereichen Ordnung, Bildung und Soziales besetzt. Weitere Mitglieder sind der Polizeipräsident, der Leiter der Kriminalpolizeiinspektion, der Leitende Oberstaatsanwalt sowie Vertreter des Amts- und Landgerichts. Zwei Professoren der Universität Augsburg vertreten die Wissenschaft aus den Bereichen Friedens- und Konfliktforschung und Kriminologie als beratende Mitglieder. Diese Zusammensetzung aus Politik, Verwaltung und Wissenschaft ermöglicht fundierte sowie tragfähige Entscheidungen

und verleiht den hier getroffenen Entscheidungen das entsprechende Gewicht. In Augsburg sind themenbezogene Arbeitskreise eingesetzt, in die ein großes Spektrum von Institutionen einbezogen werden, um dort wirkungsvolle Lösungsmöglichkeiten zum jeweiligen Themenfeld zu erarbeiten. Sie befassen sich z.B. mit den Phänomenen Graffiti, Sucht, Zivilcourage, Jugendkriminalität, Häusliche Gewalt, Opferschutz. Die Geschäftsstelle ist bei der Stadt Augsburg angesiedelt und hauptamtlich besetzt.

- Mitgestaltung ermöglichen
  Kommunale Kriminalprävention muss gesamtgesellschaftlich gestaltet sein. Neben städtischen Dienststellen müssen freie Träger, zivilgesellschaftliche Organisationen und einzelne Bürger die Möglichkeit haben, mitzuwirken.

Kriminalprävention sollte auch auf Länderebene ressortübergreifend bearbeitet werden. Die meisten Bundesländer haben sich daher entschlossen, Landespräventionsräte zu implementieren. Diese unterstützen die Kommunen in ihrer Präventionsarbeit, vernetzen Fachleute und fördern die Haltung zu gesamtgesellschaftlicher Kriminalprävention in ihrem jeweiligen Bundesland.

Auf Bundesebene wiederum findet seit 1995 jährlich der Deutsche Präventionstag statt. Von Beginn an war sein Ziel, Kriminalprävention interdisziplinär und in einem breiten gesellschaftlichen Rahmen darzustellen und zu stärken. Auch im Städtenetzwerk Kriminalprävention und im Deutsch-Europäischen Forum für Urbane Sicherheit (DEFUS) vernetzen sich Kommunen aus der gesamten Bundesrepublik. Der Austausch wird insbesondere dafür genutzt, um aus Präventionsprojekten anderer Städte und Gemeinden zu lernen und deren Erfahrungen zu nutzen.

Schließlich gewinnt der Austausch auf europäischer bzw. internationaler Ebene zunehmend für die kommunale Kriminalprävention an Bedeutung. Das Europäische Forum für Urbane Sicherheit (EFUS) vernetzt bspw. über 250 europäische Kommunen zu verschiedensten kriminalpräventiven Handlungsfeldern und eröffnet über EU-Projekte Zugang zu entsprechenden Fördergeldern.

7. Zusammenfassung

Es dürfte hinreichend deutlich geworden sein, dass Kriminalprävention mehr ist, als die Verfolgung und Sanktionierung eines straffällig gewordenen Menschen. Sie umfasst tatsächlich sämtliche Maßnahmen, die auf die Verhütung von strafbarem oder normabweichendem Verhalten zielen. Präventionsarbeit betrifft sämtliche gesellschaftliche Ebenen sowohl „horizontal", indem z.B. auf kommunaler Ebene verschiedenste öffentliche oder private Einrichtungen, Vereine usw. zusammenwirken, als auch „vertikal", indem verschiedenste Akteure sich auf kommunaler, Landes- und Bundes- ja sogar auf internationaler Ebene vernetzen, Erfahrungen austauschen und kooperieren. Prävention kann an Tatsituationen anknüpfen, sie kann aber auch an (potentielle) Täter und Opfer adressiert sein und umfasst dabei einen bunten Strauß denkbarer Maßnahmen, der sich kaum vollständig überblicken lässt. Diese scheinbar unendliche Vielseitigkeit macht die Kriminalprävention zu einer gesellschaftlich nahezu omnipräsenten Fragestellung, die weit über die Grenzen des eigentlichen Justizapparats hinausreicht. *Franz von Liszt* hatte recht: Sozialpolitik ist gute, wenn nicht sogar die beste Kriminalpolitik. Gerade das macht Präventionsarbeit so unglaublich spannend.

Zum Nach- und Weiterdenken

Wenn Sozialpolitik die beste Kriminalpolitik ist, warum rufen dann viele Politiker immer wieder nach härteren Strafen anstatt nach effektiveren sozialen Hilfsprogrammen?
Kriminalprävention zielt auch auf die Beseitigung von subjektivem Unsicherheitsempfinden in der Bevölkerung ab. Inwiefern ist das problematisch?

Zum Weiterlesen

Meier, Bernd-Dieter (2016) *Kriminologie*, 5. Auflage, München: C.H.Beck, § 10.

Das Werk bearbeitet das Thema Kriminalprävention umfassend, aber gut überschaubar.

Neubacher, Frank (2020) *Kriminologie*, 4. Auflage, Baden-Baden: Nomos

Das 13. Kapitel bespricht ebenfalls die vorliegende Thematik ausführlich und in gut lesbarer Form.

Unterstützungsangebote für Betroffene von Kriminalität

Sigrid Pehle

Der Beitrag thematisiert die Situation von Opfern im Anschluss an eine erlebte Straftat. Einerseits werden Zahlen aus der Polizeilichen Kriminalstatistik dargestellt, die einen Überblick über die polizeilich bekannten Opfer darstellen. Andererseits werden überregionale Beratungsangebote benannt, an die sich Betroffene wenden können, ganz unabhängig von einer polizeilichen Anzeige. Abschließend werden Gesetze benannt, auf Grund derer Betroffene Unterstützungsleistungen erhalten können. Die hier vorgestellten Themenfelder sind jedoch ohne Anspruch auf Vollständigkeit, da sich die Angebote regional stark unterscheiden.

1. Einleitung

Über Großschadenslagen, wie die in den letzten Jahren geschehenen Amokfahrten in Berlin (Dezember 2016), Münster (April 2018) oder Trier (Dezember 2020), wird medial viel berichtet. Sowohl in der Tagespresse als auch in den digitalen Medien finden sich zeitnah Dokumentationen und Berichterstattungen. Informationen über Täter, Tathergänge und Opfer sind hier besonders von Interesse. Wie gesetzlich vorgesehen, werden zeitnah die ersten juristischen Schritte eingeleitet: die Polizei nimmt ihre Ermittlungen auf und schließt sich mit der zuständigen Staatsanwaltschaft kurz. So kommen die Verfahren in Gang, über die dann zumeist auch fortlaufend berichtet wird.

Doch was passiert mit den Betroffenen, den sogenannten *Opfern*, der Tat?

Ihr Leben hat sich von der einen auf die andere Sekunde verändert. Im besten Fall sind es körperliche Verletzungen, die ausheilen können. Im schlechtesten Fall sind es aber lebenslange physische und/oder psychische Begleiterscheinungen, die die Betroffenen nicht mehr in ihren Alltag vor der Tat zurückkehren lassen.

Die beschriebenen Großschadenslagen sind nur ein kleiner Ausschnitt aus einer Vielzahl an Taten, bei denen Opfer – und oft auch ihre Angehörigen – mit dem Erlebten fertig werden müssen. Seien es Wohnungseinbrüche, Gewalterfahrungen (u.a. häusliche Gewalt und Körperverletzung) oder Mord, um nur wenige Themenfelder zu nennen. Doch was heißt das überhaupt – Opfer?

Ein Opfer ist eine geschädigte Person im Verlaufe eines Verbrechens.

In der wissenschaftlichen Disziplin der Kriminologie befasst sich der Bereich der Viktimologie (victima = Opfer, lateinisch) mit diesem Themengebiet. Dabei geht es vor allem um den Prozess des Opferwerdens, das Anzeigeverhalten, das Verhältnis zwischen Täter und Opfer sowie um die Stellung des Opfers im Strafverfahren.

Nachfolgend soll ein Überblick über die aktuelle Situation von Kriminalitätsopfern in Deutschland gegeben werden. Was ist über Betroffene von Straftaten bekannt? Welche Hintergrundinformationen gibt es und wie gut fühlen Betroffene sich begleitet und/oder betreut?

Bei einem Blick in die Polizeiliche Kriminalstatistik (PKS) zeigt sich innerhalb der Auflistung aller angezeigten Delikte des Strafgesetzbuches eine Übersicht zu Details der jeweiligen Opfer. Sie sind in den sogenannten Opfertabellen hinterlegt und differenzieren nach unterschiedlichen Merkmalen: Aufgelistet werden hier das Geschlecht, das Alter, die Staatsangehörigkeit sowie die Beziehung zum Täter.

Tabelle 1 gibt einen Überblick über die Anzahl der in der PKS dokumentierten Opferzahlen der Jahre 2015 bis 2019, differenziert nach dem Geschlecht und der Altersverteilung, die sich an die strafrechtlich relevante Altersgruppierung anlehnt.

		2015	2016	2017	2018	2019
Opfer	Insgesamt	946.133	1.017.602	1.008.510	1.025.241	1.013.048
Geschlecht	Männlich	59,6	60,3	59,9	59,6	59,5
	Weiblich	40,4	39,7	40,1	40,4	40,5
Alter	Kinder	6,6	6,6	6,8	6,9	7,2
	Jugendliche	7,9	8,1	8,3	8,2	8,3
	Heranwachsende	8,6	8,7	8,8	8,7	8,5
	Erwachsene	77,0	76,5	76,0	76,2	76,1

Tabelle 1: Absolute Opferzahlen der Jahre 2015 bis 2019 in Deutschland nach der Polizeilichen Kriminalstatistik, prozentuale Verteilung nach Geschlecht und Alter (Kinder: 0–13 Jahre, Jugendliche: 14–17 Jahre, Heranwachsende: 18–20 Jahre, Erwachsene: 21 Jahre und älter), Quelle: PKS Bundeskriminalamt, 2015–2019, T91-Bund-Opfer, eigene Berechnungen[1]

Die Opferzahlen bewegen sich in den letzten Jahre auf einem ähnlichen Niveau. Bei einem Blick auf die Gesamtbevölkerung in Deutschland (ca. 82 Mio. Einwohner) bedeutet das, dass laut PKS etwa ein Prozent der Bevölkerung pro Jahr Opfererfahrungen gemacht hat, wobei allgemein häufiger Männer als Frauen Betroffene von Straftaten waren. Ausgenommen von dieser Verteilung sind Sexualstraftaten: hier werden Frauen weitaus häufiger Opfer als Männer.

Ein Blick auf die Altersverteilung zeigt eine recht konstante Verteilung der jeweiligen Altersgruppe, wobei der Großteil der Betroffenen erwachsene Personen waren.

Die PKS muss jedoch kritisch hinterfragt werden. Da diese Daten nur die bei der Polizei angezeigten Straftaten enthalten, ist davon auszugehen, dass es weitaus mehr Opfer in der Bevölkerung gibt als die hier benannten. Somit umfasst die PKS nur das sogenannte Hellfeld: Das, was die PKS zählen kann, sind die Taten, die ans Licht kommen, weil eine Anzeige erstattet wurde. Viele Opfer hingegen trauen sich aus verschiedenen Gründen nicht, eine Anzeige zu erstatten. Das sind die Fälle, die zum sogenannten Dunkelfeld gehören: Alle Fälle, die zwar passieren, aber nicht bekannt gemacht werden.

Sowohl für die Betroffenen, die eine Anzeige erstattet haben, aber auch für diejenigen, die Opfer wurden, ohne es anzeigen zu wollen, stellen sich diverse Fragen: Welche Anlaufstellen gibt es, um als Betroffene/r Unterstützung zu bekommen? Wie können Betroffene es schaffen, das Erlebte zu verarbeiten und zuversichtlich in die Zukunft zu blicken? Diese Fragen klingen zwar allgemeingültig, müssen jedoch sehr individuell beantwortet werden. Einerseits erleben Opfer ihre Situationen sehr unterschiedlich, andererseits unterscheiden sich auch die Handlungsmöglichkeiten nach den individuellen Begebenheiten, Umständen und Bedürfnissen.

Grundsätzlich lassen sich auf die genannten Fragen aus unterschiedlichen Blickwinkeln Antworten geben. Zum einen ist es die Wissenschaft, die Informationen über das oben beschriebene Dunkelfeld gewinnen möchte: Wie groß ist der Anteil in der Bevölkerung tatsächlich, der bereits Opfererfahrungen gemacht hat, ohne dass diese Information auch an die Polizei gelangt ist? Zum anderen sind es vor allem Beratungsstellen, die tagtäglich im Austausch mit Betroffenen sind, ihnen ein offenes Ohr anbieten und weitere Hilfsangebote vermitteln, so dass Betroffene wieder zurück in ihren Alltag finden können.

Im internationalen Kontext gibt es wissenschaftliche Opferstudien, die Informationen über das Dunkelfeld gewinnen. So werden beispielsweise seit 1972 Bürger/innen in den USA, seit 1982 in Großbritannien und seit 2006 in Schweden befragt, ob sie in der Vergangenheit Opfer verschiedener Delikte geworden sind und wenn ja, ob sie diese Situation zur Anzeige gebracht haben.

In Deutschland hingegen gibt es im Bereich der Dunkelfeldforschung mit dem Schwerpunkt der Opferbefragungen noch recht wenig Forschung und bis zum jetzigen Zeitpunkt auch keine langfristig andauernden Untersuchungen. Zu nennen ist hier lediglich das vom Bundesministerium für Bildung und Forschung (BMBF) geförderte Projekt „Barometer Sicherheit in Deutschland“ (2010–2013) im Rahmen dessen 2012 u.a. eine Dunkelfeldstudie durchgeführt wurde. Diese Studie wurde 2017 als Deutscher Viktimisierungssurvey durch das Bundeskriminalamt wiederholt, um eventuelle Veränderungen nachvollziehen zu können.[2]

Um auch für Deutschland eine längerfristig angelegte Datengrundlage zu gewinnen, hat das Bundeskriminalamt 2020 das Forschungsprojekt „Sicherheit und Kriminalität in Deutschland“ (SkiD) initiiert. Dieses schließt an die beiden zuvor genannten Projekte an und im Rahmen einer Bevölkerungsbefragung stehen die Themenbereiche der Opfererfahrungen und des Anzeigeverhaltens einer Tat im Vordergrund, wenngleich auch das Sicherheitsgefühl sowie Erfahrungen mit der Polizei untersucht werden sollen.[3]

Bisherige Studien gehen davon aus, dass weniger als die Hälfte aller Delikte zur Anzeige gebracht werden, wenngleich die Dunkelziffer bei Delikten mit geringen Schäden höher ist als bei schwerwiegenderen Delikten wie Mord oder Raub.

Diese Opferdaten sind für Betroffene von Kriminalität aber weniger relevant und für sie ist es viel wichtiger zu wissen, wie und wo sie Unterstützung in ihrer konkreten Alltagssituation und im Umgang mit ihren Erfahrungen bekommen können. So sollen nachfolgend einige Beratungsangebote vorgestellt werden, bei denen Kriminalitätsopfer Unterstützung erhalten können. Dafür stehen folgende Fragen im Fokus: Wie finden Betroffene Anlaufstellen und Unterstützung, um das Erlebte zu verarbeiten? Wie kann eine Begleitung von Kriminalitätsopfern aussehen? Gibt es finanzielle Hilfen nach den erlebten Schädigungen?

Wer erst einmal in die Situation gerät, Opfer geworden zu sein, ist zumeist auf Unterstützungsangebote angewiesen. Da die Opferthematik bis dato keine Rolle im eigenen Leben gespielt hat, das Thema der Opferwerdung mit einem Schamgefühl besetzt ist und nur wenig Aufklärungsbedarf besteht, solange keine Berührungspunkte mit Kriminalität entstehen, ist es notwendig, unkompliziert an Informationen kommen zu können.

Grundsätzlich lässt sich skizzieren, dass sich die gesetzliche Lage in den letzten Jahren wohlwollend für Betroffene entwickelt hat, wenngleich die Informationsbekanntgabe noch weiter ausgebaut werden kann. Zusätzlich scheint auch das Thema Opferwerdung gesellschaftlich weniger tabuisiert zu werden. So ist beispielsweise das Hashtag #metoo im Jahr 2017 durch die sozialen Medien gegangen und hat damit die lange verschwiegenen Themen sexueller Belästigung und Missbrauch öffentlich thematisiert. Nichtsdestotrotz ist weiterhin davon auszugehen, dass viele Betroffene ein hohes Schamgefühl haben, mit jemandem über seine/ihre Erfahrungen zu sprechen.

Um das gesellschaftliche Tabu zu durchbrechen, engagieren sich verschiedene Organisationen in der Opferbegleitung. Da dieser Artikel einen Überblick für das gesamte Bundesgebiet gibt, können folgend nur Einrichtungen benannt und beschrieben werden, die bundesweit ansprechbar sind, wenngleich auch hier kein Anspruch auf Vollständigkeit erhoben wird. Es werden der polizeiliche Opferschutz, die Hilfetelefone (inkl. Onlineberatung), der Kinderschutzbund, der Opferhilfeverein WEISSER RING e.V. sowie Schutzhäuser für Frauen und Männer vorgestellt.

2. Bundesweite Beratungsstellen: Polizeilicher Opferschutz, Hilfetelefone (inkl. Onlineberatung), Kinderschutzbund, WEISSER RING e.V. und Schutzhäuser

Polizeilicher Opferschutz

Die Polizei ist nicht nur die richtige Anlaufstelle, um eine Anzeige zu erstatten (das geht in vielen Bundesländern auch online), dort arbeiten darüber hinaus speziell ausgebildete Mitarbeiterinnen und Mitarbeiter im Bereich des polizeilichen Opferschutzes, die Auskunft darüber geben können, wie ein Ermittlungsverfahren abläuft, was anschließend damit passiert, wie Betroffene Entschädigung erhalten können und wo weitere, insbesondere regionale Anlaufstellen zur Unterstützung und Information auffindbar sind. Neben den aufkommenden Fragen im Anschluss an eine Straftat steht der polizeiliche Opferschutz auch schon im Vorfeld zur Verfügung, wenn es um vorbeugende Anfragen geht, beispielsweise um präventive Maßnahmen im Bereich von Cybercrime, der Wohnungssicherung oder bei Fragen rund um das Thema Sicherheit im Alter.

Hilfetelefone (inkl. Online-Beratung)

Bundesweit gibt es mehrere Telefonnummern, über die ein telefonisches Beratungsgespräch in Krisensituationen stattfinden kann. Dieses Angebot gibt es für unterschiedlichste Lebensbereiche, aber eben auch im Speziellen, wenn es um Opfererfahrungen geht.

So ist beispielsweise die *Telefon-Seelsorge* 24 Stunden am Tag kostenfrei unter 0800/111 0 111 oder 0800/111 0 222 erreichbar und leistet dabei wichtige Arbeit, um auch Opfern die Möglichkeit zu geben, unkompliziert und anonym über Erlebtes zu sprechen. Online bietet die Telefon-Seelsorge Gesprächsmöglichkeiten in Form von E-Mails oder Chats an. Beide Angebote bieten die Möglichkeit, die eigene Situation zu verschriftlichen und zeitversetzt (E-Mail) oder direkt (im terminierten Chatgespräch) eine Rückmeldung zu bekommen.

Das *Hilfetelefon Gewalt gegen Frauen* ist ganzjährig, rund um die Uhr und kostenfrei unter 08000/116 016 erreichbar und richtet sich an alle Frauen, die in Not sind, ihre Angehörigen und Freunde/Freundinnen sowie Fachkräfte. Die Beraterinnen unterstützen anonym, kompetent und sicher und vermitteln bei Bedarf an Unterstützungsangebote vor Ort. Neben dem telefonischen Beratungsangebot bietet das Hilfetelefon Gewalt gegen Frauen auch einen Online-Chat so wie eine Beratung via E-Mail an. Beide Online-Angebote bieten die Möglichkeit, sich schriftlich auszutauschen und erleichtern es so vielen Betroffenen den Kontakt aufzunehmen, da sie nicht über das Erlebte sprechen müssen.

Das *Hilfetelefon Gewalt an Männern* ist montags bis donnerstags von 9 bis 13 Uhr und von 16 bis 20 Uhr sowie freitags von 9 bis 15 Uhr unter der Telefonnummer 0800 /1239900 erreichbar. Das Hilfetelefon Gewalt an Männern richtet sich an Männer, die Gewalt erlitten haben, an ihre Angehörigen oder Fachpersonal. Über den telefonischen Kontaktweg hinaus gibt es das Angebot einer E-Mail-Beratung.

Kinderschutzbund

Der Deutsche Kinderschutzbund (DKSB) setzt sich für die Rechte Kinder und Jugendlicher in Deutschland ein. Er verfolgt das Ziel einer kinderfreundlichen Gesellschaft, in der die geistige, seelische, soziale und körperliche Entwicklung unbeschadet stattfinden kann und darüber hinaus gefördert wird. Gegründet wurde er 1953 in Hamburg und verfolgt seitdem unterschiedliche thematische Schwerpunkte, u.a. sind hier „Kinderrechte" und „Gewalt gegen Kinder" zu nennen. Der DKSB ist in einen Bundesverband, 16 Landesverbände sowie über 400 Ortsverbände unterteilt, wobei die Ortsverbände die praktische Hilfe vor Ort übernehmen.

Diese regionalen Ortsverbände sind persönlich, telefonisch und per E-Mail kontaktierbar und stehen Kindern, Jugendlichen und Eltern, aber auch weiteren Personen zur Verfügung, die Berührungspunkte mit Kindern haben (bspw. Einrichtungen, die mit Kindern arbeiten). Die Mitarbeiter/innen der Ortsverbände stehen als erste Ansprechpartner zur Verfügung und kennen das regionale Hilfsnetzwerk sowie weitere Unterstützungsangebote, an die sie bei Bedarf vermitteln können.

Weitere Informationen und Kontaktdaten können unter www.dksb.de abgerufen werden.

Opferhilfeverein WEISSER RING e.V.

Der WEISSE RING e.V ist ein bundesweit tätiger Opferhilfeverein, der 1974 in Mainz gegründet wurde und sich seitdem um die Belange Betroffener von Straftaten in Form von schneller und direkter Hilfe kümmert. Dafür gibt es unterschiedliche Kontaktwege: Einerseits über das überregionale Opfer-Telefon oder die (anonyme) Onlineberatung des WEISSEN RINGS, andererseits über die regionalen Außenstellen (Zuständigkeit hängt vom Wohnort des/der Betroffenen ab) zu denen ebenfalls telefonisch oder per E-Mail-Kontakt aufgenommen werden kann. Die überregionalen Anlaufstellen bieten eine tägliche Erreichbarkeit zwischen 7 und 22 Uhr, die Erreichbarkeit der regionalen und ehrenamtlich geführten Außenstellen ist nicht durchweg gewährleistet. Bei einer hinterlassenen Rückrufbitte auf der Mailbox meldet sich ein/e Mitarbeiter/in der Außenstelle zeitnah zurück. Sobald der Erstkontakt mit der Außenstelle zustande gekommen ist, sind die anschließenden Hilfeleistungen vielfältig und immer individuell. Grundsätzlich steht die immaterielle Hilfe an erster Stelle: ein Telefongespräch, ein Besuch am Krankenbett oder die Begleitung zur Polizei oder zum Gericht können Betroffene unterstützen, wieder Mut zu fassen. Darüber hinaus können die ehrenamtlichen Mitarbeiter/innen auch mit menschlichem Beistand und persönlicher Betreuung, Gewährung von Rechtsschutz sowie finanzieller Unterstützung in tatbedingten Notlagen beratend zur Seite stehen. Zudem wissen die ehrenamtlichen Mitarbeiter/innen, welche Antragsmöglichkeiten bestehen und sie kennen die örtlichen Hilfsangebote. Daher können sie eine Lotsenfunktion für Betroffene übernehmen und sie fallbezogen in die Hände von Experten weitervermitteln.

Weitere Informationen und Kontaktdaten können unter www.weisser-ring.de abgerufen werden.

Schutzhäuser für Frauen und Männer

Frauen- und Männerhäuser dienen als Zufluchtsorte für Betroffene von Gewalttaten, die aus Sicherheitsgründen nicht in ihrer eigenen Wohnung bleiben können.

Meist sind es Frauen, die gemeinsam mit Kind/ern eine geschützte Unterkunft brauchen, in der sie im Falle von häuslicher Gewalt Hilfe und Beratung finden können. Das erste Frauenhaus in Deutschland ist 1976 in Berlin gegründet worden.[4] Seitdem hat sich das Konzept von Schutzhäusern in Deutschland etabliert, so dass es im Jahr 2017 360 Frauenhäuser und zusätzlich 25 Schutz- bzw. Zufluchtswohnungen im gesamten Bundesgebiet gab. Grundsätzlich stehen die Schutzhäuser in ihrer Existenz jedoch vor großen Herausforderungen, da einerseits die Finanzierung nicht durchweg gesichert ist, andererseits auch oft Anfragen abgelehnt werden müssen, da es keine freien Plätze gibt.[5]

Auch wenn die offiziellen Zahlen zeigen, dass Frauen weitaus häufiger Opfer von häuslicher Gewalt werden, so gibt es auch Männer, die den Schutz eines Männerhauses benötigen. Im Gegensatz zu den inzwischen etablierten Frauenhäusern, werben Initiativen erst seit wenigen Jahren um diese Form des Schutzhauses. So ist erstmals im November 2012 eine Petition an den Bundestag gerichtet worden. Aktuell existiert eine geringe zweistellige Fallzahl an Männerschutzhäusern in Deutschland.

Als Betroffene/r von häuslicher Gewalt kann der Erstkontakt zu einem Schutzhaus telefonisch oder per E-Mail aufgenommen werden, wobei es die Empfehlung seitens der Schutzhäuser ist, sich in einer anderen Stadt als dem eigenen Wohnort nach einem Platz umzugucken. Sollte das Schutzhaus über einen freien Platz verfügen, findet eine Verabredung an einem neutralen Treffpunkt statt, da die Adressen der Schutzhäuser weder in Verzeichnissen hinterlegt sind noch öffentlich gemacht werden sollen. Gemeinsam mit den Mitarbeitern und Mitarbeiterinnen des jeweiligen Schutzhauses werden dann die nächsten Schritte besprochen und Unterstützungsmöglichkeiten aufgezeigt.

Die hier vorgestellten Initiativen geben einen Überblick über bundesweit bestehende Beratungsangebote. Kennen Sie in Ihrer Stadt, in Ihrer Region weitere Organisationen, Vereine oder Einrichtungen, bei denen Betroffene von Straftaten Unterstützung finden können?

3. Gewaltschutzgesetz, Opferentschädigungsgesetz und Fonds sexueller Missbrauch

Neben der menschlichen und fachlichen Unterstützung durch Beratungsstellen, kann Betroffenen einzelner Straftaten auch eine Anerkennung des Erlittenen seitens des Staates zukommen. Diese möglichen Unterstützungsleistungen sind u.a. im Gewaltschutzgesetz und im Opferentschädigungsgesetz geregelt.

3.1 Gewaltschutzgesetz

Das Gewaltschutzgesetz ist in Deutschland im Januar 2002 in Kraft getreten und dient dem Schutz einer Person im Kontext von häuslicher Gewalt in privater Umgebung sowie vor Stalking.

Ein Bestandteil des Gewaltschutzgesetzes sind so genannte Schutzanordnungen, die in Form eines Kontakt- und Näherungsverbotes durch das örtliche Amtsgericht ausgesprochen werden können, wenn der/die Betroffene vor weiteren anzunehmenden Gefahren geschützt werden muss. So kann dem/der Täter/in beispielsweise untersagt werden, sich der Wohnung des Opfers zu nähern (bei gemeinsamer Wohnung auch, sich dort aufzuhalten), sich an Orten aufzuhalten, an denen sich das Opfer regelmäßig aufhält (bspw. Arbeitsplatz und Betreuungsorte der Kinder) und weder realen (telefonisch, postalisch, persönlich) noch virtuellen (Social Media, E-Mail) Kontakt zur betroffenen Person aufzunehmen.

Ein weiterer Bestandteil des Gewaltschutzgesetzes ist die sogenannte Wegweisung: Kommt es im privaten Raum zu häuslicher Gewalt, kann die Person, von der die Gefährdung ausgeht, durch die Polizei für 10 Tage aus der Wohnung verwiesen werden, damit der/die Betroffene nicht an einen anderen Ort flüchten muss. Es besteht anschließend die Möglichkeit einer einmaligen Verlängerung.

3.2 Opferentschädigungsgesetz

Das Opferentschädigungsgesetz (OEG) gibt es in Deutschland bereits seit 1976, wobei es kontinuierlich weiterentwickelt und angepasst wird. Die letzte Änderung fand im April 2020 statt.

Das OEG stellt Leistungen für Betroffene oder Angehörige nach Gewalttaten innerhalb der Bundesrepublik Deutschland und im Ausland in Aussicht, wenn eine gesundheitliche Schädigung erlitten wurde. Nach der positiven Prüfung des Antrags durch die zuständige Landesversorgungsbehörde kann in unterschiedlichen Bereichen Unterstützung stattfinden: Sowohl physische als auch psychische Beeinträchtigungen können mit Hilfe von Unterstützungsleistungen des OEGs behandelt werden. Auch können wirtschaftliche Folgen auf Grund von Gewalttaten gegebenenfalls mit Hilfe des OEGs reguliert werden.

3.3 Fonds sexueller Missbrauch

In den zuvor beschriebenen Gesetzen geht es einerseits um Opfer häuslicher Gewalt, andererseits um Opfer von Gewalttaten. Der nachfolgend beschriebene Fonds richtet sich an eine weitere Gruppe: Personen, die im Kindesalter sexuellen Missbrauch erfahren haben.

Den „Fonds sexueller Missbrauch" gibt es in der Bundesrepublik Deutschland seit 2013: Nachdem im Jahr 2010 viele Betroffene über ihre Erfahrungen mit sexuellen Übergriffen in ihrer Kindheit und Jugend berichtet hatten, hat das Bundeskabinett die Einrichtung eines Runden Tisches zu dem Thema „Sexueller Kindesmissbrauch in Abhängigkeits- und Machtverhältnissen in privaten und öffentlichen Einrichtungen und im familiären Bereich" beschlossen. Im November 2011 ist der Abschlussbericht des Runden Tisches veröffentlicht worden, aus dem die Empfehlung zur Einrichtung des oben genannten Fonds hervor ging.

Die im Rahmen des Fonds beantragbaren Leistungen richten sich an Betroffene, die als Minderjährige sexuelle Gewalt erfahren haben. Der Fonds differenziert Betroffene in zwei Gruppen, die auf Grund unterschiedlicher Finanzierungen entstanden sind: Der Fonds richtet sich zum einen an Betroffene von sexuellen Übergriffen im familiären Kontext. Zum anderen können auch Betroffene von sexuellen Übergriffen im institutionellen Bereich Unterstützung beantragen. Erklärtes Ziel für beide Gruppen ist es, die Folgeschäden aus den Missbrauchserfahrungen zu lindern.

Für beide Bereiche können Sachleistungen beantragt werden, die die folgenden Bereiche betreffen können:

- Psychotherapeutische Hilfen, soweit sie über Leistungen hinausgehen, deren Kosten die Gesetzlichen und Privaten Krankenversicherungen, die Gesetzliche Unfallversicherung oder das Opferentschädigungsgesetz übernehmen.
- Kosten im Zusammenhang mit der Aufarbeitung des Missbrauchs, wie z.B. für Fahrten zum Ort des Missbrauchs oder zu therapeutischen Sitzungen.
- Unterstützungen bei besonderer Hilfsbedürftigkeit, wie z.B. Hilfe bei der Beschaffung von Heil- und Hilfsmitteln, soweit die Kosten hierfür von den sozialrechtlichen Hilfesystemen nicht übernommen werden.
- Beratungs- und Betreuungskosten, die entstehen, wenn Betroffenen Kosten im Rahmen einer individuellen Unterstützung durch eine begleitende Assistenz bei der Kontaktaufnahme mit Ämtern beziehungsweise Bewilligungsstellen entstehen.
- Unterstützung von Weiterbildungs- und Qualifikationsmaßnahmen, mit denen Betroffene die berufliche und soziale Teilhabe am gesellschaftlichen Leben erweitern oder nachholen möchten.

Weitere Informationen und eine Übersicht zu Beratungsangeboten finden sich auf der Internetseite des Fonds Sexueller Missbrauch: www.fonds-missbrauch.de.

Ihnen sind nun Gesetze und Fonds im Zusammenhang mit Gewalterfahrungen, sexuellen Übergriffen und häuslicher Gewalt bekannt, durch die Betroffene Unterstützung bekommen können. Doch wie mag sich jemand fühlen, der zur Beantragung möglicher Unterstützungen noch einmal alles verschriftlichen muss, was er/sie erlebt hat? Es ist in jedem Fall empfehlenswert, sich für das Ausfüllen der Antragsunterlagen Unterstützung zu suchen. Sei es durch die Familie, Freunde oder Beratungsstellen – niemand muss sich alleine damit auseinandersetzen.

4. Im Strafprozess: Rechtsbeistand, Nebenklage, Adhäsionsverfahren und psychosoziale Prozessbegleitung

Die bisher vorgestellten Unterstützungsmöglichkeiten für Betroffene von Straftaten beziehen sich vor allem auf Anlaufstellen, die den persönlichen und individuellen Umgang mit dem Erlebten begleiten können. Oft schließt sich jedoch im Nachgang an eine angezeigte Straftat ein Strafprozess an, in dem die Opfer als Zeugen geladen werden und eine Aussage machen müssen. Damit müssen sie sich erneut mit dem Erlebten auseinandersetzen. Auch an dieser Stelle ist es wichtig zu wissen, dass Betroffene hier Möglichkeiten haben, Unterstützung zu bekommen.

Rechtsbeistand

Betroffene von Straftaten haben das Recht auf einen Rechtsanwalt als Beistand, auch schon im Laufe des Ermittlungsverfahrens, also noch bevor es zu einem Strafverfahren kommt. Rechtsanwälte kennen die Grenzen und Möglichkeiten von Ermittlungs- und Strafverfahren sowie weitere Unterstützungsangebote für Betroffene. So können sie auch bei Fragen zu Möglichkeiten einer Kostenübernahme informieren.

Nebenklage

Betroffene von Straftaten werden im Strafverfahren erst einmal als Zeugen geladen und haben somit keine Möglichkeit, sich aktiv in das Verfahren einzubringen. Diese Situation kann einem/einer Betroffenen das Gefühl geben nur als Mosaik-Stück benötigt zu werden, wenngleich der/die Betroffene sich aktiv in das Verfahren einbringen möchte. Das ist im Rahmen einer Nebenklage möglich. Insbesondere bei Körperverletzung, Sexualstraftaten und versuchten Tötungsdelikten besteht die Möglichkeit, sich im Rahmen der Nebenklage anwaltlich vertreten zu lassen und damit auf das Strafverfahren einzuwirken.

Adhäsionsverfahren

Das Adhäsionsverfahren bietet Betroffenen von Straftaten die Möglichkeit zivilrechtliche Ansprüche wie beispielsweise Schadensersatz oder Schmerzensgeld im Rahmen des Strafverfahrens geltend zu machen.

Üblicherweise sind der Strafprozess und der Zivilprozess zwei voneinander losgelöste Prozesse, die jeweils unabhängig voneinander stattfinden. Das bedeutet, dass beispielsweise Zeugenaussagen mehrfach vorgetragen werden müssen, damit die verschiedenen Richter Urteile fällen können. Im Rahmen des sogenannten Adhäsionsverfahrens besteht jedoch die Möglichkeit, dass die Ansprüche bereits im Strafverfahren geltend gemacht werden können.

Dafür kann vor der Hauptverhandlung ein schriftlicher Antrag beim zuständigen Gericht oder während der Hauptverhandlung auch in mündlicher Form gestellt werden.

Betroffene von Straftaten, die im Strafprozess nur als Zeuge vernommen werden würden, haben so die Möglichkeit, dass sie nur einmal über das Erlebte berichten müssen und keinen weiteren Klageweg gehen müssen, der sowohl finanzielle als auch emotionale Last für Betroffene bedeuten würde.

Psychosoziale Prozessbegleitung

Während eines Strafprozesses ist auch die emotionale Belastung sehr hoch. Dafür sieht der Gesetzgeber seit Januar 2017 Begleitung und Betreuung durch sogenannte psychosoziale Prozessbegleiter/innen während des gesamten Strafverfahrens vor, das heißt von der ersten Zeugenvernehmung bis zur Urteilsverkündung. Dieses Angebot richtet sich besonders an Kinder und Jugendliche, die Opfer von Gewalt- und Sexualdelikten geworden sind, ebenso aber auch an psychisch belastete Betroffene im Erwachsenenalter. Dafür muss ein Antrag bei Gericht gestellt werden, welches die Prozessbegleitung beiordnet, insofern die Voraussetzungen erfüllt sind.

Nicht nur im Nachgang der Opferwerdung, sondern auch im teilweise zeitlich versetzt beginnendem und langandauernden Strafprozess können Betroffene Unterstützung erhalten. Der Rechtsbeistand, die Nebenklage, das Adhäsionsverfahren sowie die psychosoziale Prozessbegleitung sind Unterstützungsmöglichkeiten, die die Belastung durch einen Prozess abfedern können.

5. Fazit

Wenngleich dieser Übersichtsartikel keinen Anspruch auf Vollständigkeit erhebt, so sind doch wichtige überregionale Beratungsangebote benannt worden. Sollten Sie weitere Informationen benötigen oder Informations- oder Gesprächsbedarf haben, schauen Sie sich auch in Ihrer Region um. Auf Grund der föderalen Struktur Deutschlands bestehen viele weitere Möglichkeiten, so dass an dieser Stelle leider keine detaillierte Übersicht dazu gegeben werden kann, welche Beratungsstellen es in einzelnen Ländern und Städten gibt. Vor Ort finden Sie jedoch Ansprechpartner, die die regionalen Unterstützungsstrukturen kennen und Ihnen weitere Informationen zur Verfügung stellen können.

Es müssen im Übrigen nicht nur Fachkräfte sein, die sich besonders in den Bereichen Soziale Arbeit, Psychologie oder Rechtswissenschaften beruflich engagieren. Opferarbeit lebt auch vom Ehrenamt. Sei es durch finanzielle Unterstützung oder durch das Engagement von Privatpersonen, die ihre Zeit nutzen, um Betroffenen von Straftaten wieder einen Ausblick in ein friedvolles und glückliches Leben zu geben. Auch hier finden Sie in Ihrer Stadt unter den oben genannten Schlagworten Organisationen, die sich über Unterstützung freuen werden.

Zum Nach- und Weiterdenken

Der Artikel konzentriert sich auf Handlungsmöglichkeiten, wenn eine Straftat geschehen ist und ein Opfer Unterstützung benötigt. Wäre es nicht besser, da anzusetzen, wo noch nichts passiert ist? Welche Möglichkeiten gibt es, um sich als Individuum zu schützen? Und welche Programme gibt es gesamtgesellschaftlich im Bereich der Kriminalprävention?
Stellen Sie sich einmal nachfolgende Situation vor: Sie treffen eine/n Bekannte/n, die/der Ihnen berichtet, dass es während der Corona-Zeit Zuhause viel Streit innerhalb der Beziehung gegeben habe. Dabei sei es auch vorgekommen, dass er/sie vereinzelt eine Backpfeife bekommen habe. In den letzten Wochen sei die Situation eskaliert und es kam auch zu Schlägen und Tritten am ganzen Körper. – Wie gehen Sie mit der Situation um und was empfehlen Sie ihrem/ihrer Bekannten?

Zum Weiterlesen

Gebhardt C. (2018) Die Entwicklung des Opferschutzes in Deutschland. In: Walsh M., Pniewski B., Kober M., Armborst A. (Hrsg.): *Evidenzorientierte Kriminalprävention in Deutschland.* Wiesbaden: Springer VS, S. 59–75.

In dem Beitrag zum aktuellen Standardwerk für die wissenschaftlich fundierte Kriminalprävention werden Ziele, Akteure, Strukturen des Opferschutzes vorgestellt und kritisch gewürdigt.

Marks, E. & Steffen, W. (2013): *Mehr Prävention – weniger Opfer. Ausgewählte Beiträge des 18. Deutschen Präventionstages 2013.* Mönchengladbach: Forum Verlag Godesberg.

Im Tagungsband finden sich ausgewählte Beiträge der Veranstaltung zu der allgemeinen Situation von Opfern sowie bereits genannte und weitere Hilfsangebote.

Weitere Informationen zu Opferstudien und Hilfsangeboten:

Fredericke Leuschner & Colin Schwanengel (2015): *Atlas der Opferhilfen in Deutschland.* Wiesbaden: KrimZ.

Kriminologische Zentralstelle e.V. (2021): Onlinedatenbank für Betroffene von Straftaten, auf: www.odabs.org.

Kriminalpolitik: Akteure und Inhalt

Robin Hofmann

Die deutsche Kriminalpolitik wird von verschiedenen Akteuren und Interessen bestimmt. In ihrem Kern geht es um die Prävention und Bekämpfung von Kriminalität. Eine vernünftige Kriminalpolitik orientiert sich dabei an der Wissenschaft. Sie sollte nachhaltig gestaltet sein und weder spektakuläre Kriminalfälle noch parteipolitische Interessen sollten ihre Leitlinien bestimmen. Die deutsche Kriminalpolitik wird im Wesentlichen von zwei weltanschaulichen Strömungen bestimmt: zum einen gibt es den punitiven oder strafenden Ansatz, der auf harte Strafen ausgerichtet ist. Zum anderen gibt es einen eher liberalen Ansatz, der die Vermeidung von Kriminalität und die Wiedereingliederung von Straftätern in die Gesellschaft betont. Traditionell neigen konservative Parteien und solche aus dem rechten politischen Spektrum eher zu dem strafenden kriminalpolitischen Ansatz. Linke und sozialdemokratische Parteien folgten lang einem eher liberalen Umgang mit Straftätern, und behielten immer auch die sozialen Bedingungen von Kriminalität im Blick. Durch ein verändertes Sicherheitsgefühl in der Bevölkerung sehen wir heute, dass diese Trennlinien in der Kriminalpolitik mehr und mehr verschwimmen.

1. Einleitung

„Die beste Kriminalpolitik ist eine gute Sozialpolitik." Diesen Satz, der noch heute gilt, formulierte vor über hundert Jahren der bekannte deutsche Rechtswissenschaftler Franz von Liszt. Der Satz besagt im Kern, dass eine gute Kriminalpolitik vor allem auf die Vermeidung von Kriminalität ausgerichtet sein sollte und nicht allein auf deren Bekämpfung. Dies funktioniert am besten, indem gerechte Lebensumstände und Chancengleichheit für benachteiligte gesellschaftliche Gruppen geschaffen werden. Liszts Satz verdeutlicht aber auch ein Problem der Kriminalpolitik: es ist ein komplexes Politikfeld, in dem neben sozialen auch sicherheits-, justiz- und fiskalpolitische Erwägungen eine Rolle spielen. So ist zum Beispiel die Einführung eines neuen Vergewaltigungstatbestands in das Strafgesetzbuch eine justizielle Maßnahme, die kriminalpolitische Bedeutung hat. Ein bestimmtes Verhalten, welches vorher straffrei war, kann nun unter Umständen ein strafrechtliches Verfahren in Gang setzen: Eine Anzeige wird erstattet, polizeiliche Ermittlungen erfolgen, eine Anklage durch die Staatsanwaltschaft wird verfasst, ein gerichtliches Verfahren findet möglicherweise statt, an dessen

Ende vielleicht eine Verurteilung zu einer Geld- oder Haftstrafe steht. Die Konsequenzen für die Betroffenen – also Täter und Opfer – können weitreichend sein. Ebenso von kriminalpolitischer Bedeutung ist zum Beispiel ein Urteil des Bundesgerichtshofs zur härteren Bestrafung von Rasern oder die Budgetfestlegung der Polizei durch die Landesparlamente. Verkompliziert wird Kriminalpolitik zudem auch durch den Umstand, dass immer, wenn es um Kriminalitätsbekämpfung geht, die Freiheitsrechte der Bürger in Gefahr geraten können. Das Abhören eines Telefons, die Durchsuchung einer Wohnung oder, am stärksten, die Festnahme durch die Polizei schränkt die grundgesetzlich garantierte Freiheit des betroffenen Bürgers ein. Deshalb legt das Gesetz hohe Hürden für staatliche Eingriffe fest, da deren Einhaltung kriminalpolitische Zielsetzungen des Staates oft erschweren. Kriminalpolitik wird, wie kaum ein anderes Politikfeld, beeinflusst von den Medien und spektakulären Kriminalfällen, aber auch von Ängsten der Bürger um die eigene Sicherheit und von Politikern, die sich als durchsetzungsstarke ‚Anpacker' mit Null-Toleranz für Kriminelle darstellen wollen. Die deutschen Parteien haben zum Teil widersprüchliche Antworten und Lösungsvorschläge für Kriminalitätsprobleme, oft geprägt durch die eigene ideologische Ausrichtung und die ihrer Wählerschaft. Darüber hinaus wirkt auch die wissenschaftliche Erforschung der Kriminalität an den kriminologischen und strafrechtlichen Instituten, etwa an den Hochschulen, auf die Kriminalpolitik ein. Zu guter Letzt lässt sich in den vergangenen Jahren beobachten, dass auch die EU zunehmend der Kriminalpolitik in den Mitgliedsstaaten ihren Stempel aufdrückt.

Dies alles muss man berücksichtigen, will man sich ein klares Bild von Kriminalpolitik verschaffen. Dieses Kapitel wird einen knappen Überblick über einige der wichtigsten Fragen der deutschen Kriminalpolitik geben. Neben den vielen Akteuren, die sich auf dem Politikfeld tummeln – den Parteien, Polizeien, Ministerien, Gerichten, Wissenschaftlern und Politikern – soll es vor allem um die Frage gehen, was genau die deutsche Kriminalpolitik eigentlich ausmacht, sprich, von wem diese auf welche Art beeinflusst wird. Welchen Leitlinien folgt sie? Welches Menschenbild liegt ihr zugrunde? Welchen Entwicklungen ist sie unterworfen? Und welche Rolle spielt sie überhaupt im politischen Gefüge der Bundesrepublik? Da es sich um ein sehr abstraktes Thema handelt, werden eine ganze Reihe von Beispielen genannt, an denen sich Funktionsweisen und Dynamiken der deutschen Kriminalpolitik demonstrieren lassen. Weiterhin werden einige grundlegende politische Strömungen in der Kriminalpolitik aufgezeigt. Dabei wird weniger eine Rolle spielen, welche Partei sich zu welcher kriminalpolitischen Problemlage auf diese oder andere Weise positioniert hat. Die ‚Tages-Kriminalpolitik' ist starken Schwankungen unterworfen, da sie oft den persönlichen Schwerpunktsetzungen eines Ministers oder Parteipolitikers folgt. Hier sollen uns vor allem die großen Leitlinien der Kriminalpolitik interessieren, die „kriminalpolitische Himmelsrichtung", wenn man so will, in welche die Bundesrepublik steuert.

2. Was ist Kriminalpolitik und von wem wird sie gemacht?

Dass Kriminalpolitik ein weites Politikfeld ist, wurde bereits einleitend erwähnt. Teilweise wird es nicht einmal als eigenständiges Politikfeld angesehen, sondern lediglich als ein Teil der inneren Sicherheit.[1] Diese ist weiter gefasst und schließt zum Beispiel die Arbeit der Nachrichtendienste ein, die in der Kriminalpolitik eher eine untergeordnete Rolle spielen.[2] Anhand des Gewaltenteilungsprinzips, also der Trennung von staatlichen Institutionen in eine gesetzgebende (Legislative), ausführende (Exekutive) und rechtsprechende (Judikative) Gewalt, lassen sich verschiedene Dimensionen der Kriminalpolitik festmachen[3]: Als erstes wäre da der Bundestag, welcher mittels der Gesetzgebungskompetenz Straftatbestände neu schafft oder auch wieder abschafft. Für viel Aufmerksamkeit hat zum Beispiel jüngst die Verschärfung des Vergewaltigungstatbestands (§177 StGB) gesorgt, als Reaktion auf die *MeToo*-Debatte und deren Motto ‚Nein heißt Nein'.[4] Überhaupt ist das Sexualstrafrecht ein wichtiges kriminalpolitisches Thema, sowohl für Strafverschärfungen als auch für Entschärfungen. So wurde etwa 2016 die Strafbarkeit von Freiern eingeführt, welche die sexuellen Dienste von Zwangsprostituierten in Anspruch nehmen.[5] Prostitution an sich wurde hingegen bereits im Jahre 2002 entkriminalisiert. Und 1994 rang sich der Bundestag dazu durch, § 175 aus dem Strafgesetzbuch zu streichen: Seither ist Homosexualität in Deutschland nicht mehr strafbar.

Häufiger als diese umfassenden Reformen des Strafrechts sind im tagespolitischen Geschäft der Ruf nach Strafverschärfungen, meist als empörte Reaktion auf spektakuläre Straftaten. Die Aufdeckung der weitreichenden sexuellen Missbrauchsfälle von Kindern in Lügde (2018), Bergisch Gladbach (2019) und Münster (2020) zog eine scharfe Debatte in den Medien über härtere Strafen für Kindesmissbrauch nach sich. Aufgrund des öffentlichen Drucks wurde innerhalb kurzer Zeit eine entsprechende Gesetzesinitiative auf den Weg gebracht, welche eine Hochstufung mehrerer Missbrauchstatbestände nach sich zog. Was vorher als Vergehen (Strafandrohung unter einem Jahr oder Geldstrafe) galt, wurde nun zu einem Verbrechen, welches nach §12 StGB mit einer Freiheitsstrafe von über einem Jahr geahndet werden kann. So oft der Ruf nach härteren Strafen nach spektakulären Verbrechen laut wird, so oft verhallt er auch ungehört. In der Regel ist nicht der vom Strafgesetz vorgesehene Strafrahmen zu eng bemessen. Vielmehr wird häufig das mögliche Strafmaß bei der Bewertung der Taten durch die Gerichte nicht voll ausgeschöpft. Im Grunde ist es daher ungewiss, ob eine gesetzliche Strafverschärfung tatsächlich auch zu höheren Strafen in der Strafrechtspraxis führt.

Eine zweite Dimension der Kriminalpolitik ist die Rechtsdurchsetzung, also die Verfolgung von Rechtsverstößen und die Prävention, sprich die zukünftige Verhinderung von Kriminalität. Diese erfolgen durch die Strafverfolgungsbehörden, in erster Linie also den Polizeien und Staatsanwaltschaften. Im föderalen System umfasst dies zunächst einmal die 16 Landespolizeien, welche dem jeweiligen Landesinnenministerium unterstellt sind. Daneben gibt es die länderübergreifend agierende Bundespolizei und das Bundeskriminalamt. Die Finanzierung der Landespolizeien, d.h. die personelle Ausstattung, die Aus- und Weiterbildung sowie die Festlegung der polizeirechtlichen Kompetenzen ist Sache der Länder. Je nachdem wie das Budget verteilt wird, können Schwerpunkte bei der Bekämpfung oder Prävention gesetzt werden. Um ein einheitliches Strafrecht und eine einheitliche Rechtsanwendung zu sichern, liegen das Strafgesetzbuch und die Strafprozessordnung allein in der Kompetenz des Bundes. Dies macht Sinn, will man vermeiden, dass bestimmte Verhaltensweisen, die in einem Bundesland unter Strafe stehen, in einem anderen straffrei sind. Die Strafprozessordnung (StPO) regelt die Ermittlungskompetenzen der Polizei, also etwa die Voraussetzungen, unter denen eine Person in Untersuchungshaft genommen werden kann oder welche Umstände vorliegen müssen, um zum Beispiel eine Hausdurchsuchung durchzuführen. Auch hier sind einheitliche Regelungen für ganz Deutschland absolut sinnvoll. Gerade dieser Bereich der Ermittlungskompetenzen ist kriminalpolitisch von großer Bedeutung. Man denke etwa an die Regelungen zur Onlinedurchsuchung (sogenannter ‚Bundestrojaner') oder ein anderes Beispiel, die Möglichkeiten, Tatverdächtige mit Hilfe von Massengentests zu überführen. Hier hat es in der Vergangenheit immer wieder aufsehenerregende Entscheidungen des Bundesverfassungsgerichts und des Bundesgerichthofs (BGH) gegeben. Vor allem das Bundesverfassungsgericht hat dabei mäßigend auf die Ermittlungsbehörden eingewirkt.

Dies bringt uns zu der dritten Dimension der Kriminalpolitik: der Justizpolitik und Rechtsprechung. Auch hier ist der deutsche Föderalismus von Bedeutung: die Einrichtung und Unterhaltung von Strafgerichten, der Justizvollzug, also der Betrieb von Gefängnissen, die Bewährungshilfe und die Präventionsprogramme, etwa im Bereich der Jugendkriminalität, liegen in der Verantwortung der Länder. Die Organisation und finanzielle Ausstattung der einzelnen Bereiche können entscheidend dafür sein, wie erfolgreich die Prävention von Straftaten und die Reintegration von Straftätern, also deren Wiedereingliederung in die Gesellschaft, ist. Die Rahmenbedingungen dafür werden vom Bund mittels des Parlaments, des Justizministeriums, sowie der obersten Gerichte geschaffen. Insbesondere diesen obersten Gerichten, also dem Bundesgerichtshof und im geringeren Maße dem Bundesverfassungsgericht, kommt aus kriminalpolitischer Sicht eine besondere Bedeutung zu, da deren Urteile für alle deutschen Gerichte bindend sind. Obwohl politisch unabhängig, tut sich der BGH immer wieder mit kriminalpolitisch einschneidenden Entscheidungen hervor, etwa zur Strafzumessung. Viel beachtet ist zum Beispiel die sogenannte Eine-Million-Euro-Rechtsprechung des BGH, wonach eine Steuerhinterziehung ab einer Million Euro im Normalfall nicht mit einer Strafaussetzung zur Bewährung enden kann. Auch das sogenannte Raser-Urteil des BGH ist aus kriminalpolitischer Sicht bemerkenswert. Dabei ging es um ein illegales Autorennen in Köln, das sich zwei Männer in hochmotorisierten Autos geliefert hatten. Einer der Raser verlor die Kontrolle über sein Fahrzeug und eine junge Radfahrerin kam ums Leben. Die Raser wurden beide vom Landgericht Köln zu Bewährungsstrafen verurteilt. Der BGH hob das Urteil auf, mit der Begründung, dass das Kölner Landgericht nicht die Frage geklärt hatte, ob die Verhängung der Bewährungsstrafe nicht das Rechtsempfinden der Bevölkerung negativ beeinträchtigt und von der „Allgemeinheit als ungerechtfertigtes Zurückweichen vor der Kriminalität angesehen werden könnte.“[6] Das Urteil zeigt, dass auch Gerichte, die Urteile stets im Namen des Volkes aussprechen, bei der Strafzumessung zwar einen weiten Spielraum haben, dennoch aber das Rechtsempfinden der Bürger berücksichtigen müssen. Aber wie sieht dieses Rechtsempfinden der Bürger aus? Und bleibt dies über die Jahre immer gleich oder ändert es sich? Um dies besser zu verstehen gibt es die Wissenschaft, die sich mit Kriminalität und Strafrecht auseinandersetzt, allen voran die Kriminologie. Deren Rolle und tatsächlicher Einfluss auf die Kriminalpolitik ist oft schwer zu fassen und wird daher weiter unten ausführlicher besprochen.

Eine weitere oft vernachlässigte Dimension der deutschen Kriminalpolitik ist die europäische. So haben die EU und ihre Institutionen insbesondere seit dem Vertrag von Lissabon aus dem Jahre 2009 das deutsche Recht in vielerlei Hinsicht geprägt. Dabei ist der Einfluss der EU im Strafrecht relativ begrenzt. Im Strafrecht beziehen sich die EU-Rechtsetzungskompetenzen daher lediglich auf sogenannte Mindestvorschriften in den Bereichen der besonders schweren Kriminalität mit grenzüberschreitender Dimension. Ein bekanntes Beispiel ist etwa der Europäische Haftbefehl. Dieser ermöglicht die Festnahme und Überstellung eines Tatverdächtigen zwischen den EU-Mitgliedsstaaten. Ein anderes Beispiel ist der so genannte Rahmenbeschluss Freiheitsstrafen: Dieser ermöglicht es EU-Bürgern eine Haftstrafe in ihrem Heimatland abzusitzen, auch wenn sie die Straftat in einem anderen Mitgliedsstaat begangen haben und dort verurteilt wurden. Weitere

Beispiele sind etwa die Richtlinien zur Geldwäschebekämpfung und zur grenzüberschreitenden Beschlagnahme von Vermögenswerten. In all diesen Bereichen hat die EU entschieden, dass eine Harmonisierung mit aufeinander abgestimmten Gesetzen in den Mitgliedsstaaten sinnvoll ist. Nun wird sogar eine eigene europäische Staatsanwaltschaft eingerichtet, die im Auftrag der EU Straftaten verfolgen und zur Anklage bringen kann. Als letztes können sich zudem Urteile des Europäischen Gerichtshofs (EuGH) kriminalpolitisch in den Mitgliedsstaaten auswirken. Viel Beachtung und Unmut hat zum Beispiel 2019 die Entscheidung erzeugt, welche auf einen Schlag alle EU-Haftbefehle, die von deutschen Staatsanwaltschaften erlassen wurden, für rechtswidrig erklärte.[7] Im Kern geht es darum, dass Haftbefehle klassischerweise von unabhängigen Richtern erlassen werden. Da die deutschen Staatsanwälte aber weisungsgebunden gegenüber dem Justizministerium sind, bestehe nach Ansicht der EU-Richter die Gefahr einer politischen Einflussnahme. Nun ist der deutsche Gesetzgeber gefragt, die entsprechenden Gesetze zu ändern.

Es ist nicht ganz einfach, die vielen Initiativen der EU und ihren Einfluss auf die deutsche Kriminalpolitik auf einen Nenner zu bringen. Fest steht aber, dass mit der zunehmenden Internationalisierung vieler Kriminalitätsformen, wie etwa der organisierten Kriminalität, auch der Einfluss der EU auf die deutsche Kriminalpolitik größer werden wird.

3. Wissenschaft und eine rationale Kriminalpolitik

Nachdem wir uns mit den Akteuren und Dimensionen von Kriminalpolitik beschäftigt haben, wollen wir nun einen Blick darauf werfen, wie Kriminalpolitik in Deutschland gestaltet wird. Der Kriminologe Hans-Dieter Schwind schreibt in seinem bekannten Lehrbuch zur Kriminologie, dass Kriminalpolitik rational sein müsse, d.h. sich an der wissenschaftlichen Forschung orientieren sollte.[8] Mit wissenschaftlicher Forschung ist vor allem die empirische Erfassung von Kriminalität durch Kriminologen gemeint. Dabei geht es darum, ein möglichst genaues Bild von Kriminalitätsphänomenen zu zeichnen, auf deren Grundlage dann Präventions- und Bekämpfungsmaßnahmen entwickelt werden können. Dabei geht es nicht allein um Effizienz, also um eine schnelle und günstige, sondern um eine plan- und maßvolle Gestaltung der (strafrechtlichen) Sozialkontrolle, die transparent, überprüfbar und korrekturfähig ist. Im Umkehrschluss wäre eine irrationale Kriminalpolitik hingegen eine solche, die weitgehend willkürlich gestaltet ist, sich auf pragmatische Einzelfallregelungen beschränkt oder als bloßes Krisenmanagement daherkommt.[9]

Was bedeutet dies konkret? Zunächst einmal muss das Ausmaß von Kriminalität und die Verteilung auf verschiedene Deliktsbereiche in einem möglichst genauen Lagebild erfasst werden (vgl. hierzu auch den Beitrag von Kai Seidensticker in diesem Band). Dazu bedarf es einer Vielzahl unterschiedlicher Daten. In Deutschland werden diese Daten von verschiedenen Akteuren auf verschiedene Weise gesammelt. Da wären zunächst einmal die Sicherheitsbehörden, also Polizei und Justiz, die eine ganze Bandbreite von Daten zu den begangenen Straftaten, den Tatverdächtigen, zu Verurteilungen und zu Gefängnisinsassen zusammentragen. Doch die Daten allein sagen noch nicht viel aus. Sie müssen von Experten analysiert und interpretiert werden, bevor sie die Grundlage für kriminalpolitische Strategien bilden können. Die Datenanalyse wird von Forschern durchgeführt. So verfügt etwa das Bundeskriminalamt über eigene Forschungsstellen und an den Polizeihochschulen wird ebenfalls Forschung betrieben. Daneben gibt es noch eine ganze Reihe von staatlichen Institutionen, unabhängige Forschungseinrichtungen und Institute sowie Lehrstühle an Universitäten, die Daten zur Kriminalität erheben, z.B. im Rahmen von Forschungsprojekten. Auch auf europäischer Ebene werden Kriminalitätsdaten erhoben, z.B. von Europol, der europäischen Polizeiagentur zur Koordination der Bekämpfung grenzüberschreitender organisierter Kriminalität, oder dem Europarat, der sich verstärkt mit Gefängnisdaten befasst. Die gesammelten Daten zur Kriminalität werden in Statistiken, Lagebildern oder sogenannten ‚*crime monitors*' gefasst und entweder publiziert oder aber nur innerhalb bestimmter Institutionen geteilt.

Die für die deutsche Kriminalpolitik bedeutendste Datensammlung ist die polizeiliche Kriminalstatistik (PKS), in der jährlich die polizeilich registrierten Straftaten präsentiert werden. Diese registrierte Kriminalität (das sogenannte Hellfeld) macht allerdings nur einen kleinen Teil der tatsächlichen Kriminalität aus. Ein beträchtlicher Teil der Kriminalität geschieht im Verborgenen und wird aus ganz verschiedenen Gründen nie bei der Polizei angezeigt. Zum Beispiel merken Menschen oft gar nicht oder erst sehr spät, dass sie Opfer einer Straftat geworden sind, etwa bei Diebstahl oder bei verschiedenen Betrugsdelikten. Manchmal wissen Opfer auch gar nicht, dass bestimmte Verhaltensweisen strafbar sind. Manchmal sehen Opfer von einer Anzeige ab, weil sie damit rechnen, dass die Polizei nichts unternehmen wird. Und manche Straftaten wie etwa Drogenbesitz oder Inzest sind sogenannte opferlose Straftaten, die nur selten angezeigt werden.

Um diese Taten dennoch zu erfassen, werden sogenannte Dunkelfeldstudien durchgeführt, zumeist Bürgerbefragungen und Viktimisierungssurveys (sprich Opferbefragungen), um ein genaueres Bild von Kriminalität zu erlangen. In den letzten Jahren haben vermehrt Studien Bedeutung erlangt, die sich mit dem subjektiven Sicherheitsgefühl der Bürger auseinandersetzen, die also weniger die tatsächliche Kriminalität als vielmehr die gefühlte Kriminalität messen. In diesen Studien werden etwa Bürger befragt, wie sicher sie sich abends auf der Straße fühlen oder wie stark sie der Polizei vertrauen, eine zur Anzeige gebrachte Straftat auch tatsächlich zu verfolgen bzw. aufzuklären. Dabei wird überraschend oft eine Kluft zwischen tatsächlichem Kriminalitätsaufkommen (welches teilweise stagniert oder sogar sinkt) und einem wachsenden Unsicherheitsempfinden der Bürger festgestellt. Steigende Kriminalitätsängste müssen von einer rationalen Kriminalpolitik berücksichtigt werden, schon allein deshalb, weil sich diese im Vertrauen in den Rechtsstaat und letztlich auch im Wahlverhalten der Bürger niederschlagen können. Insofern befindet sich die Kriminalpolitik in einer Zwickmühle: Zum einen wollen staatliche Institutionen und Kriminalpolitiker beruhigen und vermitteln, dass Deutschland ein sicheres Land ist, in dem Recht und Ordnung herrschen. Zum anderen aber muss verdeutlicht werden, dass Sorgen und Ängste der Bürger ernst genommen werden, und dass Kriminellen mit aller Entschiedenheit entgegengetreten wird. Insofern wechseln sich oft Beschwichtigung und Gefahrenbeschwörung in der Kriminalpolitik ab.[10]

4. Weltanschauung und Kriminalpolitik

Weltanschauliche- und parteipolitische Aspekte haben zweifellos einen enormen Einfluss auf die Kriminalpolitik. Allein bei der Frage, wie diese sich konkret auf kriminalpolitische Maßnahmen auswirken, wird eine präzise Antwort schwierig. Es gibt nicht die eine „linke" oder „rechte", eine konservative oder sozialdemokratische Kriminalpolitik. Vereinfacht lassen sich zwei grobe Leitlinien ausmachen, welche prägend sind für die Kriminalpolitik in fast allen Demokratien: nämlich zwischen einem eher strafenden Ansatz (so genannter punitiver Ansatz) und einem eher liberalen oder freiheitlichen Ansatz. Während ersterer das Strafrecht und die Kriminalisierung in den Vordergrund stellt, liegt der Fokus bei dem zweiten weit mehr auf der Vermeidung von Kriminalität und der möglichst umfassenden Wiedereingliederung von Straftätern in die Gesellschaft. Die Grenzen zwischen beiden sind natürlich fließend. Und sie sind immer vor dem Hintergrund des herrschenden politischen Zeitgeistes zu interpretieren, wie später noch gezeigt werden wird.

Dennoch helfen die beiden Pole, einige der wesentlichen Grundzüge der deutschen Kriminalpolitik besser zu verstehen. Im Kern könnte man den Konflikt wieder grob vereinfacht auf eine klassische Frage des Strafrechts und Kriminologie reduzieren: Haben Strafen überhaupt eine abschreckende Wirkung? So einfach diese klingt, so hat die Wissenschaft bislang darauf keine abschließende Antwort gefunden, auch wenn viele Kriminologen wohl Zweifel an der abschreckenden Wirkung von Strafen haben. So zeigen etwa eine Reihe von Studien, dass überraschend viele Täter nach Verbüßung ihrer Strafe rückfällig werden, was als Zeichen dafür gewertet wird, dass Strafen offensichtlich keinen größeren oder bleibenden Eindruck auf die Täter gemacht haben. Auch zeigt sich häufig, dass Strafverschärfungen kaum Auswirkungen auf das Aufkommen von Kriminalität haben. Zudem wird angeführt, dass viele Täter sich gar keine Gedanken über die Strafe oder die Strafhöhe machen, bevor sie eine Straftat begehen. Dies alles spricht dafür, dass Strafen weder auf die Täter (so genannte Spezialprävention) noch auf die Gesellschaft bzw. andere potentielle Täter (so genannte Generalprävention) einen nennenswerten Einfluss haben, also kaum zukünftige Straftaten verhindert werden.

Daraus zieht eine liberale Kriminalpolitik den Schluss, dass Prävention sowie alternative Sanktionen und Reintegration eine viel höhere Bedeutung zukommen als eine möglichst lange oder harte Strafe. Der Mensch wird als soziales Wesen aufgefasst, das durch die gesellschaftlichen Umstände, soziale Ungleichheit und die Zwänge des kapitalistischen Systems in die Kriminalität gedrängt wird. Reintegration bedeutet im Rahmen dieses von Grund auf positiven Menschenbildes, dass kriminelle Individuen lediglich Unterstützung benötigen, um wieder auf den rechten Weg zu gelangen. Konkret schlägt sich dies in den vielen Innovationen nieder, die seit etwa den 1970er Jahren ein ‚modernes' Straf- und Strafvollzugsrecht ausmachen. Das Jugendstrafrecht zum Beispiel setzt auf Erziehung statt auf Strafen, unterstützt von Weiterbildungsmöglichkeiten und Alternativen zur Inhaftierung, wie etwa Bewährungs- und Arbeitsstrafen.

Einen Gegenentwurf bildet eine punitive Kriminalpolitik. Diese stützt sich auf ein Menschenbild, welches das Individuum als selbstverantwortlich und allein dem freien Willen unterworfen betrachtet. Straftaten sind danach Resultat von (rationalen) Entscheidungsprozessen und nur bedingt Resultat der gesellschaftlichen Umstände. Dieser Sichtweise wird oft unterstellt, es gehe beim Strafen mehr um Rache und Vergeltung als eine Art Selbstzweck und nicht um die Verhinderung zukünftiger Straftaten. Doch dies ist nur bedingt richtig. In diesem Weltbild wird dem Strafen selbst eine Präventionswirkung zugeschrieben: Je höher die Strafe desto eher wird ein rational denkender Mensch sich überlegen, ob es sich lohnt, eine Straftat zu begehen. Und wenn die Person sich dennoch dazu entscheiden sollte, die Straftat zu begehen, dann wird eine möglichst harte und lange Gefängnisstrafe dafür sorgen, dass diese Person für lange Zeit keine weiteren Straftaten begeht. Interessanterweise führen Befürworter dieses Ansatzes ebenfalls die hohen Rückfallquoten von Straftätern an, interpretieren diese jedoch anders als die Befürworter eines liberalen Ansatzes dies tun. Dass so viele Straftäter immer wieder rückfällig werden, zeige, dass es Individuen gibt, die eben unbelehrbar und schon gar nicht erziehbar sind, da sie sich immer wieder für kriminelles Verhalten entscheiden. Allein harte Strafen würden zu diesen Personen noch durchdringen. Wenn auch das nichts helfe, müsse die Gesellschaft vor ihnen geschützt werden, indem die Straftäter möglichst lange weggesperrt werden. Im Rahmen dieser Argumentation lassen sich auch möglichst viele und starke Eingriffsbefugnisse der Strafverfolgungsbehörden begründen: Wenn der Schutz der Gesellschaft an vorderster Stelle steht, gilt es, möglichst viele Kriminelle zu identifizieren und durch Strafen unschädlich zu machen.

Ein Land, in dem punitive Ansätze die Kriminalpolitik stark prägen, sind die USA. Dort gibt es zum Beispiel die so genannte *Three-Strikes*-Regel. Diese Regel stammt aus dem Baseball und besagt, dass ein Spieler nach drei Fehlversuchen den Ball zu treffen, das Spielfeld verlassen muss. Übertragen auf das Strafrecht bedeutet dies: nach drei Verurteilungen folgt eine lebenslange Freiheitsstrafe. Hier zeigt sich das oben erwähnte Menschenbild, dass ein Täter, der immer wieder straffällig wird, als unbelehrbar gilt. Dass die USA heute eine der größten Gefängnispopulationen der Welt hat, ist unter anderem auf diesen Ansatz zurückzuführen.

Ein weiterer Indikator für eine punitive Kriminalpolitik ist die Todesstrafe, die noch heute in vielen Staaten der Welt, auch in den USA, praktiziert wird, und die als eine Art ultimative Strafe gelten kann. Dass in ganz Europa die Todesstrafe seit Jahren abgeschafft ist, zeigt, dass klassische punitive Ansätze hier eine eher geringe Rolle in der Kriminalpolitik spielen. Allerdings sind punitive Ansätze in der Bevölkerung populär. Dies gilt auch für Deutschland. So hat der Wissenschaftler Franz Streng im Rahmen einer Langzeitstudie mit Jurastudenten von 1989 bis 2012 Zustimmungswerte zur Todesstrafe von etwa einem Drittel der Befragten festgestellt.[11] Ein ähnliches Ergebnis zeigte sich 2018 bei dem hessischen Verfassungsreferendum. Dabei ging es auch um die Streichung des Artikel 21 der hessischen Landesverfassung, worin stand, dass für schwere Verbrechen die Todesstrafe verhängt werden könne. Obwohl die Todesstrafe in Deutschland bereits 1949 durch das Grundgesetz abgeschafft wurde, hat der Artikel in der hessischen Verfassung als eine Art „Zombie" überlebt, da diese noch vor dem Grundgesetz verabschiedet worden war. Angewendet wurde er natürlich nie, schon allein weil das Grundgesetz in der Hierarchie über den Landesverfassungen steht und daher Anwendungsvorrang hat. Als man sich nun in 2018 dazu entschloss, die Bürger darüber abstimmen zu lassen, sprach sich zwar die überwiegende Mehrheit der hessischen Wahlberechtigten für eine Streichung aus. Doch immerhin fast 17 % der Wähler stimmten für eine Beibehaltung des Todesstrafen-Artikels. Besonders in den AfD -Hochburgen war die Zustimmung zur Todesstrafe hoch.[12]

Dass punitive Ansätze in der deutschen Kriminalpolitik wieder populärer werden, machen manche Kriminologen auch an einem kontroversen

Themenkomplex fest, welcher in den vergangenen Jahren viel Beachtung gefunden hat: Der Zusammenhang von Kriminalität und Migration. Spätestens seit 2015 prägt dieses Thema kriminalpolitische Debatten in Deutschland stark, sodass sich selbst das BKA veranlasst sah, eine eigens geführte Kriminalstatistik zu von Flüchtlingen begangenen Straftaten zu veröffentlichen. Vor allem Parteien im rechten politischen Spektrum greifen das Thema systematisch auf, sei es aus Anlass spektakulärer Gewaltverbrechen oder der Überrepräsentation von Ausländern in bestimmten Deliktsgruppen.[13] Meist geht dies einher mit Forderungen nach härteren Strafen und schnellen Abschiebungen.

Erneut kristallisiert sich hier das oben erwähnte Menschenbild, welches Ausdruck findet in einer liberalen und einer punitiven Kriminalpolitik: liberale Ansätze stellen auf die sozialen Umstände und Ungleichheit ab, mit denen sich Migranten konfrontiert sehen, also etwa eine hohe Betroffenheit von Armut, Arbeitslosigkeit und Diskriminierung. Diese Faktoren begünstigen das Abrutschen in Kriminalität, können aber auch durch erfolgreiche Integration behoben werden. Demgegenüber steht ein punitiver Umgang mit Ausländerkriminalität. Ähnlich wie bei den Rückfallquoten wird hier die Überrepräsentanz von ausländischen Staatsbürgern in den Kriminalstatistiken als Beweis dafür genommen, dass Integration nicht oder nur bedingt funktioniert, in jedem Fall aber nicht staatlich verordnet werden kann, sondern von den Individuen selbst ausgehen muss. In dieser durchaus populären Sicht wird Kriminalität zu einer Art Maßstab für gelungene bzw. gescheiterte Integration. Das Problem dabei ist, dass Kriminalität zwar ein bedeutender, aber bei weitem nicht der einzige Indikator für das Funktionieren von Integration ist. Andere mindestens ebenso bedeutende Indikatoren wie etwa Bildungserfolge oder die Arbeitsmarktintegration geraten durch die Fokussierung auf Kriminalität und Sicherheit in den Hintergrund.

5. Wie punitiv ist die deutsche Kriminalpolitik wirklich?

Möchte man wissen, wie punitiv eine Gesellschaft oder ein Staat ist, lohnt sich ein Blick auf die Gefangenenzahlen. Aufschlussreich ist dabei die sogenannte Haftquote, also die Zahl der Häftlinge pro hunderttausend Einwohner eines Landes. Diese lag in Deutschland in 2017 bei rund 76. Zum Vergleich: im Nachbarland Polen kamen im gleichen Zeitraum 196 Gefangene auf hunderttausend Einwohner, in Frankreich 101, in den Niederlanden und Schweden hingegen nur 53.[14] Allerdings sind Vergleiche der Gefangenenzahlen für die Messung der Punitivität eines Justizsystems nur bedingt aussagekräftig. Auch die Dauer der Haftstrafen spielt eine wichtige Rolle. Deutschland weist die Besonderheit auf, dass kurze Haftstrafen, also solche unter sechs Monaten, nur in Ausnahmefällen verhängt werden (siehe § 47 StGB). Der Grund dafür ist, dass ein Gefängnisaufenthalt, egal ob kurz oder lang, oft weitreichende Konsequenzen für den Betroffenen hat: Der Arbeitsplatz geht verloren, eine Wohnung wird gekündigt und die Familie und soziale Beziehungen leiden unter der Abwesenheit der Verurteilten. Dies alles verschlechtert die Chancen des Häftlings, sich nach der Rückkehr aus dem Gefängnis in ein möglichst straffreies Leben wieder einzufinden. Daher tendieren deutsche Richter, wie im Gesetz auch vorgesehen, zunächst einmal dazu, Bewährungsstrafen zu verhängen und erst bei wiederholten oder schweren Straftaten auf eine Gefängnisstrafe zurückzugreifen. Wird in Deutschland allerdings eine Freiheitsstrafe verhängt, dann dauert diese in der Regel länger als zwei Jahre. Zeitliche sowie lebenslange Freiheitsstrafen sind hingegen in Deutschland auf 15 Jahre begrenzt. Die bei schweren Verbrechen oft im Anschluss an die Haftstrafe angeordnete Sicherungsverwahrung, die durchaus lebenslang andauern kann, ist formell keine Strafe, sondern eine Maßregel zur Sicherung und Besserung. Sicherungsverwahrte haben erleichterte Bedingungen der Verwahrung und die Auflage muss in regelmäßigen Abständen überprüft werden.

In vielen anderen europäischen Ländern sind hingegen bis zu 30 Jahre Haft keine Seltenheit. Die Niederlande und Großbritannien sind zudem die einzigen Länder, wo lebenslang tatsächlich eine Gefängnisstrafe bis zum Lebensende bedeuten kann. Dafür sind in den Niederlanden alternative Sanktionen populär, wie etwa die Arbeitsstrafe, während es diese im deutschen Erwachsenenstrafrecht nicht gibt. Insgesamt befindet sich Deutschland damit wohl im europäischen Mittelfeld was die Punitivität angeht. Nicht unerwähnt sollte allerdings bleiben, dass es in Deutschland ein deutliches Nord-Süd-Gefälle beim Strafmaß gibt, mit wesentlichen härteren Strafen in Bayern als etwa in Hamburg oder Nordrhein-Westfalen.[15]

Will man sich ein Bild davon machen, wie hoch die Kriminalität in Deutschland etwa im Vergleich zu anderen europäischen Ländern ist, ist ein Blick auf die Gefangenenstatistiken kaum aussagekräftig. Auch ein Vergleich der Kriminalstatistiken ist nicht sehr hilfreich, da die Erhebungsmethoden in den Ländern mitunter sehr unterschiedlich sind. In Deutschland spielt dabei zudem eine kriminalpolitische Besonderheit eine Rolle: es ist eines der wenigen Länder dieser Welt, wo das sogenannte Legalitätsprinzip gilt. Dieses besagt, dass jede Straftat, die zur Kenntnis der Strafverfolgungsbehörden kommt, auch verfolgt werden muss. In den meisten anderen Ländern gilt dagegen das Opportunitätsprinzip: Dieses räumt der Polizei oder Staatsanwaltschaft einen gewissen Entscheidungsspielraum ein, welche Straftaten verfolgt werden und welche nicht. Dabei können personelle oder finanzielle Kapazitäten eine Rolle spielen, aber auch etwa die Beweislage oder vorher definierte Schwerpunkte in der Strafverfolgung. Je nachdem wie die Strafverfolgungsbehörden sich entscheiden, werden viele Straftaten erst gar nicht registriert und landen damit nicht in der Kriminalstatistik. Natürlich bedeutet das Legalitätsprinzip in Deutschland keineswegs, dass jede Straftat, die zur Anzeige gebracht wird, auch am Ende in eine Verurteilung mündet. Tatsächlich landet nur ein sehr kleiner Teil der begangenen Straftaten vor einem Strafrichter, weil entweder kein Tatverdächtiger identifiziert werden konnte, die Beweislage zu dünn ist oder die Staatsanwaltschaft das Verfahren einstellt. [16]

6. Zusammenfassung und Schlussbetrachtung

Im europäischen Vergleich zeigt sich: Die deutsche Kriminalpolitik betont die Prävention von Kriminalität und die Reintegration von Straftätern in die Gesellschaft. in Deutschland herrscht ein relativ mildes Strafklima. Mit Blick auf die überschaubare Zahl der Inhaftierten spricht der Kriminologe Dünkel von Deutschland als einem ‚Ausnahmestaat', vergleichbar etwa mit den skandinavischen Ländern. Dennoch, oder gerade deshalb, hat sich in den vergangenen Jahren die Wahrnehmung von Kriminalität in der Bevölkerung geändert: das Vertrauen in die Strafjustiz und in die Bereitschaft des Staates, seine Bürger wirksam vor Kriminalität zu schützen, ist geschrumpft.[17] Dieser Vertrauensverlust wirkt sich auf die deutsche Kriminalpolitik in verschiedener Weise aus. Es scheint als werden punitive Ansätze wieder populärer werden. Dieses Phänomen ist parteiübergreifend zu beobachten, allerdings mit verschiedenen Schwerpunkten: Während Parteien von rechts vor allem härtere Strafen für kriminelle Ausländer fordern ist von links der Kampf gegen Hass, etwa im Internet oder ganz allgemein der sogenannten Hasskriminalität sowie die Verschärfung des Sexualstrafrechts zu beobachten. Parteiübergreifende Einigkeit scheint allein bei der verschärften strafrechtlichen Bekämpfung von religiös motiviertem Terrorismus zu bestehen.

Diese punitiven Tendenzen folgen einem gewissen kriminalpolitischen Zeitgeist, in dem sich ganz allgemeine gesellschaftliche Konflikte widerspiegeln. In einigen Jahren bestimmen vielleicht andere Themen die kriminalpolitischen Diskussionen. Bedenklich daran ist allerdings, dass Kriminalpolitik im Allgemeinen und das Strafrecht im Besonderen von Politikern häufig als eine Art gesellschaftliches Steuerungsinstrument verstanden wird. Dies bedeutet, dass die Politik das Strafrecht dafür einsetzt, um gesellschaftliche Missstände zu beseitigen.[18] Problematisch ist daran, die sogenannte Ultima-Ratio-Funktion des Strafrechts, die besagt, dass das Strafrecht wegen seiner einschneidenden Konsequenzen für die Betroffenen immer nur das letzte Mittel des Staates sein sollte. Es eignet sich nur sehr bedingt dazu, etwa die

Versäumnisse der Integrationspolitik oder die gesellschaftliche Spaltung und Intoleranz aufzuhalten. Wie sich diese Tendenz langfristig auf die deutsche Kriminalpolitik auswirkt und ob sich damit verlorenes Vertrauen der Bürger zurückgewinnen lässt, wird die Zukunft zeigen.

Zum Nach- und Weiterdenken

Der Text lieferte verschiedene Ansätze zum Verständnis von Kriminalpolitik in Deutschland. Welcher Ansatz sagt Ihnen am ehesten zu? Was denken Sie macht eine gute Kriminalpolitik aus?
Glauben Sie, dass härtere Strafen zu weniger Kriminalität führen? Und bedeutet weniger Kriminalität mehr Sicherheit in einer Gesellschaft? Oder spielen möglicherweise noch andere Gesichtspunkte eine Rolle? Kennen Sie aktuelle Beispiele für punitive Ansätze in der Kriminalitätsbekämpfung in Deutschland oder in anderen Ländern?

Zum Weiterlesen

Frevel, Bernhard/Rinke, Bernhard (2017) Innere Sicherheit als Thema parteipolitischer Auseinandersetzung. *APuZ* 67. Jahrgang 32–33,

Der Aufsatz vermittelt einen Überblick über kriminalpolitische Positionen und Initiativen der politischen Parteien. Daneben wird auch das komplexe Verhältnis von Sicherheitslage und dem Sicherheitsempfinden der Bürger erklärt.

Frevel, Bernhard: *Innere Sicherheit. Eine Einführung.* Wiesbaden: Springer VS

Die politikwissenschaftliche Betrachtung der Kriminalität ist Teil der Politikfeldanalyse zur Inneren Sicherheit. Das Lehrbuch legt die Grundzüge dieses Politikfeldes dar, diskutiert den Sicherheitsbegriff, beleuchtet neben der Kriminalität auch den Extremismus und Terrorismus als Problembereiche, stellt Felder und Akteure der Inneren Sicherheit vor und betrachtet aktuelle und grundlegende Probleme zur Gewährung der Inneren Sicherheit. Die kompakte Einführung schließt mit einem Ausblick der aktuelle Probleme des Politikfeldes problemorientiert diskutiert. Das Buch zeigt wissenschaftliche Betrachtungsweisen und Analysewege auf, die in Zeiten der häufig emotional geführten Debatten über die Sicherheitslage gefordert sind.

Anmerkungen

Bernhard Frevel
Kriminalität? Was ist eigentlich Kriminalität? – Eine Einführung

1 Durkheim, Émile (2016; 11895): Kriminalität als normales Phänomen. In: Klimke, Daniela und Aldo Legnaro (Hrsg.): Kriminologische Grundlagentexte. Wiesbaden: Springer VS, S. 25–31. (im Folgenden: Durkheim 2016).
2 Durkheim 2016, S. 30.
3 Mergen, Armand (1995): Die Kriminologie. Eine systematische Darstellung. München: Vahlen, S. 26
4 Sutherland, Edwin H. (2016; 11940): White-Collar Kriminalität. In: Klimke, Daniela und Aldo Legnaro (Hrsg.): Kriminologische Grundlagentexte. Wiesbaden: Springer VS, S. 294–307.
5 France, Anatole (2015; 11894): Die rote Lilie. Berlin: dearbooks, S. 70 (Original: Le lys rouge).

Marcel Schöne
Kriminalität und Gesellschaft – oder: Das Wesen von Trampelpfaden

1 Schiller, F. (2017, 11786), Der Verbrecher aus verlorener Ehre. Ditzingen/Stuttgart: Reclam, S. 9.

Felix Bode
Raum und Kriminalität

1 Aus Gründen der besseren Lesbarkeit wird innerhalb des Beitrages bei Personenbezeichnungen das generische Maskulinum für alle Geschlechter verwendet. Dies impliziert keine Benachteiligung anderer Geschlechter, sondern soll im Sinne einer sprachlichen Vereinfachung als geschlechtsneutral verstanden werden.
2 Der Beitrag ist für bewusst für eine breite Leserschaft geschrieben. Das bedeutet, dass er erzählend und diskutierend aufgebaut ist. Auf die Benutzung von Fachtermini wird weitgehend verzichtet. Die Darstellung von akademischen Auseinandersetzungen ist ebenfalls nicht Gegenstand des Beitrags. Zitationen wurden ferner auf ein Minimum reduziert und sind in Form von Endnoten am Ende des Beitrages zu entnehmen.
3 Luff, Johannes (2016): Raum und Kriminalität. In: SIAK-Journal, 04/2016, S. 41.
4 Guerry, André Michel (1833): Essai sur la Statistique Morale de la France. Paris.
5 Quételet, Lambert Adolphe Jacques (1835): Sur l'homme et le développement de ses facultés ou essai de physique sociale. Bruxelles.
6 Kasperzak, Thomas (2000): Stadtstruktur, Kriminalitätsbelastung und Verbrechensfurcht. Darstellung, Analyse und Kritik verbrechensvorbeugender Maßnahmen im Spannungsfeld kriminalgeographischer Erkenntnisse und bauplanerischer Praxis. Holzkirchen: Felix Verlag, S. 13–14.
7 Schneider, Hans Joachim (2011): Umwelt-Kriminologie. Die Bedeutung des Raumes für die Polizei-Arbeit. In: Kriminalistik, 10/2011, S. 606.

8 Schwind, Hans-Dieter (1981): Kriminologie und Kriminalpolitik. Eine praxisorientierte Einführung mit Beispielen. Heidelberg: Kriminalistik Verlag, S. 249.

9 Shaw, Clifford & McKay, Henry (1942): Juvenile Delinquency and Urban Areas. In: University of Chicago Press.

10 Schneider, Hans Joachim (2011): Umwelt-Kriminologie. Die Bedeutung des Raumes für die Polizei-Arbeit. In: Kriminalistik, 10/2011, S. 606–607.

11 Bundeskriminalamt [BKA] (2020): Polizeiliche Kriminalstatistik. Jahrbuch 2019. Band 1. Wiesbaden, S. 26.

12 Bundeskriminalamt [BKA] (2020): Polizeiliche Kriminalstatistik. Jahrbuch 2019. Band 1. Wiesbaden, S. 21.

13 Newman, Oscar (1972): Defensible space: Crime prevention through urban design.

14 Newman, Oscar & Franck, Karen (1980): Factors Influencing Crime and Instability in Urban Housing Developments. Washington.

15 Newman, Oscar (1976): Design Guidelines for Creating Defensible Space. Washington: National Institute of Law Enforcement and Criminal Justice.

16 Wilson, James & Kelling, George (1982): Broken Windows. The Police and Neighborhood Safety. In: The Atlantic Monthly, 249 (3), S. 29–38.

17 Zimbardo, Philip George (1969): The human choice: Individuation, reason, and order versus deindividuation, impulse, and chaos. In Arnold, William & Levine, David (Hrsg.): Nebraska Symposium on Motivation, 17. Lincoln, NE: University of Nebraska Press, S. 237–307.

18 Sherman, Lawrence; Gartin, Patrick & Buerger, Michael (2010): Hot Spot of Predatory Crimee: Routine Activities and the Criminology of Place. In: Tibbetts, Stephen & Hemmens, Craig (Hrsg.): Criminological Theory. Los Angeles: SAGE Publications, S. 141–162.

19 Weisburd, David; Bushway, Shawn; Lum, Cynthia & Yan, Sue-Ming (2004): Trajectories of Crime at Places: A Longitudinal Study of Street Segments in the City of Seattle. In: Criminology, 42 (2004), S. 283–321.

20 Luff, Johannes (2016): Raum und Kriminalität. In: SIAK-Journal, 04/2016, S. 45–46.

21 Belina, Bernd (2020): Predictive Policing: Dubioses Geschäftsmodell und diskriminierende Tendenzen. In: Bode, Felix & Seidensticker, Kai (Hrsg.): Predictive Policing. Eine Bestandsaufnahme für den deutschsprachigen Raum. Frankfurt am Main: Verlag für Polizeiwissenschaften, S. 15–20.

Kai Seidensticker
Die Kriminalitätslage in Deutschland

1 Schwind, H.-D. (2016): Kriminologie und Kriminalpolitik. 23. Auflage, Heidelberg: C.F. Müller; hier S. 41.

2 Vgl. Göppinger, H. (2008): Kriminologie. München: Beck; hier S. 558.

3 Bundeskriminalamt (2020): Polizeiliche Kriminalstatistik, Jahrbuch 2019, online verfügbar unter https://www.bka.de/DE/AktuelleInformationen/StatistikenLagebilder/PolizeilicheKriminalstatistik/PKS2019/pks2019_node.html.

4 Birkel, C., Church, D., Hummelsheim-Doss, D., Leitgöb-Guzy, N., & Oberwittler, D. (2019). Der Deutsche Viktimisierungssurvey 2017. Opfererfahrungen, kriminalitätsbezogene Einstellungen sowie die Wahrnehmung von Unsicherheit und Kriminalität in Deutschland. Wiesbaden: Bundeskriminalamt. Online verfügbar unter http://hdl.handle.net/21.11116/0000-0003-4DF7-1
5 Schwind, H.-D. (2016): Kriminologie und Kriminalpolitik. 23. Auflage, Heidelberg: C.F. Müller; hier S. 41.
6 So z. B. Göppinger, H. (2008): Kriminologie. München: Beck; hier S. 558.
7 Bundeskriminalamt (2020), Polizeiliche Kriminalstatistik, Jahrbuch 2019, hier S. 5.
8 Amt für Statistik Berlin-Brandenburg, online verfügbar unter https://www.berlin.de/sen/wirtschaft/wirtschaft/branchen/tourismus/tourismus-in-zahlen/
9 Weiterführend z. B. Lamers, B. & Seidensticker, K. (2018): Gefühlte Wirklichkeit. Die Schwierigkeit der Abbildung von „Ausländerkriminalität" und ihre Wirkung auf die gesellschaftliche Wahrnehmung. Polizei und Wissenschaft, 1/2018, S. 2–12.

Maike Meyer
Ursachen von Kriminalität

1 Lamnek, Siegfried (2017): Theorien abweichenden Verhaltens I. „Klassische" Ansätze. 10. Auflage. Paderborn: Wilhelm Fink Verlag, S. 64. (im Folgenden: Lamnek 2017)
2 Schwind, Hans-Dieter (2013): Kriminologie. Eine praxisorientierte Einführung mit Beispielen. 22. Auflage. Heidelberg (u.a.): Verlagsgruppe Hüthig Jehle Rehm GmbH, S. 108 ff. (im Folgenden Schwind 2013)
3 Lamnek 2017, S. 58 f. (vgl. Endnote 1)
4 Dollinger, Bernd und Raithel, Jürgen (2006): Einführung in die Theorien abweichenden Verhaltens. Perspektiven, Erklärungen und Interventionen. Weinheim und Basel: Beltz, hier S. 44.
5 Lamnek 2017, S. 192 ff. (vgl. Endnote 1); Dollinger und Raithel 2006, S. 44 ff. (vgl. Endnote 4)
6 Dollinger und Raithel 2006, S. 48 (vgl. Endnote 4)
7 Bandura, Albert (1979): Sozial-kognitive Lerntheorie. Stuttgart: Klett-Cotta.
8 Mößle, Thomas, Kleimann, Matthias, Rehbein, Florian und Pfeiffer, Christian (2006): Mediennutzung, Schulerfolg, Jugendgewalt und die Krise der Jungen. In: Zeitschrift für Jugendkriminalrecht und Jugendhilfe. 03/2006. S. 295–309.
9 Bundeszentrale für politische Bildung (2011): „Man wird nicht Amokläufer, weil man ein brutales Computerspiel gespielt hat" – Doppelinterview mit Stefan Aufenanger und Christian Pfeiffer. Online: https://www.bpb.de/apuz/33544/man-wird-nicht-amoklaeufer-weil-man-ein-brutales-computerspiel-gespielt-hat-doppelinterview-mit-stefan-aufenanger-und-christian-pfeiffer?p=all. [Zugriff: 11.10.2020]
10 Lüdemann, Christian und Ohlemacher, Thomas (2002): Soziologie der Kriminalität. Theoretische und empirische Perspektiven. Weinheim und München: Juventa Verlag, S. 51 f. (im Folgenden Lüdemann und Ohlemacher 2002)

11 Schwind 2013, S. 123 (vgl. Endnote 2)
12 Lüdemann und Ohlemacher 2002, S. 62 (vgl. Endnote 10)
13 Lamnek 2017, S. 158 (vgl. Endnote 1)
14 Lamnek 2017, S. 158 f. (vgl. Endnote 1)
15 Dollinger und Raithel 2006, S. 88 (vgl. Endnote 4)
16 zitiert nach Schwind 2013, S. 141 (vgl. Endnote 2)
17 Lamnek 2017, S. 116 (vgl. Endnote 1)
18 Dollinger und Raithel 2006, S. 107 f. (vgl. Endnote 4), Schwind 2013, S. 142 (vgl. Endnote 2)
19 Heitmeyer, Wilhelm (1995): Gewalt. Schattenseiten der Individualisierung bei Jugendlichen aus unterschiedlichen Milieus. Weinheim: Juventa, hier S. 411.
20 Dollinger und Raithel 2006, S. 113 (vgl. Endnote 4)
21 Lüdemann und Ohlemacher 2002, S. 42 f. (vgl. Endnote 10)
22 Lamnek 2017, S. 226 f. (vgl. Endnote 1)
23 Lüdemann und Ohlemacher 2002, S. 42 f. (vgl. Endnote 10)
24 Wikström, Per-Olof H., Oberwittler, Dietrich, Treiber Kyle und Hardie, Beth (2012): Breacking Rules. The Social and Situational Dynamics of Young People's Urban Crime. Oxford: University Press, hier: S. 14.
25 Wikström et al 2012, S. 29 (vgl. Endnote 24)

Andreas Kohl
Jugendkriminalität

1 Vgl. Bundeskriminalamt: Polizeiliche Kriminalstatistik. URL: https://www.bka.de/DE/AktuelleInformationen/StatistikenLagebilder/PolizeilicheKriminalstatistik/pks_node.html
2 Bayerisches Landeskriminalamt (Hrsg.) (1998): Kinder- und Jugendkriminalität in München. Untersuchung von Ausmaß und Ursachen des Anstiegs der Deliktszahlen im Breich der Kinder- und Jugendkriminalität am Beispiel eines Großstadtpräsidiums. München: BLKA.
3 Boers, Klaus & Reinecke, Jost (Hrsg.). 2019. Delinquenz im Altersverlauf. Erkenntnisse der Langzeitstudie Kriminalität in der modernen Stadt. Münster: Waxmann-Verlag.
4 Albert, M., Hurrelmann, K., Quenzel, G., & Schneekloth, U. (2019): Jugend 2019 – Die 18. Shell Jugendstudie. Eine Generation meldet sich zu Wort. Weinheim: Beltz.
5 https://www.gruene-liste-praevention.de
6 https://www.praeventionstag.de/

Karlhans Liebl
Wirtschaftskriminalität und ihre Folgen

1 Angelehnt an Colemann 1979
2 Süddeutsche Zeitung vom 21.8.2020: 15
3 Man muss immer daran denken, dass es auch fehlerhafte oder falsche Anzeigen bei der Polizei gibt, die keinen kriminellen Hintergrund haben.

4 Vgl. dazu z.B. Sieber 1998; Warner 2003; Kühne/Liebl 2014 oder die jährlichen Tätigkeitsberichte des „Europäischen Amtes für Betrugsbekämpfung“, Brüssel. Diese erschließen sich oftmals nur durch eine umfangreiche Aktenanalyse. Vgl. zu den Ermittlungsschwierigkeiten bei der Arzneimittelkriminalität ausführlich Liebl 2017.
5 Es konnte damals ermittelt werden, dass die Zusatzeinnahmen pro Markt und Jahr eine 6stellige Summe betrug (vgl. Liebl 1985).
6 Süddeutsche Zeitung 4.9.2020: 3
7 Vgl. Liebl 1985: 35
8 vgl. SWR1 Nachrichtensendung vom 17.2.2019
9 Vgl. Stuttgarter Zeitung vom 25.7.2019: 12

Ralf Gerlach
Drogenkriminalität – Ein Ergebnis von Drogenpolitik?

1 United Nations (1998): Assembly Special Session On Countering World Drug Problem Together Concludes At Headquarters, 8–10 June 1998. Press Release GA/9423
2 Schäffer, Dirk (2019: Wie wichtig ist eigentlich eine nationale Drogen- und Suchtstrategie?... oder warum Daniel Bahr (FDP), die Ziele der Drogenpolitik vorstellt. In: akzept e.V. & Deutsche AIDS-Hilfe (Hrsg.) 6. Alternativer Drogen- und Suchtbericht 2019. Lengerich: Pabst Science Publishers, S. 15–17, S. 16
3 Beispielhaft für „tierischen“ Alkoholkonsum: Schwelle, Wolfgang P. (2013): Alkohol – Die mächtigste Droge der Welt. Band 1. Solothurn: Nachtschatten, S. 377–383
4 Bundeskriminalamt (Hrsg.) (2020a) Polizeiliche Kriminalstatistik Bundesrepublik Deutschland. Jahrbuch 2019, Band 1: Fälle, Aufklärung, Schaden. Bundeskriminalamt: Wiesbaden, S. 44 (im Folgenden: Bundeskriminalamt 2020a)
5 Weitere Bezeichnungen sind z.B. Rauschmittel, Rauschdroge, Suchtmittel, Suchtstoff oder psychotrope Substanz
6 Krieger, Martin (2011): Kaffee. Geschichte eines Genussmittels. Köln/Weimar/Wien: Böhlau, hier S. 151
7 Hafen, Martin (2020): Das Betäubungsmittelgesetz aus der Perspektive der soziologischen Systemtheorie. In: SuchtMagazin 46 (6), S. 5–11, hier S. 9–11
8 Domenig, Dagmar/Cattacin, Sandro (2015): Sind Drogen gefährlich? Gefährlichkeitsabschätzungen psychoaktiver Substanzen. Sociograph 21. Genf: Université de Genève
9 Die Drogenbeauftragte der Bundesregierung (Hrsg.) (2020): Jahresbericht 2020. Berlin, S. 9
10 Schneider, Franziska u.a. (o.J.) Drogenmärkte und Kriminalität. Deutschland. Bericht des nationalen REITOX-Knotenpunkts an die EMCDDA (Datenjahr 2018/2019), S. 16
11 Steckhan, Svea (2017): Rauschkontrolleure und das Legalitätsprinzip. Polizeiliche Perspektiven zu Drogen und Drogenkriminalität. Baden-Baden: Tectum (Nomos), S. 59

12 Bundeskriminalamt (Hrsg.) (2020b): Rauschgiftkriminalität. Bundeslagebild 2019. Bundeskriminalamt: Wiesbaden (im Folgenden: Bundeskriminalamt 2020b)

13 McCoy, Alfred W. (2016): Die CIA und das Heroin. Weltpolitik durch Drogenhandel. Frankfurt/M.: Westend

14 Deutsches Krebsforschungszentrum (Hrsg.) (2020): Tabakatlas Deutschland 2020. Lengerich: Pabst Sciences Publishers, S. 44 (im Folgenden: Deutsches Krebsforschungszentrum 2020)

15 Atzendorf, Josefine / Rauschert, Christian / Seitz, Nicki-Nils / Lochbühler, Kirsten / Kraus, Ludwig (2019): Gebrauch von Alkohol, Tabak, illegalen Drogen und Medikamenten. In: Deutsches Ärzteblatt 116 (35–36), S. 577–584, S. 579 (im Folgenden: Atzendorf u.a. 2019)

16 Deutsches Krebsforschungszentrum 2020, S. 55

17 Atzendorf u.a. 2019, S. 584

18 Effertz, Tobias (2020): Die volkswirtschaftlichen Kosten von Alkohol- und Tabakkonsum in Deutschland. In: Deutsche Hauptstelle für Suchtfragen e.V. (Hrsg.): DHS Jahrbuch 2020. Lengerich: Pabst Sciences Publishers, S. 225–234, S. 225

19 Deutscher Bundestag (2020): Antwort der Bundesregierung auf die Kleine Anfrage der Abgeordneten Stefan Schmidt,Dr. Kirsten Kappert-Gonther, Dr. Danyal Bayaz, weiterer Abgeordneterund der Fraktion BÜNDNIS 90/DIE GRÜNEN– Drucksache 19/16175 –Überarbeitung der EU-Tabaksteuerrichtlinie 2011/64/EU. Drucksache 19/16325 vom 06.01.2020, S. 2

20 Statistisches Bundesamt: Verbrauchsteuern. Abrufbar im Internet unter https://www.destatis.de/DE/Themen/Staat/Steuern/Verbrauchsteuern/alkoholsteuer.html (Letzter Zugriff: 14.01.2020)

21 Flöter, Stephanie / Pfeiffer-Gerschel, Tim (2012): Ökonomische Auswirkungen der Prohibition. In: Gerlach, Ralf / Stöver, Heino (Hrsg.) (2012): Entkriminalisierung von Drogenkonsumenten – Legalisierung von Drogen. Frankfurt/M.: Fachhochschulverlag, S. 33–47, S. 40

22 Bundeskriminalamt 2020a, S. 19

23 Bundeskriminalamt 2020a, S. 43

24 Bundeskriminalamt 2020a, S. 43

25 Bundeskriminalamt 2020b, S. 17

26 Woods, Neil (2017): Good Cop, Bad Cop. London: Ebury Press

27 Patzak, Jörn / Bohnen Wolfgang (2019): Betäubungsmittelrecht. 4. Auflage. München: C.H. Beck, S. 29

28 Stöver, Heino (2020): Harm Reduction – Methoden, Programme und Praktiken. Ein Update. In: LWL-Koordinationsstelle Sucht: Methodisch. Praktisch. Gut. Münster: Landschaftsverband Westfalen-Lippe, S. 35–51, S. 37–38 (im Folgenden: Stöver 2020)

29 Statistisches Bundesamt (2020): Gerichtliche Strafverfolgung 2019: 2,3 % mehr Verurteilungen als 2018. Pressemitteilung Nr. 429 vom 29. Oktober 2020. Internetquelle: https://www.destatis.de/DE/Presse/Pressemitteilungen/2020/10/PD20_429_243.html (Letzter Zugriff: 17.01.2021)

30 Bühring, Petra (2019): Opiatabhängige Menschen in Haft. Am unteren Ende

der Hierarchie. In: Deutsches Ärzteblatt 116 (47), S. 2182–2184, S. 2182 (im Folgenden: Bühring 2019)

31 Stöver 2020, S. 37

32 Bühring 2019, 2182

33 Resolution deutscher Strafrechtsprofessorinnen und -professoren an die Abgeordneten des Deutschen Bundestages: https://schildower-kreis.de/resolution-deutscher-strafrechtsprofessorinnen-und-professoren-an-die-abgeordneten-des-deutschen-bundestages/ (Letzter Zugriff: 17.01.2020)

34 Koenigs, Tom (2012): Geleitwort. In: Gerlach, Ralf / Stöver, Heino (Hrsg.) (2012): Entkriminalisierung von Drogenkonsumenten – Legalisierung von Drogen. Frankfurt/M.: Fachhochschulverlag, S. 5–6, S. 5

Dorothee Dienstbühl & Patrick Rohde
Organisierte Kriminalität

1 Vgl. Southwell, David (2007): Geschichte des Organisierten Verbrechens. Köln: Fackelträger Verlag, S. 43 f.

2 Federal Bureau of Investigation (Hrsg.) (ohne Datumsangabe): Organized Crime, unter: https://www.fbi.gov/investigate/organized-crime (06.12.2020).

3 Gemeinsame Richtlinien Arbeitsgruppe Justiz/Polizei, RiStBV (1991), abgedruckt in: BKA (Hrsg.) (2020): Bundeslagebild Organisierte Kriminalität 2019. Wiesbaden, S. 11. (im Folgenden: BKA 2020)

4 Vgl. Begründung des Bundestages zum OrgKG (Gesetz zur Bekämpfung des illegalen Rauschgifthandels und anderer Erscheinungsformen der Organisierten Kriminalität vom 15.7.1992: Bundestag Drucks. 12/989, 24.

5 Vgl. OrgKG vom 22. Juli 1992 BGBl Teil II, Nr. 34 (in Kraft seit 23. September 1992); zur Erfassungsproblematik in den amtlichen Statistiken ausführlich Graf, 1997, S. 60 f.

6 Vgl. Kinzig, Jörg (2003): Organisierte Kriminalität in Deutschland: Begriff – Rechtliche Maßnahmen – Empirische Erkenntnisse, in: Angewandte Sozialforschung Organisierte Kriminalität – oder gesellschaftliche Desorganisation? Teil 2: Die Netzwerkgesellschaft und ihre neuen Devianzformen, Heft 1/2 2003 Jahrgang 23, S. 59 (vgl. Fußnote 9).

7 Kinzig (2003), S. 59.

8 Lüdemann, Christian/Ohlemacher, Thomas (2002): Soziologie der Kriminalität. Weinheim/München:Juventa, S.160 ff.

9 Anmerkung: Titel der Tagung war „Die Erscheinungsformen und die Bekämpfung Organisierter Kriminalität" und wurde mit ähnlichem Inhalt auch von der ehemaligen Polizei-Führungsakademie Münster (heute: Deutsche Hochschule der Polizei) 1993 veranstaltet.

10 Generell sind Lagebilder als Verschlusssache zu behandeln. Öffentliche Lagebilder beinhalten nur einen ausgewählten Teil der Informationen.

11 Vgl. Dienstbühl, Dorothee/Nickel, Stephen: Outlaw Motorcycle Clubs – Organsierte Kriminalität und mafiose Strukturen? In: Kriminalistik 9/2012, S. 475–481, hier: S. 477.

12 Für das Berichtsjahr 2019 wurden dabei erstmals Beiträge der Finanzkontrolle Schwarzarbeit (FKS) berücksichtigt, welche die Meldungen von 37 OK-Gruppen betrifft, vgl. BKA (2020), S. 6.
13 Vgl. BKA (2020), S. 6 (vgl. Fußnote 17).
14 Vgl. BKA (2020), S. 7 (vgl. Fußnote 17).
15 Vgl. BKA (2020), S. 22 f. (vgl. Fußnote 17).
16 Vgl. BKA (2020), S. 23 (vgl. Fußnote 17).
17 Vgl. BKA (2020), S. 24 (vgl. Fußnote 17).
18 Vgl. BKA (2020), S. 25 f. (vgl. Fußnote 17).
19 Postsowjetische Staaten sind: Armenien, Aserbaidschan, Estland, Georgien, Kasachstan, Kirgistan, Lettland, Litauen, Republik Moldau, Russische Föderation, Tadschikistan, Turkmenistan, Ukraine, Usbekistan, Weißrussland, vgl. BKA (2020), S. 27 (vgl. Fußnote 17).
20 Vgl. BKA (2020), S. 28 (vgl. Fußnote 17).
21 Vgl. Dienstbühl, Dorothee (2018): Kampf gegen Windmühlen? Clankriminalität in Deutschland, Homeland Security 3/2018, S. 5–11., S. 5.
22 Henninger, Markus (2002): „Importierte Kriminalität" und deren Etablierung. Am Beispiel der libanesischen, insbesondere „libanesisch-kurdischen" Kriminalitätsszene Berlins, Kriminalistik 12/2002, S. 714–729.
23 Vgl. BKA (2020), S. 33 (vgl. Fußnote 17).
24 Vgl. BKA (2020), S. 31 (vgl. Fußnote 17).
25 Vgl. BKA (2020), S. 34 (vgl. Fußnote 17).
26 Vgl. Paoli, Letizia (2003): Mafia Brotherhoods. Organized Crime, Italien Style. Oxford: Oxford University Press, S. 89 f.
27 Vgl. Nickel, Stephen (2015): Die Hells Angels zwischen Krimineller Vereinigung und Handelsmarke, Kriminalistik 3/2015, S. 145–149.
28 Nickel (2015), S. 147 f. (vgl. Fußnote 32).
29 Weber, Tania (2013): Living in the Moral Never Never Land – Organisiertes Verbrechen in Film und Serie, APuZ 38–39/2013, S. 40–46, hier: S. 41. (im Folgenden: Weber 2013)
30 Weber 2013, S. 41 (vgl. Fußnote 34).
31 Vgl. Hecker, Bernd/ Heine, Günter/ Risch, Hedwig/ Windolph, Andreas/ Hühner, Claudia (2008): Abfallwirtschaftskriminalität im Zusammenhang mit der EU-Osterweiterung. Eine exploratorische und rechtsdogmatische Studie, Köln: Luchterhand: S. 6 ff.
32 Reitemeier, Wiebke (2018): Vermögensabschöpfung. Für die Ermitttlungspraxis mit Formulierungshilfen, Fallbeispielen und Schemata. Hilden: Verlag Deutsche Polizeiliteratur, S. 25 ff.
33 Dunz, Kristina/Quadbeck, Eva: BKA-Präsident Münch im Interview: „Wir wollen im Netz mehr Streife laufen", Rheinische Post vom 13. Oktober 2019, Quelle https://www.bka.de/DE/Presse/Interviews/2019/191023_Interview-MuenchRheinischePost.html (Stand: 6.12.2020).
34 Bundesministerium des Inneren/ Bundesministerium der Justiz (Hrsg.) (2001): Erster Periodischer Sicherheitsbericht. Berlin, S. 238.
35 Vgl. Zweite Gesetz zur Änderung des Vereinsgesetzes (VereinsG) vom 10. März 2017 (BGBl I S. 419). Damit wurde das Verbot der Verwendung von

Kennzeichen in § 9 Abs. 3 VereinsG sowie die damit verbundene Strafnorm in § 20 Abs. 1 Satz 2 VereinsG durch den Gesetzgeber verändert. So sollen Kennzeichen krimineller Rockergruppen dauerhaft aus der Öffentlichkeit verbannt werden (vgl. BTDrucks 18/9758, S. 7).

36 Sundermeyer, Olaf (2017): Bandenland. Deutschland im Visier von organisierten Kriminellen. München: C.H. Beck, S. 129.

Gina Rosa Wollinger & Arne Dreißigacker
Cyberkriminalität

1 Rid, Thomas (2016): Maschinendämmerung. Eine kurze Geschichte der Kybernetik. Berlin: Propyläen, S. 423. (im Folgenden: Rid 2016)

2 Rid 2016, S. 19 (vgl. Endnote 1)

3 Rid 2016, S. 133 (vgl. Endnote 1)

4 Thiedeke, Udo (2004): Wir Kosmopoliten: Einführung in eine Soziologie des Cyberspace. In: Thiedeke, Udo (Hrsg.): Soziologie des Cyberspace. Medien, Strukturen und Semantiken. Wiesbaden: Springer VS, S. 16–47, hier: S. 19.

5 Henkel, Tim (2020): Darknet – die dunkle Seite des Internets? In: Rüdiger, Thomas-Gabriel Rüdiger und Petra Saskia Bayerl (Hrsg): Cyberkriminologie. Kriminologie für das digitale Zeitalter. Wiesbaden: Springer VS, S. 175–191.

6 Bundeskriminalamt (2019): Cybercrime. Bundeslagebild 2018. Wiesbaden, 2019,

7 Olweus, Dan (1993): Bullying at School. What We Know and What We Can Do. New York: Blackwell.

8 Sitzer, Peter, Julia Marth, Caroline Kocik und Kay Nina Müller (2012): Ergebnisbericht der Online-Studie. Cyberbullying bei Schülerinnen und Schülern. Institut für interdisziplinäre Konflikt- und Gewaltforschung (IKG). Bielefeld.

9 Willard, Nancy (2007): Cyberbullying and Cyberthreats. Responding to the Challenge of Online Social Aggression, Threats, and Distress. Champaign, Illinois: Research Press. (im Folgenden: Willard 2007)

10 Reyns Bradford, Randa und Henson Billy Ryan (2016): Preventing crime online: identifying determinants of online preventive behaviors using structural equation modeling and canonical correlation analysis. Crime Prevention and Community Safety 18, S. 38–59.

11 Willard 2007 (vgl. Endnote 8)

12 Wernert, Manfred (2014): Internetkriminalität. Stuttgart: Boorberg, S. 143f.

13 Neubert, Carolin, Anja Stiller, Tillmann Bartsch, Arne Dreißigacker, Anna Isenhardt, Yvonne Krieg, Philip Müller und Bettina Zietlow (2020): Kriminalität in der Corona-Krise: Haben die aktuellen Maßnahmen zur Eindämmung des Coronavirus möglicherweise einen Einfluss auf die Kriminalitätsentwicklung in Deutschland? KrimOJ 2, S. 338–371, hier: S. 354–356. (im Folgenden: Neubert et al. 2020)

14 Bundeskriminalamt 2019, S. 31–34.

15 Bundeskriminalamt 2019 (vgl. Endnote 14)

16 Bergmann, Marie-Christine, Sören Kliem, Yvonne Krieg, Laura Beckmann (2019): Jugendliche in Niedersachsen. Ergebnisse des Niedersachsensurveys

2017. Forschungsbericht Nr. 144. Hannover: Kriminologisches Forschungsinstitut Niedersachsen e.V.

17 Schneider, Christoph, Uwe Leest, Catarina Katzer, und Reinhold Jäger (2014): Mobbing und Cybermobbing bei Erwachsenen: Eine empirische Bestandsaufnahme in Deutschland. Abrufbar unter: https://www.buendnis-gegen-cybermobbing.de/fileadmin/pdf/studien/mobbingstudie_erwachsene_2018.pdf (abgerufen am 16.9.2020).

18 Dreßing, Harald, Joseph Bailer, Anne Anders, Henriette Wagner und Christine Gallas (2014): Cyberstalking in a Large Sample of Social Network Users: Prevalence, Characteristics, and Impact Upon Victims. Cyberpsychology, Behavior, and Social Networking 17(2), S. 61–67.

19 Derzeit führt das Kriminologische Forschungsinstitut Niedersachsen e.V. eine deutschlandweite Befragung zur Betroffenheit von Privatnutzern/innen durch Cyberkriminalität durch. Erste Ergebnisse werden Anfang 2021 erwartet.

20 LKA Niedersachsen (2018): Befragung zu Sicherheit und Kriminalität in Niedersachsen 2017. Bericht zu Kernbefunden der Studie. Abrufbar unter: https://www.lka.polizei-nds.de/download/73539/Kernbefundebericht_2017.pdf (abgerufen am 16.9.2020); (im Folgenden: LKA Niedersachsen 2018).

21 Dreißigacker, Arne und Lars Riesner (2018): Private Internetnutzung und Erfahrung mit computerbezogener Kriminalität. Ergebnisse der Dunkelfeldstudien des Landeskriminalamtes Schleswig-Holstein 2015 und 2017. Forschungsbericht Nr. 139. Hannover: Kriminologisches Forschungsinstitut Niedersachsen e.V.

22 Dreißigacker, Arne, Bennet von Skarczinski und Gina Rosa Wollinger (2020): Cyberangriffe gegen Unternehmen in Deutschland. Ergebnisse einer repräsentativen Unternehmensbefragung 2018/2019. Forschungsbericht Nr. 152. Hannover: Kriminologisches Forschungsinstitut Niedersachsen e.V.

23 Neubert et al. 2020 (vgl. Endnote 12)

24 Bundeskriminalamt (2020): Rauschgiftkriminalität. Bundeslagebild 2019. Wiesbaden, S. 18.

Alexander Werner
Umweltkriminalität

1 Alanis Obomsawin in Poole, Ted (1972): Conversations with North American Indians. In: Ralph Osborne (Hrsg.): Who ist he Chairman of this meeting? A Collection of Essays. Toronto: Neewin Pub. Co, S. 43.

2 Carson, Rachel (1962): Der stumme Frühling. München: Biderstein (im Folgenden: Carson 1962).

3 https://www.krebsinformationsdienst.de/tumorarten/grundlagen/krebsentstehung-faq.php (abgerufen am 06.11.2020).

4 Bahadir, Müfit, Parlar, Harun, Spiteller, Michael (2000): Springer Umweltlexikon, 2. Aufl.. Berlin, Heidelberg: Springer S. 248.

5 Sinn, Arndt (2016): Organisierte Kriminalität 3.0. Berlin, Heidelberg: Springer, S. 19; Environmental Investigation Agency (EIA)(2008): Environmental Crime: A threat to our future. London, S. 2.

6 Frevel, Bernhard (2018): Innere Sicherheit. Eine Einführung. Wiesbaden: Springer VS, S. 63.
7 Carson 1962, S. 232.
8 United Nations Environment Programme (Hrsg.) (2015): Waste Crime – Waste Risks: Gaps in Meeting the Global Waste Challenge. A UNEP Rapid Response Assessment. Nairobi and Arendal.
9 Mattioli, Sandro und Palladino, Andrea (2011): Die Müllmafia. Das kriminelle Netzwerk in Europa. München: HERBiG.
10 INTERPOL (Hrsg.)(2020): Strategic Analysis Report: Emerging criminal trends in the global plastic waste market since January 2018. Lyon, S. 6 (im Folgenden: INTERPOL 2020).
11 EUROPOL (Hrsg.)(2015): EnviCrimeNet. Intelligence Project on Environmental Crime. Report on Environmental Crime in Europe. Den Haag, S. 8 (Im Folgenden: EUROPOL 2015).
12 Vier Pfoten (2018): Zu jung. Krank. Online Verramscht. Eine Kurzanalyse zum kriminellen Welpenhandel auf eBay Kleinanzeigen, S. 5. (https://media.4-paws.org/1/6/d/5/16d58581bbc5174377cd7dff07058a404eaf0d7a/2018_eBay-Kurzanalyse_VIERPFOTEN.pdf (abgerufen am 17.11.2020).
13 EUROPOL 2015: S. 9.
14 https://de.statista.com/themen/741/abfallwirtschaft-recycling/ (abgerufen am 19.11.2020).
15 INTERPOL 2020, S. 45.
16 Carson 1962.
17 Bundeskriminalamt (Hrsg.)(2020): Polizeiliche Kriminalstatistik 2019. Wiesbaden, S. 23.
18 https://www.bka.de/DE/AktuelleInformationen/StatistikenLagebilder/PolizeilicheKriminalstatistik/PKS2019/PKSTabellen/Zeitreihen/zeitreihen_node.html (abgerufen am 20.11.2020).
19 Schwind, Hans-Dieter (2016): Kriminologie und Kriminalpolitik. Eine praxisorientierte Einführung mit Beispielen, 23. Aufl.. Heidelberg: Kriminalistik Verlag, S. 498 (im Folgenden: Schwind 2016).
20 Umweltbundesamt (UBA)(2000): Umweltbewusstsein in Deutschland 2000. Ergebnisse einer repräsentativen Bevölkerungsumfrage. Berlin. Abrufbar unter: https://www.umweltbundesamt.de/sites/default/files/medien/publikation/long/3268.pdf (abgerufen am 21.11.2020).
21 Hecker, Bernd, Heine, Günter, Risch, Hedwig, Windolph, Andreas und Hühner, Claudia (2008): Abfallwirtschaftskriminalität im Zusammenhang mit der EU-Osterweiterung. Eine exploratorische und rechtsdogmatische Studie. Köln: Luchterhand, S. 12, 55 ff (im Folgenden: Hecker at al. 2008)
22 Liu, Cixin (2018): Der dunkle Wald.
23 Klüpfel, Claudia Carolin (2016): Die Vollzugspraxis des Umweltstraf- und Umweltordnungswidrigkeitenrechts. Berlin: Duncker & Humblot, S. 208 (im Folgenden: Klüpfel 2016).
24 Klüpfel 2016, S. 210.
25 Lüthke, Albrecht und Müller, Ingo (2019): Strafjustiz für Nicht-Juristen, Wiesbaden: Springer Fachmedien, S. 6 (im Folgenden: Lüthke 2019).

26 UBA (2019): Umweltbewusstsein in Deutschland 2018. Ergebnisse einer repräsentativen Bevölkerungsumfrage. Berlin. Abrufbar unter: https://www.umweltbundesamt.de/publikationen/umweltbewusstsein-in-deutschland-2018 (abgerufen am 21.11.2020) (im Folgenden: UBA 2019).
27 Pohlmann, Markus (2017): Auf Abwegen - Der Abgasskandal der deutschen Autoindustrie. In: Ruperto Carola, Nr. 11, Dezember, 2017, S. 86–93 (im Folgenden: Pohlmann 2017).
28 Pohlmann 2017, S. 88 ff.
29 Schwind 2016, S. 501.
30 Hecker at al. 2008, S. 16 f.
31 INTERPOL 2020, S. 45.
32 EUROPOL 2015, S. 20.
33 INTERPOL 2020, S. 6.
34 Jasch, Michael (2019): Rechtsdurchsetzung durch die Polizei. In: Boulanger, Christian, Rosenstock, Julika und Singelnstein, Tobias (Hrsg.): Interdisziplinäre Rechtsforschung. Wiesbaden: Springer VS, S. 235.
35 Klüpfel 2016, S. 216.
36 Charles Elton in: Carson 1962.
37 INTERPOL 2020, S. 6f.
38 https://de.statista.com/statistik/daten/studie/247964/umfrage/prognose-zum-umsatz-in-der-abfallwirtschaft-in-deutschland/ (abgerufen am 16.11.2020).
39 https://www.rbb24.de/studiofrankfurt/panorama/coronavirus/beitraege_neu/2020/04/barnim-corona-muellkippen-wald.html (abgerufen am 22.11.2020).
40 https://blog.wwf.de/wald-corona/ (abgerufen am 24.11.2020).
41 UBA 2019.

Daniela Pollich
Sexuelle Gewalt

1 Council of Europe (2011): Übereinkommen des Europarats zur Verhütung und Bekämpfung von Gewalt gegen Frauen und häuslicher Gewalt und erläuternder Bericht. Council of Europe Treaty Series—No 210. Instanbul. S. 15. [https://rm.coe.int/1680462535, zuletzt abgerufen am 30.10.2020]
2 Kuhnen, Korinna (2007): Kinderpornographie und Internet. Göttingen: Hogrefe.
3 Reiter, Ilse (2003): Zur Geschichte des Vergewaltigungsdeliktes unter besonderer Berücksichtigung der österreichischen Rechtsentwicklung. In: Künzel, Christiane (Hg.): Unzucht - Notzucht - Vergewaltigung. Definitionen und Deutungen sexueller Gewalt von der Aufklärung bis heute. Frankfurt a.M.: Campus, S. 21–61, hier S. 54f. (im Folgenden Reiter 2003); Sanyal, Mithu M. (2017): Vergewaltigung. Aspekte eines Verbrechens. Bonn: Bundeszentrale für politische Bildung, S. 52ff., 69ff. (im Folgenden Sanyal 2017).
4 Rabe, Heike (2017): Sexualisierte Gewalt im reformierten Strafrecht. Ein Wertewandel - zumindest im Gesetz. In: Aus Politik und Zeitgeschichte. Gewalt. 4/2017, S. 27–32; Sanyal 2017, S. 155ff. (vgl. Endnote 3); Hoven, Elisa (2017):

Der Einfluss der Medienberichterstattung auf die Reform des Sexualstrafrechts. Eine Analyse der Diskursstrategien digitaler Medien. In: Monatsschrift für Kriminologie und Strafrechtsreform, 100(3). S. 161–178.

5 Sigusch, Volkmar: Homosexuelle zwischen Verfolgung und Emanzipation. In: Aus Politik und Zeitgeschichte. Homosexualität. 15–16/2010, S. 3–7, hier S. 5.

6 Bundeskriminalamt (2020): Polizeiliche Kriminalstatistik 2019, Zeitreihen 2019 Tabelle 01; [https://www.bka.de/DE/AktuelleInformationen/StatistikenLagebilder/PolizeilicheKriminalstatistik/PKS2019/PKSTabellen/Zeitreihen/zeitreihen_node.html, zuletzt abgerufen am 30.10.2020]

7 Müller, Ursula/Schröttle, Monika (2004): Lebenssituation, Sicherheit und Gesundheit von Frauen in Deutschland. Eine repräsentative Untersuchung zu Gewalt gegen Frauen in Deutschland. Berlin: BMFSFJ, S. 159ff., 208ff. (im Folgenden Müller/Schröttle 2004); Allroggen, Marc/Rassenhofer, Miriam/Witt, Andreas/Plener, Paul L./ Brähler, Elmar/Fegert, Jörg M. (2016): Prävalenz sexueller Gewalt. Ergebnisse einer bevölkerungsrepräsentativen Stichprobe. In: Deutsches Ärzteblatt, 113(7). S. 107–113, hier: S. 111 (im Folgenden Allroggen et al. 2016); Landeskriminalamt Nordrhein-Westfalen (2020): Sicherheit und Gewalt in Nordrhein-Westfalen. Forschungsbericht. Düsseldorf: LKA NRW, S. 76 (im Folgenden LKA NRW 2020).

8 Müller/Schröttle 2004, S. 210ff. (vgl. Endnote 7).

9 Müller/Schröttle, 2004, S. 70ff (vgl. Endnote 7).

10 Müller/Schröttle, 2004, S. 68f. (vgl. Endnote 7).

11 Hellmann, Deborah F./Kinninger, Max W./Kliem, Sören (2018): Sexual Violence against Women in Germany: Prevalence and Risk Markers. In: International Journal of Environmental Research and Public Health, 15(8), S. 1613–1631, hier S. 1320; Allroggen et al. 2016, S. 107, 111 (vgl. Endnote 7); LKA NRW 2020, S. 52ff. (vgl. Endnote 7).

12 Bundeskriminalamt 2020: Polizeiliche Kriminalstatistik 2019, Opfer nach Alter und Geschlecht, Tabelle 91 [https://www.bka.de/DE/AktuelleInformationen/StatistikenLagebilder/PolizeilicheKriminalstatistik/PKS2019/PKSTabellen/BundOpfertabellen/bundopfertabellen.html?nn=131006, zuletzt abgerufen am 30.10.2020]; Forschungsverbund „Gewalt gegen Männer“ (2004): Gewalt gegen Männer in Deutschland. Personale Gewalterfahrnisse von Männern in Deutschland. Pilotstudie. Berlin: BMFSFJ, S. 283ff. (im Folgenden Forschungsverbund „Gewalt gegen Männer“ 2004); Allroggen et al. 2016, S. 111 (vgl. Endnote 7).

13 Müller/Schröttle 2004, S. 79f. (vgl. Endnote 7); Goedelt, Katja (2010): Vergewaltigung und sexuelle Nötigung, Untersuchung der Strafverfahrenswirklichkeit. Göttingen: Universitätsverlag, S. 24 (im Folgenden Goedelt 2010).

14 Allroggen et al. 2016, S. 110 (vgl. Endnote 7).

15 Müller/Schröttle 2004, S. 78 (vgl. Endnote 7); Elsner, Erich/Steffen, Wiebke (2005): Vergewaltigung und sexuelle Nötigung in Bayern. München: Bayerisches Landeskriminalamt, S. 73 (im Folgenden Elsner/Steffen 2005); Goedelt 2010, S. 54f. (vgl. Endnote 13).

16 Müller/Schröttle 2004, S. 81f. (vgl. Endnote 7); Elsner/Steffen 2005, S. 75 (vgl. Endnote 15); Goedelt 2010, S. 63 (vgl. Endnote 13).

17 Pollich, Daniela/Stewen, Marcus/Erdmann, Julia/Meyer, Maike/Mahle, Corinna (2019): Sexuelle Gewalt gegen Frauen. Hilden: Verlag deutsche Polizeiliteratur, S. 72ff. (im Folgenden Pollich et al. 2019).
18 Sanyal 2017, S. 76 (vgl. Endnote 3).
19 Müller-Pfeiffer, Christoph (2018): Opfer: Psychische Reaktionen nach sexueller Gewalt. In: Gysi, Jan/Rüegger, Peter (Hg.): Handbuch sexualisierte Gewalt. Therapie, Prävention und Strafverfolgung. Bern: Hogrefe. S. 117–123.
20 Burt, Martha (1980): Cultural Myths and Supports for Rape. In: Journal of Personality and Social Psychology, 38, S. 217–230; Sanyal 2017, S. 39ff. (vgl. Endnote 3); Süßenbach, Philipp (2017): Vergewaltigungsmythen. Zu den Auswirkungen gesellschaftlicher Stereotype über sexuelle Gewalt. In: Rettenberger, Martin/Dessecker, Axel (Hg.): Sexuelle Gewalt als Herausforderung für Gesellschaft und Recht. Wiesbaden: Kriminologische Zentralstelle. S. 101–115.
21 Sanyal 2017, S. 39ff. (vgl. Endnote 3).
22 Klimke, Daniela (2017): Wie das Sexualopfer zur gesellschaftlichen Leitfigur wurde. In: Rettenberger, Martin/Dessecker, Axel (Hg.): Sexuelle Gewalt als Herausforderung für Gesellschaft und Recht. Wiesbaden: Kriminologische Zentralstelle. S. 69–82, hier S. 74ff. (im Folgenden Klimke 2017); Klimke, Daniela/Lautmann, Rüdiger (2018): Das Schweigen der Kritischen Kriminologie. In: Kriminologisches Journal, 50, 1/2018, S. 25–33, hier S. 26ff. (im Folgenden Klimke/Lautmann 2018).
23 Haas, Henriette/Killias, Martin (2000). Sexuelle Gewalt und persönliche Auffälligkeiten: Eine Studie zu 20-jährigen Männern in der Schweiz. In: Crimiscope Nr. 9, Juni 2000, Lausanne: IPSC-UNIL, S. 3; Straub, Ursula/Witt, Rainer (2002): Polizeiliche Vorerkenntnisse von Vergewaltigern. Ein Projekt zur Optimierung der Einschätzung von polizeilichen Vorerkenntnissen im Rahmen der Erstellung eines Täterprofils bei operativen Fallanalysen. Wiesbaden: Bundeskriminalamt, S. 17ff..
24 Eher, Reinhard/Rettenberger, Martin/Schilling, Frank: Psychiatrische Diagnosen von Sexualstraftätern. In: Zeitschrift für Sexualforschung, Jg. 23, Heft 1/2010, S. 23–35, hier S. 27ff.; Mokros, Andreas: Die Struktur der Zusammenhänge von Tatbegehungsmerkmalen und Persönlichkeitseigenschaften bei Sexualstraftätern. Frankfurt a.M. 2007, S. 181. (im Folgenden Mokros 2007); Niemeczek, Anja: Tatverhalten und Täterpersönlichkeit von Sexualdelinquenten. Der Zusammenhang von Verhaltensmerkmalen und personenbezogenen Eigenschaften. Wiesbaden: Springer, S. 138f. (im Folgenden Niemeczek 2014).
25 Pollich et al. 2019, S. 67 (vgl. Endnote 17).
26 Mokros 2007, S. 68ff. (vgl. Endnote 24); Niemeczek 2014, S. 32ff. (vgl. Endnote 24); Biedermann, Jürgen (2014): Die Klassifizierung von Sexualstraftätern anhand ihres Tatverhaltens im Kontext der Rückfallprognose und Prävention. Frankfurt/M.: Verlag für Polizeiwissenschaft, S. 59ff. (im Folgenden Biedermann 2014).
27 Greuel, Luise (1993): Polizeiliche Vernehmung vergewaltigter Frauen. Weinheim: Psychologie-Verlags-Union, S. 28ff.
28 Brownmiller, Susan (1980): Gegen unseren Willen. Vergewaltigung und Männerherrschaft. Frankfurt a.M.: Fischer (im Original 1975: Against our Will.

Men, Women and Rape. New York: Simon & Schuster); Sanyal 2017, S. 118f. (vgl. Endnote 3).

29 Ward, Tony/Beech, Anthony: An Integrated Theory of Sexual Offending. In: Aggression and Violent Behavior, Jg. 11, Heft 1/2006, S. 44–63; Biedermann 2014, S. 60ff. (vgl. Endnote 26); Niemeczek 2015, S. 36ff. (vgl. Endnote 24).

30 Sanyal 2017, S. 147ff. (vgl. Endnote 3).

31 Rogers, Darrin L./Ferguson, Christopher J. (2011): Punishment and Rehabilitation Attitudes toward Sex Offenders versus Nonsexual Offenders. In: Journal of Aggression, Maltreatment & Trauma, 20(4), 2011, 395–414.

32 Klimke 2017, S. 78ff. (vgl. Endnote 22); Klimke/Lautmann, 2018, S. 26ff. (vgl. Endnote 22).

33 Amadeu Antonio Stiftung (2015): Instrumentalisierung des Themas sexueller Missbrauch durch Neonazis. Analysen und Handlungsempfehlungen. Berlin: Amadeu Antonio Stiftung.

34 Pollich et al. 2019, S. 82ff. (vgl. Endnote 17).

35 Elsner/Steffen 2005, S. 181 (vgl. Endnote 15); Kanin, Eugene J. (1994): False Rape Allegations. In: Archives of Sexual Behavior, Jg. 23, S. 81–92, hier S. 84; Rauch, Elisabeth/Riedel-Reidemeister, Wolfram/Spann, Wolfgang/Eisenmenger, Wolfgang (2002): Sexualdelikte 1987–1996. Eine Zehnjahresstudie an Hand ausgewerteter Ermittlungsakten. In: Kriminalistik, Heft 2/2002, S. 96–101, hier S. 97; Burgheim, Joachim/Friese, Hermann (2006): Sexualdelinquenz und Falschbezichtigung, eine vergleichende Analyse realer und vorgetäuschter Sexualdelikte. Frankfurt: Verlag für Polizeiwissenschaft, S. 16.

36 Pollich et al. 2019, S. 80ff. (vgl. Endnote 17).

37 Pollich et al. 2019, S. 116 (vgl. Endnote 17).

38 Pollich et al. 2019, S. 107ff. (vgl. Endnote 17), zahlreiche Informationen bietet auch die Internetseite des Programms Polizeiliche Kriminalprävention der Länder und des Bundes (ProPK) [www.polizei-beratung.de, zuletzt abgerufen am 30.10.2020]

39 Elz, Jutta (2017): Verurteilungsquoten und Einstellungsgründe. Was wissen wir tatsächlich? In: Rettenberger, Martin/Dessecker, Axel (Hg.): Sexuelle Gewalt als Herausforderung für Gesellschaft und Recht. Wiesbaden: Kriminologische Zentralstelle. S. 117–141 (im Folgenden Elz 2017).

40 Elz 2017, S. 126 (vgl. Endnote 39).

Christoph Kopke
Politisch motivierte Kriminalität und politisch motivierte Gewalt

1 Enzmann, Birgit (2013): Politische Gewalt. Formen, Hintergründe, Überwindbarkeit, in: Dies. (Hrsg.): Handbuch Politische Gewalt. Formen – Ursachen – Legitimation – Begrenzung. Wiesbaden: Springer VS, S. 44–46, hier S. 46

2 Heitmeyer, Wilhelm u.a. (1992): Die Bielefelder Rechtsextremismus-Studie. Erste Langzeituntersuchung zur politischen Sozialisation männlicher Jugendlicher. Weinheim/München: Juventa, S. 14. Vgl. auch: Coester, Marc: Gewalt und Rechtsextremismus, in: Ahlheim, Klaus/Kopke, Christoph (Hrsg.) (2017): Handlexikon Rechter Radikalismus. Ulm: Klemm + Oelschläger, S. 54–56.

3 Vgl. Schwagerl, H. Joachim (1993): Rechtsextremes Denken. Merkmale und Methoden. Frankfurt/Main: Fischer, bes. S. 44 ff.
4 Vgl. zum Beispiel die Beiträge in: Wallat, Hendrik (Hrsg.) (2014): Gewalt und Moral. Eine Diskussion der Dialektik der Befreiung. Münster: Unrat.
5 Bundesministerium des Innern & Bundesministerium der Justiz (Hrsg.) (2001): Erster Periodischer Sicherheitsbericht. Berlin: BMI/BMJ, S. 263.
6 Schmitt Glaeser, Walter (1990): Private Gewalt im politischen Meinungskampf. Zugleich ein Beitrag zur Legitimität des Staates. Berlin: Duncker & Humblot.
7 Kastner, Martin: Staatsschutz, in: Möllers, M. H. W. (Hrsg.) (32018): Wörterbuch der Polizei. München: Beck, S. 2148–2149, hier S. 2148.
8 Vgl. Wagner, B. (2014): Rechtsradikalismus in der Spät-DDR. Zur militant-nazistischen Radikalisierung. Wirkungen und Reaktionen in der DDR-Gesellschaft. Berlin: Edition Widerschein..
9 Wagner, B. (1998): Rechtsextremismus und kulturelle Subversion in den neuen Bundesländer: Studie. Berlin: Zentrum Demokratische Kultur, S. 35
10 Vgl. Opferperspektive e.V. (Hrsg.) (2013): Rassistische Diskriminierung und rechte Gewalt. An der Seite der Betroffenen beraten, informieren, intervenieren. Münster: Westfälisches Dampfboot.
11 Bundesministerium des Inneren & Bundesministerium für Justiz (2006): Zweiter periodischer Sicherheitsbericht. Berlin: Bundesministerium des Inneren & Bundesministerium für Justiz Sicherheitsbericht, S. 134.
12 Aus der BT-Drucksache 16/141222 und BT-Drucksache 17/17161
13 Willems, H., Wirtz, S. & Eckert, R. (1994). Analyse fremdenfeindlicher Straftaten (Texte zur Inneren Sicherheit, hrsg. vom Bundesminister des Innern), Bonn: BMI, S. 9.
14 Ebenda.
15 Falk, Bernhard (2001): Der Stand der Dinge. Anmerkungen zum Lagebild Rechtsextremismus, Antisemitismus und Fremdenfeindlichkeit. (Vortrag auf der Herbsttagung des BKA am 22.112000). Kriminalistik 2001, Heft 1, 9–20, S. 10.
16 BT-Drs. 16/14122, S. 3
17 Zitiert nach: BT-Drs. 17/7161, S. 45.
18 https://www.bka.de/DE/UnsereAufgaben/Deliktsbereiche/PMK/pmk_node.html.
19 Coester, Marc (2018): Das Konzept Vorurteilskriminalität, in: Wissen Schafft Demokratie. Schriftenreihe des Instituts für Demokratie und Zivilgesellschaft, 04/2018, S. 38–47.
20 Zur Geschichte der RAF existiert umfangreiche Literatur. Einen guten Einstieg bietet das Dossier der Bundeszentrale für politische Bildung: https://www.bpb.de/geschichte/deutsche-geschichte/geschichte-der-raf/
21 Virchow, Fabian (2020): Nicht nur der NSU. Eine kleine Geschichte des Rechtsterrorismus in Deutschland, 2. Aufl., Erfurt: LZpB Thüringen.
22 Neumann, Peter (2016): Die neuen Dschihadisten. IS, Europa und die nächste Welle des Terrorismus. Berlin: Econ.
23 Zit. nach Monika Prützel-Thomas: Neuer Terrorismus? Die Debatte um die Einordnung des Djihadismus, in: Uwe Backes/Eckhard Jesse (Hrsg.) (2006):

Gefährdungen der Freiheit. Extremistische Ideologien im Vergleich, Göttingen: Vandenhoek & Ruprecht., S. 477–492, hier: S. 479.

24 https://www.un.org/depts/german/sr/sr_04-05/sr1566.pdf

25 https://www.bka.de/DE/UnsereAufgaben/Deliktsbereiche/PMK/pmk_node.html

26 https://www.bka.de/DE/UnsereAufgaben/Deliktsbereiche/PMK/PMKlinks/PMKlinks_node.html;jsessionid=B637FEA2A117FB0A3682DADB0F88184B.live0611

27 https://www.bka.de/DE/UnsereAufgaben/Deliktsbereiche/PMK/PMKlinks/PMKlinks.html

28 Vgl. Pelzer, Robert (2012): Politisch motivierte Gewalt auf Demonstrationen. https://www.bpb.de/politik/innenpolitik/innere-sicherheit/76644/politisch-motivierte-gewalt?p=all. Zur grundsätzlichen Kritik vgl. auch: Feustel, Susanne (2011): Tendenziell tendenziös Die staatliche Erfassung politisch motivierter Kriminalität und die Produktion der ‚Gefahr von links', in: Forum kritische Rechtsextremismusforschung (Hrsg.): Ordnung. Macht. Extremismus. Wiesbaden: VS Verlag für Sozialwissenschaften, S. 143–162.

29 https://www.bka.de/DE/UnsereAufgaben/Deliktsbereiche/PMK/PMKrechts/PMKrechts_node.html. Vgl. auch: BMI/BMJ, Zweiter Periodischer Sicherheitsbericht, S. 137.

30 Vgl. Baehr, Dirk (2019): Der Weg in den Jihad. Radikalisierungsursachen von Jihadisten in Deutschland. Wiesbaden: Sprinver VS; Glaser, Michaela u.a. (Hrsg.) (2018): Gewaltorientierter Islamismus im Jugendalter. Perspektiven aus Jugendforschung und Jugendhilfe, 2. Sonderband Sozialmagazin. Weinheim: Beltz.

31 Vgl. Rübel, Jan/Schultze, Frank: Muslime gegen Islamismus. Das ist unser Islam, in: die tageszeitung, 18.12.2020, https://taz.de/Muslime-gegen-Islamismus/!5734315/(21.1.2021); Akgün, Lale (2011): Aufstand der Kopftuchmädchen. Deutsche Musliminnen wehren sich gegen den Islamismus. München/Zürich: Piper.

Stefan Suhling & Wolfgang Wirth
Strafvollzug

1 Alle in diesem Kapitel vorgestellten Daten sind der amtlichen Strafvollzugsstatistik entnommen, für die Zwecke dieses Aufsatzes aber teilweise in veränderter Darstellung und mit eigenen Berechnungen aufbereitet worden. Die Rohdaten finden sich in: Statistisches Bundesamt – Destatis – (2020): Rechtspflege. Strafvollzug – Demographische und kriminologische Merkmale der Strafgefangenen zum Stichtag 31.3. (Fachserie 10 Reihe 4.1). https://www.destatis.de/DE/Themen/Staat/Justiz-Rechtspflege/Publikationen/Downloads-Strafverfolgung-Strafvollzug/strafvollzug-2100410197004.pdf?__blob=publicationFile (Zugriff: 14.10.2020)

2 Hinzu kommen 551 Sicherungsverwahrte. Die Sicherungsverwahrung gilt rechtlich nicht als Strafe, sondern als freiheitsentziehende Maßregel der Besserung und Sicherung. Auf dieser Grundlage müssen besonders gefährliche

Straftäter ggf. über das Ende ihrer (zuvor verbüßten) Freiheitsstrafe hinaus nach Maßgabe ihrer Gefährlichkeit auf unbestimmte Zeit im Gefängnis bleiben. Dabei wird die Sicherungsverwahrung rechtlich und räumlich getrennt von der Strafhaft vollzogen und bleibt deshalb – wie auch die Untersuchungshaft – in diesem Artikel unberücksichtigt. Berücksichtigt man alle möglichen Haftformen, die im Justizvollzug vollstreckt werden, waren am 31.03.2019 65.796 Personen inhaftiert.

3 Diese Daten beziehen sich allerdings auf den Stichtag des 30. November 2018. In den Folgejahren wurde die Reihe 4.2 der Fachserie 10 des Statistischen Bundesamtes, in der die Anzahl der Vollzugsanstalten bis dahin ausgewiesen war, eingestellt.

4 Es sei an dieser Stelle nicht nur der Vollständigkeit halber angemerkt, dass im Jugendstrafvollzug, weniger von „Behandlung", sondern – der Intention des Jugendgerichtsgesetzes folgend – eher von „Erziehung" die Rede ist. Die folgenden Ausführungen zum Vollzugsziel, das auch Behandlungs- oder Erziehungsziel genannt wird, und den zentralen Gestaltungsgrundsätzen des Vollzuges gelten allerdings für beide Vollzugsarten.

5 Vgl. Bundesministerium der Justiz Berlin, Bundesministerium der Justiz Wien & Eidgenössisches Justiz- und Polizeidepartement Bern (2007). Freiheitsentzug. Europäische Strafvollzugsgrundsätze. Des Empfehlungen des Europarates (REC (2206)2. Mönchengladbach: Forum Verlag Godesberg. 2020) folgend, wurden die Europäischen Strafvollzugsgrundsätze in verschiedenen Aspekten fortgeschrieben bzw. aktualisiert. Eine deutschsprachige Übersetzung ist noch nicht verfügbar.

6 Ausführlicher zum Übergangsmanagement vgl. Wirth, W. (2019). Entlassung vorbereiten und Übergänge gestalten. Zur Komplexität der Aufgaben im Übergangsmanagement. Forum Strafvollzug, 68, 259–263.

7 Vgl. Jehle, J.-M., Albrecht, H.-J., Hohmann-Fricke, S. & Tetal, C. (2016). Legalbewährung nach strafrechtlichen Sanktionen. Eine bundesweite Rückfalluntersuchung 2010 bis 2013 und 2004 bis 2013. Mönchengladbach: Forum Verlag.

8 Vgl. Wirth, W. (2017). Rückfall nach Strafvollzug: Indikator für begrenzte Wirkungen und nötige Reformen. Forum Strafvollzug 66 (1), S. 33–39.

9 Zusammenfassend Villettaz, P., Gillieron, G. & Killias, M. (2015). The effects on re-offending of custodial vs. non-custodial sanctions: An updated systematic review of the state of knowledge. Campbell Systematic Reviews 2015:1.

10 Sykes, G. (1958). The society of captives. Princeton: University Press.

11 Zusammenfassend Suhling, S. (2019). Was darf nicht und was sollte HAFTen bleiben? Forschungsbefunde zu negativen Effekten der Inhaftierung und gelingender Reintegration nach der Entlassung. Forum Strafvollzug, 68, 250–258.

12 Diese Bewegung wird auch als „Abolitionismus" bezeichnet. Ihr „Manifest" ist z.B. unter https://strafvollzugsarchiv.de/wp-content/uploads/2019/09/Abolitionismus-Manifest.pdf verfügbar.

13 Auty, K.M. & Liebling, A. (2020). Exploring the relationship between prison social climate and reoffending. Justice Quarterly, 37, 358–381.

14 Jonson, C.L. (2010). The impact of imprisonment on reoffending: A meta-analysis. Dissertation, University of Cincinnati.

15 Atkin-Plunk, C.A. & Armstrong, G.S. (2018). Disentangling the relationship between social ties, prison visitation, and recidivism. Criminal Justice and Behavior, 45, 1507–1526; Duwe, G. & Johnson, B.R. (2016). The effects of prison visits from community volunteers on offender recidivism. The Prison Journal, 96, 279–303.

16 Helmus, L.M. & Ternes, M. (2017). Temporary absences from prison in Canada reduce unemployment and reoffending: Evidence for dosage effects from an exploratory study. Psychology, Public Policy, and Law, 23, 23–38.

17 Lösel, F. & Bender, D. (2018a). Konzepte, Ergebnisse und Perspektiven der Behandlung von Straftätern: Ein internationaler Überblick. Teil 1: Allgemeine Befunde und aktuelle Beispiele. Forum Strafvollzug, 67, 48–52; Lösel, F. & Bender, D. (2018b). Konzepte, Ergebnisse und Perspektiven der Behandlung von Straftätern: Ein internationaler Überblick. Teil 2: Befunde zu unterschiedlichen Ansätzen der Straftäterbehandlung. Forum Strafvollzug, 67, 144–153.

18 Z.B. Suhling, S. & Neumann, N. (2015). Strafvollzugsforschung im Wandel? Positive Entwicklungen und Herausforderungen für Wissenschaft und Praxis. Kriminalpädagogische Praxis, 50, 46–62; Suhling, S. (2018). Strafvollzug. In M. Walsh, B. Pniewski, M. Kober & A. Armborst (Hrsg.), Evidenzorientierte Kriminalprävention in Deutschland – Ein Leitfaden für Politik und Praxis (S. 557–582). Wiesbaden: Springer VS.

19 Vgl. zu diesem Thema ausführlicher Treig, J. & Pruin, I. (2018). Kurze Freiheitsstrafen und Ersatzfreiheitsstrafen als Herausforderung an den Strafvollzug – Möglichkeiten und Grenzen. In B. Maelicke & S. Suhling (Hrsg.), Das Gefängnis auf dem Prüfstand, Zustand und Zukunft des Strafvollzugs (S. 313–349). Wiesbaden: Springer.

Diana Schubert & Stephan Christoph
Am besten passiert erst gar nichts…

1 S. dazu von Liszt, Franz (1905): Strafrechtliche Aufsätze und Vorträge, Zweiter Band, 1892 bis 1904. Berlin: J. Guttentag, S. 230 ff. (im Folgenden: von Liszt 1905)

2 Von Liszt 1905, S. 234 (vgl. Endnote 1).

3 Von Liszt 1905, S. 246 (vgl. Endnote 1).

4 Vgl. zum Ganzen Kaspar, Johannes/Christoph, Stephan Juristische Ausbildung 2021 (im Erscheinen).

5 Hierzu sowie im Folgenden Meier, Bernd-Dieter (2016): Kriminologie, 5. Auflage, München: C.H.Beck, § 10 Rn. 3 f. (im Folgenden: Meier 2016).

6 Kirchner, Susanne (2008): Die Bedeutung von Kriminalprävention. Stellenwert und Wirkung. SIAK-Journal – Zeitschrift für Polizeiwissenschaft und polizeiliche Praxis, S.55 ff.

7 Vgl. https://eucpn.org/sites/default/files/document/files/councildecision2009.pdf

8 Bundesministerium des Inneren/Bundesministerium der Justiz (2001): Erster Periodischer Sicherheitsbericht, S. 455.

9 Meier 2016, § 10 Rn. 1 (vgl. Endnote 5); Neubacher, Frank (2020): Kriminologie, 4. Auflage, Baden-Baden: Nomos, Kap. 13 Rn. 1.

10 Vgl. zur Kriminalitätsfurcht weiterführend statt vieler Christoph, Stephan (2017): Ressourcenstärkende Kriminalprävention als Antwort auf Kriminalitätsfurcht, Neue Kriminalpolitik, S. 130 ff. (im Folgenden: Christoph 2017); Kaspar, Johannes (2019): Kriminologische Forschungsfelder, in: Hilgendorf, Eric/Kudlich, Hans/Valerius, Brian, Handbuch des Strafrechts, Band 1, Grundlagen des Strafrechts, Heidelberg: C.F.Müller, § 20 Rn. 72 ff. (im Folgenden: Kaspar 2019).
11 Vgl. zum Ganzen Meier 2016, § 10 Rn. 9 (vgl. Endnote 5).
12 Kaspar, Johannes (2020): Strafrecht – Allgemeiner Teil. Einführung, 3. Auflage, Baden-Baden: Nomos, § 1 Rn. 9.
13 Hilgendorf, Eric (2019): Strafrechtspolitik und Rechtsgutslehre, in: Hilgendorf, Eric/Kudlich, Hans/Valerius, Brian, Handbuch des Strafrechts, Band 1, Grundlagen des Strafrechts, Heidelberg: C.F.Müller, § 17 Rn. 39.
14 Zu den städtebaulichen Möglichkeiten vgl. Müller, Nadja (2015): Kriminalprävention durch Baugestaltung, Münster: LIT.
15 S. etwa Farrington, David/Welsh, Brandon (2002): Improved Street Lighting and Crime Prevention, Justice Quarterly, S. 313 ff.
16 Vgl. Meier 2016, § 10 Rn. 11 (vgl. Endnote 5).
17 S. ergänzend Christoph. Stephan/Fleischmann, Lena/Folly, Anna-Sophia (2021): Graffitiprävention durch Eigentümerförderung (im Erscheinen).
18 Keuschnigg, Marc/Wolbring, Tobias (2015): Disorder, Social Capital, and Norm Violation. Three Field Experiments on the Broken Windows Thesis, Rationality and Society, S. 102 m.w.N.
19 Christoph 2017, S. 137 f. (vgl. Endnote 9).
20 Meier 2016, § 10 Rn. 14 (vgl. Endnote 5).
21 Meier 2016, § 10 Rn. 14 (vgl. Endnote 5).
22 Kaspar 2019, § 20 Rn. 95 (vgl. Endnote 9).
23 Klein, Michael (2001). Kinder aus alkoholbelasteten Familien. Ein Überblick zu Forschungsergebnissen und Handlungsperspektiven. Suchttherapie, S. 118 ff.
24 Bock, Michael (2019): Kriminologie, 5. Auflage, München: Franz Vahlen, § 16 Rn. 883; Meier 2016, § 10 Rn. 16 (vgl. Endnote 5).
25 S. auch Kaspar 2019, § 20 Rn. 97 (vgl. Endnote 9).
26 Zu einem ähnlichen Projekt vgl. Höffler, Kathrin (2008): Graffiti – Prävention durch Wiedergutmachung, Münster: LIT.

Sigrid Pehle
Unterstützungsangebote für Betroffene von Kriminalität

1 Bundeskriminalamt (2020): PKS 2019 – Jahrbuch Band 2 Opfer, V1.0. Auf: https://www.bka.de/SharedDocs/Downloads/DE/Publikationen/PolizeilicheKriminalstatistik/2019/Jahrbuch/pks2019Jahrbuch2Opfer.pdf?__blob=publicationFile&v=3, abgerufen am 08.01.2020.
2 Vgl. https://www.bka.de/DE/AktuelleInformationen/StatistikenLagebilder/ViktimisierungssurveyDunkelfeldforschung/viktimisierungssurveyDunkelfeldforschung_node.html (abgerufen am 13.01.2021.
3 Bundeskriminalamt (2020): SKiD – Sicherheit und Kriminalität in Deutschland 2020. Auf: www.bka.de/skid, abgerufen am 08.01.2021.

4 Ziegler, Sylvia (1998): Wendepunkt Frauenhaus? Zur Situation ehemaliger Frauenhausbewohnerinnen: Ab Beispiel des Lörracher Frauenhauses. Herbolzheim: Centaurus Verlag & Media, S. 8.
5 BIG e.V. (2012): Frauenhäuser. Bestandsaufnahme der Bundesregierung. Auf: https://www.big-berlin.info/news/414, abgerufen am 08.01.2021.

Robin Hofmann
Kriminalpolitik

1 Frevel, Bernhard (2008): Kriminalpolitik im institutionellen System der Bundesrepublik Deutschland, in: Lange, Hans-Jürgen (Hrsg.): Kriminalpolitik. Wiesbaden: VS Verlag für Sozialwissenschaften, S. 106.
2 Lange, Hans-Jürgen (1999): Innere Sicherheit im Politischen System der Bundesrepublik Deutschland. Opladen: Leske + Budrich, S. 109.
3 Frevel 2008, S. 105 (vgl. Endnote 3)
4 Hörnle, Tatjana (2017) Das Gesetz zur Verbesserung des Schutzes sexueller Selbstbestimmung. NStZ 2017, Heft 1, S. 14.
5 Hofmann, Robin (2018) „Das muss jeder wissen, der sich darauf einlässt." – Einige kriminologische Anmerkungen zur Freierstrafbarkeit nach § 232a Abs. 6 StGB im europäischen Kontext. Neue Kriminalpolitik. Jahrgang 30, Heft 2, S. 180.
6 BGH 4 StR 415/16 – Urteil vom 6. Juli 2017 (LG Köln)
7 EuGH Urteil vom 27.05.2019 – C-508/18, C-82/19
8 Schwind, Hans-Dieter (2011): Kriminologie, Eine praxisorientierte Einführung mit Beispielen. Heidelberg. S. 17.
9 Kaiser, Günther (1996) Kriminologie: Ein Lehrbuch. Heidelberg. § 99 Rdnr. 11.
10 Frevel, Bernhard/Rinke, Bernhard (2017) Innere Sicherheit als Thema parteipolitischer Auseinandersetzung. APuZ 67. Jahrgang 32–33, S. 6.
11 Streng, Franz (2015) Die Einstellung zur Todesstrafe im Wandel. In: Bannenberg/Brettl/Freund u.a., Über allem: Menschlichkeit. Festschrift für Dieter Rössner. S. 407.
12 Hofmann, Robin (2021) Populismus und Kriminalpolitik: Zur Aktualität der Todesstrafe aus kriminologischer und empirischer Sicht. In Festschrift für Feltes (im erscheinen)
13 Siehe dazu Hestermann, Thomas/ Hoven, Elisa (2019) Kriminalität in Deutschland im Spiegel von Pressemitteilungen der Alternative für Deutschland (AfD). KriPoZ, Heft 3, S. 127ff.
14 Dünkel, Frieder (2017) European penology: The rise and fall of prison population rates in Europe in times of migrant crises and terrorism. European Journal of Criminology 2017, Jahrgang 14, Heft 6, S. 634.
15 Grundies, Volker (2016) ‚Gleiches Recht für alle? –Eine empirische Analyse lokaler Unterschiede in der Sanktionspraxis in der Bundesrepublik Deutschland', in F. Neubacher, N. Bögelein and B. Amting (Hrsg.), Krise – Kriminalität – Kriminologie. Mönchengladbach, S. 511.
16 Hofmann, Robin (2020) Effektivität, Effizienz und Pragmatismus: Eine rechtsvergleichende Analyse staatsanwaltlicher Strafverfolgung in den Niederlanden und in Deutschland. KriPoZ 1, S. 41.

17 Frevel/Rinke 2017, S. 6 (vgl. Endnote 10)

18 Rotsch, Thomas (2020) Vom schwierigen Zustand des deutschen Strafrechts. ZIS 10/2020, S. 472.

Die Autorinnen und Autoren

Felix Bode, Dr. phil., ist Professor für Kriminologie an der Hochschule für Polizei und öffentliche Verwaltung NRW. Seine Arbeits- und Forschungsschwerpunkte liegen im Bereich der Kriminalgeografie und Predictive Policing.

felix.bode@hspv.nrw.de

Stephan Christoph, Dr. jur., ist Akademischer Rat a.Z. und Habilitand am Lehrstuhl für Strafrecht, Strafprozessrecht, Kriminologie und Sanktionenrecht (Prof. Dr. Johannes Kaspar) an der Universität Augsburg. Zu seinen Forschungsinteressen zählt unter anderem die Kommunale Kriminalprävention (dort insbesondere die Graffitiprävention sowie die Kriminalitätsfurchtforschung)

stephan.christoph@jura.uni-augsburg.de

Dorothee Dienstbühl, Dr. phil, ist Professorin für Kriminologie und Soziologie an der Hochschule für Polizei und öffentliche Verwaltung NRW. Sie forscht insbesondere zu Formen von Extremismus/Terrorismus, Organisierter Kriminalität und besonderen Gewaltphänomenen.

dorothee.dienstbuehl@hspv.nrw.de

Arne Dreißigacker, Dipl.-Soz., ist wissenschaftlicher Mitarbeiter am Kriminologischen Forschungsinstitut Niedersachsen e.V. (KFN). Zu seinen Forschungsschwerpunkten gehören das Kriminalitätsdunkelfeld, Wohnungseinbruchdiebstahl, Vorurteilskriminalität und Cyberkriminalität. Seit Oktober 2018 leitet er das Forschungsprojekt „Cyberangriffe gegen Unternehmen" am KFN.

arne.dreissigacker@kfn.de

Bernhard Frevel, Dr. rer. soc., Dipl.-Päd., ist Professor für Politikwissenschaft und Soziologie an der Hochschule für Polizei und öffentliche Verwaltung NRW. Sein Forschungsschwerpunkt liegt in der Politikfeldanalyse Innere Sicherheit mit den Themenbereichen Kriminalität, Securitygovernance, Polizeiorganisation und polizeiliche Bildung.

bernhard.frevel@hspv.nrw.de

Ralf Gerlach, Diplom-Pädagoge, ist Leiter des Niedrigschwelligen Drogenhilfezentrums des INDRO e.V. in Münster. Er ist seit mehr als 30 Jahren in der Drogenhilfe und in der Drogenforschung tätig und hat eine Vielzahl an Beiträgen in Fachbüchern und -zeitschriften veröffentlicht.

indroev@t-online.de

Hermann Groß, Dipl.-Pol. Dipl.-Psych., Hochschullehrer für Sozialwissenschaften an der Hessischen Hochschule für Polizei und Verwaltung (HfPV) und Forschungsdirektor des Fachbereichs Verwaltung. Sein Forschungsschwerpunkt liegt im Bereich der Empirischen Polizeiforschung und Verwaltungssoziologie.

hermann.gross@hfpv-hessen.de

Robin Hofmann, Dr. jur., ist Assistenzprofessor an der juristischen Fakultät der Universität Maastricht. Seine Forschungsschwerpunkte liegen in den Bereichen europäische Kriminalpolitik sowie der Kriminalitätsbekämpfung und strafrechtlichen Kooperation innerhalb der EU.

robin.hofmann@maastrichtuniversity.nl

Andreas Kohl, M.A., lehrt Politikwissenschaft und Empirische Sozialforschung an der Hochschule für Polizei und öffentliche Verwaltung NRW und ist Geschäftsführer des Europäischen Zentrums für Kriminalprävention e.V. in Münster. Sein Forschungsschwerpunkt liegt in der Kommunalen Sicherheit mit den Schwerpunkten Kriminalprävention, Behördensicherheit und Evaluation.

andreas.kohl@hspv.nrw.de

Christoph Kopke, Dr. phil., Dipl.-Pol., ist Professor für Politikwissenschaft und Zeitgeschichte an der Hochschule für Wirtschaft und Recht Berlin, Fachbereich Polizei und Sicherheitsmanagement. Forschungen u.a. zur extremen Rechten in Geschichte und Gegenwart und zur Polizeigeschichte.

Christoph.Kopke@hwr-berlin.de

Karlhans Liebl, Dr. phil., Habilitation in Polizeiwissenschaft (Polizeiakademie Bratislava/Universität Prag), Professor für Kriminologie i.R., Forschungsschwerpunkt u.a. Wirtschafts-, Organisierte Kriminalität sowie Korruption seit den 1980er Jahren.

kh-liebl@web.de

Torsten Madlung, Diplom-Kriminalist, Kriminaldirektor, ist Lehrgebietsleiter „Kriminalwissenschaften“ an der Hochschule der Sächsischen Polizei [FH], Dozent für „Allgemeine und Spezielle Kriminalistik“ mit den Schwerpunkten der „Allgemeinen Theorie und Methodologie der Kriminalistik“, der „Vernehmungslehre“ und der kriminalistischen Arbeit in speziellen Organisationsformen;

torsten.madlung@polizei.sachsen.de

Meyer, Maike, Dr. phil., M.A. Soziologie, ist Wissenschaftlerin, die sich insbesondere mit kriminologischen Forschungsfragestellungen (z.B. zu Jugendkriminalität, Wirtschaftskriminalität, Eigentumskriminalität, Sexualstraftaten) befasst.

Sigrid Pehle, M.A., ist aktuell wissenschaftliche Mitarbeiterin am Institut für Politikwissenschaft an der Westfälischen Wilhelms-Universität Münster. Zusätzlich leitet sie ehrenamtlich die örtliche Außenstelle des WEISSEN RINGS. Ihr Forschungsschwerpunkt liegt im Rahmen der empirischen Sozialforschung in der Kriminologie mit den Themenbereichen Kriminalitätsfurcht, Sicherheitsgefühl und Viktimologie.

sigrid.pehle@uni-muenster.de

Daniela Pollich, Dr. phil., Dipl.-Soz., ist Professorin für Kriminologie und Soziologie an der Hochschule für Polizei und öffentliche Verwaltung NRW. Ihre Forschungsschwerpunkte liegen in den Bereichen der sexuellen und vorurteilsmotivierten Gewalt sowie der Polizeiforschung.

daniela.pollich@hspv.nrw.de

Patrick Rohde, M.A., ist Lehrbeauftragter für Kriminologie an der HSPV NRW in Mülheim an der Ruhr und Gelsenkirchen,

patrick.rohde@hspv.nrw.de.

Andreas Ruch, Dr. iur., ist Professor für Strafrecht, Strafprozessrecht und Eingriffsrecht an der Hochschule für Polizei und öffentliche Verwaltung NRW. Seine Forschungsschwerpunkte sind Polizei- und Justizforschung, Strafverfahrensrecht und Kriminologie.

andreas.ruch@hspv.nrw.de

Marcel Schöne, Dr. phil, Dipl.-Kriminologe, Dipl.-Verwaltungswirt-Polizei (FH), ist Professor für Kriminologie an der Hochschule der Sächsischen Polizei und Direktor des Sächsischen Instituts für Polizei- und Sicherheitsforschung (SIPS). Forschungsschwerpunkt sind Kriminalität sowie Polizei- und Sicherheitsforschung.

marcel.schoene@polizei.sachsen.de

Diana Schubert, Dipl. Verwaltungswirtin (FH), war von Januar 2006 bis Dezember 2020 Geschäftsführerin des Kommunalen Präventionsrates Augsburg und Leiterin des Büros für Kommunale Prävention der Stadt Augsburg. In ihrer neuen Funktion als Leiterin der Kindertagesstätten der Stadt Augsburg liegt ihr Fokus nunmehr auf (universeller) Prävention im Kita-Bereich.

diana.schubert@augsburg.de

Kai Seidensticker, M.A., ist Kriminologe und Lehrbeauftragter für Kriminologie, Soziologie und Führungslehre an der Hochschule für Polizei und öffentliche Verwaltung Nordrhein-Westfalen.

kai.seidensticker@hspv.nrw.de

Stefan Suhling, Dr. phil, Diplompsychologe, Psychologiedirektor, leitet den Kriminologischen Dienst des niedersächsischen Justizvollzuges. Seine Forschungsschwerpunkte liegen in den Bereichen Straftäterbehandlung, Kriminalprognose, Gewalt im Strafvollzug sowie in der Erfassung der Wirkungen des Strafvollzugs.

Alexander Werner ist Kriminologe und Lehrbeauftragter an der Hochschule für Polizei und öffentliche Verwaltung Nordrhein-Westfalen

stephanalexander.werner@hspv.nrw.de

Wolfgang Wirth, Diplom-Soziologe, hat bis zu seinem Eintritt in den Ruhestand im März 2020 als Leitender Regierungsdirektor den Kriminologischen Dienst des Landes Nordrhein-Westfalen geleitet. Er ist weiterhin in der Redaktion der Fachzeitschrift „Forum Strafvollzug" und in der Weiterbildung tätig und befasst sich schwerpunktmäßig mit Dokumentations-, Evaluations- und Innovationsprojekten im Bereich des Strafvollzuges und der Strafrechtspflege.

wolfgang.wirth@forum-strafvollzug.de

Gina Rosa Wollinger, Dr. rer. pol., ist Professorin für Soziologie und Kriminologie an der Hochschule für Polizei und öffentliche Verwaltung NRW. Ihre Forschungsschwerpunkte liegen in den Bereichen der Kriminalitätsentwicklung sowie spezifischer Kriminalitätsphänomene, insbesondere bezogen auf die Themen Wohnungseinbruchdiebstahl und Cybercrime.

ginarosa.wollinger@hspv.nrw.de